Wiesbaden und Rheingau zu Fuß

Herausgegeben von der Geschichtswerkstatt Wiesbaden e. V.

Autorinnen und Autoren

Lothar Bembenek, geb. 1946, Wiesbaden, Lehrer.

Walter Czysz, (1925-2007), Wiesbaden, Heimatforscher, Mitgl. d. Historischen Kommission für Nassau.

Irmelin Dörnfeld, Mainz, Gärtnerin.

Rolf Engelke, geb. 1948, Wiesbaden, Lektor.

Brigitte Forßbohm, geb. 1950, Wiesbaden, Historikerin und Verlegerin.

Christoph Harwart, geb. 1954, Hamburg, Pädagoge, Kunsthistoriker.

Wolfgang Herber, geb. 1949, Lehrer, Stadtrat in Wiesbaden.

Marlene Hübel, geb. 1941, Mainz, Stadtführerin, freie Autorin.

Dr. Wolfgang Jung, geb. 1957 in Wiesbaden, Literaturwissenschaftler, Software-Entwickler.

Irmgard Knopf, geb. 1939, Wiesbaden, Gästeführerin.

Klaus Kopp, geb. 1937 in Wiesbaden, Jurist, Mitgl. der Hist. Kommission von Nassau u. d. Vorstands des Nass. Altertumsvereins.

Dr. phil. Manfred Laufs, geb. 1937, Geisenheim, Geschichtslehrer, Vors. d. Gesell. zur Förderung der Rheingauer Heimatforschung.

Franz Mollissel, Wiesbaden.

Ursula Paul, geb. 1956, Wiesbaden, Werklehrerin, Schulsozialarbeiterin.

Helene Rettenbach, geb. 1956, Wiesbaden, Diplom-Designerin.

Dr. Ulrich Schmidt, geb. 1946, Wiesbaden, Dipl. Biologe, Stadtverordneter.

Dr. Andreas Schmidt-von Rhein, geb. 1965 in Wiesbaden.

Françoise Schütz, Gästeführerin im Rheingau.

Helga Simon, Eltville, Heimatforscherin, Gästeführerin.

Dr. h. c. Josef Staab (1919-2009), Johannisberg, Domänenrat a. D., Heimatforscher.

Dr. Axel Ulrich, geb. 1951, Politologe, Wissenschaftlicher Mitarbeiter im Stadtarchiv Wiesbaden, Leiter der Gedenkstätte „Unter den Eichen".

Dr. Hartmann Wunderer, geb. 1950, Wiesbaden, Studienrat, Historiker.

Jürgen Winterwerb, geb. 1949, Wiesbaden, Journalist.

Wiesbaden und Rheingau zu Fuß

22 Rundgänge durch Geschichte und Gegenwart

herausgegeben von der
Geschichtswerkstatt Wiesbaden e. V.

Mit Beiträgen von
Brigitte Forßbohm, Walter Czysz, Irmelin Dörnfeld,
Rolf Engelke, Christoph Harwart, Wolfgang Herber,
Marlene Hübel, Wolfgang Jung, Irmgard Knopf,
Klaus Kopp, Manfred Laufs, Franz Mollissel, Ursula Paul,
Helene Rettenbach, Ulrich Schmidt,
Andreas Schmidt-von Rhein, Françoise Schütz, Helga Simon,
Josef Staab, Axel Ulrich, Hartmann Wunderer,
Lothar Bembenek, Jürgen Winterwerb

Redaktion
Brigitte Forßbohm

EDITION 6065
Verlag für regionale Kultur und Geschichte
Wiesbaden 2009

Bibliographische Information Der Deutschen Bibliothek

Die Deutsche Bibliothek verzeichnet diese Publikation in der Deutschen Nationalbibliographie; detaillierte bibliographische Daten sind im Internet über http:/dnb.ddb.de abrufbar.

Danksagung
Die Herausgeber danken allen Privatpersonen und Dienststellen der Städte Geisenheim, Kiedrich, Rüdesheim, Oestrich-Winkel und der Landeshauptstadt Wiesbaden für die vielfältige Unterstützung und Bereitstellung von Materialien und Plänen. Für die großzügige Bereitstellung von Bildmaterial danken wir der Landesbibliothek Wiesbaden, dem Stadtarchiv Wiesbaden, Ursula Paul, Andreas Schmidt-von Rhein für Bilder aus seiner Postkartensammlung, Dr. Thomas Weichel für vielfältige Beratung und Unterstützung, Martin Horsten für wichtige Hinweise, Vladimir Vambolt, Hans Bossung und Georg Schmidt von Rhein für die Genehmigung zum Abdruck von Gemälden. Reiner E. Philipp für wichtige Hinweise, Helmut Frick für technische Hilfe und Beratung, Michael Bischof und Dr. Schade vom Archiv des Wiesbadener Kurier für großzügige Hilfe bei der Recherche, Dr. Michael Forßbohm für kritische Durchsicht und Korrektur. Den Autorinnen und Autoren danken wir für die geduldige Mitarbeit am Gesamtprojekt.

Redaktion, Bildredaktion
Brigitte Forßbohm

Satz und Layout
Publikationsservice
Brigitte Forßbohm
Herderstr. 31
65185 Wiesbaden

Gestaltung des Einbands
Brigitte Forßbohm, Ursula Paul

Druck und Buchbindearbeiten
Dinges & Frick GmbH
Wiesbaden

Printed in Germany

ISBN 978-3-941072-03-9

Inhalt

Vorwort

„Ich schreibe nicht nur mit der Hand: auch der Fuß möchte immer schreiben ...", äußerte Friedrich Nietzsche bei seinem Aufenthalt im oberen Gardaseegebiet (Morgenröte, 1881). Das Durchstreifen der Landschaft, das Spazierengehen, Erkunden, der „Kultur-Spaziergang" hat in der Landschaft des Rheingaus, aber auch in Wiesbaden und seiner reizvollen Umgebung eine lange Tradition: Im Jahr 1802 lassen wir die Rheinromantik beginnen, weil Clemens von Brentano mit seinem Freund Achim von Arnim zu jener legendären Rheinreise aufbrach, bei der der Wanderstab nicht fehlen durfte. Auch Bettine von Brentano liebte es, die Gegend um das neuerworbene Landhaus in Winkel zu durchstreifen und Goethe machte gerne immer dieselben Spaziergänge zu besonderen Aussichtspunkten in der Landschaft. Landschaft ist poetische Inspiration, sie erzählt über Geschichte und Gegenwart. Den Zu-Fuß-Gehenden erschließt sie sich in besonderer Weise.

In der heutigen Zeit unterliegen Landschafts- und Städtebilder ständigen Veränderungen, um nicht zu sagen: Bedrohungen. Damit wächst das Bedürfnis nach Bestandsaufnahme, nach Wahrnehmung von Bildern, die uns die Umwelt zeigt, bevor sie verschwinden. Gefragt ist eine kritische Wahrnehmung, die Zerstörungen und Verwerfungen nicht ausblendet – den Blick für das Schöne, Gewordene, Einmalige und Zu-Bewahrende dennoch behält.

Wiesbaden und Rheingau zu Fuß knüpft an den Städteführer *Mainz/Wiesbaden zu Fuß* an, den der Mainzer Verein für Sozialgeschichte e. V. gemeinsam mit der Geschichtswerkstatt Wiesbaden e. V. im Jahr 1990 herausgegeben hatte, und der seinerzeit Maßstäbe setzte für einen neuen historisch-kritischen Blick auf die örtlichen Gegebenheiten. Kein zusammenhangloses Aneinanderreihen von Sehenswürdigkeiten, sondern ein Eingehen auf die Fragen, die das zu betrachtende Objekt aufwirft. *Wiesbaden und Rheingau zu Fuß* sieht sich damit in der besten Tradition der Bewegung der Geschichts-„werkstätten" der 1980er Jahre, die dem Motto „Grabe, wo du stehst" folgten und dabei oft Erstaunliches zu Tage förderten, aber auch Alltägliches in einem neuen Licht erscheinen ließen. Viele Autorinnen und Autoren von damals sind wieder dabei, viele neue sind hinzugekommen, alle zusammen haben ein Werk geschaffen, das der Geist alleine nicht hervorbringen kann, bei dem auch die Füße mitgeschrieben haben.

Der Stadt- und Landschaftsführer *Wiesbaden und Rheingau zu Fuß* richtet sich an Menschen, die hier leben und an die, die Wiesbaden und den Rheingau besuchen. Er ist in Rundgängen von eineinhalb bis zweieinhalb Stunden organisiert, die sich an den örtlichen Gegebenheiten orientieren und oft einen thematischen Schwerpunkt haben. Sie nähern sich erzählend und historisch-kritisch reflektierend den vorgefundenen Objekten. Die Rundgänge sind ergänzt durch Beiträge zu verschiedenen Themen der Kultur und Geschichte, der Stadt- und Landschaftsentwicklung.

Die Herausgeber — Geschichtswerkstatt Wiesbaden e. V.

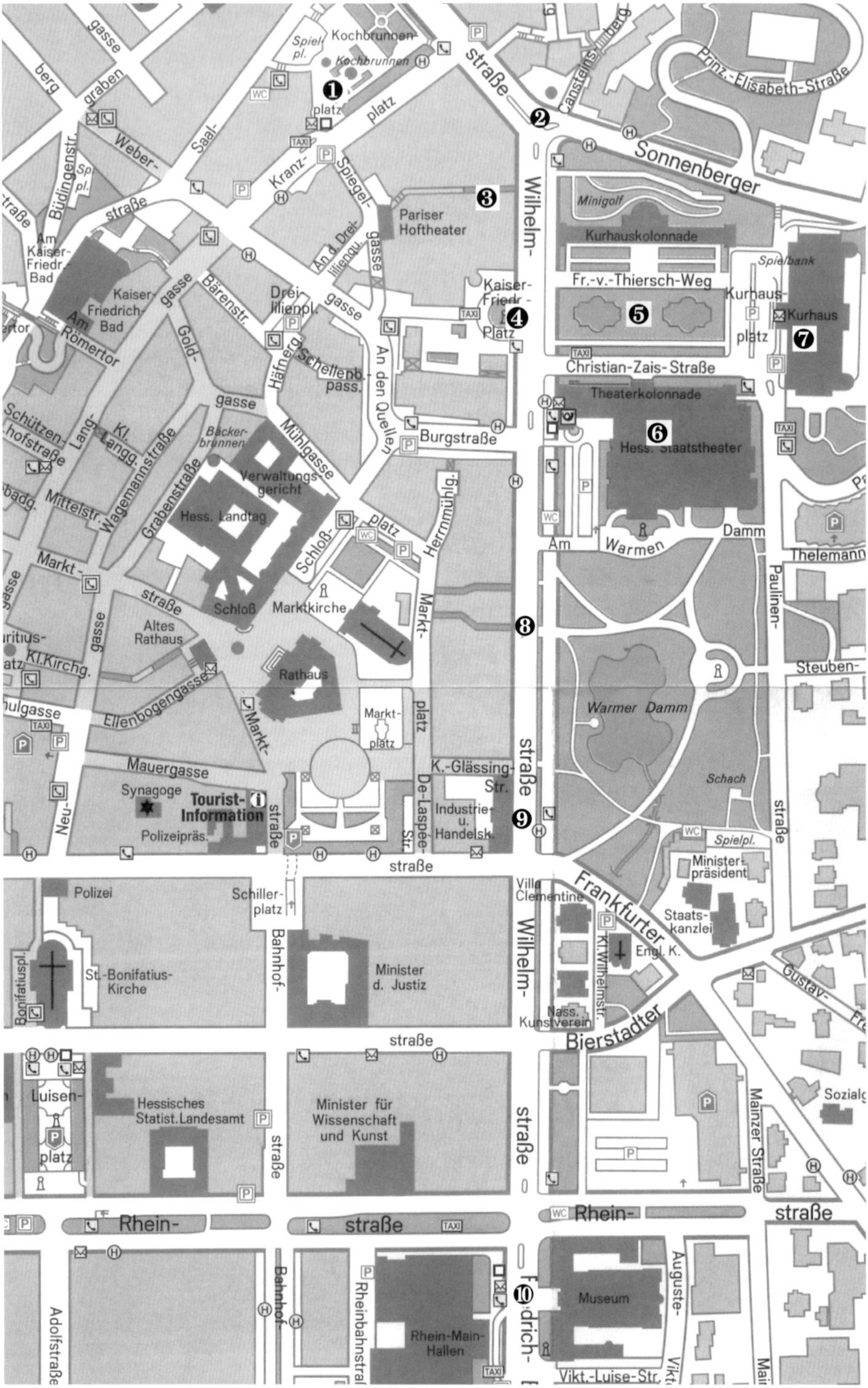

Kochbrunnen-
platz
Kochbrunnen
Spielpl.
Saal-
gasse
berg
graben
Weber-
Büdingenstr.
Kranz-
platz
Spiegel-
gasse
Pariser
Hoftheater
Wilhelm-
straße
Sonnenberger
Canstainsberg
Prinz-Elisabeth-Straße
Minigolf
Kurhauskolonnade
Fr.-v.-Thiersch-Weg
Spielbank
Kurhaus-
platz
Kurhaus
Kaiser-
Friedr.-
Platz
An d. Dreililienqu.
Dreililienpl.
Bärenstr.
Am
Kaiser-
Friedr.-
Bad
Kaiser-
Friedrich-
Bad
Am
Römertor
Gold-
gasse
Häfnerg.
Schellenb.-
pass.
An den Quellen
Christian-Zais-Straße
Theaterkolonnade
Hess. Staatstheater
Burgstraße
Mühlgasse
Bäcker-
brunnen
Verwaltungs-
gericht
Hess. Landtag
Schützen-
hofstraße
Langg.
Kl.
Langg.
Wagemannstraße
Grabenstraße
Mittelstr.
Schloß-
platz
Herrnmühlg.
Am
Warmen
Damm
Thelemann
Paulinen-
straße
Markt-
straße
Schloß
Marktkirche
Altes
Rathaus
Rathaus
Kl.Kirchg.
Steuben-
Warmer Damm
Schach
Ellenbogengasse
Markt-
straße
Markt-
platz
Markt-
platz
Mauergasse
Synagoge
Tourist-
Information
Polizeipräs.
Neu-
gasse
K.-Glässing-
Str.
De-Laspee-
Str.
Industrie-
u.
Handelsk.
Spielpl.
Minister-
präsident
Staats-
kanzlei
Frankfurter
Villa
Clementine
Kl.Wilhelmstr.
Engl. K.
Gustav-
straße
Polizei
Schiller-
platz
Bahnhof-
St.-Bonifatius-
Kirche
Bonifatiuspl.
Minister
d. Justiz
Wilhelm-
Nass.
Kunstverein
Bierstadter
Luisen-
platz
Hessisches
Statist. Landesamt
Minister für
Wissenschaft
und Kunst
Mainzer Straße
Sozialg
Rhein-
straße
Rhein-
straße
Adolfstraße
Bahnhof-
Rheinbahnstraße
Rhein-Main-
Hallen
Museum
Auguste-
Vikt.-Luise-Str.
Friedrich-
1
2
3
4
5
6
7
8
9
10

Wie zu Kaisers Zeiten ...

Kurviertel und Wilhelmstraße

Wolfgang Jung

Ausgangspunkt: Kochbrunnen, Linien 1 und 8
Endpunkt: Museum, Linien 1, 4, 8, 12, und 14
Haltestelle Rhein-Main-Halle, Bahnhofstraße

Unser erster Spaziergang führt uns über die Wilhelmstraße und die benachbarten Plätze und Anlagen und damit zur repräsentativen Schauseite Wiesbadens, sei es in Geschichte oder Gegenwart. Hier erschließt sich mit Blick auf Kurhaus und Theater, Hotels und Restaurants, Villen und Parks Wiesbadens besonderer Reiz als einer Stadt des Müßiggangs, des Lebensgenusses für die höheren Gesellschaftsschichten und für diejenigen, die dazugehören wollen. Kur und Heilung dienen oft mehr als Vorwand, Kunst wird allzu selbstverständlich einbezogen. Wiesbaden war im 19. Jahrhundert eine Kur- und Pensionärsstadt, in der von Reichtümern gelebt, aber keine erwirtschaftet, günstigstenfalls welche erspielt wurden. Die regelmäßigen Besuche des deutschen Kaisers Wilhelm II. zwischen 1894 und 1914 machten Wiesbaden noch attraktiver. Das heutige Treiben im Kurviertel erinnert mitunter an diese gern als „glanzvoll" bezeichnete Vergangenheit. Man konnte und kann hier Beobachtungen machen zum Verhältnis von Fassade und Realität, von Schein und Sein – Thomas Manns Hochstapler

Kurleben im Biedermeier

Ansicht der Rückseite des alten Kurhauses um 1850

Felix Krull empfängt nicht zufällig wesentliche Jugendeindrücke im kaiserlichen Wiesbaden: So „promenierte ich in den herrlichen Parkanlagen, welche den quellenreichen Badeort schmücken, vergnügte mich und bildete mein Auge an den prächtigen Kaufläden der Kurhauskolonnaden".

❶ Kochbrunnen/ Kranzplatz

Im alten Kurviertel in der Innenstadt empfiehlt es sich, einen Trinkbecher bei sich zu haben, um das Heilwasser probieren zu können, das Wiesbaden Bedeutung verliehen hat. Man kann es trinken, seine Heilwirkung gegen Rheuma, Erkrankungen der Atemwege und Stoffwechselstörungen entfaltet sich jedoch vor allem beim Baden. Im Mittelalter und noch später wurde es gegen fast jede Krankheit angewendet. Die größte und bekannteste der 26 heißen Natriumchlorid-Quellen, die zwei Millionen Liter Thermalwasser täglich liefern, ist der **Kochbrunnen**, den man von der Innenstadt aus über die Langgasse erreicht. Das Wasser fließt im Tempel aus einem Trinkbrunnen und unter freiem Himmel aus einem Springbrunnen über eine geriffelte Skulptur aus Riesengebirgsgranit. In den Rillen setzt sich der Sinter (das sind die im Thermalwasser enthaltenen Mineralien und Salze) ab und bildet eigenartige Farben und Formen. Von Zeit zu Zeit wird der Brunnen gereinigt, und der Kochbrunnen kann aufs Neue sein künstlerisches Werk beginnen.

Die großen alten Gebäude, die den Kochbrunnenplatz und den benachbarten **Kranzplatz** heute umgeben, entstanden um 1900, gehen aber zurück auf Hotels und Badehäuser, die seit dem Mittelalter Rechte an den Thermalquellen haben. Der Schwarze Bock wurde 1486 erstmals urkundlich erwähnt, die Rose 1500. Mitunter gingen mehrere kleinere Häuser in größeren auf. So entstand 1903-1905 anstelle des eckigen Baus Zum Engel und des benachbarten Schwan das Palast-Hotel. Der neue Bau umspielt die Ecklage mit geschwungenen Linien und jugendstilhaftem skulpturalem Schmuck. Schon der Name verweist darauf, dass das Haus, in dem heute Sozialwohnungen eingerichtet sind, für die Spitzen der Gesellschaft bestimmt war. Die sich bis zur Taunusstraße erstreckende Fassade des Hotels Rose erinnert in ihrem dezenten Neobarock an Wiener Adelspalais. Schwarzer Bock und Rose wurden 1945 von der amerikanischen Besatzung beschlagnahmt und erst 1957 wieder freigegeben. Sie entwickelten sich danach wieder zu den ersten Wiesbadener Adressen. Aus den meisten Räumen der Rose wurden allerdings Appartements für Dauermieter. 1991 erwarb der Königsteiner Immobilienspekulant Dr. Jürgen Schneider das Haus. Er kündigte an, aus ihm wieder ein Luxushotel machen zu wollen, und ließ die noch vorhandenen Ther-

Hotel Schwarzer Bock um 1900

malbadeeinrichtungen schließen und mit der Sanierung beginnen. Unter den beteiligten Handwerkerfirmen kam Unruhe auf, weil Schneider die Bezahlung der Rechnungen wegen angeblich fehlerhafter Leistungen verzögerte oder verweigerte. Als sich Schneider im April 1994 ins Ausland absetzte und die wohl größte Immobilienpleite der deutschen Geschichte begann, wurde die Rose eine von zahlreichen Sanierungsruinen. Der verurteilte Pleitier Schneider übrigens wurde in seiner Freigänger-Zeit wiederholt in Wiesbaden gesehen: Die Stadt übt eben eine merkwürdige Anziehungskraft auf Blender großen Stils aus. Erst im Jahr 2001 zeichnete sich nach mehreren Fehlschlägen eine Lösung für die Nutzung des prachtvollen Gebäudes ab: Auf Beschluss des hessischen Landtages wurde es Sitz der Staatskanzlei.

Kranzplatz mit Hygieia und Kochbrunnentempel um 1900

Zwischen Bock und Rose steht der Neubau des Hotels Ibis, mit dem eine überregionale Kette im Kurbezirk Fuß gefasst hat. Vorher befand sich hier ein Autosilo, davor das Badehaus Zum Spiegel, nach dem die abzweigende Spiegelgasse benannt ist. Bis nach 1900 waren Kranzplatz und Kochbrunnenplatz durch das Badehaus Europäischer Hof und einen früheren Bau des Hotels Rose deutlich voneinander getrennt. Der Kranzplatz war mit einem Kranz von Badehäusern umgeben – daher sein Name –, in deren Mittelpunkt seit 1850 die Statue der Hygieia stand. Das älteste Wiesbadener Denkmal und das einzige, das eine Frau darstellt – die griechische Göttin der Gesundheit –, gilt als „der vollendete Ausdruck des Wiesbadener Stils der eleganten Romantik" (C. Weiler) und wurde von dem aus Wiesbaden stammenden Bildhauer Karl Hoffmann in Carrara-Marmor geschaffen. Es steht heute der Öffentlichkeit selten zugänglich in der Brunnenkolonnade. Restauriert – es wurde unsachgemäß mit Dispersionsfarbe (!) verunstaltet – könnte es das Schmuckstück für ein zukünftiges Stadtmuseum werden.

Hygieia in der Brunnenkolonnade

Kranzplatz um 1814

Der Kochbrunnenplatz erlebte eine eigene Entwicklung. Von 1785 bis 1879 stand zur Saalgasse hin das städtische Hospital mit dem Armenbad. Daran erinnern ein Wappenrelief im Obergeschoss der Arkaden und eine lateinische Inschrift, die in die Mauer des Platzes eingelassen ist. Sie lautet deutsch: „Dem armen Kranken zur Heilung und Pflege gewidmet 1785". Die Kochbrunnenquelle hatte bis um 1800 nur eine schlichte Einfassung. Erst mit der Einführung der Trinkkur nach 1820 wurde sie erneuert, durch ein Zelt geschützt und um eine kleine Trinkhalle ergänzt. Über das Treiben hier heißt es 1826: „Freundliche Alleen von Kugel-Akazien setzen die Trinkanstalt mit den Promenaden des Kursaals in Verbindung und bilden mit diesen die schönsten Umgebungen der Stadt. Schon am frühen Morgen versammelt sich eine zahlreiche Gesellschaft um den Kochbrunnen. Ein Brunnenmeister mit Gehilfen besorgt das Ausschöpfen des dampfenden Quellwassers, das auf reinlichen Blechtellern dargereicht wird, und in der Nähe sucht eine Harmoniemusik die Gesichtszüge der Leidenden zu erheitern, was wohl selten gelingen mag. Weniger zahlreich ist die Gesellschaft am Abend." Denn abends pflegte man das gesellschaftliche Leben im Kurhaus. Mit ihm war am damaligen Stadtrand ein neues Kurzentrum entstanden, das mit dem traditionellen im alten Stadtkern konkurrierte.

Die Trinkhalle wurde mehrfach ausgebaut, aber erst nach Abriss des Hospitals konnte von Wilhelm Bogler 1887 bis 1890 ein großzügiger Bau errichtet werden. Die neue Kochbrunnenanlage bestand aus rechtwinkligen, verschieden breiten und langen, teilweise geöffneten, durch Pavillonbauten verbundenen Trink- und Wandelhallen, an die sich der mit schmiedeeisernen Gittern geschmückte Tempel über der Quelle anschloss. Die Quelle lag tief unterhalb des Erdbodens, „Brun-

Brunnenmädchen

nenmädchen" in Diensttracht stiegen zu ihr hinab. Zugänglich waren Hallen und Park nur für Karteninhaber, für die arbeitende Bevölkerung war der Platz als Durchgang gesperrt. Neben der Trink- und Badekur wurden die Kochsalzthermen auch zu Inhalationskuren genutzt. Der Umfang der medizinischen Kur um 1900 lässt sich aus den Informationsschriften der Stadt ablesen. Der Kurführer von 1910 verzeichnet fünf öffentliche Krankenhäuser, 23 Privat-Heilanstalten und über 200 Ärzte, darunter Spezialisten aus allen Sparten, wobei Gicht- und Rheumabehandlungen in Wiesbaden einen besonderen Stellenwert hatten.

Kochbrunnen um 1910

Die 1945 nur leicht beschädigten Trinkhallen konnten 1949 schon wiedereröffnet werden, wurden aber bald – bis auf die Arkaden an der Saalgasse und den Tempel – abgerissen. In den 1970er Jahren versetzte man den Tempel und gestaltete ihn zu einer frei zugänglichen Zapfstelle. Gleichzeitig wurden die aus der Mitte des 19. Jahrhunderts stammenden niedrigen Badehäuser Weißes Roß und Römerbad neben dem Palast-Hotel abgerissen – zugunsten eines gleich hohen, schmaleren Anbaus. Dadurch ergibt sich jetzt ein breiter Übergang zum benachbarten Bergkirchenviertel, dem „Kleine-Leute-Viertel", von dem der Kurbezirk einst deutlich abgetrennt war. Die neu gestalteten Grünanlagen mit dem Springbrunnen, der Spielplatz, die Straßencafés und das sogenannte „Kranzplatzfest" im Mai machen den Platz heute für jedermann attraktiv.

In der Taunusstraße, die den Platz nördlich begrenzt, erhebt sich seit 1970 hoch über die umliegenden Gebäude ein Hochhaus der R+V-Versicherung. Gegen den Bau wurde heftig protestiert, weil er – wie etliche andere Neubauten – die Frischluftzufuhr behindert. Offenbar hat es in Wiesbaden eine erhebliche Klimaverschlechterung gegeben: Während in alten Berichten die kühlenden Winde aus dem Taunus gerühmt werden, die die sommerliche Hitze angenehm milderten, bringt Kessellage der Stadt heute drückende Schwüle mit sich. Hinzu kommt der abweisende Charakter des Gebäudes. Das einst lebendige „Kureck",d. h. Ecke Wilhelmstraße/Taunusstraße, ist zu einer Problemzone geworden.

❷ Wilhelmstraße/ Kureck

Kino Capitol am Kureck vor dem Abriss 1965

Die **Wilhelmstraße** entstand Anfang des 19. Jahrhunderts als Promenadenallee östlich des alten Stadtkernes. 1817 wurde sie nach Herzog Wilhelm von Nassau benannt. Diese Prachtstraße ist nur zur Innenstadt hin mit einer durchgehenden Häuserzeile bebaut, gegenüber befinden sich Parks und einzeln stehende Gebäude, die durch eine Platanenallee für Fußgänger von der Fahrbahn getrennt sind. In der Sprache der 1960er Jahre wird das so beschrieben: „Was in jeder anderen Stadt zur tosenden Klamm geworden wäre, nahm damit in Wiesbaden das Bild des mächtig-ruhenden Stromes an, der ohne Beengung die Stadt durchschneidet. Nur rechts säumt ihn ein steinernes Ufer, links aber geht er über in weit ausschwingendes Grün." (Wiesbaden stellt sich vor, 1967).

Am **Kureck** stand vor dem Krieg das Hotel Cecilie. Nach dessen Zerstörung wurde die Baulücke bis in die 1970er Jahre von niedrigen Barackenbauten gefüllt. Dort befand sich auch das Lokal i-punkt, das später auf die andere Seite der Wilhelmstraße umgezogen ist. Nach Hanns-Josef Ortheils Roman „Agenten" von 1989 traf sich hier die Wiesbadener Yuppie- und Medien-Szene: „Ansager, Moderatoren, diese Sport-Studio-Verschnitte, alle mit einer glühenden Sehnsucht nach Torwandschießen. Samstagsnachts war das hier die Hölle, nur geballte Athletik mit gebremstem Chromosomenausstoß. Die halbe Bundesliga hat hier ihre Krisen besoffen, jedes eingefangene Tor eine Runde, die Schiedsrichter doppelt".

❸ Via Publica

Unterhalb des Kurecks steht heute ein Neubau mit einem von einer Glaskuppel überdachten Innenhof, die **Via publica**. Auch dieses Gebäude war von Dr. Jürgen Schneider aufgekauft und „entmietet" worden. Nach seiner Pleite wechselte der Besitzer mehrfach, es gab Streit, Skandale, leer stehende Läden, neue Ideen, keine Erfolge. Der neueste Anlauf besteht in einer Öffnung und einem neuen Design der Fassade zur Wilhelmstraße und der Nutzung von Erdgeschoss-Räumen und Innenhof durch eine volkstümliche bayerische Brauereigaststätte, die erste, die Leben in die sterilen Gemäuer gebracht hat.

Café Blum im neuen Domizil Wilhelmstr. 60

Die Ladenpassage, die von der Wilhelmstraße abzweigt und mit dem Innenhof durch einen Gang verbunden ist, wurde renoviert und mit dem stolzen Namen Via publica geschmückt. Der großartig gestaltete Treppenaufgang mit Glasdach führt auf eine schmale begrünte Terrasse, von der aus man auf die Hinterseiten der benachbarten Hotels – Rose, Ibis, Schwarzer Bock und Nassauer Hof – blickt, die eine Art Rahmen zu bilden scheinen für den niedrigen, älteren, bescheidenen Bau in der Mitte: den Pariser Hof (Siehe Rundgang 3). Der Weg führt zur Spiegelgasse.

Auf der Parkseite der Wilhelmstraße führt das Bowling Green, ein lang gestrecktes Rasenviereck mit zwei dreischaligen Kaskadenbrunnen, gesäumt von Kurhaus- und Theaterkolonnade, zum Kurhaus – diese Ansicht gilt als das Wahrzeichen Wiesbadens. An der Stadtseite der Wilhelmstraße, öffnet sich die Häuserfront der Wilhelmstraße ein einziges Mal zum **Kaiser-Friedrich-Platz**. In der Mitte steht das Denkmal für den deutschen Kaiser Friedrich III. Die Nordost-Ecke bildet das Hotel Nassauer Hof, die Südost-Ecke das Appartementhaus Vier Jahreszeiten mit Ladengalerie, die in das dahinter liegende niedrigere Bankgebäude Haus Zais übergeht. Keines dieser Gebäude ist älter als hundertzehn Jahre, aber Vorgängerbauten, Platzkonzeption und Gesamteindruck gehen auf die Entstehungszeit der Wilhelmstraße zurück.

❹ Kaiser-Friedrich-Platz

Idealisierte Darstellung Kaiser Friedrichs III. anlässlich der Einweihung des Denkmals 1897

Badewirte und Regierung wollten den Fremden mehr bieten als die Thermen. Deshalb wurde das Hasardspiel in Wirtshäusern konzessioniert, mit den Pächtern aber vereinbart, „einen anständigen öffentlichen Versammlungsort für die Fremden und Kurgäste ... einzurichten". Zur Finanzierung schrieben die nassauischen Herzöge 1807 eine Aktiengesellschaft aus. Der nassauische Bauinspektor Christian Zais schlug vor, das Kurhaus nicht im alten Stadtkern, sondern von ihm entfernt im Grünen zu errichten und konnte diesen für die weitere Stadtentwicklung entscheidenden Gedanken 1810 realisieren.
Gegenüber sah Zais einen Platz vor, der zum Kurhaus hin offen bleiben und ansonsten von palastartigen Gebäuden rechteckig umschlossen werden sollte. Dort errichtete er zuerst sein eigenes Wohnhaus, symmetrisch dazu ließ ein Wirt den Nassauer Hof erbauen. Zais setzte seine Ideen für ein zeitgemäßes Badhaus an dieser erst aufgrund seiner eigenen Planungen zentralen Stelle der Stadt selbst um. 1816 begann er mit dem Bau des Hauses Zu den Vier Jahreszeiten, das er nach den neuesten medizinischen Erkenntnissen ausstatten ließ. Um es mit Thermalwasser speisen zu können, musste Zais bisher unübliche Grabungen nach neuen Quellen durchführen lassen, denn die Rechte an den bekannten Quellen waren an die bereits bestehenden Badehäuser vergeben. Deren Inhaber erhoben gegen Zais' Vorgehen heftigen Protest und drohten mit Gewalt. Sie behaupteten, ihre Quellen würden infolge der Grabungen versiegen. Zais starb 1820 über diesen Auseinandersetzungen. Nach seinem Tod stellte sich heraus, dass die Badewirte selbst Manipulationen an ihren Quellen vorgenommen hatten, um ihre Vorwürfe beweisen zu können. Der Familie Zais wurde deshalb erlaubt, den Bau weiterzuführen und zu verpachten.

Christians Sohn, der Arzt Wilhelm Zais, konnte die Vier Jahreszeiten später übernehmen. An dem Konflikt zeigen sich beispielhaft die damaligen prinzipiellen Differenzen zwischen dem alteingesessenen Wiesbadener Bürgertum und den modern denkenden, sich über Konventionen hinwegsetzenden Regierungsbeamten.

Christian Zais (1770-1820)

Christian Zais' Idee, neben dem Nassauer Hof ein Theater zu erbauen, wurde 1827 realisiert. Im selben Jahr entstand die nördliche Kolonnade, 1839 folgte die südliche. Durch die Kolonnaden wurde die Trennung zwischen Kurhaus und Stadt aufgelockert. Den Kurgästen wurden hier an Ständen „die kostbarsten Gegenstände" zum Kauf angeboten. Damit war der exklusive Kurbezirk, wie Zais ihn sich vorgestellt hatte, vollendet. Er wollte Wiesbaden durch eine Sonderstellung des Kurlebens zu einem Treffpunkt für die „bessere Gesellschaft" machen, die nur mit ihresgleichen verkehren wollte. „Er hatte begriffen, ... dass hier, in einer sich von Politik und Revolution zurückziehenden Gesellschaft, Abgeschlossenheit und Reserviertheit gefordert wurde." (U. v. Hase)

Auch in diesen abgeschlossenen Bezirk drangen aber die politischen Auseinandersetzungen ein: Im Vormärz und während der Revolution 1848/49 wurde das Haus Vier Jahreszeiten zum Treffpunkt der Liberalen, unter denen Wilhelm Zais eine führende Rolle spielte. Am 2. März 1848 verkündete der nassauische Landesdeputierte und spätere Ministerpräsident August Hergenhahn von der Treppe des Theaters aus vor 4000 Zuhörern die Forderungen der Nassauer an die herzogliche Regierung.

1897 entstand auf dem Grundstück des alten Theaters der Nassauer Hof neu als weit ausgreifender Hotel-Palast im Neobarockstil, die Ecken mit Turmaufbauten hervorgehoben. Ab Sommer 1940 tagte hier die deutsch-französische Waffenstill-

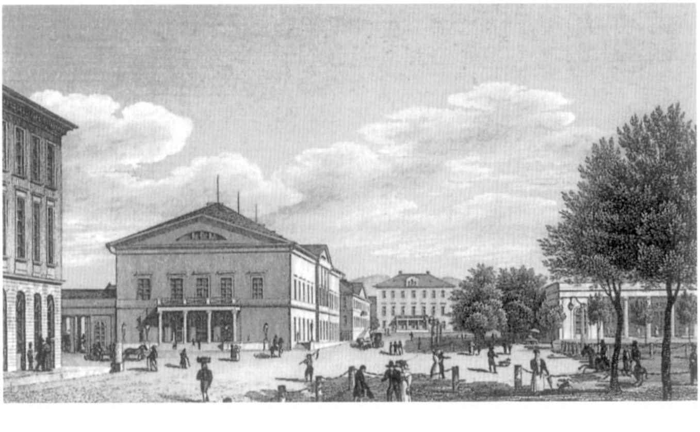

Wilhelmstraße und nassauisches Hoftheater um 1840

standskommission. Die Obergeschosse wurden 1945 zerstört und in den 1950er Jahren mit schlichterer Fassade wieder aufgebaut. 1979 eröffnete der Meisterkoch Hans-Peter Wodarz in dem Gebäude das Nobel-Restaurant „Die Ente vom Lehel", dessen Name auf einen früheren Standort im Münchener Stadtteil Lehel Bezug nahm. Das Lokal wurde für das Wiesbaden der 1980er Jahre, was einst Kaiser Wilhelm war: Es lockte die oberen Zehntausend des Landes in die Stadt. „Gesellschaftlich gesehen ist die ‚Ente' der Mittelpunkt der Bundesrepublik, mag sie auch geographisch ganz leicht daneben liegen," hieß es. Wodarz wusste genau: „Wer hierher kommt, will nebenbei demonstrieren, dass er was darstellt." Mittlerweile in andere Hände übergegangen, behauptet die „Ente" nun schon seit fast 30 Jahren einen Punkt im Michelin. Dem Image der Anfangszeit wurde bewusst entgegen gewirkt. Der Namenszusatz „vom Lehel" ist gestrichen, die Gardinen zur Straße sind offen, innen ist die Atmosphäre hell und modern, es gibt günstige Bistro-Angebote und Stammessen.

1980 wurde auf dem Kaiser-Friedrich-Platz eine Kulturveranstaltung eigener Art gestartet. Die vielen kleineren kulturell aktiven Gruppen, die von der Stadt keine finanzielle Unterstützung bekamen, ärgerten sich über die hohen Zuschüsse für die „Internationalen Maifestspiele" (IMF): „Wir haben es satt, Jahr für Jahr tatenlos mitansehen zu müssen, wie für viel Geld eine bürgerliche Kulturshow abgezogen wird, mit der wir absolut nichts am Hut haben ... Diese Art von Kultur ist nicht die unsere – wir haben unsere eigene Kultur – und wir können sie auch vorzeigen." So kam es zu den „Anderen Maifestspielen" (AMF). Hier betrug der Eintritt null bis fünf Mark und die Besucher wurden zum Mitmachen aufgefordert. „Kultur muss von unten kommen, d. h. sie entsteht aus konkreten Arbeits- und Lebenszusammenhängen" hieß es, und so gab es auch Kinderfeste, Fußballspiele und Workshops. Finanziert wurden die AMF aus eigener Kraft, alle Akteure verzichteten auf Honorare. Da man die IMF auf die ungebrochene „konservativ-wilhelminische Tradition" zurückführen konnte, lag der spektakuläre Auftakt für die AMF nahe: Kaiser Wilhelm und Gemahlin kamen 1980 erneut nach Wiesbaden, fuhren in einem parodistischen Festumzug durch Luisen- und Wilhelmstraße zum Kaiser-Friedrich-Platz. Dort wurden sie von dem „anderen" Oberbürgermeister devot empfangen – und dann vom Volk in die Flucht geschlagen. Der Zusammenprall von traditioneller „hoher" Kultur und den Initiativen „von unten" war auch dem Fernsehen ein Beitrag wert. Aus heutiger Sicht fällt auf wie die Bürgerbewegung ihr Profil in Kritik und Parodie etablierter

„Kultur muß von gaaanz unten kommen!"
Wie? Wie in Wiesbaden zum Beispiel!

Bauzaun der Tiefgarage Bowling-Green 2005/2006

Veranstaltungen suchte, bei dem „Lalü"-Faschingsumzug 1982 war es ähnlich. Nach vier Jahren gab man die AMF auf.
So ist es ein zwar ähnlich „junges", aber alles andere als „alternatives" Fest, bei dem der Kaiser-Friedrich-Platz voll zur Geltung kommt: das „Theatrium", das seit 1978 am zweiten Juni-Wochenende auf der Wilhelmstraße stattfindet. Künstler, Kunsthandwerker und Verleger bieten hier ihre Waren an, mehrere Bühnen locken mit Musik und Darbietungen der Tanzschulen, unter den Platanen und im Kurbezirk kann man essen und trinken. Natürlich ist das kulinarische Angebot dem Niveau der Wilhelmstraße angepasst – neben Bratwurst und Spießbraten gibt es Austern und Kaviar auf Papptellern. Das Publikum trat entsprechend auf, eine mondäne Atmosphäre von Genuss und „Life-Style" wurde inszeniert. In dieser Hinsicht ist die große Zeit des Theatriums jedoch vorbei, vielen sitzt das Geld nicht mehr so locker. So bemühen sich die Organisatoren inzwischen, dem Image einer „Champagnermeile" entgegenzuwirken und niemanden abzuschrecken. Freilich war es unter Wiesbadenern schon immer üblich, das Theatrium als „Schicki-Micki-Fest" heftig zu kritisieren – und trotzdem hinzugehen.
Abgesperrt und voll von Menschen ist die Wilhelmstraße auch dann, wenn die Kurbetriebe zu Open-Air-Konzerten auf dem Bowling Green einladen: Zu Gast waren schon Luciano Pavarotti, Placido Domingo, Montserrat Caballé, Andrea Bocelli, André Rieu, die Gruppe Simply Red sowie Lionel Richie, Elton John und Rod Stewart. Die „gute Gesellschaft" leistet sich die teuren Karten, die „breite Bevölkerung" kann von der Straße aus zuhören, wo es ebenfalls Getränkestände und manchmal eine Video-Übertragung gibt – eine Trennung wie zu Kaisers Zeiten, bei der aber jeder auf seine Kosten kommt. Es stellt sich nur die Frage nach dem Sinn dieses Veranstaltungsorts, denn für die Gäste ist das bauliche Ensemble des Kurbezirks mit dem Bowling-Green der hohen Aufbauten wegen gar nicht mehr wahrnehmbar.

❺ Bowling Green

Der Name **Bowling-Green** spielt noch auf Zeiten an, als es sich um eine einfache Rasenfläche handelte. Im Laufe der Zeit wurde die Anlage immer wieder verändert, mal mit üppigem, fast exotischem Grün versehen, mal wieder klarer und übersichtlicher gestaltet.
Geblieben waren in all den Jahren, die Platanen, von denen die ältesten bis 180 Jahre alt wurden. Im Zusammenhang mit dem Bau einer Tiefgarage für 450 Parkplätze unter dem Bowling Green 2005/2006 wurden die alten Platanen, trotz heftig-

sten Bürgerprotests, gefällt. Die Fläche ist nun vollkommen eben, der Rasen ein strapazierfähiger „Schotterrasen“ und damit fit für Großveranstaltungen aller Art. Die (störenden) alten Einfassungen für den Rasen und die Bassins aus rotem Sandstein sind verschwunden. Die beiden Kaskadenbrunnen aus der Mitte des 19. Jahrhunderts wurden saniert und statt zu tröpfeln sprühen sie nun wie Massageduschen. Die Bassins sind mit glänzendem schwarzen Granit eingefasst, auf dem die Enten und Nilgänse, auf die man früher immer stolz war, hässliche Spuren hinterlassen. Dies hat in der Presse schon den Kampfruf: „Die Nilgänse müssen weg!“ provoziert. Mit schwarzem Basalt aus Vietnam gepflastert bis zur Treppe der Theaterkolonnade, hat das Bowling-Green das harmonische Verhältnis von natürlich Gewachsenem und bewusst Gestaltetem verloren, das sich im Laufe der Jahrzehnte und Jahrhunderte entwickelt hatte. Da helfen auch die 120 mobilen gusseisernen, schwarzen und formlosen „Wiesbadener Blumenkübel“ wenig, die „wegen diverser Veranstaltungen“ statt auflockernden Blumenbeeten rechts und links des Kurhaus-Portikus im Halbkreis stehen. Für eine Spende von 750 Euro kann man seinen Namen auf einem dieser Tröge eingravieren lassen, für 1000 Euro gibt es sogar ein Messingschildchen – ein wirklich tolles Angebot für Wiesbadener, „die für ihre Stadt Gutes tun wollen“! (WK) Dennoch, abends bemerkt man diese Mängel nicht so genau: Farbig angestrahlt erscheint das Kurhaus als großartig Kulisse des wilhelminischen Wiesbaden.

Bowling-Green um 1870

Nilgänse

Südlich der Kolonnaden wurde 1860 der Park Warmer Damm angelegt. Der Name erinnert an den Damm, der hier den inzwischen trockengelegten, von den Abflüssen der heißen Quellen gespeisten, warmen Weiher begrenzte.
Der erste in einer langen Reihe von prominenten Gästen, die sich im alten Kurhaus aufhielten, war Feldmarschall Blücher, der 1813 vom preußischen Hauptquartier in Höchst herüberkam. Die Wiesbadener arrangierten einen Ball zu seinem Geburtstag – allerdings vier Tage zu früh. Goethe sah hier zum ersten Mal Marianne von Willemer, die Suleika seiner Gedicht-

sammlung Westöstlicher Divan. Während Goethe des Badens wegen nach Wiesbaden kam, erlagen andere der Faszination des Glücksspiels. Bismarck fuhr als 22-jähriger Referendar einer Engländerin von Aachen aus hierher nach, verspielte ein kleines Vermögen, folgte ihr weiter in den Süden. Richard Wagner besuchte während seines Sommeraufenthaltes 1862 die Spielbank aus Geldnöten und verließ sie, sobald er auch nur einen kleinen Gewinn erspielt hatte.

Auch Dostojewski kam aus akuter Notlage hierher, konnte jedoch nicht aufhören und verspielte erhebliche Gewinne. Er verarbeitete seine Erfahrungen in dem Roman „Der Spieler", dessen fiktiver Schauplatz Roulettenburg aber nur teilweise Wiesbadener Lokalkolorit verrät. Der erste Eindruck des Helden vom Spielsaal: „Da ich ja selber in hohem Maß von dem Wunsch zu gewinnen erfüllt war, wirkte diese ganze Gewinnsucht, all dieser schmutzige Eigennutz beim Betreten des Saals beruhigend und anheimelnd auf mich. Es ist das Allerschönste, wenn man sich voreinander nicht zu zieren braucht, sondern offen und freimütig handeln kann ... ganz besonders hässlich wirkt auf den ersten Blick bei diesem Roulettepack die Ehrfurcht vor der ‚Arbeit', der Ernst, ja sogar die Andacht, mit der alles um die Tische herumsteht." Weniger bekannt sind ähnliche Wiesbadener Erfahrungen des Holländers Eduard Douwes Dekker, der sich als Schriftsteller Multatuli („Ich habe viel getragen") nannte. Er hatte in seinem Roman „Max Havelaar" die kolonialen Ausbeutungsmethoden in Ostindien kritisiert, vor den darauf folgenden Anfeindungen floh er ins Ausland. 1871 zog er nach Wiesbaden, wo er zehn Jahre blieb. Hier spielen seine „Millionen-Studien": Neben Beobachtungen am Spieltisch und Berechnungen für erfolgreiches Spielen stehen Szenen auf der Burg im Vorort Sonnenberg und märchenhaft-satirische Episoden im unterirdischen Zwergenreich.

Dostojewski-Büste am Nizzaplätzchen

Nach der Schließung der Spielbank Ende 1872 – eine Folge der Annexion Nassaus durch Preußen 1866 – übernahm die Verwaltung der Stadt den Kurhausbetrieb. Als Ersatz wurden Attraktionen wie Bälle, Illuminationen, Feuerwerke geboten. Ein neues städtisches Orchester bot nicht nur Kur-, sondern auch Symphoniekonzerte. Der Kurpark wurde eingezäunt und für zahlende Gäste reserviert.

❻ Hessisches Staatstheater

Kurhaus und Theater wurden den steigenden Ansprüchen und Besucherzahlen nicht mehr gerecht und deshalb durch die Bauten aus wilhelminischer Zeit ersetzt, die den Bezirk heute prägen. Nach heftigem Streit um den Standort für das neue Theater – heute **Hessisches Staatstheater** – folgte man dem Wunsch Wilhelms II., der für den Warmen Damm votierte. Das einstige herzoglich-nassauische Hoftheater war seit 1866 Königliches Hoftheater und der Generalintendanz in Berlin unterstellt. Es wurde vom preußischen Monarchen subventioniert. Am 16. Oktober 1894 fand die Einweihung des Neubaus in Anwesenheit des Kaisers statt.

Schillerdenkmal

Die Auflage, den Zuschauereingang zur Kolonnade hin anzulegen, hatte eine kuriose Konsequenz: Die Schauseite zum Park mit dem giebelbekrönten Portikus ist die Rückseite, ihr Eingang führt auf die Hinterbühne, die Doppelrampe diente nicht dem Vorfahren von Equipagen, sondern dem Transport von Dekorationen. Die Reliefgruppe im Giebel zeigt in der Mitte die Idealgestalt der Poesie; der niedersinkende Mann, dem eine Parze den Lebensfaden abschneidet, soll die Tragödie symbolisieren, die Figurengruppe mit Liebespaar, Amor, Faun und Narr die Komödie. Das barocke Prinzip, die Gebiete der Kunst in allegorischen Figuren zu verkörpern, wird in den Skulpturen an den Außenfassaden und im Inneren mannigfach wiederholt. Davon abweichend sind an der Seite zur Wilhelmstraße zwei Bühnenfiguren dargestellt: Tannhäuser und Götz von Berlichingen. Diese Gestalten des deutschen Mittelalters, Ritter und Minnesänger, verraten den nationalen Zeitgeist.

1905 wurde an der Parkseite des Theaters das Schiller-Denkmal aufgestellt, das den jungen Dichter in der Sicht des 19. Jahrhunderts zeigt: in deklamatorischer Pose als einen schwärmerischen Idealisten, der sich über alles „Gemeine“ erhebt. Damals wurde auch die Giebelinschrift angebracht: „Der Menschheit Würde ist in Eure Hand gegeben. Bewahret sie!“ Die Zeile stammt aus Schillers Lehrgedicht „Die Künstler“.

Die Enthüllung der Statue anlässlich des 100. Todestag Schillers war übrigens ein Akt der Wiedergutmachung. Denn zum 100. Geburtstag 1859, als man im ganzen Land mit Schiller die

Theaterfoyer

deutsche Einheit beschwor, hatte es in Wiesbaden nur zur Umbenennung eines Platzes und zum Pflanzen einer Linde gereicht. Die Schillerlinde wurde wegen Neubauten bald in den Warmen Damm verpflanzt, musste dort aber dem Denkmal für Kaiser Wilhelm I. weichen. Eine Schillerbüste im Stil von J. H. Dannecker (1758-1841) wurde 1866 vor dem alten Theater aufgestellt, 1897 zugunsten des Kaiser-Friedrich-Denkmales entfernt und im Hof der Leibnizschule abgestellt. Kritiker dieser Transaktion argumentierten, dass der kunstsinnige Kaiser Friedrich ihr niemals zugestimmt hätte.

Der moderne Erweiterungsbau neben der Hauptfassade des Theaters verdeckt seit 1978 den Blick auf die Foyerfassade mit ihrer verspielten barockisierenden Ornamentik. Aus Kostengründen hatten die Architekten beim Bau des Theaters auf ein Foyer verzichtet, damit jedoch das Repräsentationsbedürfnis der Wiesbadener Theaterbesucher unterschätzt. Deshalb wurde 1902 von Stadtbaumeister Felix Genzmer der Anbau geschaffen – er gilt als ein Meisterwerk des Architekten im Stil des Rokoko, das ihm Ruhm, die Gunst des Kaisers und wohl auch den Lehrstuhl in Berlin verschaffte. Seinen Formenschatz für den Innenraum des Foyers hat Genzmer von den Barockschlössern in Bruchsal, Brühl und vor allem aus Würzburg, dem dortigen „Kaisersaal" bezogen. „Die Eleganz und Heiterkeit des Raumes versetzen nun schon seit mehr als hundert Jahren die Besucher in eine festliche und beschwingte Stimmung" (G. Kiesow) Die Gliederung in Ränge reflektiert die soziale Schichtung im Zuschauerraum: Nur Besucher aus Parkett und erstem Rang konnten das Foyer direkt betreten, wer im zweiten Rang saß, war noch als Zuschauer zugelassen, die Kinder des Olymp waren vom Gesellschaftsleben in der Pause ausgeschlossen. Das Deckengemälde stammt von dem Wiesbadener Maler Kaspar Kögler. Die Szenerie, in der sich Schauspieler, Musiker, Maler, Architekten, Tänzer tummeln, ist das antike Griechenland – in biedermeierlicher Brechung. Diese Sicht ist für das Werk Köglers charakteristisch. Hier bilden Idyllisierung und Vorliebe für kleine Leute einen Gegenakzent zum gründerzeitlichen Monumentalismus. 1978 wurde sein Deckengemälde im Zuschauerraum, das Charakteristika Wiesbadens zeigt, rekonstruiert.

Bühnenbild zu Oberon von H. Kautsky, 1900

Die Loge Wilhelms II. war die linke Proszeniumsloge. Daraus lässt sich schließen, dass der Monarch quasi selbst ein Bestandteil des Bühnenbildes sein wollte. Die sog. „Kaiserfahrt", eine Durchfahrt unter dem Zuschauerraum und eine separate Treppe ermöglichten es ihm das Haus getrennt vom Publikum zu betreten – wie die Akteure auf der Bühne. Wenn er anwesend war, unterlagen die Vorstellungen einem festgelegten Zeremoniell. Für die Zuschauer gab es Kleidungsvorschriften. Der erste Rang blieb Adligen und Künstlern vorbehalten. Eine halbe Stunde vor Beginn der Aufführung musste das Publikum im Theater versammelt sein und die Ankunft des Kaisers und seiner Gäste erwarten. Pünktlich rollten die Wagen vor die Kaisereinfahrt, der Intendant betrat die Loge und klopfte dreimal mit dem Kammerherrnstab auf. Das Publikum erhob sich und begrüßte den Kaiser mit Hochrufen. Er trug die Uniform eines seiner Leibregimenter, die Wahl war auf die Bedeutung des jeweiligen Bühnenstückes abgestimmt. Nach der Kaiserhymne gab der Monarch das Zeichen zum Beginn der eigentlichen Vorstellung (nach Gerda Haddenhorst).

Theaterplakatentwurf von 1897

Intendant Graf Georg von Hülsen-Haeseler war ein Sohn des Berliner Generalintendanten Botho von Hülsen und Jugendfreund Wilhelms II. Sein Ziel, den Kaiser in besonderer Weise für Wiesbaden zu interessieren, erreichte er mit den 1896 eingeführten Maifestspielen. Der Kaiser bestimmte den Spielplan, beeinflusste Dekoration, Besetzung und Inszenierung. Für Herrscher und Hof wurden die Maifestspiele zu einem festen Bestandteil in der alljährlichen „Tournee" durch das In- und Ausland. Absicht dieser Reisetätigkeit des Kaisers war es, nicht nur in der Reichshauptstadt, sondern auch in den Provinzen

Giebelrelief an der Rückseite des Staatstheaters

regelmäßig präsent zu sein. Die Wiesbadener Kaiserfestspiele gestalteten sich zu einer „eigentümlichen Mischung aus rheinischem Volksfest, gesellschaftlicher Selbstdarstellung der Geburts- und Geldaristokratie und patriotischem Herrschaftskult, die offensichtlich auf allen Seiten großen Anklang fand“ (Winfried Schüler).

In von Hülsens Inszenierungen wurde das Stück oft zum bloßen Anlass für prunkvolle Ausstattung und den Einsatz der Bühnenmaschinerie, so in der berühmten und beliebten Wiesbadener Fassung von Carl Maria von Webers Märchenoper „Oberon“.

Weniger erfolgreich waren Dramen aus der Geschichte der Hohenzollern, die der Kaiser bei dem sehr produktiven Romancier und Dramaturgen Joseph von Lauff in Auftrag gegeben hatte. Eine Wiesbadener Aufführung von Lauffs Stück „Der Burggraf“ 1897 schildert Bernhard von Bülow. Der Außenminister und spätere Reichskanzler saß zusammen mit dem Chef des kaiserlichen Zivilkabinetts Hermann Friedrich von Lucanus und dem Diplomaten Fürst Philipp von Eulenburg-Hertefeld, einem engen Freund und Berater Wilhelms II., der ihn 1908 anlässlich der so genannten „Eulenburg-Affäre“ fallen ließ: „In diesem großen und schönen Theatersaal – sagte ich – ist, wie wir alle wissen, außer dem Kaiser kein Mensch, der dieses Stück nicht abgeschmackt und albern fände. Und der Kaiser klatscht begeistert Beifall! Ich finde es unheimlich.“ Lucanus lächelte in seiner nüchternen Art. „Natürlich haben Eure Exzellenz ganz recht. Aber das Publikum jubelt, wenn es den Kaiser sieht und die Fanfarenklänge hört, die ihn ankündigen, das Stück ist dem Publikum völlig gleichgültig. Und was seine Majestät angeht, so ist es besser, er treibt solche kindlichen Spiele, als wenn er Eurer Exzellenz in Ihre Politik hineinpfuscht.“

Karikatur zu „Der Eisenzahn“ von E. Sprunkel in der „Wäsch-Bitt“ 1899

Eulenburg meinte seufzend: „Und während hier solche Schmarren aufgeführt werden, will mein geliebter Kaiser nicht

den Befehl geben, dass mein wundervolles Drama Der Seestern ... endlich wieder auf den Spielplan gesetzt wird."
Während der Weimarer Republik fand das Wiesbadener Haus den Anschluss an moderne Theaterpraxis. Im November 1918 begann wie an vielen Theatern eine Phase entschiedener Demokratisierungsversuche.
1920 aber wurde das „Nassauische Landestheater" zum preußischen „Staatstheater" und Carl Hagemann alleinverantwortlicher Bühnenleiter. Er hatte Grundsätze „Moderner Bühnenkunst" theoretisch entwickelt und umgesetzt. So kam es zu text- und musikbezogenen Operninszenierungen, das Schauspiel nahm breiteren Raum ein.

Carl Hagemann

Zwei Mitglieder des Schauspielensembles dieser Zeit wurden im Dritten Reich bekannt: Wolfgang Langhoff kam als politischer Häftling ins KZ Börgermoor und schrieb dort den Liedtext der „Moorsoldaten", Emmy Sonnemann heiratete Hermann Göring ...
Der künstlerische Avantgardismus Wiesbadens in den 1920er Jahren, an dem auch die weltberühmten Dirigenten Otto Klemperer als Leiter des Opernorchesters und Carl Schuricht als Leiter des städtischen Symphonieorchesters sowie Hagemanns Nachfolger Paul Bekker teilhatten, fand in den 1930er Jahren sein Ende. Das „Deutsche Theater" wurde gleichgeschaltet. In der Nachkriegszeit wurde das Haus „Hessisches Staatstheater". Die Internationalen Maifestspiele (IMF) wurden wieder eingeführt und boten jetzt Gesamtgastspiele auswärtiger, insbesondere ausländischer Bühnen.
Das Theater, die Oper, die Maifestspiele haben noch heute einen hohen Stellenwert im Selbstverständnis der Stadt. Dabei ist Wiesbaden nicht den großen Bühnen Deutschlands zuzurechnen. Für Oper und Konzert gibt es nur noch ein Orchester, das erst nach langem Ringen höher eingruppiert wurde. Zeitweise konnte bei den IMF mit Gastspielen aus Osteuropa ein eigenes Profil gewonnen werden, seit dem Ende des Ost-West-Konfliktes entfällt dieser Schwerpunkt.

Hansgünther Heyme

Ein weiteres Problem ist der knappere Spielraum der öffentlichen Kassen. So gewinnen andererseits preiswertere Produktionen aus Tanztheater, Schauspiel, Pantomime im IMF-Programm erfreulicherweise an Bedeutung.
Immer wieder versuchten Intendanten und Direktoren an die vorwärtsweisenden Impulse der Weimarer Zeit anzuknüpfen, so in den 1960er Jahren der Schauspieldirektor Hansgünter Heyme. Aber immer wieder schien sich der Geist der Kaiserzeit durchzusetzen, die gesellschaftliche Repräsentation wichtiger zu sein als das künstlerische Ereignis, so bei „Gala-Aben-

Tankred Dorst, Ursula Ehler, künstlerische Leitung NEUE STÜCKE AUS EUROPA 2008

den" der Oper mit Gaststars. Erst neuerdings unter Intendant Manfred Beilharz mit der engagierten Theaterarbeit von vielen, oft jungen experimentierfreudigen Leuten, die versuchen bei hohem künstlerischen Niveau alle Schichten und Generationen der Gesellschaft anzusprechen und einzubeziehen, scheint sich hier etwas zu ändern.

Eine neue Bedeutung gewinnt die Bühne seit 2004 durch die Reihe „Neue Stücke aus Europa – Theaterbiennale des Staatstheaters Wiesbaden", die Beilharz von seiner früheren Wirkungsstätte Bonn mitgebracht hat. Dabei werden alle zwei Jahre im Juni, also nach den IMF, Theaterproduktionen zeitgenössischer Stücke aus Europa gezeigt. Die Theaterbiennale gilt – auch der überregionalen Presse – als weltweit wichtigstes Festival für Gegenwartsdramatik und wurde für manche Autoren, Regisseure und Ensembles zum Sprungbrett oder Aufmerksamkeitsverstärker, so für den Norweger Jesper Halle oder Biljana Srbljanovic aus Serbien-Montenegro.

❼ Kurhaus

Auch der Bau des neuen **Kurhauses** war umstritten. Da er an der Stelle des alten Kurhauses errichtet werden sollte, nahm man den Abbruch des klassizistischen Baus von Christian Zais in Kauf, von dem allerdings Elemente übernommen wurden. So wird die Hauptfassade wieder durch einen Portikus mit sechs Säulen und Dreieckgiebel beherrscht. Der optische Eindruck verändert sich jedoch dadurch, dass eine Kuppel diesen Mittelpavillon überragt. Dahinter liegt nicht mehr ein großer Saal, sondern eine Wandelhalle, das Kurhausfoyer, in der sich die Besucherströme verteilen. Direkt gelangt man in die beiden Konzertsäle, die von kleineren Räumen umgeben sind. Der „Kleine Konzertsaal", heute „Christian-Zais-Saal", wurde als „Wiedervorführung" des alten „Kursaales" gestaltet.

Der Architekt, Friedrich von Thiersch aus München, plante Einrichtung und Ausstattung des neuen Kurhauses bis ins Detail und arbeitete mit Bildhauern, Malern und Kunsthandwerkern zusammen. Er legte Wert darauf, überall den technisch neuesten Stand zu verwirklichen, und war nie bereit, ein kostbares, gediegenes Material durch ein billigeres zu ersetzen. Statt der bereitgestellten gut drei Millionen Goldmark verschlang der 1907 vollendete Bau denn auch fast das Doppelte.

In der Kuppelhalle nehmen Kopien antiker Statuen auf Wiesbadens Eigenart Bezug: Asklepios steht für die Heilkunst, Eirene mit dem Plutosknaben erinnert daran, dass Frieden Reichtum bringt – eine fast selbstironische Anspielung auf die am Ort versammelten Reichtümer und kostspieligen Bauten. Mit Apollon und Athene nahm man Kunstsinn und Weisheit für sich in Anspruch. Der Große Kurhaussaal, heute Friedrich-von-Thiersch-Saal, wurde im Krieg zerstört und danach in schlichterer Form wiederaufgebaut. Bei der letzten Renovierung des Hauses, die 67 Millionen Mark kostete, entschloss man sich, den Saal nach den Plänen Friedrich von Thierschs zu rekonstruieren. Es mag sein, dass so „einer der schönsten Konzertsäle" Deutschlands entstanden ist, außerdem beeindruckt die Genauigkeit der Wiederherstellung bei Berücksichtigung moderner technischer Anforderungen. Gleichwohl bleibt ein solcher Umgang mit Geschichte, für den es in Deutschland weitere aktuelle Beispiele und Pläne gibt, fragwürdig: Es wird versucht, eine verlorene Glanzzeit wieder aufleben zu lassen und man gerät mitunter ins Fahrwasser monarchistischer Traditionen. So wurde die lateinische Inschrift auf dem Fries des großen Saales wieder angebracht. Sie lautet übersetzt: „Unter Kaiser Wilhelm II. wurde dieses vor hundert Jahren als Erholungsstätte für die Leidenden erbaute Haus von Grund aus besser und ansehnlicher hergestellt und ausgeschmückt durch Rat und Bürgerschaft von Wiesbaden. Der Hygieia geweiht wurde es in Anwesenheit des Kaisers selbst 1907 n. Chr." Hinzugefügt wurde, ebenfalls lateinisch: „Von Grund auf wiederhergestellt im Jahre 1987 n. Chr." Gleichzeitig wurde der Konversationssaal, in dem seit jeher ein Bild Wilhelms II. hing, zum „Kaiser-Wilhelm-Salon". Es mag auch an diesen späten Huldigungen liegen, dass sich das Gerücht hartnäckig hält, Wilhelm der II. sei ein „Mäzen" Wiesbadens gewesen. Es war anders: Den Repräsentationswünschen seiner Majestät kam der Magistrat übereifrig nach, die Hoffnung, der Kaiser würde sich an den enormen Kosten beteiligen, erfüllte sich jedoch nicht.

Die kleineren Räume gestaltete Thiersch jeweils einheitlich, bezogen auf eine vergangene Kulturepoche: Die Lesesäle zitieren mit dem Parthenonfries die Antike, das Schreibzimmer mischt Renaissanceelemente verschiedener Länder und prä-

Kurhaus als Briefbeschwerer

Eirene mit Plutosknaben und Füllhorn

sentiert an der Decke altdeutsche Sprüche, der Konversationssaal war im Stil Louis XV. möbliert. „Der Bürger wurde ... in ein feudales Lebens- und Kulturgefühl versetzt, ihm standen die verschiedenen Kulturen und Stile wie abrufbare Stimmungen zur Verfügung ... Gerade in diesem Wechsel wurde die Oberflächlichkeit und Flüchtigkeit dieser ganzen Atmosphäre und des Kurbetriebes adäquat gestaltet“ (Neues Bauen).

Oben: Fritz Erler, Winter
unten: Jugendstilmotiv, Kurhausterrasse

Eine Ausnahme bildet der Muschelsaal mit den Fresken von Fritz Erler als authentischem Ausdruck des Jugendstils. Dargestellt sind „Alter und Jugend“ und die vier Jahreszeiten. Das Sommer-Bild zeigt badende Frauen, das Winter-Bild ein Maskenfest. „Bacchus zieht auf stierbespanntem Wagen von tanzenden Bacchanten begleitet durch den Herbst einher. König Frühling reitet auf schwerem Schlachtroß ins Land und vertreibt die rauhen Gesellen des Winters.“ (Kurhausführer 1907)
Die modernen Bilder mit ihren damals kühnen Farbkombinationen hatten Wilhelm II. bei einer Vorbesichtigung so missfallen, dass er ein Betreten des Muschelsaales bei der Einweihung ablehnte. Die Kritik des Kaisers wurde bekannt und hatte für den Künstler positive Folgen: Viele Kunstliebhaber wurden neugierig und Fritz Erler bekam mehrere Großaufträge für Wanddekorationen.
Von 1945 bis 1955 verdeckte der Schriftzug „Eagle Club“ das „AQUIS MATTIACIS“ im Giebel des Kurhauses: Die amerikanische Besatzung nutzte es als Offizierskasino. Nach der Freigabe konnte die 1949 im Theaterfoyer wiedereröffnete Spielbank wieder ins Kurhaus einziehen.
In den 1960er Jahren fanden hier „Debütantinnenbälle“ statt. Mit einer Protestaktion Mainzer Studenten dagegen vor dem Eingang des Kurhauses endet Eva Demskis Roman „Goldkind“.
Heute ist das Kurhaus mit 1600 Veranstaltungen jährlich ein Wirtschaftsfaktor, in seiner Nutzung verbinden sich Tradition und Aktualität. Kongresse, Tagungen und Konferenzen, kul-

turelle Events, aber auch gesellschaftliche Ereignisse wie Firmenfeiern, Bälle und Präsentationen finden hier statt. Die 1873 begründeten Zykluskonzerte bestehen als Symphoniekonzerte des Hessischen Staatsorchesters fort. Außerdem sind die Konzertsäle Veranstaltungsort für die Orchester- und Kammerkonzerte der Mozart-Gesellschaft, der Reihe „Wiener Klassik“ der Klassischen Philharmonie Bonn und nicht zuletzt für Höhepunkte im sommerlichen Rheingau-Musik-Festival. Literarisch-musikalische Veranstaltungen oder Vorträge in den kleineren Sälen sind eher selten. Genutzt werden die Kurhaus-Säle auch von Karnevalsvereinen und Tanzschulen, für größere Wohltätigkeitsgalas, das alljährliche Jazz-Festival und den Silvester-Ball, Kindermaskenball, die Ballnacht der Aids-Hilfe Wiesbaden uam. Manche Veranstaltungen werden in die Kurhauskolonnade gelegt, in der sich außerdem das sogenannte „Kleine Spiel“ der Spielbank befindet, eine Form des Roulette mit weniger Risiken. Vom Haus der Kurgäste hat sich das Kurhaus zur „guten Stube“ der – jedenfalls vieler – Wiesbadener Bürger entwickelt. Dazu trägt bei, dass seit Aufhebung des „Residenzverbotes“ 1986 das „Große Spiel“ der Spielbank auch von Wiesbadenern besucht werden darf.

Geschäft J. Chr. Glücklich um 1910

Werbeanzeige 1915

Mit dem Ersten Weltkrieg begannen schwere Zeiten für das Kurleben in Wiesbaden

Im Kaiserreich verlegten mehrere Geschäfte ihren Sitz aus der Innenstadt in die Wilhelmstraße, wo sie dem zahlungskräftigen Publikum nahe waren. In das Haus Nr. 56 zog 1900 Johann Christian Glücklich mit seiner Kunsthandlung ein, der eine Immobilienvermittlung und die Hauptagentur des Norddeutschen Lloyd angegliedert waren. Wie die Zeitschrift „Weltkurstadt“ 1912 berichtet, habe die „Zahl der reichen und wohlhabenden Personen und Familien, die, veranlasst durch die Bemühungen Glücklichs, sich in Wiesbaden dauernd niedergelassen haben oder Gelder in hiesigen Werten festlegten," sich im Laufe der Jahre auf Tausende belaufen. Genannt wird das Beispiel eines Multimillionärs der nach der Kur abreisen wollte und nur durch die Bemühungen der Firma veranlasst worden sei, Wiesbaden zu seinem Wohnsitz zu machen.

Werbefaltblatt des Hotels Blum 1959

Die 1878 in der Schützenhofstraße eröffnete Konditorei Blum zog vier Jahre später um in die Wilhelmstraße 44, unterhalb der Burgstraße. „Es gehörte schon damals zu den guten Gepflogenheiten, Torten und andere verlockende Süßigkeiten bei Blum zu bestellen. Aber das Café Blum wurde und blieb Mittelpunkt des gesellschaftlichen Lebens", heißt es in der Hauszeitschrift des 1959 zusätzlich eröffneten Hotels. Bis in die 1970er Jahre war es eine erste Adresse, dann wurde das Gebäude an eine Bank verkauft , die den größten Teil der Café-Räume zur Schalterhalle umbaute und die Nachkriegsfassade postmodern stylen ließ. Aber auch von hier ist das „Blum" 2008 verschwunden. Es redisiert jetzt in der oberen Wilhemstraße (siehe S. 14) und trägt zur Belebung der Passage Via publica bei. Ein Stück unterhalb des ehemaligen „Blum" führt eine niedrige alte Passage zur Marktkirche. In den Fußboden zur Wilhelmstraße ist seit August 1999 eine Gedenktafel für den Freiheitskämpfer und Demokraten von 1848/49 Georg Böhning eingelassen, dessen Badehaus Aachener Hof an dieser Stelle stand. Georg Böhning (1788-1849) war von Beruf Uhrmacher und Badewirt und hatte 1848 bereits ein abenteuerliches, von Revolutionen geprägtes Leben hinter sich: 1814 war er im nassauischen Landsturm aktiv, 1822/23 nahm er am griechischen Freiheitskampf gegen die Türken teil, 1840 war er Mitglied des frühsozialistischen geheimen Bundes der Geächteten. Während der Märzrevolution war er Kommandant der Bürgerwehr und verteidigte als solcher das Schloss und den Herzog entschieden. Im April 1848 unterzeichnete er das Flugblatt des Republikanischen Komitees, in dem für die Republik als künftige Staatsform in Deutschland und „die Beseitigung des Mißverhältnisses zwischen Arbeit und Kapital" geworben wird. Diese Positionen gingen weit über die liberalen „Forderungen der Nassauer" vom März 1848 hinaus. Böhning war im April/Mai 1848 mit Oswald Dietz und Friedrich Graefe Gründungsmitglied des Wiesbadener Arbeitervereins. Später nahm er am badischen Aufstand teil und gehörte zu den Resten der Revolutionsarmee, die sich in der Festung Rastatt verschanzten und am 23.Juli 1849 vor den preußischen Belagerern kapitulierten – im Vertrauen auf eine faire Behandlung. 27 Freiheitskämpfer wurden jedoch standrechtlich erschossen, darunter am 17. August Georg Böhning. Auf die Bedeutung

Georg Böhning (1788-1849)

und das hohe Ansehen Böhnings in der revolutionären Bewegung lässt die Tatsache schließen, dass es mehrere bildliche Darstellungen von ihm gibt. Dazu dürfte allerdings auch sein betont „revolutionäres" Äußere mit langen Haaren und Bart beigetragen haben.

❽ Wilhelm-Arcade

Die Spielbankkonzessionäre Gebrüder Berlé waren auch Inhaber einer Bank, die nach 1873 in die Wilhelmstraße umzog, neben das Park-Hotel. Der Bankneubau wurde auf den geplanten Durchbruch einer Straße zur Marktkirche hin ausgerichtet, die wegen Streitigkeiten zwischen Hotel- und Bankbesitzer nicht realisiert wurde. Berlé ließ daher ein Quergebäude errichten, das durch einen mit Arkaden geschmückten Hof optisch an die Straße gerückt wurde. Ein halbrundes Schild mit dem Firmennamen schloss die beiden Säulenreihen zusammen, die heute den Beginn der **Wilhelm-Arcade** bilden, mit der das alte Straßenprojekt aufgegriffen wurde.

Eingang zum Bankhaus Berlé um 1910

Das ehemalige Park-Hotel wird heute unter anderem von einer Tanzschule genutzt. Im Park-Café traf sich in der NS-Zeit, in den ersten Kriegsjahren, die „Swing"-Jugend, um trotz Verbot Jazz zu hören. Wie Teilnehmer berichten, war der letzte Gastspiel-Abend der italienischen Band von Ettore Pittori 1941 „der absolute Höhepunkt der Wiesbadener Jazzszene", zugleich „spürten alle: ... das war das Ende der letzten persönlichen Freiheit". Auch nach 1952 gastierten hier viele bekannte Stars. Heute hat sich das Park-Café der allgemeinen Club-Entwicklung angepasst und bietet regelmäßige Party-Termine (After Work, Salsa) und „Events".

❾ Erbprinzenpalais

Blickfang des unteren Teiles der Wilhelmstraße ist der monumentale frühklassizistische Bau an der Ecke zur Friedrichstraße, das so genannte **Erbprinzenpalais**, heute Sitz der Industrie- und Handelskammer. Es entstand 1813 bis 1816 für den nassauischen Thronfolger Wilhelm, und ist neben dem Schenk'schen Haus (heute Polizeirevier 1) das einzige erhaltene Werk von Christian Zais. Der Erbprinz wurde Herzog, bevor er das „Schlösschen" beziehen konnte. Die nassauische Regierung brachte hier Landesbibliothek und Museum unter. An beiden Einrichtungen hatte Preußen kein Interesse, sie wurden deshalb an die Stadt Wiesbaden übertragen, die dafür Neubauten errichten ließ.

Mit dem gegenüberliegenden Eckhaus der Deutschen Bank passte man 1908 Jugendstilelemente an die umgebende klassizistische Architektur an. Das Nachbarhaus in der Wilhelmstraße sollte 1972 einem Anbau der Bank weichen. Wenigstens die Fassade aus der Zeit um 1820 konnte erhalten werden.

Deutsche Bank, Fassade von 1820

Das Eckhaus zur Frankfurter Straße (Nr. 1) leitet über zum östlichen Villenviertel. Ein Mainzer Fabrikant ließ diesen markanten Bau, die Villa Clementine, für seine Frau erbauen, die jedoch vor der Fertigstellung starb. 1888 wohnte hier Königin Natalie von Serbien mit dem Kronprinzen Alexander, den sie bei sich behalten wollte; König Milan ließ ihn jedoch mit Hilfe des preußischen Regierungspräsidenten in Wiesbaden abholen und nach Belgrad zurückführen. 1960 wurde die Villa Besitz der Stadt, die sie abreißen lassen wollte. Denn damals war geplant, das komplette östliche Villenviertel durch eine Bürostadt City-Ost zu ersetzen. Die Bahnlinie sollte deshalb unterirdisch vom Hauptbahnhof bis hierher fortgeführt werden und anstelle der Villa Clementine ein U-Bahnhof entstehen. Der Protest gegen die City-Ost-Pläne führte dazu, dass die Villa stattdessen renoviert und zum Kulturzentrum umgestaltet wurde.

Heute wird sie – 2008-2009 frisch renoviert – vom Kulturamt der Stadt Wiesbaden als Literaturhaus betrieben und ist Sitz der Landesverbände Hessen, Rheinland-Pfalz und Saarland des „Börsenvereins des Deutschen Buchhandels“, womit die Bedeutung Wiesbadens für das deutsche Verlagswesen nach der Abwanderung von Unternehmen wie Brockhaus und Limes wieder zugenommen hat. In der Villa Clementine bietet sich die seltene Gelegenheit, großbürgerliche Wohnkultur der Gründerzeit auch in Innenräumen nachzuempfinden. Verständlich, dass hier 1978 Dreharbeiten zur Verfilmung von Thomas Manns Roman „Buddenbrooks“ stattfanden: Das Ambiente erschien geeignet, um die Verbindung von bürgerlichem Aufstieg und Dekadenz zu veranschaulichen.

Königin Nathalie von Serbien mit Kronprinz Alexander

Hinter der Villa Clementine steht die 1865 fertiggestellte Kirche St. Augustine of Canterbury der englischen Gemeinde, auf der anderen Seite der Frankfurter Straße das Palais Rettberg, das 1840 als eine der ersten Villen entstand. Zur Bierstadter Straße hin liegt das ehemalige Hotel „Oranien“, das lange als Staatskanzlei diente.

Das Innenleben der damaligen Dienststelle schildert Martin Walser anhand eines authentischen Falles in seinem Roman „Finks Krieg“.

Das Haus Paulinenstraße 7, schon vom Warmen Damm aus zu sehen, wurde erbaut als Villa des Sektfabrikanten Friedrich

Wilhelm Söhnlein und seiner Frau Emmy Pabst, die aus einer Brauereifamilie in Milwaukee stammte und deren Mitgift 1903 den Neubau in der teuersten Gegend ermöglichte. Als Reminiszenz an ihre Herkunft wurde der Bau in Anlehnung an das Weiße Haus gestaltet. Die Villa bildete bis 1938 das Ambiente für die zahlreichen Verpflichtungen, die dem Konsul und Kommerzienrat Söhnlein aus seinen Tätigkeiten in Handelskammer, Aufsichtsräten und kulturellen Gremien erwuchsen. Danach waren in der Söhnlein-Villa und in den benachbarten Häusern Paulinenstraße 9 und 11 die Ordnungs- und Sicherheitspolizei, der Sicherheitsdienst und die Gestapo untergebracht. 1945 requirierte die amerikanische Besatzung die Söhnlein-Villa, um sie unter anderem als Standort-Hauptquartier zu nutzen. Im April 1996 wurde sie an das Land Hessen zurückgegeben, das den repräsentativen Bau 2006 an einen Bauunternehmer verkaufte, der versicherte, er wolle „behutsam Hand ans weiße Haus legen". Er hat den Prachtbau mit der Einrichtung eines Cafés in den unteren Räumen der Öffentlichkeit zugänglich gemacht. Zwei voluminöse Neubauten seitlich der Villa stellen sie jedoch in einen völlig veränderten Kontext und modifizieren das Bild der einst vom Villenbau des Historismus geprägten Paulinenstraße empfindlich.

Söhnleinvilla im Juni 2009

⑩ Museum/ Rhein-Main Halle

Die Wilhelmstraße geht jenseits der Rheinstraße in die Friedrich-Ebert-Allee – früher Kaiserstraße – über, **Museum** und **Rhein-Main-Halle** markieren hier ihr Ende.

Das 1915 eröffnete „Neue Museum" ist einer der letzten Bauten, in denen sich kurstädtisch-großbürgerliches Selbstverständnis der Kaiserzeit ausdrückte, seit 1973 ist das Museum allerdings eine Einrichtung des Landes Hessen. An seine Vorgeschichte erinnert das Goethe-Denkmal, das den Dichter in der Pose des griechischen Göttervaters Zeus zeigt – eine Bildidee, die Bettine von Arnim schon um 1830 formuliert hatte. Goethe zählte in seiner Abhandlung „Kunst und Altertum am Rhein und Main" minuziös auf, was die 1814/15 besuchten Orte zu bieten hatten, und gab wohlwollende Ratschläge. Zu Wiesbaden schrieb er: „Schon haben mehrere Freunde der Kunst, der Natur und des Altertums sich unterzeichnet, eine Gesellschaft zu bilden, welche sowohl überhaupt, als besonders für die Gegend um alles Merkwürdige bemüht wäre. Herr von Gerning, der das Taunusgebirg zum Gegenstand seiner Dichtungen und Betrachtungen vorzüglich gewählt, möchte wohl zu bewegen sein, seine reiche Sammlung hierher zu versetzen, und einen Grund zu legen, worauf die Gunst des Fürsten und die Bereitwilligkeit manches dankbaren Fremden gewiss mit Eifer fortbauen würde." Diese prominenten Anregungen befolgte man: Der Grundstock der Sammlungen wurde von dem Frankfurter Kaufmann und Schriftsteller Johann Isaak von Gerning erworben. Schon in Goethes Worten zeichnete sich die charakteristische Dreiteilung des Museums ab, die im Laufe des 19. Jahrhunderts zur Gründung von drei die jeweilige Abteilung betreuenden Vereinen führte. Sie fand sich 1915 in der Architektur des Neuen Museums wieder: Altertümer und Naturwissenschaften waren in zwei mehrgeschossigen Seitentrakten untergebracht, die Kunstsammlung im Erdgeschoss ist durch eine Wandelhalle zu erreichen.

Museumseingang mit Goethe

„Hinter den schweren eichenen Eingangstüren erhebt sich ... ein ... Oktogon, der Aachener Kaiserpfalz ... nachempfunden. Seine von einem Goldmosaik überwölbte Dunkelheit verstärkt das Erlebnis der Schwelle." (Neues Bauen) Künstlerisch weiterentwickelt wurde die Eingangshalle von der Jawlensky-Preisträgerin des Jahres 2007, Rebecca Horn, mit der Installation „Jupiter im Oktogon", einem Kunstwerk, das mit Licht-, Spiegel- und Bewegungseffekten die Kuppel auf spannende Weise inszeniert und den Eintretenden sofort in ein kaldeiskopartiges Vexierspiel hineinzieht. Von außen soll der Kuppelbau an den Athener Turm der Winde erinnern, eines der sieben Weltwunder. Derartige „gebildete" Anspielungen kennzeichnen auch die Reliefs und Plastiken an den Fassaden, es handelt sich um ein vom Architekten Theodor Fischer entwickeltes Programm, das zu entschlüsseln 1984 in der Ausstellung „Neues Bauen" versucht wurde.

In den 1920er Jahren zogen mehrere Künstler nach Wiesbaden, darunter die Maler Alexej von Jawlensky (1864-1941), Otto Ritschl (1885-1976) und Alo Altripp (1906-1991). Damals war „Die Wilhelmstraße" der programmatische Titel einer kurzlebigen Kulturzeitschrift. Darin die überschwänglichen Worte Wilhelm Schmidtbonns: „Wiesbaden? ... Eine genialisch heitere Straße, voll Bewegung und Weite, schneidet mitten hindurch, Pulsader aus der man Leben trinkt. Ist hier die geträumte Siedlung für deutsche Kunst und Künstler? Sie kann hier werden, eher als in Salzburg oder Weimar. Denn hier ist Menschenansammlung aus allen Ländern und Erdteilen, hier sind Festspiele noch heute – wer Don Giovanni und Aida sah, weiß es. Wenn irgendein Punkt in Deutschland, in Europa, in der Welt bestimmt ist, die auseinander gefallenen Völker Europas neu zum Verkehr zu vereinigen: dann diese paradiesische Stadt."

Blick in die Kuppel über der Eingangshalle

Die Kunstsammlung wurde um zeitgenössische Werke, darunter zahlreiche Expressionisten, bereichert. Die Aktion „Entartete Kunst" bewirkte jedoch, dass von dem hoffnungsvollen Aufbruch jener Zeit auch im Museum nichts übrig blieb.

1945 richtete die amerikanische Militärregierung in dem kaum zerstörten Haus einen „Central Collecting Point" ein, eine Sammelstelle für im Krieg ausgelagerte Kunstwerke. So kamen berühmte Stücke aus den Berliner Museen nach Wiesbaden und wurden hier in Ausstellungen präsentiert: die Nofretete, der Welfenschatz, Werke von Raffael, Rembrandt, Rubens, Dürer, Watteau, C. D. Friedrich u. v. a. Im November 1945 erhielt der zuständige Kunstschutzoffizier, US-Captain Walter Farmer, die Anweisung, über 200 Gemälde zur „Sicherheitsverwahrung" in die USA zu schicken. Farmer führte dies zwar aus, protestierte aber mit 32 anderen Kunstschutzoffizieren dagegen: „Wir sind einmütig der Auffassung, dass die Verbringung solcher Kunstwerke, ausgeführt von der Armee der Vereinigten Staaten auf Anweisung der höchsten nationalen Autorität, einen Präzendenzfall begründet, der weder moralisch vertretbar noch verständlich zu machen ist. ... Wir möchten darauf hinweisen, dass unseres Wissens keine historische Kränkung so langlebig ist und so viel gerechtfertigte Verbitterung hervorruft wie die aus welchem Grunde auch immer erfolgende Wegnahme eines Teils des kulturellen Erbes einer Nation". Die Protestnote ging als „Wiesbadener Manifest" in die Geschichte ein und führte dazu, dass die Gemälde nach einer Ausstellungstournee durch die USA nach Wiesbaden zurückkehrten und 1956/57 zusammen mit den hier verbliebenen Schätzen wieder nach Berlin gebracht wurden.

Alexej von Jawlensky (1864-1941)

Nach der Freigabe des Museums entschied man sich für Jawlensky und die damalige Gegenwartskunst, vor allem die abstrakte Malerei der 1950er Jahre, als neue Schwerpunkte der Wiesbadener Kunstsammlung. Mitte der 1980er wurde sie ergänzt durch die Sammlung der Hofheimerin Hanna Bekker

FLUXUS: Piano-Activities im Museum 1962

von Rath, die in der Nazizeit vielen verfolgten und heute namhaften Künstlern geholfen hatte. Aus ihrem Besitz stammen unter anderem alle Schmitt-Rottluff-Bilder, die das Museum heute besitzt, aber auch Arbeiten von Heckel und Kirchner sowie zwei Arbeiten von Max Beckmann.

Im September 1962 fand im Vortragssaal des Museums eine skandalerregende Veranstaltung statt: FLUXUS Internationale Festspiele neuester Musik. Eine neue Kunstrichtung bekam dabei in Wiesbaden ihren Namen. FLUXUS entstand im Umkreis des amerikanischen Komponisten John Cage, agierte aber auch im Bereich der Bildenden Kunst. Objekte und Installationen, Happenings und Performances waren die Ausdrucksformen. In Wiesbaden wurde im Verlauf von vierzehn Konzerten ein Klavier in seine Bestandteile zerlegt. FLUXUS verstand sich als Weiterführung des Dadaismus und wie dieser nicht als Stil, sondern als Geisteshaltung. „Das Wichtigste an Fluxus ist, dass niemand weiß, was es ist. Es soll wenigstens etwas geben, das die Experten nicht verstehen. Ich sehe Fluxus, wo ich auch hingehe." (Robert Watts) Nach Wiesbaden kam die Bewegung, weil ihre treibende Kraft, der New Yorker George Maciunas, hier vorübergehend als Designer bei der amerikanischen Armee arbeitete.

Seit Ende der 1980er Jahre ist die Weiterentwicklung des Museums immer wieder Gegenstand öffentlicher Diskussion. Seit Oktobert 2006 strahlt das Museum Wiesbaden in neuem Glanz. Die Räume der Kunstsammlung, in denen jetzt nur Werke ab 1900 gezeigt werden, Foyer und Vortragssaal, Cafeteria und Museumspädagogik wurden saniert. Die Naturwissenschaftliche Abteilung und die Kunst vom 15. bis 19. Jahrhundert sollen künftig in den Seitentrakten ihren Platz finden Die Sammlung Nassauischer Altertümer ist an die Stadt Wiesbaden zurückgegeben worden. Sie soll als Grundstock für ein eigenes Stadtmuseum dienen, für das ein Neubau gegenüber, an der Wilhelmstraße, geplant ist.

Kultur aus den Tempeln geholt (1) ...

Maifestspiele und Kaiserbesuche haben das kulturelle Leben der wilhelminischen Kurstadt wesentlich geprägt. Zuerst denkt man daher beim Thema „Kultur" an das Hessische Staatstheater und das Kurhaus. Die dritte Institution im offiziellen Bunde, das Museum, verharrte seit den 1960er Jahren in einem Dornröschenschlaf und macht seit 1987 häufiger durch Streit um seine Zukunft als durch attraktive Ausstellungen – die es allerdings gab – oder durch ideenreiche Präsentationen der Bestände auf sich aufmerksam. Ausgesprochen gelungen ist jedoch die Renovierung der Ausstellungsräume.

Im Kurhaus sind mehrere Konzertreihen beheimatet. Kammermusikabende veranstalten „Die Kammermusik Wiesbaden" im Saal der Casinogesellschaft in der Friedrichstraße, die "amici dell'arte" im historischen Saal des Justizministeriums und die Sektkellerei Henkell. All diese Konzertreihen haben ein Stammpublikum. Die jüngeren Generationen verbinden das Hören klassischer Musik gern mit einem Ausflugserlebnis, wozu die Konzerte im Kloster Eberbach und das „Rheingau Musik Festival" Gelegenheit bieten. Offenheit für Neues, künstlerische Entdeckungen beschränken sich oft auf die Interpreten, Modernes wird eher zögerlich angeboten.

Dass es auch aufgeschlossenere Musikinteressenten gibt, zeigt der Zuspruch zu der „musik-theater-werkstatt" im Staatstheater. Deren Begründerin Carla Henius (†2002) galt als „Doyenne der neuen Musik", sie konnte viele ihr persönlich bekannte Komponisten und Interpreten einladen. Inzwischen sind unter der Leitung von Ernst-August Klötzke neue Akzente gesetzt worden. Vielseitig und originell ist das Konzertprogramm im „thalhaus" im Nerotal. Diese Reihe wird von Peter Mühlbauer betreut, der sich auch mit seiner Melisma Musikproduktion für vergessene Komponisten wie den Wiesbadener Franz Flößner (1899-1972) einsetzt. Seit dem Jahr 2000 trägt auch die „Wiesbadener Musik- und Kunstschule" in ihrem neuen Domizil am Schillerplatz zur Bereicherung des musikalischen Lebens bei.

Breite Publikumswirkung hat die Kirchenmusik. Hervorzuheben sind dabei die Wiesbadener Bachwochen, die unter Beteiligung mehrerer Kirchen alle zwei Jahre im Herbst stattfinden. Begründet wurden sie 1975 vom Kantor der Schiersteiner Christophoruskirche, Martin Lutz, der die künstlerische Gesamtleitung behalten hat. Das Angebot an Konzerten, Vorträgen und Ausstellungen wird dabei jeweils auf ein Thema ausgerichtet. In den Jahren ohne Bachwoche gestalten Martin Lutz und Tenor Scot Weir seit 1992 den – eher weltlichen – „Musikherbst Wiesbaden", der sich von Schubert, Schumann und Haydn, von denen freilich kaum bekannte Werke zu hören waren, bis zu anspruchsvollen, meist musikhistorischen Themen wie „Wien um 1900" vorgearbeitet hat. (Siehe www.bach-wiesbaden.de)

Bei Rock- und Popfans gilt Wiesbaden als Provinz. Das selbst verwaltete Kulturzentrum Schlachthof bietet jedoch Probenräume und Auftrittsmöglichkeiten für aufstrebende Bands, auch mangelt es nicht an Musikkneipen. Für größere Konzerte sind dagegen Fahrten in die größeren Nachbarstädte angesagt. Sehr beliebt, vor allem bei jungen Leuten, ist das alljährlich im August stattfindende Festival „Folklore im Garten", dessen Name schon lange kein Programm mehr ist. Es verbindet ein vielseitiges Musikprogramm mit Verkaufs- und Informationsständen von Vereinen und Initiativen.

Vier Kleinkunsttheater konnten sich dauerhaft in Wiesbaden etablieren: Das „Pariser Hoftheater" in der Spiegelgasse ist seit 1986 ein Forum für Gastspiele in kleinem Rahmen: Schauspiel, Musik und Kabarett (siehe S. 57). Das „thalhaus", hat sein Domizil in einer ehemaligen Klinik im Nerotal und ist aus der Kabarettbühne „Hinterhaus", Karlstraße, hervorgegangen. Das „Walhalla-Studio-Theater" in der Kirchgasse und das „Kuenstlerhaus 43" mit seinem umtriebigen Leiter Wolfgang Vielsack und eigenen Produktionen, bei denen auch gern Stadtgeschichtliches thematisiert wird (siehe S. 99 f.) beleben das kulturelle Programm.

Auch das Staatstheater ist mittlerweile aus dem „Tempel" herausgetreten: Die vierte Spielstätte in der Wartburg zeigt kleine, auch experimentelle Stücke, Komödien und Jugendtheater (siehe S. 47) Das Jugendreferat des Staatstheaters unter Leitung von Priska Janssens bezieht mit den Schultheatertagen, move@school, dem jugend-club-theater u. a. weite Kreise in das Theaterleben ein, geht mit Bürgerprojekten wie „Heldenleben" auch hinaus, z. B. in den Stadtteil Gräselberg. Mit einer Jugendversion von Mozarts Zauberflöte wurden 2009 sogar die Maifestspiele in das alternative Kulturzentrum Schlachthof getragen.

Wolfgang Jung

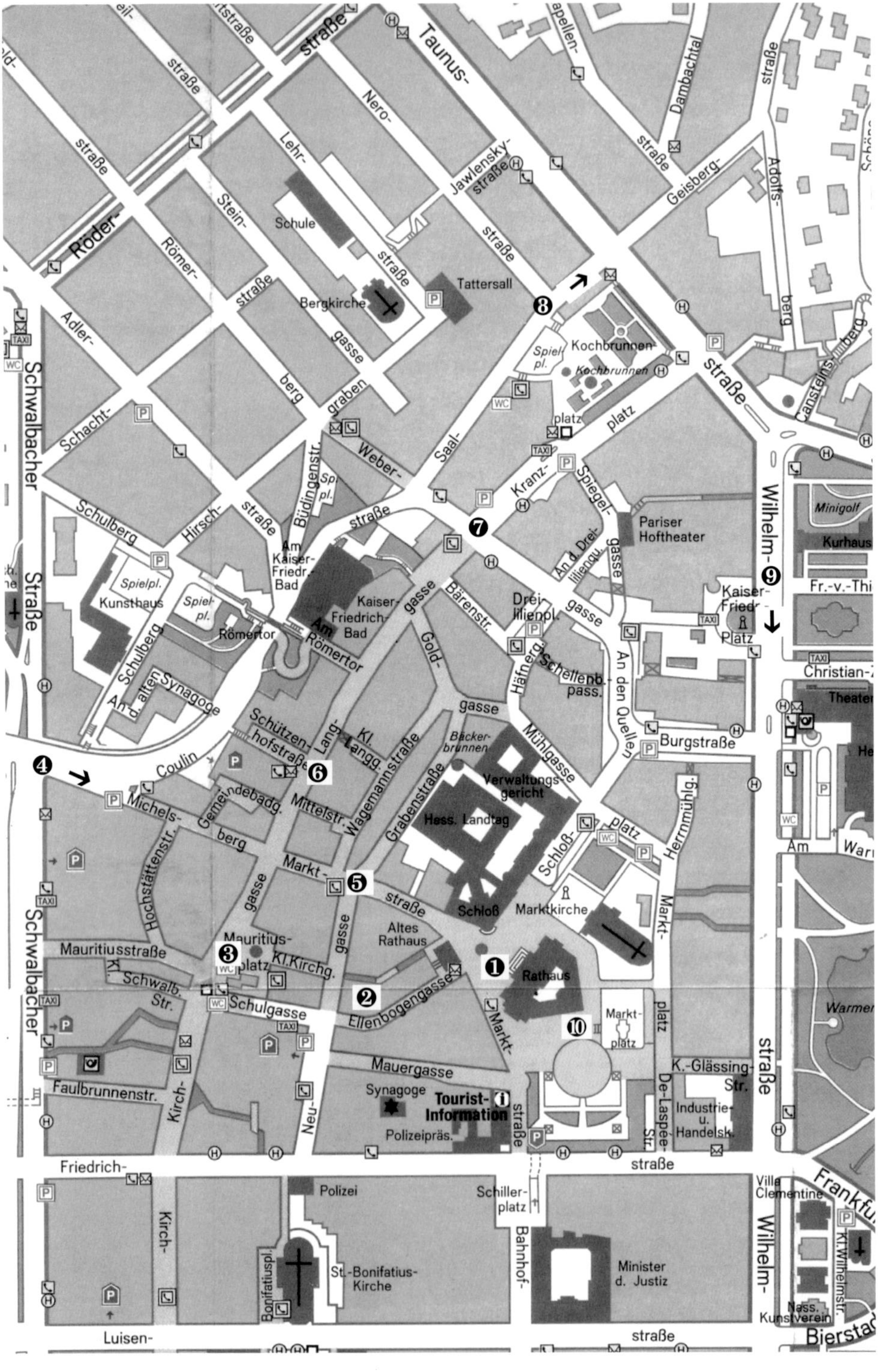

Taunus-
straße
Nero-
Lehr-
Schule
Röder-
straße
Römer-
Stein-
straße
Bergkirche
Tattersall
Jawlensky-
straße
Dambachtal
straße
Geisberg-
Adolfs-
berg
Capellen-
Adler-
berg
gasse
graben
Schacht-
Schwalbacher
Straße
Kochbrunnen-
Kochbrunnen
Spiel-
pl.
platz
Kranz-
platz
Spiegel-
gasse
Saal-
Weber-
straße
Büdingenstr.
Spielpl.
Hirsch-
straße
Schulberg
Kunsthaus
Spielpl.
Am
Kaiser-
Friedr.-
Bad
Kaiser-
Friedrich-
Bad
Am
Römertor
Römertor
Schulberg
An d. alten Synagoge
Gold-
gasse
Bärenstr.
Dreililienpl.
An d. Dreililienqu.
gasse
Pariser
Hoftheater
Minigolf
Kurhaus
Wilhelm-
Kaiser-
Friedr.-
Platz
Fr.-v.-Thi
Christian-Z
Theater
An den Quellen
Burgstraße
Häfnerg.
Schellenb.-
pass.
gasse
Mühlgasse
Bäcker-
brunnen
Verwaltungs-
gericht
Hess. Landtag
Schützen-
hofstraße
Lang-
Kl.
Langg.
Wagemannstraße
Grabenstraße
Coulin
Michels-
berg
Gemeindebadg.
Mittelstr.
Hochstättenstr.
Markt-
straße
gasse
Schloß-
platz
Herrnmühlg.
Schloß
Marktkirche
Markt-
Altes
Rathaus
Mauritius-
platz
Kl.Kirchg.
gasse
Mauritiusstraße
Kl.
Schwalb.
Str.
Schulgasse
Ellenbogengasse
Rathaus
Markt-
platz
Markt-
straße
Mauergasse
Synagoge
Tourist-
Information
Polizeipräs.
Neu-
gasse
Kirch-
Faulbrunnenstr.
K.-Glässing-
Str.
De-Laspee-
Str.
Industrie-
u.
Handelsk.
straße
Am
Warmer
Friedrich-
straße
Polizei
Schiller-
platz
Bahnhof-
Minister
d. Justiz
Kirch-
St.-Bonifatius-
Kirche
Bonifatiuspl.
Villa
Clementine
Frankfu
Kl.Wilhelmstr.
Nass.
Kunstverein
Bierstad
Luisen-
straße
TAXI
WC
P
1
2
3
4
5
6
7
8
9
10

Vom Kaffeverbot zum Luxuskonsum

Kultur, Konsum und Kommerz im Historischen Fünfeck

Brigitte Forßbohm, Andreas Schmidt von Rhein

Ausgangs- und Endpunkt: Schlossplatz, Haltestelle Dernsches Gelände, fast alle Linien

Der Rundweg führt in einem großen Bogen durch das Wiesbadener Fünfeck, den alten Stadtkern, durch Straßen, die das Geschäftszentrum der Stadt, die City, bilden. Es ist heute weitgehend Fußgängerzone. In den späten 1960er und frühen 1970er Jahren wurde der öffentliche Nahverkehr, dessen Konzeption seit der vorletzten Jahrhundertwende nahezu unverändert geblieben war, mit einem modernen Busnetz völlig umgestaltet. Der Abriss des alten Wiesbaden kam zum Stillstand dank der Abkehr vom „autogerechten" Umbau. Dennoch, von einer fußgängerfreudlichen Innenstadt ist Wiesbaden weit entfernt. 250.000 Autos, die täglich von außerhalb hereinfahren, neun Parkhäuser und Tiefgaragen im historischen Fünfeck und im direkt angrenzenden Bereich bringen eine erhebliche Lärm- und Schadstoffbelastung mit sich. In der Fußgängerzone herrscht bedrückende Enge. Mittlerweile ist der Verkehr im gesamten Wiesbadener Fünfeck beschränkt.

Heute sind Autos aus der Kirchgasse weitgehend verbannt

Die City ist, wie in anderen Städten auch, geprägt von großen Einkaufzentren, Kaufhäusern und Ladenketten. Unverwechselbares, Individuelles tritt im Kern der City, in der Kirchgasse und der Langgasse, kaum noch hervor. Das ist schade. Wiesbaden hatte im vorletzten Jahrhundert als mondäne Kurstadt eine besondere Struktur des Einzelhandels ausgeprägt, der sich damals an kaufkräftigen, anspruchsvollen Kunden orientieren konnte. Mit austauschbaren Kettenläden, die zwischen Pommes-frites- und Brezelbuden auf eine schnelle Mark mit billigen, aber minderwertigen Waren rechnen, wird es jedoch immer schwerer, ein anspruchsvolles Publikum zum Einkaufen in die City zu locken. Neue Konzepte mussten her, will man an die Kaufkraft der Wiesbadener, die pro Kopf im Durchschnitt immerhin über 5000 Euro liegt, heran kommen. Neben vielen Neuerungen in der City ist das Luisenforum die größte und raumgreifendste. (Siehe Luisenforum, S. 40)

Alteingesessene Geschäfte wie die Modehäuser Gerich, Leininger und Weinand oder das Haushaltswarengeschäft Lorey sind längst aus der Kirchgasse verschwunden. Originelles finden wir eher in den anliegenden Straßen und in den Randla-

Luisenforum

Die Übernahme des Hertie-Kaufhauses als Karstadt an der Luisenstraße durch die Karstadt AG war 2003 als große Hochzeit in der Kirchgasse gefeiert worden. Das ehemalige beliebte Hertie-Kaufhaus verkam danach zum Schnäppchenmarkt des Haupthauses am Mauritiusplatz mit reduziertem Personal und Angebot. Schließlich wurde es geschlossen.

Mit einer Investitionssumme von 90 Mio. Euro entstand an seiner Stelle in dreijähriger Bauzeit und einer unglaublichen Lärm- und Schmutzbelastung für die Anwohner das Luisenforum als modernes Einkaufszentrum mit einem gegenüber der Schwalbacher Straße liegenden Parkhaus, das mit 800 Stellplätzen 200 mehr als das vorherige aufweist. Man rechnet mit 2100 Fahrzeugen pro Tag, die es von der Rheinstraße oder Dotzheimer Straße kommend in Anspruch nehmen werden.

Die Karstadt Immobilien AG ließ sich von Marktanalysen leiten, die besagen, dass der Umsatz im Einzelhandel zwar stagniert, in traditionellen Kaufhäusern sogar deutlich rückläufig ist, in Fachmärkten und in Filialen jedoch steigt. Entsprechend der Einkommensentwicklung in der Bevölkerung, der aufgehenden Schere zwischen arm und reich, ist desweiteren das sog. Mittelpreissegment rückläufig, während im Niedrigpreissegment einerseits und bei hochpreisigen Waren andererseits Zugewinne zu verbuchen sind. Die Schlussfolgerung: Schaffung „neuzeitlicher Handelsflächen“ bis 1000 qm, angeblich Angebotsvielfalt durch viele verschiedene Shops – in Wirklichkeit jedoch Konzentration der gewinnbringenden Segmente, vorwiegend Mode und Textilien in den Filialen der Handelsketten.

Bei den Kunden hat man ein steigendes Anspruchsniveau herausgefunden, d. h. kein Stress, sondern Einkaufen als Erlebnis und Freizeitbeschäftigung und – abnehmende Toleranz gegen schlechte Witterung. Dem ist wohl zu verdanken, dass die Investoren nach dem Abriss der hässlichen, die Sichtachse von der Griechischen Kapelle über die Altkatholische Kirche zur Lutherkirche versperrende Fußgängerüberführung über die Schwalbacher Straße auf deren Wiederaufbau bestanden – breiter als die alte und in der Form an einen ICE-Zug erinnernd, aber viel voluminöser. Sie verbindet nun das Einkaufszentrum mit dem Parkhaus. Ein zusätzliches Umsatzpotenzial von ca. 50 Mio. Euro vor Augen setzten die Macher ihr Konzept durch, ohne beim Magistrat und Stadtentwicklungsdezernat auf Widerstand zu stoßen. Die Bedenken der Denkmalschutzbehörden und andere kritische Stimmen wurden mit dem Hinweis auf die „nicht verhandelbaren“ Interessen der Investoren zurückgewiesen.

So entstand ein riesiger Eckbau mit Glasfassaden in grellem Orange, was wohl als heitere Farbe gute Laune machen und die Lust zum Einkaufen anregen soll. Die ganz andere Begründung der Architekten von GATERMANN + SCHOSSIG soll hier nicht vorenthalten werden: „Leitidee des Entwurfs ist eine klare Einfügung der überarbeiteten Fassaden in den städtebaulichen Kontext, vorrangig durch Farbabstimmung der Materialien. Die Farbgebung der opaken Glaselemente orientiert sich an den orangeleuchtenden Ziegelsteinen der Wiesbadener Marktkirche.“ Ja, Sie haben richtig gelesen: Die Architekten wollen das großflächig angelegte und daher monochrom wirkende Orange des Luisenforums als Orientierung an der klassizistisch gegliederten Marktkirche verstanden wissen!

Ob die ehrgeizigen Ziele der Karstadt Immobilien AG, zumal bei sinkender Kaufkraft, zu realisieren sind, sei dahin gestellt.

Die zu erwartenden Ladenmieten dürften längst als „Finanzprodukte“ an diverse Fonds verkauft sein und als – freilich riskante – Anlagen um den Erdball kreisen. Für kleinere Einzelhändler sind sie unerschwinglich.

Brigitte Forßbohm

gen der City. Dort – und in der Wilhelmstraße – gibt es Geschäfte, die auf ein 50-, 75- oder gar 100-jähriges Geschäftsjubiläum verweisen können und damit ein bisschen die Erinnerung an die stilvolle Geschäftsatmosphäre der vorletzten Jahrhundertwende wachhalten.

Auf den Klangscheiben hüpfen macht Spaß!

Sparen Sie sich also den Weg durch die dicht gedrängte und trotz neuem Pflaster, neuen Bänken und einigen Wasserspielen wenig ansprechende Kirchgasse. Das können Sie in jeder x-beliebigen Stadt finden. Machen Sie einen Abstecher in die Kleine Schwalbacher Straße, biegen Sie in die Neugasse ein, schlendern Sie durchs Altstadtschiffchen, gehen Sie durch die Mauergasse, die Ellbogengasse, Webergasse, die Saalgasse und die Taunusstraße, flanieren Sie über die Wilhelmstraße, da werden sie Sie einige Geschäfte, Cafés und Kneipen finden, für die sich der Shopping-Ausflug nach Wiesbaden lohnt.

❶ Schlossplatz

Seit dem Mittelalter war der heutige **Schlossplatz** das lebendige Zentrum der Stadt mit dem Brunnen, der Burg und dem Markt. Vier Jahrmärkte und zwei Wochenmärkte wurden hier abgehalten. Diese Tradition wurde im späten 19. und 20. Jahrhundert unterbrochen. (Vgl. Rundgang 3) Seit September 1978 gibt es wieder mittwochs und samstags einen Wochenmarkt, der mittlerweile auf das Dernsche Gelände, hinter dem Rathaus verlegt worden ist.

Das „Löwchen" auf dem Marktbrunnen

Da Wiesbaden von fruchtbaren Gegenden mit einem milden Klima umgeben ist, findet man hier je nach Jahreszeit ein breites Angebot an ländlichen Produkten und Spezialitäten, wie Ingelheimer Spargel, Frauensteiner Kirschen, Kartoffeln aus dem „Ländchen" und Fleisch- und Wurstwaren aus der Pfalz, aber auch aus Ober- und Nordhessen. Auch das vielseitige Angebot aus ökologischer Landwirtschaft stößt auf eine immer größere Nachfrage.

Beim Weinfest im August werden der Schlossplatz und das Dernsche Gelände zum Festplatz. Ende November bis zum 23. Dezember ist der „Sternschnuppenmarkt" auf dem Schlossplatz eine Attraktion für die Besucher.

❷ Ellenbogengasse

In der **Ellenbogengasse** ist von den schönen alten Krämerzeichen, die es vor dem Zweiten Weltkrieg noch gab, nicht mehr viel zu sehen. Es gibt jedoch noch immer originelle Wanddekorationen. Ein Bienenkorb symbolisiert Bürgerfleiß. Andere

Motive wie die goldenen Lämmer am Eckhaus gegenüber dem alten Rathaus und die Böcke über einer Fischgaststätte erinnern an die Namen von Häusern, die früher hier standen.
Die Kaffee- und Teehandlung Ecke Ellenbogengasse/Neugasse kann 2002 ihr 150-jähriges Bestehen feiern. „Linnenkohl" hieß die 1852 gegründete Kaffeerösterei, die 1958 das „Kofrosta"-Röstverfahren entwickelte. Im Geschäftsraum – man beachte den Duft! – gibt es noch die alte Einrichtung. Kaffeefreunde finden hier ausgefallene Mischungen, Teeliebhaber über 120 verschiedene Sorten. Neu im Sortiment sind 500 (!) Whiskeysorten neben Grappa, Obstbränden, Portwein und Sherry.

Ein knappes Jahrhundert vor der Gründung hätte der Betrieb noch keine Chance gehabt. Der nassauische Landesfürst Karl (1728-1775) beobachtete den steigenden Kaffeekonsum seiner Untertanen mit Besorgnis. Er befürchtete, dass der Kaffee eine „schädliche würckung mit sich führte, dass er die Körper zu starcken und dauerhaften Arbeiten untüchtig und träge machet." Echt merkantilistisch denkend ärgerte ihn auch, „dass eine Menge Geldes mit Schaden und Verlust an fremde Mächte über und auf ewig verloren" gehe. Deshalb erließ er 1767 für einige Jahre ein Kaffeeverbot, von dem auch Wiesbaden betroffen war.
Die Ellenbogengasse stößt auf die Neugasse, wo bis zum Bau des Karstadt-Parkhauses 1967 die alte Feuerwache stand. Die Ende der 1960er Jahre geplante Umgestaltung der Neugasse in einen „moderne und großstädtische" Geschäftstraße kam nach dem Abriss der Feuerwache und dem Neubau des Weinand-Hauses zum Stillstand. Im Gebäudekomplex des Weinand-Hauses – heute Karstadt-Sport – ist heute die Stadtbibliothek untergebracht.

Detail einer Fassade in der Neugasse

Gegenüber dem Karstadt-Parkhaus mündet die Mauergasse in die Neugasse. Hier gibt es eine gute Mischung aus alten und neueren originellen Geschäften: Butter Dauer, ein Feinkostladen im Alt-Wiesbadener Stil, Olis Weinquelle mit einem gut ausgewählten Angebot an Rotweinen und Sherry und Portwein vom Fass, es gibt Geschäfte für alte Schallplatten, Juwelen, Silberbesteck aus Großmutters Zeiten, eine Buchhandlung, die auf Reisen spezialisiert ist, und eine Zoohandlung rundet das Angebot der Straße ab. (Siehe auch Rundgang 3, S. 66)
Der untere Teil der Straße ist betroffen einem gigantischen Bauprojekt. „Schöner Mix" hinter neuen Fassaden verspricht das 75-Millionen-Projekt „Dernsche Höfe" der Immobiliengesellschaft Quantum nach den Entwürfen des Wiesbadener Architekturbüros Zaeske und Partner. Das alte, denkmalge-

Geschäfte in der Mauergasse

schützte Polizeipräsidium wird saniert, der daran angelehnte Bau aus den 1950er Jahren in der Marktstraße ist bereits abgerissen. Eine riesige, aus begrünten Baulücken aus dem ZweitenWeltkrieg bestehende Fläche harrt nun einer dichten Bebauung: 14500 qm insgesamt, davon 9500 qm Büroflächen und 4200 qm Läden – Wohnungen fehlen beim „schönen Mix". (Siehe S. 76) Die alteingesessenen Geschäfte an der Marktstraße wurden verdrängt. Die Ladenmieten im Neubau werden für sie nicht tragbar sein. Mittlerweile organisieren sich Anwohner in einer Bürgerinitiative gegen das Großprojekt. Sie befürchten, dass durch die geplante Bauhöhe und die Verengung im unteren Teil Flair und Charakter der Mauergasse verloren gehen. Die Bürgerliste Wiesbaden hat vor Gericht gegen die Weigerung des Magistrats den Parlamentariern 2008 über die Gutachten der Denkmalschutzbehörden Auskunft zu geben geklagt – und recht bekommen. Erst Ende Juni 2009, bei schon laufenden Bauarbeiten, wurden die erheblichen Bedenken des Denkmalschutzes bekannt: Sie bezogen sich auf die „massive Verdichtung" und nahezu vollständige Bebauung und – im Gegensatz zum blumigen Namen des Projekts – das gänzliche Aufgeben der Höfestruktur.

Wanddekoration einer ehemaligen Teehandlung

❸ Mauritiusplatz

Von der Neugasse kommt man über die Schulgasse auf den **Mauritiusplatz** und in die Kirchgasse, die Hauptgeschäftsstraße der Stadt. Heute werden hier die höchsten Ladenmieten Wiesbadens gezahlt. Unter Immobilienmaklern gilt nur

Frühere Firma Baum

Grundriss der Mauritiuskirche

Kaufhaus Bormass um 1910

der Abschnitt der Kirchgasse zwischen Friedrich- und Marktstraße als „beste Lage". Hier werden die höchsten Ladenmieten gezahlt. Um die Wende vom 19. zum 20. Jahrhundert entstanden zahlreiche repräsentative, ja prunkvolle Geschäftshäuser in der Kirchgasse, der Langgasse und der Marktstraße. Am damaligen Aufschwung des Geschäftslebens in Wiesbaden hatten jüdische Kaufleute einen großen Anteil. Seit 1833 konnten sie am Handel mit Luxuswaren für Kurgäste teilnehmen. Nach ihrer bürgerlichen Gleichstellung wenig später gingen von ihnen vielfältige geschäftliche Initiativen und Impulse aus. Ein Beispiel ist die Firma J. M. Baum, Nassauische Leinenindustrie in Wiesbaden, die eine große Weberei in der Nähe des Hauptbahnhofs betrieben hatte. Sie errichtete um 1900 das große Geschäftshaus Kirchgasse/Ecke Friedrichstraße. Das Haus wurde 1937 verkauft.

Die Nationalsozialisten konzentrierten sich bei der Verdrängung der Juden aus dem Wirtschaftsleben zunächst auf die großen Warenhäuser und Einzelhandelsgeschäfte in jüdischem Besitz. Propagandistisch wollte man die jüdischen Warenhäuser für den Niedergang der kleinen Geschäfte verantwortlich machen. Im Berliner Karstadt-Konzern, dem KARZENTRA in Wiesbaden angehörte, räumten 1933 alle jüdischen Vorstandsmitglieder ihre Posten. Die Wiesbadener Parteileitung geriet in Argumentationsschwierigkeiten, denn die neuen arischen Besitzer dachten nicht an die Aufgabe des lukrativen Geschäfts.

Das Karstadt-Haus am Mauritiusplatz dokumentiert den baulichen Wandel, der den geschäftlichen begleitete. Wo noch um 1880 die Gastwirtschaft „Zum Storchennest" den Platz prägte, ragte in den 1890er Jahren gleich daneben das Warenhaus Julius Bormass auf, das nach dreimaligem Eigentümerwechsel als „Karzentra" 1929 zum Karstadt-Konzern kam. Das heutige Gebäude entstand nach dem Abriss eines ganzen Häuserblocks 1967/68, dem auch die alte Feuerwache in der Neugasse weichen musste. Es wurde 1987 äußerlich nur geringfügig modernisiert, innen aber großzügig ausgebaut. Der Umbau des Karstadt-Hauses und die Neugestaltung der Fassade erfolgte im Zusammenhang mit der Neugestaltung des Mauritiusplatzes 2004/2005.

Der Kern der heutigen Fußgängerzone, am Mauritiusplatz ist auch historisch von zentraler Bedeutung: In der Römerzeit stand hier die Börse der Kaufleute und bis 1850 die Mauritiuskirche, die bei einem Brand zerstört wurde. Daran erinnern nun in den Boden eingelassene metallene Grundrisse. Bei der Neugestaltung des Mauritiusplatzes wurde eine neue Trep-

C. J. Frankenbach, Andreasmarkt auf dem Mauritiusplatz um 1860

penanlage geschaffen, die sich großzügig zum Karstadt-Haus und zur Schulgasse hin öffnet. Der Platz und der angrenzende Teil der Kirchgasse ist mit gelben Granit aus China hochwertig gepflastert. Ein Café wurde neu gebaut und mit beleuchteten Wasserspielen geschmückt. Die zur Schulgasse hin gelegene Seite des Kaufhauses ist durch die Einrichtung kleiner Geschäfte im Parterre belebt worden.

Das 1897 eröffnete „Walhalla"-Theater, an der Ecke Kirchgasse/Mauritiusstraße diente bis in die 1990er Jahre als Kino. Es begann als Operetten- und Varietétheater. Der Komponist beliebter Operetten wie „Frau Luna", Paul Lincke (1866-1946), dirigierte hier persönlich seine Werke.

1919 wurde im Walhalla der erste Stummfilm gezeigt. Ab 1928 spielte hier eine „Welt-Konzert-Orgel" mit Glockenspiel, Schlagzeug, Xylophon, Becken und Gong, die als technisches Denkmal seit 1986 im Düsseldorfer Filminstitut zu sehen und zu hören ist. Das Haus mit dem schönen Foyer und einem großen Zuschauerraum steht zur Zeit leer und harrt einer Neubestimmung. In den unteren Räumen hat sich ein kleines Theater (90 Plätze) eingerichtet, das Walhalla-Studio, das auch gelegentlich das alte „Bambi"-Kino betreibt.

Knoblauch-Skulptur

Kleine Schwalbacher Straße

Jahrzehntelang grenzte das „Rotlichtviertel" in der **Kleinen Schwalbacher Straße**, Mauritiusstraße und Hochstättenstraße an das Geschäftszentrum. Auch diese Straßen gehören zum historischen Kern der Stadt Wiesbaden. Bis in die 1950er Jahre existierte die legendäre Bäckerei Bossong Ecke Kirchgasse/Kleine Schwalbacher Straße. Im 19. Jahrhundert war hier der „Saimakk" (Schweinemarkt). Im Zuge der Stadtentwick-

Historische HEPA-Röstanlage

Tipp: HEPA bietet Röstereiführungen mit Kaffee-Verkostung an

lung vor dem Ersten Weltkrieg wurde das Gebiet zur Problemzone: Die alteingessenen Anwohner und Geschäfte gingen, Prostitution siedelte sich an. Die Bordellbetriebe verschwanden 1983, als die Stadt eine neue Satzung gerichtlich durchsetzen konnte.

Erst im Jahr 2008 konnte zum Weihnachtsgeschäft die renovierte Kleine Schwalbacher Straße eröffnet werden.

Obwohl zum Zeitpunkt des Erscheinens dieses Buches noch nicht fertig, spürt man schon die große Bedeutung, die der Sanierung des Altstadtquartiers für das Ambiente der City zukommt. Im Rahmen des Projekts der Stadtentwicklungsgesellschaft Wiesbaden mbH (SEG) sollen hier kleine Geschäfte eine Bleibe finden. Erfreulich ist, dass die alteingesessene Wiesbadener Kaffeerösterei HEPA, die zu Beginn der 1950er Jahre ganz in der Nähe des neuen Domizils gegründet wurde, sich in dem sanierten, aus dem Jahre 1841 stammenden Gebäude Nummer 14 eingerichtet hat und im Erdgeschoss ein vom Moment der Eröffnung an sehr beliebtes Café betreibt.

HEPA bietet eine Palette feinster Kaffeesorten, die in einem hochwertigen Röstverfahren hergestellt und vor dem Mahlen von den sog. „Schlitzhäutchen" befreit jedem Kunden zu seiner besten Bekömmlichkeit individuell zurecht gemacht werden. Im zur Mauritiusstraße hin gelegenen Eckhaus gibt es nun Michael Balzers gemütliches Altstadtbistro mit einem kulinarisch anspruchsvollen, abgerundeten Angebot, einer preiswerten Mittagskarte und „Wiesbadener Schnittchen" zu Bier und Wein. Zwischen Hepa und Balzer erinnert eine Bronzeskulptur an den „Knoblauch" – ein vor einigen Jahren verstorbenes Wiesbadener Original.

Im nächsten Bauabschnitt soll eine Verbindung zur City-Passage und eine neue Wegeverbindung zur Faulbrunnenstraße hergestellt werden – eine gute Chance für eine kleinteilige Geschäftswelt und eine attraktive Außengastronomie.

Wünschenswert wäre es, auch die Hochstättenstraße nach einem solchen Konzept wieder zu beleben.

Die durch fensterlose Betonwände düster wirkende Hochstättenstraße geht in ihrem Verlauf übrigens auf das Mittelalter zurück. Die alteingessenen Bewohner und kleinen Gewerbe-

Der Verkauf der Postkarte kam dem Bau der Wartburg zugute

betriebe, die bis Ende der 1980er hier ihre Bleibe hatten, mussten unter Protest dem Bau der seit Jahren leer stehenden Mauritiusgalerie weichen. Die Wohnqualität der angrenzenden Häuser am Michelsberg ist gesunken.

Hans Bossung, Hochstättenstraße um 1870

❶ **Schwalbacher Straße, Michelsberg**

In der **Schwalbacher Straße**, zwischen Mauritiusstraße und **Michelsberg**, steht die „Wartburg". Der Name erinnert an den legendären Sängerkrieg auf der Wartburg 1206 in Thüringen. Die Reliefs zeigen Figuren aus Opern von Richard Wagner. Die neuzeitliche „Burg" baute der Wiesbadender Männer-Gesangsverein, der sie jedoch bald wieder verkaufen musste. Der Saal diente für Feste, Konzerte und Bälle und wurde bis 1933 auch von den Kulturorganisationen der Arbeiterbewegung genutzt. In der Nachkriegszeit zog der amerikanische Offiziersclub unten ein, es folgten Dixie-Nachtbar, oberbayrisches Restaurant und Hard-Rock-Café. Ende der 1960er, Anfang der 1970er Jahre trat im Saal im ersten Stock oft die Wiesbadener Avantgarde-Popgruppe Xhol auf. Sie gab legendäre Konzerte zusammen mit Gruppen wie Amon Düül, Guru Guru, Tangerine Dream u.a., die damals experimentellen Psychadelic-Rock spielten. Das Haus ist im Besitz der Stadt und hat als weitere Spielstätte des Staatstheaters für Jugend- und experimentelles Theater eine Neubestimmung gefunden.

Fast dreißig Jahre lang zog sich der „Michelsbogen" von der Coulinstraße in Balkonhöhe der anliegenden Häuser hinab auf die Schwalbacher Straße. Am 1. April 2001 feierten mehr als 100.000 Menschen den Beginn der Abrissarbeiten mit einem Feuerwerk. Immer stärker waren die negativen Auswirkungen der längst überflüssigen Hochstraße spürbar geworden, die die Schwalbacher Straße zur Trennlinie zwischen der City und dem Westend gemacht hatte. Die Verödung des Geschäftslebens auf der Schwalbacher Straße machte sich nach und nach auch in der City-Passage bemerkbar. Hier wollen irische Investoren nun einen Neuanfang versuchen. (Siehe auch S.76)

Großer Beliebtheit erfreuen sich nach wie vor die orientalischen Imbissstuben entlang der Schwalbacher Straße und am Michelsberg.

❺ Marktstraße

Rappen über dem Café Maldaner

Jenseits der Langgasse geht der Michelsberg in die **Marktstraße** über. Ein Ort traditioneller Kaffeehauskultur ist das Café Maldaner. Es wurde um die Jahrhundertwende im Wiener Stil eingerichtet und ist eines der wenigen alten Cafés, die es in der Innenstadt noch gibt.

Hier sieht man alte und junge Wiesbadener, Künstler und Reisende. Oft ist es voll und eng. Einen Tisch für sich alleine zu finden ist dann schwierig, aber vielleicht macht man eine unerwartete, interessante Bekanntschaft: Zu den Stammgästen gehören viele lokale Berühmtheiten. Die treuesten Gäste sind die alten Damen.

Das Bild eines Rappen vor goldenem Hintergrund erinnert an das frühere Gasthaus Zum Rappen an gleicher Stelle. 1801 kaufte es die katholische Gemeinde und richtete im Hinterhaus einen Betsaal ein. Vor dem Ersten Weltkrieg gab es noch eine Kornmühle und eine Zwiebackfabrik im Hinterhaus.

Das Café Maldaner, eine Alt-Wiesbadener Institution, scheint auf Dauer gesichert. Die langjährige, mittlerweile verstorbene Seniorchefin Josefine Jeuck, die das Café jahrzehntelang lei-

Hans Bossung, Uhrturm mit Marktbrunnen um 1870

tete und prägte, hatte das ihre dafür getan: In einem Vertrag mit den neuen Pächtern ist festgelegt, dass der Name, die alte Inneneinrichtung und das typische Konditoreiangebot erhalten bleiben. Das Personal wurde komplett übernommen. Für sich selbst hatte Josefine Jeuck ein lebenslanges Sitzrecht auf ihrem angestammten Platz neben der Drehtür beansprucht.

Hirsch-Apotheke

Auch die Hirsch-Apotheke gegenüber stellt ein Stück Alt-Wiesbaden dar. Sie ist seit 1839 im selben Gebäude. Die Einrichtung im italienischen Neorenaissancestil stammt noch aus dieser Zeit. Das Gebäude ist älter, es birgt Fachwerk unter der klassizistischen Fassade. Der Uhrturm, der seit dem Mittelalter das Bild der Marktstraße prägte, wurde 1873 als Verkehrshindernis abgerissen. An ihn erinnert das Lokal Zum Uhrturm.

Im Altstadtschiffchen (Vgl. Rundgang 3), in der Wagemann- und der Grabenstraße als auch in der angrenzenden Goldgasse, Häfnergasse und Mühlgasse findet man noch immer eine vielfältige Szene von kleinen Geschäften, Restaurants und gepflegten Weinlokalen.

❻ Langgasse/ Schützenhofstraße

Die **Langgasse** – so könnte man meinen – sei einfach eine Verlängerung der Kirchgasse. Die sich seit der Römerzeit zwischen den Badeanlagen am Schützenhof und am Kochbrunnen hinziehende Straße hat jedoch ihre eigene Geschichte. Bis ins 19. Jahrhundert war sie das Zentrum des Kurlebens und dürfte die erste Wiesbadener Promenade gewesen sein. Badegäste aktivierten den Handel schon in der Römerzeit, als Griechen und Araber hier ägyptische und syrische Waren feilboten. Sie ist somit die älteste Geschäftsstraße Wiesbadens. Seit dem 16./17. Jahrhundert sind zahlreiche Badehäuser und Hotels nachgewiesen. Die heutige Bebauung stammt jedoch aus der Jahrhundertwende.

Der bärtige Alte, zugegipst

In der **Schützenhofstraße** erinnert ein Schild an den Tempel, der in römischer Zeit hier der keltischen Quellgöttin Sirona gewidmet war. Beim Bau des Parkhauses Coulinstraße wurde die verschüttete Schützenhofquelle wieder zu Tage gefördert. Den Jugendstilwandbrunnen mit dem bärtigen, von zwei Nixen umgebenen Alten fand man zufällig beim Umbau des Hauptbahnhofs. Was beim Einbau in den neuen Schützenhofbrunnen als „Rettung eines kunsthistorischen Zeugnisses" galt, stieß auf die Kritik engagierter Frauen in Wiesbaden, denen nicht einleuchtete, dass ein „bärtiger Alter" unbedingt dort Wasser speien muss, wo einst die keltische Göttin verehrt wurde. Bei einer Aktion der Frauenwerkstatt 1989 wurde der „bärtige Alte" zugegipst. Jüngst wurde er umgesetzt und in die 2007 eingerichteten Wasserspiele in der Schützenhofstraße einbezogen. Nun hängt er in der rückwärtigen Begrenzungswand. Sollte die Schützenhoftreppe neu gestaltet werden, wozu eine reale Chance besteht, da das Parkhaus Coulinstraße baufällig ist und abgerissen wird, würde er allerdings den Blick verstellen. Also doch am besten zurück mit ihm in die Querhalle des Hauptbahnbahnhofs!

Nach dem Gutachten des Beirats für Städtebau, Architektur und Baukultur sollte der Neubau des Parkhauses so geplant werden, dass der freie Blick von der Fußgängerzone auf den Schulberg wieder hergestellt und die Treppenanlage zu einem repäsentativen Entree für die Fußgängerzone wird. Dabei soll auch eine „gestalterische Verknüpfung" mit dem noch zu realisierenden Denkmal „Namentliches Gedenken" für die über 1.200 in der Nazizeit deportierten und ermordeten jüdischen Wiesbadener im Bereich der ehemaligen Synagoge am Michelsberg geschaffen werden.

Der älteste bebaute Badeplatz in Wiesbaden ist benannt nach der Adelsfamilie Schütz von Holzhausen, die im 16. und 17. Jh. hier ein Badehaus besaß, das 1783 großzügig ausgebaut wurde. Hier weilte Kaiser Josef II. bei seinem Besuch 1791. Im Schützenhof liegen auch die Anfänge eines ständigen Theaters in Wiesbaden. 1884 ging der Schützenhof in städtischen Besitz über. Nach dem Abriss des Armenbades am Kranzplatz wurde das öffentliche Gemeindebad angegliedert.

Vom legendären Café Wejot in der Langgasse, gegenüber der Schützenhofstraße ist nichts mehr zu sehen. An seiner Stelle steht ein Kaufhaus, heute: Sportarena. Man sollte wissen, dass es hier bis September 1971 den weinlaubüberdeckten Innenhof eines volkstümlichen Cafés und Schülertreffpunkts gab, um dieses Kaufhaus als Symbol der Rastlosigkeit, der Abriss- und Kaufwut des schon auslaufenden Wirtschaftswunders zu verstehen.

Ein bemerkenswertes Gebäude ist das 1909 fertiggestellte, heutige Pressehaus Wiesbaden. Auf seinem Gelände hatte schon

Schützenhoftreppe, im Hintergrund die ehemalige Elementarschule auf dem Schulberg, heute Kunsthaus

100 Jahre früher die Schellenberg'sche Hofbuchdruckerei gestanden, die die Verordnungen der nassauischen Landesregierung druckte. Die erste Wiesbadener Zeitung, das Wiesbadener Wochenblatt, erschien hier 1844. Wenig später wurde es in das Wiesbadener Tagblatt umgewandelt, eine erfolgreiche Tageszeitung, die später in dem repräsentativen Bau Druckerei, Redaktion und Verkauf integrierte. Nach 1945 verweigerten die Amerikaner dem in der Nazizeit kompromittierten Wiesbadener Tagblatt die Lizenz und stellten das Gebäude dem neugegründeten Wiesbadener Kurier zur Verfügung. Heute beherbergt es wieder drei Zeitungen - das Wiesbadener Wochenblatt erscheint heute als Anzeigenblatt der originellen Art –, die mittlerweile einer Verlagsgesellschaft angehören.
Der mosaikverzierte Eingangsbereich vermittelt die ursprüngliche künstlerisch anspruchsvolle Ausgestaltung des Hauses, das von einer überlebensgroßen Kupferfigur des Bildhauers Modrow, „Das Wissen", gekrönt ist.

Modrow, Das Wissen

Goethe stieg bei seinem Kuraufenthalt 1814 zunächst im Badhaus Zum Adler ab. Gelangweilt von den „Exzellenzen" zog er jedoch in den Bären um. (Vgl. Goethe als Kurgast in Wiesbaden, S. 132) 1899 erwarb die Stadt das alte Badhaus, das lange das berühmteste der Stadt war, und den angrenzenden älteren Goldenen Brunnen, um an deren Stelle das Kaiser-Friedrich-Bad als Kurmittelhaus zu errichten. Mit dem Versuch, durch ästhetische Raumgestaltung das Befinden des Menschen günstig zu beeinflussen, steht das Bad in der Tradition der antiken Thermen. Die von Jugendstilkünstlern Anfang des 20. Jahrhunderts gestaltete Innenarchitektur strebt die Verbindung von Malerei, Relief und Ornament mit den Raumstrukturen an. Eine umfassende behutsame Renovierung und Modernisierung Anfang der 1990er Jahre hat diese Aspekte weiter abgerundet. Die heutige Kaiser-Friedrich-Therme bietet ein ganz besonderes, entspannendes Badeerlebnis gepaart mit ästhetischem Vergnügen. Das historische römisch-irische Bad (Warm-, Heißluft- und Dampfbad) ist heute erweitert um ein russisches Dampfbad, eine finnische Sauna und vieles andere mehr.

Vestibül der Kaiser-Friedrich-Therme

❼ Webergasse

Die **Webergasse** wurde im Krieg völlig zerstört. Verschwunden ist das Haus Nr. 6, wo die jüdische Firma Gebr. Baum ein großes Geschäft hatte, das nach der Verwüstung am 10. November 1938 „arisiert", d. h. enteignet wurde. Zwei Tage nach der Zerstörung des Geschäfts Gebr. Baum wurden die Fenster mit Brettern zugenagelt und grün angestrichen, damit der Reichsführer-SS Himmler keinen schlechten Eindruck bei einem Besuch in Wiesbaden haben sollte. Das Haus wurde deshalb das „Grüne Eck" genannt. (Lothar Bembenek).

❽ Saalgasse, Nerostraße, Taunusstraße

Wir verlassen jetzt die City, um in der **Saalgasse, Nerostraße** und Jawlenskystraße in ein Geschäftsviertel zu kommen, das ganz geprägt ist von kleinen und größeren Läden – meist Kunsthandel und Antiquitäten – und einer vielfältigen Kneipenszene (siehe auch Rundgang 5).

Die **Taunusstraße** am Rand des Wiesbadener Fünfecks ist überregional bekannt als „Kunst- und Antiquitätenmeile". Viele traditionsreiche Antiqitätengeschäfte, aber auch Kunstschreiner und Restaurateure haben hier ihren Sitz.

Internationales Ansehen genießt die Firma F. Ad. Müller, Söhne, die künstliche Augen und Kontaktlinsen herstellt. 1874 bemühte sich der berühmte Augenarzt Prof. Dr. H. Pagenstecher, Gründer der Augenklinik in Wiesbaden, um den Zuzug von Friedrich Adolf Müller, der sich auf die Herstellung künstlicher Augen spezialisiert hatte. Das Institut für künstliche Augen fertigt nun seit über einem Jahrhundert Glasaugen, ist im Bereich Forschung und Entwicklung aktiv und unterhält Verbindungen zu in- und ausländischen Universitäten.

Ein anderer, durch den seit 1882 regelmäßig in Wiesbaden tagenden Internistenkongress angeregter Geschäftszweig ist der Sanitätsbedarf. 1891 wurde am Kureck die Firma P. A. Stoss gegründet, ein weltbekanntes Spezialgeschäft für Krankenpflegeartikel, das heute noch in Wiesbaden besteht.

❾ Wilhelmstraße

Am ehemaligen „Kureck" (vgl. Rundgang 1)vorbei gelangen wir in die **Wilhelmstraße**, die Geschäftsstraße der Superlative. Man kann alles kaufen was besonders schön, gut und teuer ist. Am Kureck ist die Porzellanmanufaktur Höchst vertreten. Auf der der Wilhelmstraße, an den Quellen, in der alten Passage und in der Wilhelm-Arcade kann man die Kreationen namhafter Modeschöpfer bewundern. Juwelen, Pelze, Orient-Teppiche und elegante Einrichtungen werden angeboten und das auf hohem fachlichen Niveau und oft in alter oder zumindest langjähriger Tradition. Hier ist der Kunde König – das nötige Kleingeld vorausgesetzt – hier wird er beraten und hofiert, ganz wie in alten Zeiten.

Historische Porzellanfiguren aus Höchst

Im Verhältnis zum hochpreisigen Nobelangebot der oberen Wilhelmstraße, wirkt der untere Teil intimer, kommunikativer. Feickert bietet Feinkost an und bewirtschaftet ein gutgehendes Bistro, bei der Buchhandlung Wiederspahn erhält der Kunde reichlich geistige Nahrung. In diesem Umfeld ist der kunstsinnige Teppich-Michel mit seinem erlesenen Angebot angesiedelt, der 1998 sein 100-jähriges Jubliläum feiern konnte.

Von einer römischen Siedlung zum „vornemen Flecken"

Brände, Kriege und Wachstumsphasen haben das Bild der Stadt seit ihrer Gründung in der Römerzeit immer wieder verändert. Im Stadtbild kaum noch wahrnehmbar ist die geologische Besonderheit, der Wiesbaden seine mehr als 2000-jährige Geschichte verdankt: Am Südhang des Taunus gelegen, treten hier 27 heiße Quellen zutage. Auch die zahlreichen Bachläufe sind durch Kanalisation verschwunden. Die Straßenführung in der Altstadt ist jedoch seit ihrer Anlage im Großen und Ganzen erhalten. Die überlieferten Straßennamen geben oft Hinweise auf frühere Gewerbe.

Der Ort erlebte in der Römerzeit eine längere Phase friedlicher Entwicklung, als er nach dem Bau des Limes ins Hinterland gerückt war. Der Handel blühte, und die Kaufleute errichteten eine „schola", eine Börse am heutigen Mauritiusplatz. Die Siedlung wurde zur „civitas Mattiacorum", dem Verwaltungssitz eines Landkreises. Der Rest der Heidenmauer oberhalb des Römertors stammt aus der Endphase der römischen Herrschaft, als Valentian 364 n.Chr. die Rheingrenze noch einmal gegen die herandrängenden Alemannen befestigte. Die Mauer blieb der Kern der Stadtbefestigung bis zu deren Niederlegung. Nach der Vertreibung der Römer 406/407 siedelten Alemannen und Burgunder in Wiesbaden und vermischten sich mit der römisch-germanischen Bevölkerung. Ende des 5. Jahrhunderts wurden sie von merowingischen Franken unterworfen.

Als „Wisibada" taucht die Stadt in einer Handschrift Einhards, des Biografen Karls des Großen, im 9. Jahrhundert wieder auf. Die Stadt war in fränkischer Zeit Hauptort eines Königssondergaus. Westlich des Burgbezirks hatte sich eine größere Siedlung, der „Flecken", gebildet. Inmitten des Fleckens stand die Pfarrkirche, die Mauritiuskirche, die 1850 durch einen Brand vollständig zerstört wurde.

Seit 1200 verfügten die Grafen von Nassau über Rechte an der Stadt und besaßen das Patronat der Kirche. Aufgrund der Nähe zum feindlichen Mainz kam Wiesbaden als nassauische Residenz nicht in Frage. Es wurde zwar eine an die Heidenmauer angelehnte Burg erbaut, regiert wurde jedoch von Idstein, Usingen oder vom fernen Saarbrücken aus. Wiesbaden blieb über Jahrhunderte ein kleines Land- und Badestädtchen, dessen Bürger dem Landesherrn kostenlos Holz bringen und bei der Hasenjagd behilflich sein mussten. Ein Aufstand 1525 brachte ihnen den Verlust ihrer Rechte, die sie erst 1566 wiederbekamen.

Obwohl in der Hessischen Chronik von Dilich, 1605, „Wiesbaden" als eine „schöne Herrschaft an vornemen Flecken" geschildert wird, mit „frucht und wein ... darinnen das vornehme warme bahd" das, „vier bronnen und 18 bade" hat, scheint die Stadt in ihrer Entwicklung zu stagnieren. Immer wieder wird sie von Feuersbrünsten heimgesucht und im Dreißigjährigen Krieg völlig verwüstet. Kein einziges Haus aus dem 16. Jahrhundert ist erhalten.

Die Bürger ernährten sich von Landwirtschaft, Kleinhandel und Handwerk oder betrieben Mühlen entlang der zahlreichen Bachläufe. Nur Wollweber und Töpfer produzierten über den heimischen Bedarf hinaus. Seit Mitte des 17. Jahrhunderts begann das wirtschaftliche Leben sich zu entfalten und zu ordnen. Zünfte wurden gegründet. Um 1700 hatte die Stadt die Folgen des Dreißigjährigen Krieges einigermaßen überwunden. Der nun regierende Fürst Georg August Samuel (1685–1721) widmete der Stadt mehr Aufmerksamkeit als seine Vorgänger. Er baute das Schloss in Biebrich als Residenz, verlegte die Regierungsbehörden von Usingen nach Wiesbaden und bemühte sich um die Stadterneuerung. Zum ersten Mal wurde in Wiesbaden geregelt gebaut, bis dahin war der „Flecken" einfach gewachsen. Aus Frankreich kamen vertriebene Hugenotten, die hier frei nach ihren kirchlichen und richterlichen Gebräuchen leben konnten. Auch Juden, die 1626 ausgewiesen worden waren, siedelten sich wieder an.

Brigitte Forßbohm

Wiesbaden nach Meißners Schatzkästlein im Jahr 1638

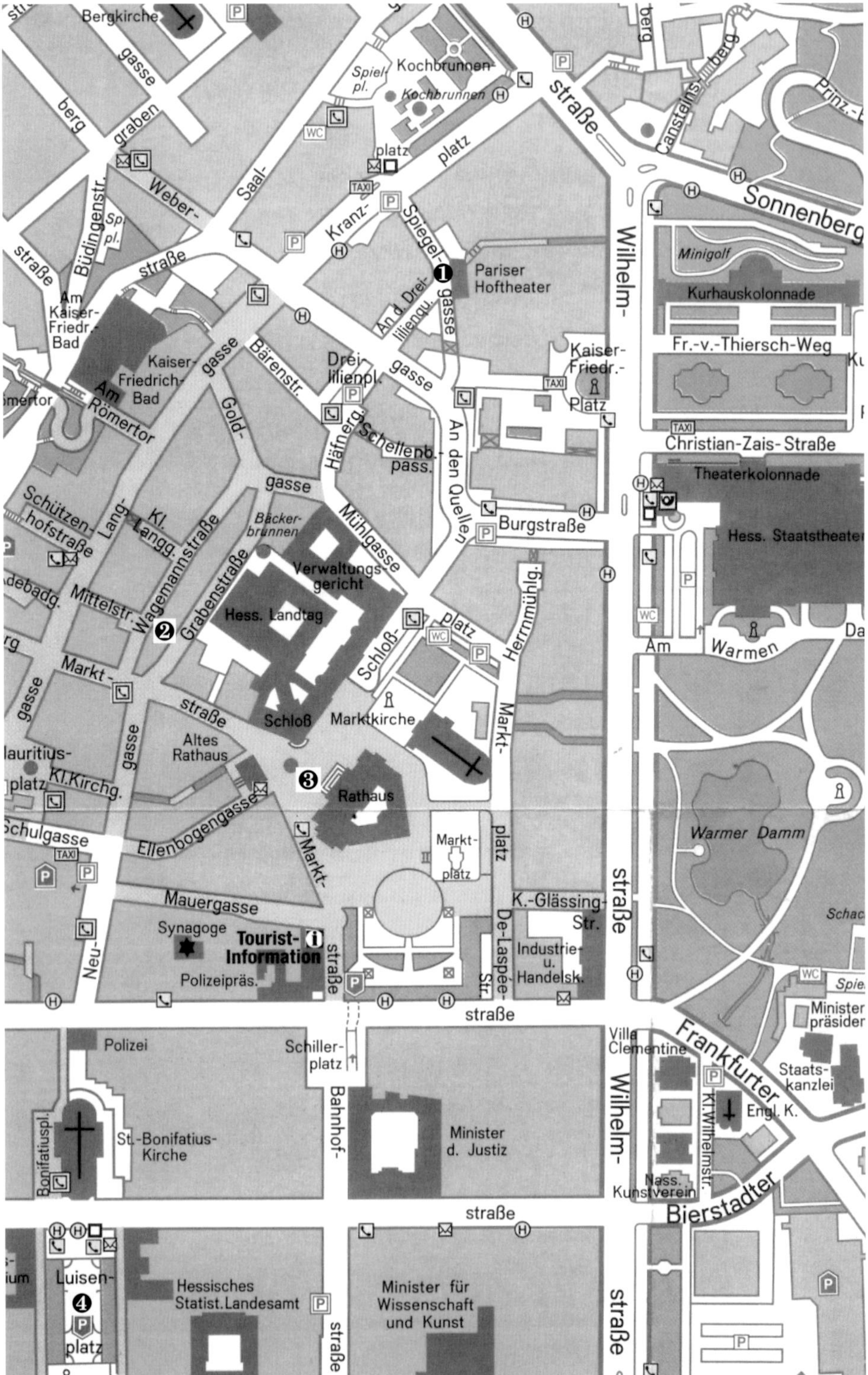

Bergkirche
Kochbrunnen-
platz
Kochbrunnen
Spiel-
pl.
Saal-
gasse
berg
graben
Weber-
straße
Büdingenstr.
Sp.
pl.
Kranz-
platz
Spiegel-
gasse
Pariser
Hoftheater
An d. Drei-
lilienqu.
Am
Kaiser-
Friedr.-
Bad
Kaiser-
Friedrich-
Bad
Am
Römertor
Bärenstr.
Drei-
lilienpl.
gasse
Gold-
gasse
Häfnerg.
Schellenb.-
pass.
An den Quellen
Kaiser-
Friedr.-
Platz
Schützen-
hofstraße
Lang-
gasse
Kl.
Langg.
Wagemannstraße
Grabenstraße
Bäcker-
brunnen
Mühlgasse
Verwaltungs-
gericht
Hess. Landtag
Burgstraße
Herrnmühlg.
Mittelstr.
Markt-
straße
gasse
Schloß-
platz
Schloß
Marktkirche
Markt-
platz
Altes
Rathaus
Mauritius-
platz
Kl.Kirchg.
Rathaus
Schulgasse
Ellenbogengasse
Markt-
platz
Markt-
platz
Mauergasse
Synagoge
Tourist-
Information
Polizeipräs.
Neu-
gasse
De-Laspée-
Str.
K.-Glässing-
Str.
Industrie-
u.
Handelsk.
Sonnenberger
Canstein-
berg
Prinz-
Minigolf
Kurhauskolonnade
Fr.-v.-Thiersch-Weg
Christian-Zais-Straße
Theaterkolonnade
Hess. Staatstheater
Am
Warmen
Warmer Damm
Wilhelm-
straße
Frankfurter
Villa
Clementine
Kl.Wilhelmstr.
Engl. K.
Minister-
präsident
Staats-
kanzlei
Nass.
Kunstverein
Bierstadter
Schiller-
platz
Polizei
Bonifatiuspl.
St.-Bonifatius-
Kirche
Bahnhof-
straße
Minister
d. Justiz
Luisen-
platz
Hessisches
Statist. Landesamt
Minister für
Wissenschaft
und Kunst
WC
TAXI
P
H
❶
❷
❸
❹

Bäder, Mühlen, Märkte – und eine Revolution

Altstadtschiffchen, Schlossplatz und Luisenplatz

Brigitte Forßbohm, Andreas Schmidt von Rhein

Ausgangspunkt: Spiegelgasse, Haltest. Webergasse, Linien 1, 8
Endpunkt: Luisenplatz, fast alle Linien

Fassaden in der Wagemannstraße

Webergasse, Häfnergasse, Goldgasse, Wagemannstraße und Grabenstraße bildeten früher das gewerbliche Zentrum der Stadt. Nach der Kanalisation der Wiesbadener Bäche 1886-1888 verödete es, weil das Wasser als Antriebs- und Reinigungskraft wegfiel. Ende der 1960er Jahre war der von Bomben teilweise verschont gebliebene Altstadtbezirk völlig heruntergekommen. Die Stadt hatte zwar die Häuser gekauft, aber nichts zur ihrer Erhaltung getan. Heftige Diskussionen lösten 1970 Pläne von Prof. May aus, die den Abriss der Wagemannstraße und Grabenstraße vorsahen, um einen Parkplatz an der Rückfront des Landtags einzurichten. Damit wäre der Schlussstrich unter das Thema Verödung des alten Stadtkerns gezogen gewesen. Auf Druck der Öffentlichkeit und der Anwohner entschied man sich jedoch für die Erhaltung und gründliche Wiederherstellung der alten Bausubstanz, die Restauration der Fassaden und die Neugestaltung der Höfe. Zu den alten Kneipen und Weinstuben sind neue hinzugekommen, mit Boutiquen und Galerien wurde der Altstadtbezirk aufgewertet. Wagemannstraße und Grabenstraße, die an beiden Enden durch jeweils ein Haus verbunden sind, bilden das „Altstadtschiffchen". Zusammen mit der Häfnergasse, Goldgasse und Mühlgasse, wo einst geschäftige Betriebsamkeit herrschte, bildet es nun die Kulisse für einen innerstädtischen Vergnügungsbezirk (siehe auch Rundgang 2).
Im Altstadtbezirk zwischen Schiffchen und Spiegelgasse stehen die ältesten erhaltenen Wohnhäuser Wiesbadens aus dem 18. Jahrhundert. Die nach dem 1532 erwähnten Badhaus Spiegel benannte Spiegelgasse gehört zu den ältesten Straßen der Stadt.

❶ Spiegelgasse

Der Gebäudekomplex **Spiegelgasse** 9-11, der „Pariser Hof", ist das wertvollste bauliche Zeugnis jüdischen Lebens in Wiesbaden. Das Anwesen ist seit 1990 in städtischem Besitz und mittlerweile vollständig saniert. Das kleine Haus Spiegelgasse 11 aus dem Jahr 1735 ist das älteste erhaltene Wohnhaus der

Stadt. Es beherbergt die Ausstellungsräume des Aktiven Museums Spiegelgasse für Deutsch-Jüdische Geschichte in Wiesbaden e. V. (AMS) mit der Geschäftsstelle in der Spiegelgasse 7. Der „Pariser Hof" wurde 1832 von dem jüdischen Gastwirt Isaak Iffelsheimer anstelle des älteren jüdischen Badhauses „Zum Rebhuhn" errichtet. Als biedermeierliches Hotel bestand der Pariser Hof bis in die 1950er Jahre.

Spiegelgasse 11, heute Aktives Museum Spiegelgasse für Deutsch-Jüdische Geschichte

Im jüdischen Badhaus „Zum Rebhuhn" – 1600 erstmals erwähnt – war seit 1732 die „Judenschule", eine Synagoge mit Lehrraum und einer Mikwe (rituelles Frauenbad). Das Badhaus besuchten vor allem Frankfurter Juden, die so der ungesunden Enge des Ghettos zur Kur nach Wiesbaden entkamen. Zur Garantie ihrer persönlichen Sicherheit mussten sie als „Baadjudt" an den Wiesbadener Schultheißen ein Schutzgeld zahlen.

Jakob Samuel, genannt Schmul, wurde 1753 Besitzer des „Rebhuhn". Er forderte und erhielt vom Landesfürsten das alleinige Recht, fremde Juden zu beherbergen. Als einige Jahre darauf andere Juden ein neues Badhaus einrichten wollten, warfen sie Schmul Unsauberkeit vor. Er halte reiche Frankfurter Juden fern, da er Arme und Kranke kostenlos bewirte. Schmul betonte dagegen auch bedeutende Gäste zu haben und zwei Speisehäuser, in denen Frauen der jüdischen Gemeinde zum Kochen einspringen. Die Obrigkeit stellte sich hinter ihn. Der alte Schmul sei einer der „ehrlichsten Juden im Land" und „habe mit seiner blinden Frau und einem lahmen Sohn so viel Hauskreuz, dass man ihn nicht schädigen dürfe."

Max Niedermayer, Pariser Hof

Das abgebildete Gebäude ist mittlerweile saniert

Auf amerikanische Hilfsangebote hin siedelten 1945 Verleger aus Leipzig nach Wiesbaden über. Die Stadt stellte ihnen vorerst den „Pariser Hof" als Unterkunft zur Verfügung. Für den innovativen Limes-Verlag, der u. a. Gottfried Benn verlegte, aber auch für andere traditionsreiche Verlage wie Brockhaus lag hier der Neuanfang.

Im rechten Flügel des „Pariser Hof" ist heute noch ein öffentliches Thermalbad. Zeitzeugen berichten, dass sie mit ihren Familienangehörigen in den 1920er und 1930er Jahren den Pariser Hof zum Baden aufsuchten. Es gab dort Badekabinette, die als Mikwe geeignet waren: Sie fassten in den Boden eingelassen die vorgeschriebenen 800 Liter Wasser, und es handelte sich um „lebendiges Wasser" , wie es die religiösen Gesetze verlangten. Außerdem war das Thermalwasser warm – im Gegensatz zum Grundwasser, das andere Mikwes füllte. Diese Badetradition wurde von der nach dem Holocaust 1946 neu gegründeten jüdischen Gemeinde aufgegriffen: Seit 1950 bis in die 1960er Jahre wurden drei Badekabinette als Mikwe genutzt.

Seit 1986 gibt es im ersten Stock der Spiegelgasse 9 das „Pariser Hoftheater". Der ehemalige Speisesaal des Badehauses wurde zum Bühnenraum und mit einem Fresko des Malers Paul Mersmann auf der Seitenwand ausgestaltet. Es treten vor allem freie Theater-, Tanz- und Kabarettgruppen auf.

Gemälde von Paul Mersmann im Pariser Hoftheater

In der **Häfnergasse** fertigten die Häfner oder „Eulner" unter einem Laubengang Gefäße und Röhren aus Ton, die für Wasserläufe und Brunnen gebraucht wurden. Außerdem waren sie verpflichtet, zwei Hörner pro Jahr für die Wächter auf dem Uhrturm herzustellen. Letzte Erinnerung an die alte Töpfertradition ist das 1858 gegründete Porzellanhaus Stillger, zugleich ein Beispiel dafür wie Tradition und Modernität im Geschäftsleben verbunden werden kann.

Häfnergasse 4

Von den Badehäusern, die in der Häfnergasse seit dem 16. Jahrhundert bekannt sind, existierten vor dem Krieg noch zwei, die „Weißen Lilien" und „Zwei Böcke". Am „Pelzhaus Weiller", Häfnergasse 4, deuten Dekorationen an der Fassade und der Tür auf die alte Kürschnertradition des Hauses hin.

❷ Altstadt Schiffchen

Nun kommen wir ins **Altstadt Schiffchen**. Die Wagemannstraße hieß früher Metzgergasse. Außer Metzgereien gab es einige, von einer Abzweigung des Drudenbachs gespeiste Mühlen. Auch Jean Baptiste Wagemann betrieb hier seit 1850 eine Mühle. 1913 – Wagemann war nun Stadtältester – hatte sich das Bild der Straße stark verändert. Der Bach floss nun unterirdisch, die Mühlen waren verschwunden. Stattdessen hatten sich „Animierkneipen letzten und allerletzten Ranges" angesiedelt. Die Eigentümer und Bewohner der Häuser der Metzgergasse richteten eine Eingabe an die Stadtverordnetenversammlung. Die Straße habe ihren guten Ruf verloren. Die Wohnungen ließen sich immer schlechter vermieten, weil niemand in dieser übel beleumdeten Gegend wohnen wolle. Sie beantragten daher die Umbenennung der Straße, wovon sie sich eine Aufwertung versprachen. Außerdem, so meinten sie, sollte eine Stadt wie Wiesbaden „derartige Erinnerungen" an früher dort ansässige Gewerbe „ausmerzen". Wagemann,

nach dem die Straße daraufhin benannt wurde, dürfte einer der letzten gewesen sein, der hier zu Reichtum und Ansehen gekommen war.

Metzgergasse, Zeichnung von Friedr. Degener um 1910

Die Metzgergasse hieß zeitweise auch Judengasse. 1570 wurde erstmals ein Jude namens Moses erwähnt. 1626 waren die Juden ausgewiesen worden, ihre Zahl stieg jedoch zum Ende des 17. Jahrhunderts dank der toleranten und wirtschaftsfördernden Politik von Fürst Georg August Samuel wieder an. Sie errichteten in der Metzgergasse „die Judenschule", die 1732 in das Gast- und Badehaus „Zum Rebhuhn" verlegt wurde. Juden lebten in der Straße bis zur nationalsozialistischen Vertreibung. Am Haus Nr. 27 erinnert eine Gedenktafel an den Romanschriftsteller Sally Großhut, der hier 1906 als Sohn des Antiquitätenhändlers Ludwig Grosshut geboren wurde. 1933 emigrierte er nach Palästina, später in die USA. Der herzkranke Ludwig Grosshut starb 1934 nach furchtbaren Demütigungen in sog. „Schutzhaft" an den Folgen von Misshandlungen durch SA-Leute.

In der Wagemannstraße gibt es – in Wiesbaden eine Seltenheit – noch einige Häuser aus dem frühen 18. Jahrhundert. Das auffallend schrägstehende Haus Nr. 33 lehnte an die Heidenmauer, die einst die Straße durchbrach. Das barocke, mit originellen Masken geschmückte Haus Nr. 5 der italienischen Kaufmannsfamilie Cetto von 1728 erinnert an die damalige rege Handels- und Gewerbetätigkeit.

Maske am Cetto-Haus

Die Grabenstraße auf der anderen Seite des „Schiffchens" wurde 1719 auf dem zugeschütteten Stadtgraben angelegt. Die spätklassizistischen Häuser aus dem letzten Drittel des 19. Jahrhunderts stehen auf unsicherem, morastigen Baugrund. Schon vor dem Bau des Bäckerbrunnens gab es hier den „Brunnen im Graben", der die Innenstadt mit Thermalwasser versorgte. Die Metzger konnten mit dem heißen Wasser die Schweine brühen. Der Quellschacht lag unter dem Hotel „Goldener Brunnen". 1906 wurde der neugebaute Bäckerbrunnen mit einem unterirdischen Quellschacht, einer elektrischen Pumpanlage und Lagerräumen im Obergeschoss in Betrieb genommen. In der Hofumfahrt, wo man heute bei schönem Wetter gemütlich sitzen kann, rollten damals schon um 5 Uhr morgens die ersten Fuhrwerke von der Marktstraße her an, um mit gefüllten Fässern durch die Goldgasse abzufahren. In unmittelbarer Nähe stand das 1777 errichtete Gemeindeschlachthaus. Es wurde überflüssig mit dem Bau des neuen Schlachthauses am Stadtrand 1884 und dem Verbot des Schlachtens an anderer Stelle. Die aus hygienischer Sicht sicher bessere Lösung – früher wurde das Fleisch im offenen Bach gewaschen, der auch alle Schlachtabfälle aufnahm – hatte jedoch die Verdrängung des Metzgergewerbes aus der Altstadt zur Folge.

Im Zusammenhang mit dem Neubau des Plenarsaals 2008 ist der Besuchereingang des Hessischen Landtags in die Grabenstraße gelegt und der Platz davor und um den Bäckerbrunnen ansprechend neu gestaltet worden.

Bäckerbrunnen um 1906

Bei dem Luftangriff auf Wiesbaden in der Nacht vom 2. auf den 3. Februar 1945 wurde der **Schlossplatz** schwer beschädigt. Die Höhere Mädchenschule neben der Marktkirche sank von einer Mine getroffen in sich zusammen und begrub unter sich die, die im Luftschutzkeller Schutz gesucht hatten. Vom Rathaus blieb das Skelett der Fassade, Wilhelm der Schweiger lag im Schutt. Das Kavaliershaus war zerstört und das Schloss glich einer Ruine. Nur das „alte Rathaus" war verschont geblieben. Es war die schlimmste Verwüstung seit dem Dreißigjährigen Krieg, als der Platz mit Hecken und Sträuchern so bewachsen gewesen sein soll, dass Hasen und Feldhühner dort hausten. Mit Hilfe der Trümmerbahn wurde das Zentrum zügig, wenn auch vorerst provisorisch wieder hergestellt. In den 1960er Jahren vom Verkehr völlig überlastet, ist der Schlossplatz mit Landtag, Rathaus und Stadtkirche seit Einrichtung der Fußgängerzone an das geschäftige Leben der Innenstadt angebunden. Auf der Grünfläche an der Stelle der ehemaligen Schule steht seit 1984 die „Figur mit Schatten" von Thomas Duttenhoefer.

❸ Schlossplatz

Th. Duttenhoefer, Figur mit Schatten, 1984

Das Schloss, heute Sitz des Hessischen Landtags, wurde 1837-1842 nach den Plänen von Georg Moller als nassauisches Residenzschloss errichtet. Im Zuge der großen territorialen Veränderungen in Europa nach der Französischen Revolution wurde das Herzogtum Nassau unter Napoleon als Rheinbundstaat gegründet. Die zerstreuten nassauischen Territorien waren zu einem funktionsfähigen Kleinstaat mit der Hauptstadt Wiesbaden zusammengefasst worden. Das Schloss wurde aus Staatsmitteln errichtet und gehörte nicht zum herzoglichen Privatbesitz.

Der Architekt löste mit dem streng klassizistisch gegliederten Bau auf einem Eckgrundstück eine städtebaulich reizvolle Aufgabe. Das bereits 1826 als Geschäftshaus errichtete Kavaliershaus wurde dem Schloss angegliedert. Zur Ecke der Mühlgasse hin schließt sich die „Wilhelms-Heilanstalt" an, ein Bau aus preußischer Zeit, der als Kurhaus für erkrankte Soldaten und Offiziere diente und heute zum Teil dem hessischen Landtag angegliedert ist.

Das alte Rathaus, nach den Plänen des Stadtbaumeisters Valerius Bausendorf 1608-10 errichtet, ist das älteste Steinhaus der Stadt. 1828 wurden die Renaissance-Holzgiebel durch einen Steinaufbau ersetzt. Die Holztafeln von Jacob Schütterlin, die die christlichen und bürgerlichen Tugenden Glaube, Hoffnung und Nächstenliebe, Gerechtigkeit, Tapferkeit, Mäßigung und Klugheit darstellen, befinden sich heute im Landesmuseum. 1938 wurden die geschnitzten Motive von Peter Dienstdorf in Sandstein übertragen und den Fenstersimsen angepasst. Die Renovierung des Gebäudes zog sich seit den 1970er Jahren bis 1989 hin. 1984 konnte der Weinkeller „Altes Rathaus" mit einer großen Weinprobe auf dem Schlossplatz eröffnet werden.

Altes Rathaus um 1800

Der Marktbrunnen wurde schon 1567 angelegt, die heutige, renovierte Fassung stammt aus dem Jahr 1755. Das goldene „Lövche", das Wappentier der Nassauer, hält das Wiesbadener Stadtwappen in seinen Tatzen.

Gerechtigkeit

Das neue Rathaus wurde 1887 nach den Plänen von Georg von Hauberrisser im repräsentativen Neorenaissancestil vor der Fluchtlinie der Marktkirche erbaut, neben der es nicht unscheinbar wirken sollte.

Ein weiterer Monumentalbau, die Höhere Töchterschule, auf der anderen Seite der Marktkirche, war damals schon geplant. Die symmetrisch ausgeführte Hauptfassade des neuen Rathauses war architektonisch am aufwendigsten gestaltet. Nach der Zerstörung 1945 wurde sie in schlichter Form wiederhergestellt. Aus Kostengründen und weil an dieser Stelle die gelungene Bautätigkeit der 1950er Jahre dokumentiert beiben soll-

te, verzichtete man bei der Sanierung 1986 auf eine Wiederherstellung der ursprünglichen Form. Man wollte damals ein neues Image der Stadtregierung mit einem „Bürgermeister zum Anfassen" (Achim Exner, damaliger Oberbürgermeister von Wiesbaden) einem „Offenen Rathaus" und einer „Verwaltung zum Durchblicken", so die Selbstdarstellung. (Solchen Maximen folgt die heutige Stadtregierung nicht mehr, siehe S. 75 ff.) Deshalb Glastüren, Ausstellungen im Parterre und eine besucherfreundliche Raumanordnung im Inneren. Die Glasarbeiten von Johannes Schreiter, Ludwig Schaffrath und Jochem Poensgen im Treppenhaus versuchen sowohl den baulichen Vorgaben als auch heutigem Stilgefühl gerecht zu werden. Wiederhergestellt wurde die ursprüngliche mehrfarbige Schieferbedachung über dem Süd- und Ostflügel. Die Sanierungsarbeiten begleitete ein ökologisches Gutachten. Beheizt wird das Rathaus mit Thermalwasser und vor der Eingangshalle sprudelt ein Brunnen.

Der Ratskeller wurde 1890 eröffnet. Eine zeitgenössische Schrift bemerkt dazu: „Die Renaissance im Stil des Rathauses ... ist eine echte und tiefinnerliche, denn wiedergeboren durch sie wurde hier auch die alte, gut deutsche Sitte, dem Haus des städtischen Rathes ein Gemach einzufügen, in dem sich der Bürger bei ehrbarem Trunk nach des Tages Last und Hitze erlaben oder sich stärken kann, bevor er etwa beschwerliche Geschäfte, als: Steuern zahlen, Ehe schließen, Geburten anmelden und dergleichen in diesen heil'gen Hallen zu erledigen hat."

Lebhaftes Treiben vor dem Schloss, Farblitho von George Barnard 1845

Wilhelm v. Oranien, „Der Schweiger", ein Geschenk von Kaiser Wilhelm II. an die Stadt Wiesbaden

Neue Glocken für das Glockenspiel

Die Wandmalereien von Heinrich Schlitt und Kaspar Kögler – Szenen aus dem Wiesbadener Alltag – wurden 1945 zerstört. Sie sind von Eberhard Münch 1987 in der Marktschänke des Ratskellers in Anlehnung an die Originale von 1890 neu erarbeitet, aber leider mittlerweile wieder übermalt worden, weil sie dem Pächter, einer Bayrischen Großbrauerei, nicht ins Konzept passten.
Nachdem die „Germania-Brauerei" in den 1970er Jahren als letzte Brauereistätte der Stadt abgerissen worden war, wagte Otto Binding, ein Altmeister der Braukunst, (nicht zu verwechseln mit der bekannten Frankfurter Brauerei! – Otto Binding hat sein Stammhaus in Eltville), im Ratskeller 1987 einen Neuanfang. Ein paar Jahre lang wurde vor den Augen der Gäste gebraut.
Mittlerweile wird der Ratskeller von wechselden Großbrauereien gepachtet.
Die Marktkirche wurde von Baumeister Carl Boos als „nassauischer Landesdom" nach dem Vorbild der Friedrichswerderschen Kirche von Carl Friedrich Schinkel in Berlin errichtet und am 5. Juni 1866 eingeweiht. Im Interesse der Stadtsilhouette legte man Wert auf Türme, an denen es in Wiesbaden fehlte, der höchste ist 98 m hoch. Carl Boos verwirklichte in der Marktkirche einen „Spitzbogenstil" nach den Gesetzen „der klassischen Formbildung", da der eigentliche gotische Stil in seiner Zeit „keinem wahren Gefühlsverständnis" mehr begegnen könne. Ungewöhnlich für die hiesige Gegend ist die Verwendung von Backsteinen. Sie dienen lediglich der Verblendung, gemauert ist die Kirche aus Bruchsteinen. Die Ornamente und Bauelemente der Gotik wie Maßwerke, Kapitelle, Gesimse und Kreuzblumen sind in der Wiesbadener Keramikwerk-

H. Schlitt, ehemalige Wandmalerei im Rathaus

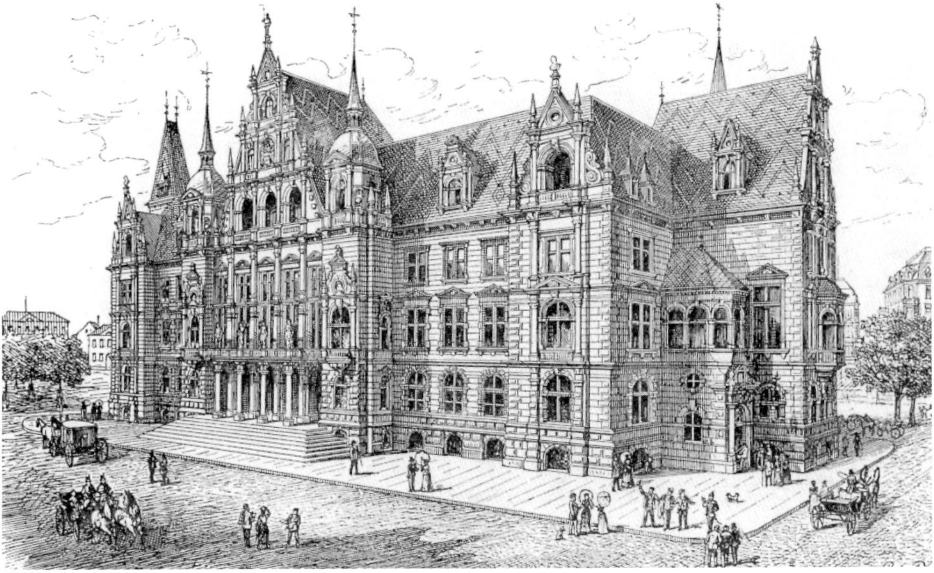

statt Höppli in Serie gefertigt worden. Beliebt sind die Glockenspiele um die Mittagszeit.

Rathaus um 1900, H. Schlitt

Vor der Marktkirche steht „Wilhelm der Schweiger" (1533-1584), Prinz von Oranien, Graf von Nassau. Das Denkmal an den Befreier der Niederlande von der spanischen Herrschaft wurde 1906 von Walter Scott geschaffen und ist ein Geschenk Kaiser Wilhelms II. an die Stadt.

Seit dem Mittelalter wurden auf dem heutigen Schlossplatz die Märkte abgehalten. (Vgl. Rundgang 2) Als nach der Gründung des Herzogtums Nassau die Residenz von Biebrich in die Stadt verlegt und nach einigem Hin und Her das Stadtschloss an die Stelle des alten, kleinen Renaissanceschlosses gebaut wurde, blieb hier selbstverständlich auch weiterhin der Markt.

Ansicht der Marktkirche nach einer alten Postkarte

Die herrschaftliche Freitreppe führte direkt in das Gewühl der Marktfrauen und der mit Obst und Gemüse, Käse und Eiern gefüllten Körbe. Das wirkt sympathisch und bürgernah. Doch es gab nicht nur dieses friedliche Nebeneinander, es kam auch zu heftigen Zusammenstößen. 30 000 Menschen, das war etwa ein Drittel der erwachsenen männlichen Bevölkerung des Kleinstaats, waren am 3. und 4. März 1848 mit Heugabeln, Dreschflegeln und Äxten auf dem Schlossplatz zusammengekommen. Es ging den meisten vor allem um die Verbesserung ihrer miserablen wirtschaftlichen Verhältnisse. Darüber hinaus traten sie für die von August Hergenhahn, dem Führer der liberalen Bewegung, formulierten politischen Forderungen nach Volksbewaffnung, Presse-, Vereins- und Versammlungsfreiheit und der Einberufung eines deutschen Parlaments ein.

„Sah mol Hannes, was is des eigentlich, Preßfreiheit?“
„Des was ich net, aber hun müsse mer sche!“

„Saht emol, was verlange mer dann eigentlich?“
„Ei Abschaffung vum Militär, die Dumäne, Volksbewaffnung, un Preßfreiheit un Censur un überhaapt Freiheit!“

Na !

Als die Menge eine immer drohendere Haltung einnahm, begab sich Hergenhahn mit 12 weiteren Bürgern ins Schloss, um wenigstens eine provisorische Annahme der Forderungen zu erlangen. Der beliebten Herzogin Pauline (1810-1856), Witwe des 1839 verstorbenen Herzog Wilhelm, gelang es dann zusammen mit dem Minister von Dungern das aufgebrachte Volk zu beruhigen, indem sie auf den Balkon trat und einige Forderungen in Abwesenheit von Herzog Adolf (1817-1905) vorab bewilligte. Tags darauf kehrte der Herzog zurück und versicherte – ebenfalls vom Balkon aus – der Menge die Genehmigung und Einhaltung der gegebenen Versprechen. Die Stimmung schlug augenblicklich um, Hochrufe auf den Herzog erfüllten nun den Platz. Friedrich Engels hatte aus Brüssel die Nachricht an Karl Marx geschickt: „In Nassau eine vollendete Revolution!“ Da hatte er sich jedoch etwas zu früh gefreut. Die Revolution, die kaum dass sie begonnen, bereits am Ziel zu sein schien, hatte in Wahrheit kaum mehr erreicht „als einen Freifahrschein in eine ungewisse Zukunft.“ (Winfried Schüler)
Wie die Wäsch-Bitt von Franz Bossong 50 Jahre später berichtete, hegten damals schon einige „helle Bauern“ Misstrauen gegen den Herzog und fanden „was der schwezzt is garnaut, schriftlich misse mer des huh'!“ Die schriftliche Bewilligung wurde zwar auch gewährt, gehalten wurden die Versprechen, entgegen der Versicherung des Herzogs, jedoch nicht.
Dennoch stehen diese Vorgänge symbolhaft für die politische Atmosphäre im Herzogtum. Das Volk nahm lebhafter Anteil an der Politik und der Herrscher und seine Familie präsentierten sich auf dem nicht allzu hohen Balkon des Schlosses inmitten der Stadt. So konnten sich Volk und Herzog über weittragende politische Forderungen auseinandersetzen. Wie geschaffen scheint das Schloss für diese Vorgänge: Der stumpfwinklige Bau ragt in den Platz hinein und den Bürgern entgegen, die wenigen Stufen des Eckportals grenzen draußen von drinnen ab und der Balkon erlaubt es jederzeit heraus- und dem Volk entgegenzutreten, hoch genug um von allen gesehen zu werden ohne aber einen unüberwindlichen Abstand herzustellen.
Mit dem Bau des klassizistischen Stadtschlosses erfuhr der Platz eine Anlehnung an das antike Forum, das zugleich der Regierung, dem Geschäftsverkehr, der Volksversammlung und der Verehrung der Götter diente. Eine Funktion, die durch den Bau der Marktkirche weiter ergänzt wurde.
Dies änderte sich in der preußischen Zeit. Im Schloss wohnte jetzt die Kaiserfamilie bei ihren meist frühsommerlichen Aufenthalten. Man fand es nun unpassend, dass Bauern und

Die Forderungen der Nassauer, F. Nitzsche

Marktweiber am Fuße der Schlosstreppe Waren feilboten. So ließ man es sich einiges kosten, den Markt umzuverlegen, und zwar hinter das neue Rathaus. Der Satiriker und Mundartdichter Franz Bossong spottete in der „Wäsch-Bitt" im Januar 1897 über den „eigendimliche Zug nooch hinne ... Die scheenst Seit vum Theater is hinne unn jezz lehe se aach de Makk hinner des Rothes." Der Marktplatz wurde zum „Schlossplatz" mit Aufmärschen, Paraden und wohlgeordneten, polizeibewachten Volksauftritten.

Freischärler

Trat der Kaiser bei seinen Sommeraufenthalten in Wiesbaden auf den Balkon, so nahm er, einem patriotischen Herrscherkult gemäß, Huldigungen entgegen. Nur die kleine Prinzessin Viktoria Luise zeigte ab und zu den begeistert Herandrängenden ihr Püppchen.

In dieses Konzept passte das aufwändige neue Rathaus und auch der Bau der höheren Töchterschule. Noch 1924 lobt ein Stadtführer eine Radierung, die Rathaus, Kirche und Schule wie einen geschlossenen Straßenzug erscheinen ließ. In ein so selten schönes Städtebild passe der Wochenmarkt nicht hinein.

Im Mai 1914 hielt sich die Kaiserfamilie zum letzten Mal in Wiesbaden auf und mit der Novemberrevolution 1918 waren die alten Zeiten unwiderbringlich vorbei. Die Wiesbadener ernährten sich von Kartoffeln und Steckrüben und in den unteren Räumen des Schlosses hatte sich der Arbeiter- und Soldatenrat einquartiert, der vom 9. November bis zum 18. Dezember im Stadt- und Landkreis Wiesbaden regierte.

Es folgte die Zeit der französischen Besatzung, die 1925 von der englischen abgelöst und erst 1930 beendet wurde.

In die erste Zeit der französischen Besatzung fallen zwei Putschversuche von Separatisten unter der Führung des Rheinländers Dr. Dorten. Sie versuchten an antipreussische Ressentiments in der Bevölkerung anzuknüpfen, fanden aber wenig Resonanz. 1923 gelang es ihnen, das Rathaus für mehrere Tage zu besetzen. So flatterte dort eine Weile die rot-grün-weiße Separatistenfahne, ohne dass sich Behörden und Verwaltungen in ihren Arbeiten stören ließen und die Bevölkerung für eine rheinische Republik zu begeistern gewesen wäre.

Arbeiter- und Soldatenrat im Schloss 1918

Am 8. Februar 1933 lösten die nationalsozialistischen Machthaber die Stadtverordnetenversammlung auf, hissten die Hakenkreuzfahne und setzten den Magistrat ab. Der Schlossplatz wurde in „Adolf-Hitler-Platz" umbenannt.

Die Mauergasse (siehe auch Rundgang 2, S. 42 f.) hieß früher Froschgasse. Jenseits der Stadtmauer, die hier entlangführte, lagen weitläufige Weiher. Das abendliche Froschkonzert hatte der Straße den Namen gegeben. 1810 wurde die Mauer abgerissen und die Neugasse konnte sich zur 1804 neu angelegten Friedrichstraße hin ausdehnen. Geht man auf die Friedrichstraße zu, hat man das 1. Polizeirevier im Blick. Es ist das Schenk'sche Haus, gebaut nach Plänen von Christian Zais. Es gibt einen Eindruck, wie die Straße ursprünglich angelegt war: mit durchweg zweistöckigen, freistehenden Häusern und breit vorgelagerten Freitreppen. Goethe war bei seinem Wiesbadenaufenthalt 1815 sehr angetan von der Gestaltung der Wohnhäuser für die neu zugezogenen Beamten.

Durch das Kirchenreulchen geht es an der Bonifatiuskirche vorbei zum Luisenplatz. Die den Platz dominierende Bonifatiuskirche ist seit der Reformation die erste katholische Kirche der Stadt. Ein klassizistischer Vorgängerbau war 1831 noch nicht ganz fertig wieder eingestürzt. Den Platz und das Baumaterial kaufte Herzog Wilhelm an, der zunächst dort das neue Schloss errichten lassen und über die Biebricher Allee eine Verbindung zur Sommerresidenz in Biebrich herstellen wollte. Die zur Biebricher Allee hinführende Adolfsallee erinnert noch an diesen barock-absolutistisch geprägten Plan. Herzog Adolf schenkte 1843 den Bauplatz der katholischen Gemeinde zurück, die nun Philipp Hoffmann mit dem Kirchenbau beauftragte. Die romantisierende Gotik der Kirche durchbrach das klassizistische Prinzip, nach dem der Platz mittlerweile gestaltet war. Hoffmann, der auch die Griechische Kapelle auf dem Neroberg (siehe Rundgang 6) und die Synagoge am Michelsberg (Siehe Rundgang 5) entworfen hat, legte weniger Wert auf formale Geschlossenheit als auf Einfühlung in den katholischen Glauben.

Schenk'sches Haus

Bonifatiuskirche

Im Hintergrund links die Ruine des Turms der 1850 abgebrannten Mauritiuskirche, rechts der 1873 niedergelegte Uhrturm

❶ Luisenplatz

In den 1960er und 1970er Jahren hatte der **Luisenplatz** den Tiefpunkt seines Erscheinungsbildes als Parkplatz erlebt. 1983/84 wurde er in seiner ursprünglich klassizistischen Form wiederhergestellt, die Denkmäler restauriert und darunter eine Tiefgarage gebaut.
Die beiden gleichartigen Gebäude seitlich der Bonifatiuskirche entstanden 1829 bis 1831. Das rechte ist das ehemalige Pädagogium, das altsprachliche Gymnasium, heute Sitz des hessischen Kultusministeriums, das linke ist die Alte Münze, in der von 1830 bis 1866 nassauische Münzen geprägt wurden. Das Münzrecht erhielt Wiesbaden schon 1329.
Ab 1818 sorgte die nassauische Landesregierung mit einem „Münzkrieg" für Aufregung. Nassau, das dem süddeutschen Münzsystem angehörte und Gulden prägte, benachteiligte die norddeutschen und preußischen Thaler: Aus Furcht vor wirtschaftlicher Abhängigkeit nahm die Landesregierung diese zu einem schlechteren Kurs als Gulden in Zahlung und gab sie zu einem teureren wieder ab. Die Dresdener Münzkonvention erzwang dann 1837 die Gleichstellung.

Eine Bronzetafel erinnert daran, dass sich von Frühjahr bis Spätsommer 1933 in dem Gebäude eine Haft- und Folterstätte der SA befand. Seit 1945 wird es durch das Land Hessen genutzt, seit 1988 als Teil des Kultusministeriums.
Der Obelisk in der Mitte des Platzes trägt die Namen von 315 nassauischen Gefallenen der Schlacht von Waterloo 1815. Eingeweiht wurde das Denkmal am 15.6.1865 zum 50. Jahrestag der Schlacht in Anwesenheit von 500 Veteranen des 3. Nassauischen Regiments, das der britisch-niederländischen Armee unter Wellington zugeteilt war. Dieses Regiment war furchtbar aufgerieben worden. Der nassauische General von Kruse sprach zwar von „unsterblichem Ruhm", den die Soldaten erlangt hätten. Das ändert nichts an der gespenstischen Tatsache, dass am Abend der Schlacht 40 000 zerschmetterte Körper die 5 qkm Kornfelder bei Waterloo bedeckten. Daher wurde auf Initiative des Ortsbeirats Mitte 1989 eine Tafel mit der Inschrift „Die Toten mahnen zum Frieden" angebracht. Das andere Denkmal, ein springendes Pferd, ist dem im Ersten Weltkrieg kämpfenden 1. Nassauischen Feldartillerieregiment Nr. 27 Oranien gewidmet. 1934 sprach der Studienrat Hermann Kaiser bei seiner Einweihung. 1945 wurde er als Verschwörer des 20. Juli 1944 hingerichtet. Auch hier kam die Stadt 1989 dem Vorschlag des Ortsbeirats-Mitte nach, eine Gedenktafel für Hermann Kaiser anzubringen.

Waterloo-Denkmal

Bis in die Zeit vor dem Zweiten Weltkrieg ging es lebhaft zu, wenn auf dem Luisenplatz der „Dippemarkt" abgehalten wurde. Heute ist der Dippemarkt ein Teil des Andreasmarkts auf dem Elsässer Platz (siehe Rundgang 4).
Nach der Neugestaltung wurde der Luisenplatz zunächst nur zögerlich angenommen. Weihnachtsmarkt und Weinfest zogen dann mehr und mehr Besucher an. Ruhebedürftigen Anwohnern gelang es jedoch, in einem auch mit juristischen Mitteln geführten Kleinkrieg, diese Bestrebungen zur Belebung des Platzes zunichte zu machen.
In der Rheinstraße, dem Luisenplatz gegenüber, fällt das – ebenfalls klassizistische – Stammhaus der Nassauischen Sparkasse ins Auge. Der Mittelbau und der linke Flügel wurden 1863 fertiggestellt, der rechte Flügel 1914-16 angebaut.
Diese Bank verdankt ihre Entstehung im Wesentlichen der Ablösung des „Zehnten" im Herzogtum Nassau. Ca. die Hälfte aller landwirtschaftlichen Nutzflächen war noch in den 1830er Jahren durch Abgabepflichten gegenüber den feudalen Grundherren belastet. Die Gesetze zur Zehntablösung bereiteten einige Regierungsbeamte vor, Herzog Adolf setzte sie in Kraft. Demnach konnten sich die Bauern von der Feudallast

freikaufen. Die Mittel stellte das Bankhaus Rothschild in Frankfurt der Nassauischen Landesbank zur Verfügung, das auch das Notengeld der Landesbank sicherte. Die Bauern gerieten so von der Abhängigkeit vom Grundherrn in die von der Bank, mit ein Grund für die sozialen Unruhen im Vormärz, der Zeit vor 1848. Die Nassauische Sparkasse konzentrierte sich besonders auf die mittelständische und ländliche Kundschaft. Bis 1911 erhielten Kleinanleger höhere Zinsen. Das zweite Medaillon in der Fassade des Mittelbaus links zeigt den „Märzminister" August Hergenhahn, der von 1864-1866 Direktor der Nassauischen Landesbank war, nachdem ihn Herzog Adolf 1849 des Amtes des Ersten Staatsministers wieder enthoben hatte.

Dippemarkt auf dem Luisenplatz, alte Postkarte nach C. J. Frankenbach

Die größte Kuckucksuhr der Welt

Die Riesenuhr gehört zu einem Souvenirgeschäft an der Ecke Burgstraße/An den Quellen. Von 8 bis 20 Uhr ruft hier täglich alle halbe Stunde der Kuckuck, anschließend erscheint zur Musik der Spieluhr ein tanzendes Schwarzwaldpärchen. Der Gründer des Geschäfts, Emil Kronenberger, hatte eine originelle Idee: Er stellte 1946 auf dem zerstörten Kaiser-Friedrich-Platz vor dem Nassauer Hof eine überdimensionale, handgeschnitzte Kuckucksuhr auf, hinter der typisch deutsche Souvenirs einen schnellen Absatz an ranghohe und zahlungskräftige amerikanische Militärs fanden. Als der Platz 1958 wieder hergestellt wurde, folgte der Umzug in das heutige Geschäft, das nun bereits in der dritten Generation geführt wird. Emil Kronenberger ließ sich Anfang der 1950er Jahre die Bezeichnung „Die größte Kuckucksuhr der Welt" patentieren. Er selbst war eine schillernde Persönlichkeit. Der Kunstsammler war vor dem Krieg Sänger am Theater und verkehrte mit vielen Prominenten.

A. Schmidt-von Rhein

Die Kuckucksuhr auf dem Kaiser-Friedrich-Platz 1946

Wiesbadens liebstes Problemkind: Das Dernsche Gelände

Als innerstädtische Problemzone ist das Dernsche Gelände heute zumindest nicht auf den ersten Blick erkennbar. Das Areal ist in eine gewisse Form gebracht, die alte Marktanlage mit dem Marktkeller restauriert. Das Café vor der Marktkirche ist sicher kein architektonisches Schmuckstück, aber professionell bewirtschaftet und vom Publikum angenommen. Dies gilt leider nicht für den Marktkeller – der Versuch ihn mit einem ausgewählten Lebensmittelangebot zu aktivieren, scheiterte an schlechtem Management. Nun harrt er einer neuen Bestimmung. Das Gelände ist belebt, es ist genug Platz für ein Zirkuszelt und für verschiedenste Veranstaltungen unter freiem Himmel. Ein Platz zum Aufatmen in dieser an sich zu eng angelegten Innenstadt, in der sich das Geschäftsleben auf wenigen Quadratmetern zusammendrängt. Es bleibt dennoch nicht verborgen: Dort, nebenan der Schlossplatz, historisch gewachsen mit Schloss, Brunnen, der Marktkirche, dem alten und dem neuen Rathaus, hier Weitläufigkeit ohne festen Rahmen, begrenzt durch die Rückseiten monumentaler Gebäude und die Fassaden von Wohn- und Geschäftshäusern, die einmal als Straßenzeilen angelegt worden waren – ein Gelände eben, kein richtiger Platz. Es handelt sich um das vorläufige Ergebnis der mehr als 130 Jahre andauernden Auseinandersetzung, die in der Aufhebung eines von der Stadtverordnetenversammlung beschlossenen Bebauungsplans durch einen Bürgerbescheid am 11. Dezember 1994 gipfelte. Ein in der Bundesrepublik Deutschland bisher einmaliger Vorgang.

1868 hatte die Stadt von Oberforstrat Dern das Haus Marktplatz 18, den Koppensteiner Hof gekauft, um darin das Rathaus einzurichten. Die hinter diesem Gebäude (es gehörte zu einer Häuserzeile, die später abgerissen wurde um an deren Stelle das neue Rathaus zu errichten) liegenden weitläufigen „Dernschen Gärten" – Relikte des Herrengartens der nassauischen Zeit – waren schon seit Mitte des 19. Jh. von der Bebauung ganz eingeschlossen und lagen brach. Zur innerstädtischen Problemzone wurde das tiefer als Schloss, Marktkirche und Rathaus liegende Gebiet u. a. durch die relative Abwertung, die es durch die abweisende, eher auf Fernwirkung zielende Gestaltung der südlichen Rückseite Rathauses erfahren hatte. Daran scheiterte auch der Plan des Baurats Lemcke, das neue Theater an dieser Stelle errichten. Eine Denkschrift des Theaterkomitees wandte sich im April 1882 entschieden gegen den Neubau des Theaters auf dem Dernschen Gelände, weil es an dieser Stelle „den bedauerlichen Eindruck einer hierher verirrten, wo nicht gar verbannten und in Zwangslage gehaltenen Bauanlage" zurücklasse. Es ist im weiteren die Rede vom „idealen Sinn" der dem Theater innewohne, und der drohe, von der „herrschenden materiellen Strömung" verdrängt zu werden. Auch damals half es nichts, dass im Mai 1887 die Budgetkommission und der Bürgerausschusses für das Dernsche Gelände stimmten, die Gegenpartei setzte sich letztendlich durch. Dabei spielte eine weitere Denkschrift eine Rolle, die der damalige Kanzleirat und spätere Stadtverordnete Wilhelm Flindt verfasst hatte und die von namhaften zugezogenen Bürgern wie von Knoop, Haniel, Securius u. a. unterschrieben war. Mitte Januar 1890 gab der Gemeinderat schließlich dem Wunsch des Kaisers gemäß nach und beschloss den Theaterneubau im Anschluss an die Kolonnade.

Prof. Hauberisser, der Architekt des Rathauses, empfahl den Bau einer Markthalle, einen größeren Bau, der auch einen Basar aufnehmen können und im Obergeschoss Wohnungen und Geschäftslokale erhalten sollte. Ein solches Projekt beschäftigte die Stadtverordneten in den Jahren 1893/1894, wurde aber im April 1894 verworfen.

Stadtbaurat Felix Genzmer hatte ab 1894 mehrere Pläne zur Gestaltung des erwünschten Marktplatzes und auch der „Bebauung des Innenstadtzentrums" in seiner Gesamtheit vorgelegt. Beschlossen wurde schließlich am 29. Juli 1898 Genzmers Plan zur Gestaltung der Marktanlage.

Noch während der Bauzeit gab es in der Bürgerschaft immer wieder Stimmen, die für den Bau einer Markthalle eintraten bzw. über deren Nichtverwirklichung enttäuscht waren. Mit dem Bau eines Marktkellers, in dem nun kein Verkauf stattfinden sollte, habe man „wieder einmal Halbes geschaffen, wo Ganzes am Platze gewesen wäre." Die Anlage eines Marktplatzes über dem Keller betraf ja nur einen kleinen Teil des Dernschen Geländes, dessen größter Teil noch immer brach lag.Die nicht verwirklichten Projekte, die um die Jahrhundertwende folgten, ähnelten denen des ausgehenden 20. Jahrhunderts: Markthalle, Museum, Häuserzeile.

Als im Oktober 1897 das Dernschen Geländes eingezäunt wurde, reichten die Spekulationen der Passan-

ten von der Annahme, es werde nun doch endlich ein Neubau für ein Museum in Angriff genommen bis zu der Befürchtung, hier werde ein Aufbewahrungsplatz für abgelegte Denkmäler geschaffen. Die Rheinische Zeitung klärte die Bürger dahingehend auf, dass das Dernsche Terrain für einige Monate als Kabellagerplatz dienen werde, da die Ausdehnung des elektrischen Leitungsnetzes anstand. Das Dernsche Gelände gab reichlich Stoff für Büttenreden und satirische Beiträge. Auch die Anlage einer Kneipp-Kuranlage wurde vorgeschlagen.

Die ehemaligen Häuser an der Friedrichstraße wurden teils im Zweiten Weltkrieg zerstört, teils in den 1960er Jahren abgerissen. Den Stadtvätern schwebte in dieser Zeit ein fünfgeschossiges Parkhaus für 500 Autos vor. Das Gelände selbst wurde bis in die 1990er Jahre als Parkplatz benutzt, es gab sogar eine Tankstelle. Ein Behördenhochhaus – nach den Plänen von Prof. May –, Hotel, Stadtmuseum, Kunst- und Musikschule, das waren die Ideen der Folgejahre.

Anfang der 1990er Jahre kamen die Planungen in ein ernsteres Stadium. Eine wenig umstrittene Tiefgarage wurde gebaut und im Sommer 1993 in Betrieb genommen. Dass dies eine Vorentscheidung war, wurde weniger bedacht: Die von der Bürgerschaft in Umfragen immer wieder gewünschte Bepflanzung war aufgrund der nun fast nicht mehr vorhandenen Humusschicht höchstens noch in den Randbereichen möglich.

Bei einem von der Stadt Wiesbaden ausgeschriebenen Wettbewerb siegte der Entwurf des Hamburger Architektenbüros von Prof. Peter Schweger, der im Kern eine Kunst- und Musikschule vorsah. Der sog. Schweger-Entwurf löste eine heftige Architekturdiskussion aus: „Kein Platz für Glas-Schachtel", wetterte der Schriftsteller Michael von Poser, der in der Folgezeit die mit dem Bebauungsplan Unzufriedenen um sich sammelte. „Der Meerschweinchenstall, der Büroschrank, die Eisbox und das Gewächshaus", mit diesen vier Gebäudetypen charakterisierte von Poser das Elend der Gegenwartsarchitektur, deren nächstes prominentes Opfer das Dernsche Gelände in Wiesbaden zu werden drohte. Es dürfe nicht sein wie in den 1960er Jahren als in Architektur und Städtebau nur Expertenmeinung galt. „Architektur ist keine exklusive Kunst" (Perret). Und schon war sie auf dem Plan, die Wiesbadener Initiative mit ihrem Bürgerbegehren zur Aufhebung des Beschlusses der Stadtverordnetenversammlung zur Bebauung des Dernschen Geländes. Mit 32600 gesammelten Unterschriften im August 1994 konnte das Verfahren Bürgerentscheid nach § 8b der Hessischen Gemeindeordnung anlaufen, die erst im April 1994 in Kraft getreten war. Die Stadtverordnetenversammlung legte den Termin wenig später auf den 11. Dezember des gleichen Jahres. Vorher wurde noch heftig Für und Wider gestritten. Es bildete sich eine Gegeninitiative „Pro", in der der damalige Oberbürgermeister Achim Exner eine führende Rolle spielte. Der Magistrat ließ für rund 100.000 DM ein Modell anfertigen, das den Bürger/innen den Schweger-Plan nahebringen sollte. Ein Video simulierte die Fußgängersicht. Es half alles nichts, wo die einen „zwischen Neubau und Rathaus und zur Marktkirche hin Plätze hoher gestalterischer Dichte und intimer Öffentlichkeit" (Paulgerd Jesberg) entstehen sahen, nahmen die Bebauungsgegner „finstere Schluchten" wahr und fühlten sich in ihren schlimmsten Befürchtungen bestätigt. Das Modell zeige ein „Sammelsurium von Kästen und Schachteln" weit unter den Niveau der historischen Bauten.

Es stimmten am 11. Dezember 1994 schließlich 57 551 Bürger – das waren 85% der abgegebenen Stimmen – gegen den Beschluss der Stadtverordneten und erzwangen so die Aufgabe der Bebauungspläne. Ein verdutztes Stadtparlament ließ das Gelände dann so herrichten wie es sich heute darstellt.

Brigitte Forßbohm

Unser Haus Wiesbaden

Stadtspiele und anderes mehr für Kinder und Jugendliche

Ursula Paul

Foto-Rätsel-Tour und Memory-Spiel

Wiesbaden ist auch für Kinder eine interessante Stadt. Ihr müsst mal richtig hin- und manchmal auch hoch- oder runterschauen. Es gibt Häuser, Plätze und Brunnen, die ihr euch so genau vielleicht noch nie angesehen habt. Für die **Foto-Rätsel-Tour** könnt ihr – wenn die Eltern es erlauben –, die kleinen Quadrate auf den Innenseiten des Buchumschlags mit den verschiedenen Foto-Motiven an der Perforation heraustrennen. Da die kleinen Quadrate doppelt vorhanden sind, ergeben sie auch ein kleines **Memory-Spiel** für unterwegs.

Auf der Karte, nächste Seite, seht ihr 15 Punkte an verschiedenen Stellen in der Stadt; dazu passen die 15 Fotos von der Umschlagseite. Wenn ihr auf eurem Spaziergang immer dort stehen bleibt, wo die Punkte sind, entdeckt ihr die Dinge auf den Fotos. Schaut euch dabei gut um, mal seht ihr es etwas tiefer unten und mal müsst ihr hochgucken. Wenn ihr die passenden Dinge gefunden habt, tragt die richtige Zahl in die Kästchen ein. Und nun viel Spaß bei der Suche!

Damit es für euch etwas einfacher wird, gibt es als Hilfe einen Satz zu jedem Bild. Aber Achtung, auch hier ist alles gemischt!

☐ Das Schild hängt an dem Haus, in dem sich Paare trauen lassen.

☐ Der Kopf gehört zum Freilichtmuseum am großen Holztor.

☐ Die Apotheke ist nach ihm benannt.

☐ Viele Meerestier-Schalen geben dem Saal seinen Namen.

☐ In diesem Haus spielt jeder eine andere Rolle.

☐ Die Krone gehört zur Lüftung des alten Kellers.

☐ In diesem Haus befindet sich das älteste Café der Stadt.

☐ Die beiden bewachen den Hinterausgang eines alten Badhauses.

☐ Sein grimmiger und feuchter Blick geht über einen kleinen Platz.

☐ Hier stand die älteste Kirche Wiesbadens.

☐ Hier war einmal eine Reitschule.

☐ Unter seinen Füßen kann man die neuesten Nachrichten der Welt lesen.

☐ Hinter den Masken kann man sich frisieren lassen.

☐ Er sitzt im 1. Stock und beobachtet die Menschen unter ihm.

☐ Das Wappen liegt auf dem Dach einer Tiefgarage.

Am besten fotokopiert ihr die Seiten, damit ihr nicht immer das dicke Buch mitnehmen müsst.

Erläuterungen mit Angabe der Seitenzahl, auf der du weitere Informationen findest:

1 Muschelsaal des Kurhauses siehe S. 28; **2** Theaterkolonnade, S. 16; **3** Bürgersaal Tattersall, S. 97/98; **4** Kaiser-Friedrich-Therme, S. 51; **5** Freilichtmuseum am Römertor, S. 105; **6** Pressehaus, S. 50 u. 51; **7** Cetto-Haus, heute ein Friseursalon **8** Hirsch-Apotheke, S. 49; Café Maldaner, S. 48 u. 49; **10** Kirchgasse/Ecke Mauritiusplatz, in diesem Haus gab es früher eine Teehandlung, S. 43; **11** Grundriss der alten Mauritiuskirche am Mauritiusplatz, S. 44; **12** Wappen der Stadt Wiesbaden am alten Rathaus, S. 60; **13** Krone der Marktsäule, die zugleich der Belüftung des Marktkellers dient, S. 70; **14** ebenfalls Marktsäule; **15** Lüftungsöffnung für die Tiefgarage unter dem Dernschen Gelände, S. 71.

Unser Haus, das hat 5 Ecken ...

Auf der vorigen Buchseite ist das **historische Fünfeck** abgebildet. Es hat die Form eines Hauses. Einen genaueren Plan mit allen Straßennamen findest du auf S. 38.

1817 hatte Wiesbaden nur 3800 Einwohner. Aber die Stadt war nun die Hauptstadt des Herzogtums Nassau und immer mehr Kurgäste kamen, die sich beim Baden im Wasser der heißen Quellen heilen und erholen wollten. Die Stadt wuchs und die alten Stadtmauern wurden abgerissen. Baumeister Christian Zais entwarf 1818 einen Plan für die Erweiterung der Stadt. Um den mittelalterlichen Stadtkern legte er ein Fünfeck von Straßen, die Wiesbaden von außen eine völlig neue Ansicht geben sollten. Ein neues Kurhaus entstand außerhalb der Stadt, auf einer grünen Wiese an der Stelle, an der auch das heutige Kurhaus steht. 1826 war das Fünfeck schon fast bebaut. Die Stadt hatte nun über 7000 Einwohner.

Mehr über die Entwicklung der Stadt kannst du auf S. 95 im Beitrag „Kontraste: Stadterweiterungen im 19. Jahrhundert" erfahren.

Kinder und Jugendliche in Wiesbaden heute

Heute ist Wiesbaden mit ca. 275 000 Einwohnern eine moderne mittlere Großstadt. 16,5% der Einwohner, so um die 45 000, sind jünger als 18 Jahre. Kinder und Jugendliche sind eine starke Gruppe, für die die Stadt ein reiches Angebot bereit halten muss: Krippen, Kindertagesstätten, Horte, Betreuende Grundschulen, Haupt-, Real- und Gesamtschulen sowie mehrere Gymnasien, Berufsschulen und andere mehr.

Die Einrichtung **„Kultur vor Ort"** bündelt stadtteilnahe Kultur- und Freizeitangebote. Vor allem die interessanten Ferienprogramme solltet ihr beachten, da ist für jeden Geschmack etwas dabei. Und nicht zu lange warten, denn attraktive Angebote sind schnell ausgebucht!

Wenn ihr euch langweilt, Fragen habt oder mal wissen wollt, was in Wiesbaden für Kinder oder Jugendliche so läuft, solltet ihr euch im Internet **www.club7.de** – die Wiesbadener Kinder- und Jugendseiten ansehen. Dort gibt es Infos für die Jüngeren, über Kindertagesstätten, Kinderzentren, Kunst- und Kulturangebote und vieles mehr. Im Bereich für Jugendliche könnt ihr euch über die Jugendzentren der Stadt und ihre Programme, Sportangebote, mobile Jugendarbeit und Events aller Art informieren.

Für Jugendliche ab 14 ist der Jugendserver **www.juwie.de** zu empfehlen. Hier gibt es Infos von Jugendlichen der eigenen Altersgruppe aus erster Hand. Ein interaktiver Stadtplan zeigt Freizeitanlagen z. B. zum Skaten, Eislaufen oder Schwimmen und verschiedene Veranstaltungsorte. In Foren und Chats könnt ihr euch über Themen und Probleme austauschen oder an Umfragen beteiligen und ins Gästebuch eintragen.

Im Kulturzentrum Schlachthof laufen tolle Musikveranstaltungen (siehe S. 37). Hier ist auch die **„Kreativfabrik"** angesiedelt, die junge Bands, Theatergruppen und Künstler als Forum nutzen können.

Wiesbaden – eine Stadt als Konzern?

In den ersten Jahren des neuen Jahrtausends sprachen Kommunalpolitiker gerne vom „Konzern Stadt“ und meinten dies durchaus positiv. Der Begriff stand für eine dynamische Entwicklung, für Effektivität, Prosperität und Konkurrenzfähigkeit. Kommunale Betriebe sollten privatisiert oder mit strengen Sparvorgaben in städtische Eigenbetriebe, GmbHs und Aktiengesellschaften überführt werden, um „effektiver“ zu wirtschaften und damit konkurrenzfähiger zu sein. Heute arbeitet schätzungsweise nur noch ein Drittel der Beschäftigten der Stadt Wiesbaden in der Kernverwaltung als städtische Beamte oder Angestellte des Öffentlichen Dienstes. Diese Entwicklungen gingen in der Regel einher mit Personalabbau und dem Verlust von im Öffentlichen Dienst geltenden Arbeitnehmerrechten sowie Lohn- und Gehaltseinbußen für die ehemals kommunalen, nun privatwirtschaftlich Beschäftigten – besonders drastisch im Falle der teilprivatisierten WiBus, dem ehemals städtischen Verkehrsunternehmen, in dem neu eingestellte Busfahrer (bei steigenden Fahrpreisen!) bis zu einem Drittel weniger verdienen als die älteren, noch nach den Tarifverträgen des Öffentlichen Dienstes entlohnten. Dafür liegen die Gehälter der Geschäftsführer/Manager in den neuen Betriebsformen weit über denen der bisherigen kommunalen Amtspersonen.

Auch von der Kommune wahrgenomme Aufgaben wurden und werden noch immer im großen Stil privaten Unternehmen übertragen. Dies käme die Stadt letztendlich billiger und sei daher im Interesse der Bürger bzw. der „Steuerzahler“.

Stadtentwicklung wird nach diesem Konzept aus privatwirtschaftlicher Perspektive, das heißt aus Sicht der Investoren gesehen, deren Wünschen die Kommunalpolitiker bereitwillig nachkommmen sollen, weil sonst „Stillstand“ drohe.

Den Begriff „Konzern Stadt“ hört man mittlerweile nur noch selten, und wenn, dann steht eher ein kritisches Fragezeichen dahinter. Die Begeisterung für das neoliberale Konzept weicht der Ernüchterung. Die Linke Liste (LiLi) – seit 2001 mit zunächst einem Sitz im Stadtparlament vertreten – konnte sich 2006 auf drei Sitze verbessern. Neu hinzugekommen ist die Bürgerliste Wiesbaden (BLW) mit ebenfalls drei Stadtverordneten. Von diesen beiden kleinen, aber aktiven Fraktionen gehen kritische Impulse aus. Aber auch die SPD, seinerzeit treibende Kraft bei der Privatisierung des – neben den städtischen Dr. Horst-Schmitt-Kliniken (HSK) – zweitgrößten kommunalen Betriebs, der städtischen Versorgungsbetriebe ESWE mit rund 700 Beschäftigten, beklagt mittlerweile die fehlenden Kontroll- und Einflussmöglichkeiten und spricht sich gegen weitere Privatisierungen städtischen Eigentums aus und gegen eine Stadtentwicklungspolitik, die das Interesse der Investoren zum Maßstab des Handelns macht.

„Wiesbaden brummt“

Nach den Kommunalwahlen 2001 bildeten CDU und FDP eine Koalition mit einer knappen Mehrheit. Zugeständnis an die FDP war der Verzicht auf die geplante Stadtbahn und die dazu seitens des Landes bereits zur Verfügung gestellten Gelder, obwohl das Projekt mit Zustimmung der CDU durch die vorherige rot-grüne Koalition schon recht weit fortgeschritten war. Es folgten die Aufhebung der Erhaltungssatzung (2003), mit der ein Instrument der sozialen und auch städtbaulichen Steuerung aus der Hand gegeben wurde, und schließlich auch der Baumschutzsatzung. Städtische Immobilien wurden im großen Stil verkauft, die verbleibenden jüngst in der Wiesbadener Immobilienmanagement GmbH zusammengefasst, das städtische Wohnungsamt abgeschafft und die städtischen Wohnungsgesellschaften in GmbHs umgewandelt.

„Wiesbaden brummt“ – mit diesem Slogan zog die CDU in den Kommunalwahlkampf 2006. Auch das war durchaus positiv gemeint. Man feierte das Entfesseln von Energien zur Stadterneuerung, so wie man sie eben verstand, die vielen Baupojekte, sprich lärmenden Baustellen, die das Stadtbild letztendlich verschönern, vor allem aber den „Einzelhandelsstandort“ Wiesbaden stärken sollten. „Wiesbaden brummt“ wurde flankiert von verkaufsoffenen Sonntagen, Oster- und Herbstmarkt und vieles mehr. Der Fraktionsvorsitzende der CDU Bernhard Lorenz schwärmte von einer Stadt, die nie zur Ruhe kommt. Für eine Koalition aus CDU und FDP reichte es nach dieser Wahl nicht mehr, auch nicht mit den Stimmen der Republikaner als Mehrheitsbeschaffer, auf die man in der vorherigen Periode schon immer mal angewiesen war. Es gelang eine Jamaika-Koalition aus CDU, FDP und Grünen zu bilden. Das kritische Potential der Grünen ist damit, was die Stadtentwicklung betrifft, weitgehend paralysiert.

Büro- und Verkaufsflächen bis zum Abwinken

Nach der Fertigstellung des Liliencarrés am Hauptbahnhof und des Luisenforums am Eingang der Kirchgasse stehen weitere Großprojekte an: die „Dernschen Höfe“, der Platz der deutschen Einheit, wo eine Sporthalle für die Elly-Heuss-Schule und den erfolgreichen Damenvolleyballclub VCW entstehen soll und die Neugestaltung der City-Passage.

Ohne Aussprache beschloss die Jamaika-Koalition gemeinsam mit der SPD Mitte 2008 das 75-Millionenprojekt „Dernsche Höfe" mit 14 500 qm Büro- und Ladenflächen (siehe S. 43), nur LiLi und die BLW stimmten dagegen. Einblick in die Stellungnahmen der Denkmalschutzbehörden wurde nicht mal den Stadtverordneten, geschweige denn der Öffentlichkeit gewährt und erst im Juni 2009 von der BLW gerichtlich erzwungen. Ein Beschluss der Stadtverordnetenversammlung von 1991, wonach bei innerstädtischen Bauvorhaben mindestens ein Drittel der Fläche für Wohnungen genutzt werden sollen, wurde nicht berücksichtigt.
Die in die Jahre gekommene City-Passage will ein irischer Investor modernisieren und bis zur Faulbrunnenstraße hin auf 20 000 qm Kauffläche erweitern. Darunter lohne es sich nicht für ihn. Währenddessen steht die Mauritiusgalerie mit 9500 qm Fläche ganz leer. Alle Versuche, die Galerie in den letzten Jahren zu beleben, scheiterten.
Der Einzelhandelsverband wie auch Immobilienmakler äußern vor diesem Hintergrund Bedenken: 10 % der Büroflächen in der Innenstadt stehen bereits leer, im Einzelhandel droht ein brutaler Verdrängungswettbewerb, es gibt nicht nur in Wiesbaden, sondern auch bundesweit zuviele Verkaufsflächen und dies bei sinkendem Konsum. Die hohen Mieten in den neu gebauten Einkaufzentren können nur die bekannten Handelsketten bezahlen, die oft gleich mehrere Läden in der Innenstadt betreiben. Die Folgen bleiben aufmerksamen Zeitgenossen nicht verborgen: Statt origineller Vielfalt ein auf gewinnträchtige Waren reduziertes Angebot für die modernen „Erlebniskunden", die zu bestimmten Stellen der City geschleust werden, während andere wie z. B. die obere Luisenstraße, das Kirchenreulchen zwischen Polizei, Bonifatiuskirche und der toten Rückseite von H&M, die Hochstättenstraße und die Schützenstraße veröden. Das ist nicht der Fall, wo man sich bemüht hat, kleinere Läden und Gastronomie zu erhalten oder zu schaffen wie im Parterre des Karstadthauses in der Schulgasse, in der kleinen Schwalbacher Straße und im Altstadtschiffchen.

Ist demokratische Kontrolle noch möglich?

Eine Politik, die die Stadt als Konzern betrachtet, zu dem städtische Regiebetriebe – sie unterstehen direkt der städtischen Verwaltung–, städtische Eigenbetriebe mit eigenem Haushalt sowie GmbHs und Aktiengesellschaften mit selbständiger Geschäftsführung gehören, an denen die Stadt ganz oder teilweise beteiligt ist, verändert auch die Kommunalpolitik und das Profil des Kommunalpolitikers. Der Fraktionsvorsitzende der CDU, Bernhard Lorenz, verbringt nach eigener Aussage 80% seiner kommunalpolitischen Tätigkeit in den Aufsichtsgremien städtischer Gesellschaften. Im „Konzern Stadt" müssen Kommunalpolitiker am besten Betriebswirte sein, damit sie, wenn sie in den Kontrollgremien der städtischen GmbHs und AGs sitzen, überhaupt etwas mitkriegen. Kontrolle und Einfluss des Stadtparlaments wird vor allem da schwierig, wo es sich um GmbHs und AGs handelt, deren Haushaltsführung dem Handelsrecht unterliegt.
Dies stellte sich besonders drastisch im Fall des von der Kraftwerke Mainz-Wiesbaden (KMW) auf der Rheininsel Ingelheimer Aue geplanten – wegen Finanzierungsproblemen 2009 auf Eis gelegten – Kohlekraftwerks heraus. Obwohl die Mehrheiten der Stadtparlamente von Wiesbaden und Mainz – die Stadtwerke Mainz AG und ESWE Versorgungs AG halten jeweils 50% der Kraftwerke Mainz-Wiesbaden – gegen den Bau sind und die Parlamente beider Städte sich dem Bündnis für eine kohlekraftwerksfreie Region Mainz-Wiesbaden angeschlossen haben, blieb dies rechtlich ohne jede Wirkung. Der Versuch der Fraktion der Grünen, den Wiesbadener OB Dr. Müller juristisch an das Votum der Stadtverordentenversammlung zu binden und sein Abstimmungsverhalten zu beeinflussen, scheiterte.
Die Kontrolle, die im Interesse der Kommune nötig wäre, ist für die wenigen ehrenamtlichen Kommunalpolitiker kaum zu leisten, zumal die Bilanzen nicht – wie bei den städtischen Regie- und Eigenbetrieben – zum Jahresende vorliegen müssen und oft schwer zu durchschauen sind.

Bürgerbeteiligung unerwünscht

Im „Konzern Stadt" ist Bürgerbeteiligung unerwünscht. Entscheidungen werden hinter verschlossenen Türen getroffen. Bis die Ortsbeiräte bzw. die Öffentlichkeit über Großprojekte informiert werden, sind Entscheidungen meist schon gefallen. Nachdem Bürger in einer Umfrage der BLW das Luisenforum zum hässlichsten Neubau Wiesbadens gekürt haben, wurde Stadtplanungsdezernent Joachim Pös in einem Interview auf diese Problematik angesprochen (Buschlinger, FR). Er lehnte eine Mitsprache bei Großprojekten oder auch repräsentative Umfragen hierzu rundweg ab. Eine „Jury aus Fach- und Sachrichtern" könne Bauprojekte am besten bewerten. Davon abgesehen seien die Bürger in die Gestaltung der Fußgängerzone einbezogen worden; mehr Sitzbänke und Wasserspiele hätten sie gewünscht und diese schließlich auch bekommen. Pös glaubt eine „schweigende Mehrheit" hinter sich.
Im Arbeitskreis für Städtebau, Architektur und Baukultur, von dem der Stadtplanungsdezernent Pös und der Magistrat sich beraten lassen, und aus dem sich die

Jurymitglieder für die Architektenwettbewerbe teilweise rekrutieren, sitzen die Vertreter der großen Architekten- und Ingenieurverbände, nicht selten wie im Falle der Architekten Zaeske und Gresser, selbst Auftragnehmer von Großprojekten. Gremien, in denen engagierte, sachverständige Bürger in Fragen der Stadtentwicklung und-gestaltung mitarbeiten könnten, gibt es nicht. „Ein sachverständiger, weisungsunabhängiger Beirat“, den das Hessische Denkmalschutzgesetz fordert und der „die Denkmalschutzbehörden bei der Durchführung ihrer Aufgaben unterstüzten“ soll, fehlt in Wiesbaden ganz. Eine parlamentarische Anfrage der BLW hierzu ist vom Dezernenten Pös mit dem Hinweis auf den Beirat für Städtebau, Architektur und Baukultur zurück gewiesen worden.

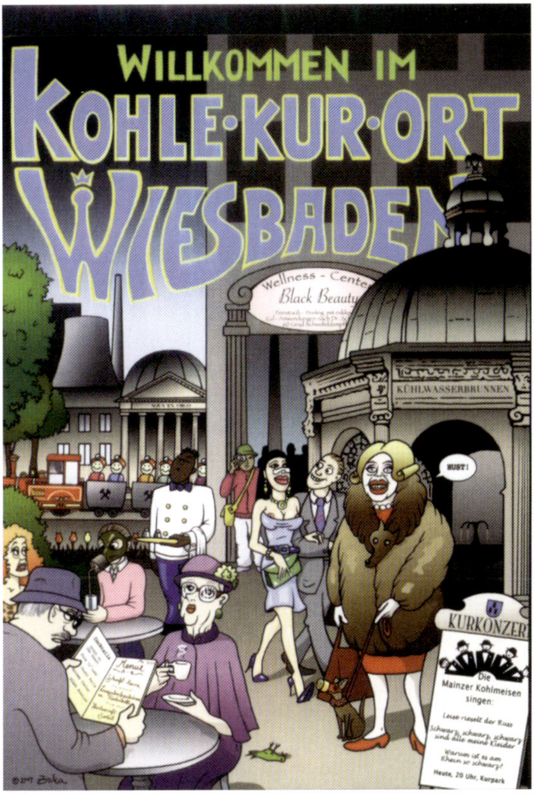

„Stabsstellen“

Es unterstreicht das hierarchische, autoritäre Konzept der Stadtentwicklung, dass selbst die Aktivitäten zur Bewerbung für die Aufnahme Wiesbadens als Stadt des Historismus in das UNESCO Welterbe bei einer beim Oberbürgermeister angesiedelten „Stabsstelle Weltkulturerbe“ konzentriert sind – bisher ganz ohne Bürgerbeteiligung und Bezug zu anderen städtischen Einrichtungen wie z. B. dem Denkmalschutz. Diese und eine weitere „Stabsstelle Strategische Steuerung“ sind von OB Müller im „Amt für Stadtforschung, Statistik und Strategische Steuerung“ zusammengefasst worden, zur Straffung der „Führungs- und Organisationsstrukuren“ seines Dezernats.

Sinkende Wahlbeteiligung

Eine Kommune sollte demokratisch organsiert sein, so will es das Grundgesetz. Transparenz, Bürgernähe und Bürgerbeteiligung und Dienst am Bürger waren erstebenswerte Ziele früherer Kommunalpolitik. Der „Konzern Stadt“ ist jedoch weniger demokratisch als hierarchisch organisiert. Die zunehmend an Einfluss gewinnenden privatwirtschaftlichen Interessen stehen auch in Wiesbaden gegen die Wünsche nach Mitgestaltung, Mitbestimmung und Daseinsfürsorge.
Da lohnt auch noch ein Blick auf das Wahlgeschehen im „Konzern Stadt“. Es weist im Hinblick auf demokratische Normen mittlerweile schwere Defizte auf. Wenn Kommunalpolitiker positive Wahlergebnisse als eine vorab gegebene Legitimation für ihre späteren Entscheidungen verstehen, die sie dann ohne weitere Rücksicht auf die Meinungen und Interessen der Bürger, gewissermaßen als deren Stellvertreter treffen und nicht selten sogar gegen den Bürgerwillen durchsetzen, die Bürger wiederum erleben müssen, wie wenig Einfluss sie auf „ihre“ Politiker haben, ist Wahlmüdigkeit die Folge: Lag die Wahlbeteiligung bei der Kommunalwahl 2001 noch bei 47,2 %, so waren es 2006 nur noch 39,6 %. Den Oberbürgermeister wählten 2007 nur 26,9 % der Wahlberechtigten, nachdem der ebenfalls aussichtsreiche Kandidat der SPD Ernst Ewald Roth wegen der nicht fristgemäßen Anmeldug seiner Kandidatur ausfiel. Oberbürgermeister Müller, der mit 65,6% der Stimmen zwar eine satte Mehrheit einfuhr, wurde absolut nur von 16 % der Wahlberechtigten gewählt.
Demokratische Beteiligung erschöpft sich jedoch nicht im Wahlakt. Wenn sie lebendig sein soll, muss sie auch im Alltag der Kommune eine Rolle spielen durch vielfältige Möglichkeiten für die Bürgerinnen und Bürger sich einzubringen, mitzubestimmen und mitzugestalten.

Brigitte Forßbohm

(Zu diesem Thema siehe auch PPP-Projekt Justiz- und Verwaltungszentrum, S. 86)

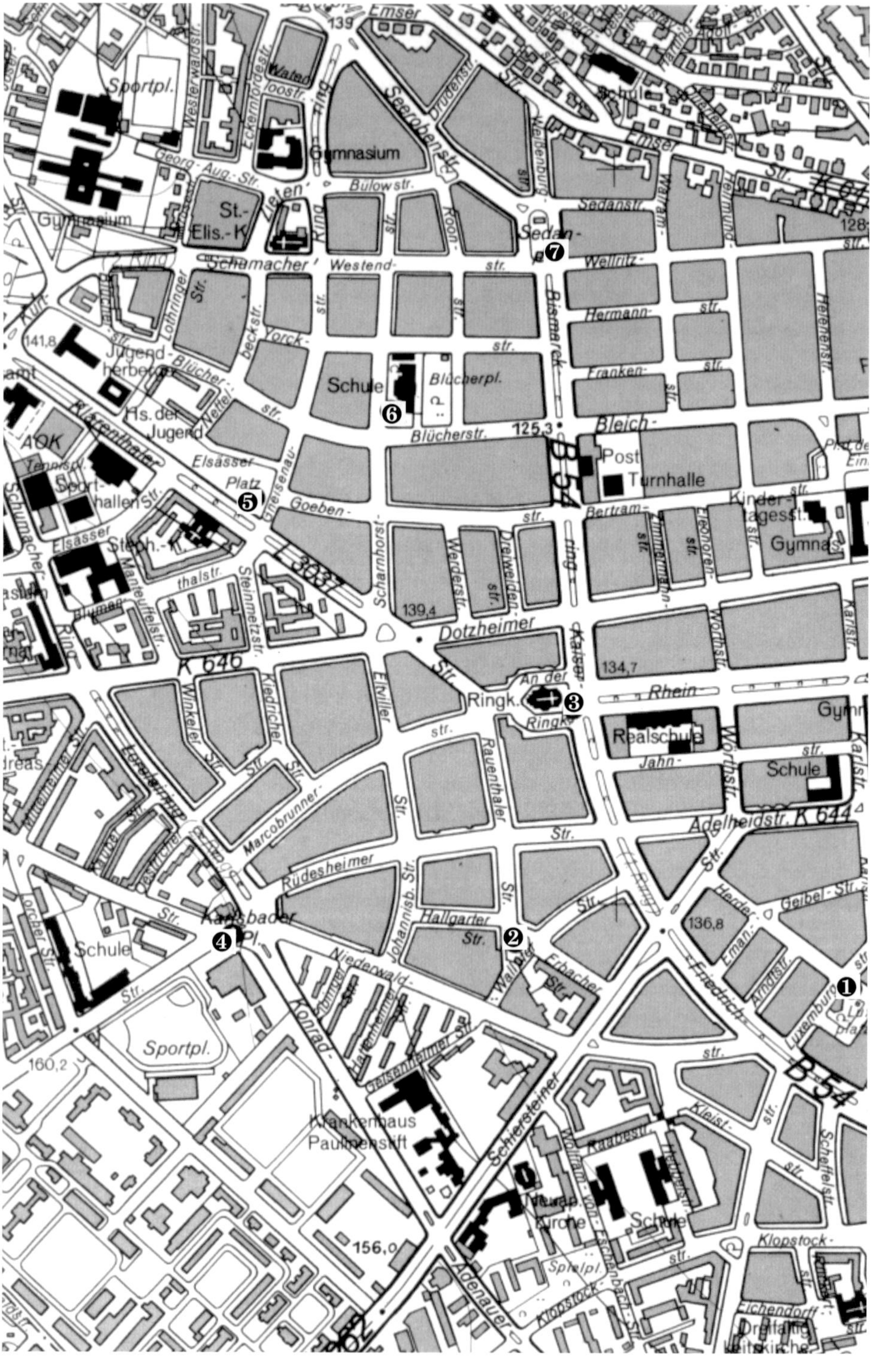
Emser
Sportpl.
Gymnasium
Gymnasium
St.-Elis.-K.
Bülowstr.
Seerobenstr.
Sedanstr.
Sedan-
Wellritz-
Schumacher
Westend-
str.
Hermann-
Bismarck
Franken-
Schule
Blücherpl.
Blücherstr.
125,3
Bleich-
Post
Turnhalle
Jugendherberge
Hs. der Jugend
AOK
Sportschallenstr.
Elsasser
Platz
Goeben-
Bertram-
Kinder-tagesst.
Gymnas.
Scharnhorst-
Werderstr.
Dreiweiden-
139,4
Dotzheimer
Kaiser-
134,7
Rhein-
Ringk.
Realschule
Jahn-
Schule
Adelheidstr. K 644
K 646
Marcobrunner-
Rauenthaler
Rüdesheimer
Johannisb. Str.
Hallgarter
Str.
136,8
Friedrich
Luxemburg
B 54
Karlsbader Pl.
Schule
Niederwald-
Konrad-
Sportpl.
160,2
Krankenhaus Paulinenstift
156,0
Schiersteiner
Kleist-
Klopstock-
Adenauer
Spielpl.
Eichendorff-
Dreifaltigkeitskirche

Kulissenästhetik des Späthistorismus

Dichterviertel, Rheingauviertel, Feldherrenviertel

Brigitte Forßbohm, Hartmann Wunderer

Ausgangspunkt:	Luxemburgplatz Haltestelle Scheffelstraße, Linien 1 und 8
Endpunkt:	Schwalbacher Straße Haltestelle Michelsberg, Linien 3 und 13

Der Rundweg führt durch Viertel, die während des Baubooms 1888 bis 1908 im Stil des Späthistorismus entstanden sind. Hier gibt es vieles zu entdecken: üppige Stuckarbeiten, in Nischen eingelassene Büsten und Statuen, Balkons mit variationsreichen Brüstungen, verspielte Türmchen. Sie werden Inschriften ausfindig machen und phantasievolle Eingangshallen und Treppenhäuser mit bleiverglasten Jugendstilfenstern hinter prachtvollen Türen finden. Dank der fortgeschrittenen Bautechnik schien jeder beliebige historische Stil reproduzierbar. Je nach persönlicher Neigung machten die Architekten Anleihen bei Renaissance, Barock und Rokokko, antikisierten und schmückten Fassaden und Treppenhäuser mit Fabeltieren und mythologischen Figuren. Dabei ist die Baukunst der wilhelminischen Ära von nationalem Selbstgefühl durchdrungen. Architekturdekor jeden Stils diente als Beleg für die „Verfügbarkeit der Geschichte“ (B. Bubner). Dies drücken auch die Straßennamen aus. Besonders im Feldherrenviertel wird eine nationalistisch-militaristische Tradition unter preußischem Vorzeichen von Generalfeldmarschall Blücher (1742-1819) bis Roon (1803-1879; preußischer Kriegsminister) und Moltke (1800-1891; Chef des preußischen Generalstabs seit 1857) und damit von den Befreiungskriegen gegen Napoleon bis zum Sieg über Frankreich im Krieg 1870/71 deutlich.

Hauseingang am Luxemburgplatz

Auch im Dichterviertel klingt in der Benennung von Straßen nach Dichtern der Befreiungskriege wie Ernst Moritz Arndt (1769-1860) und dem Franzosenhasser Theodor Körner (1791-1813) diese Tradition an. Den Namen einer Dichterin wird man vergeblich suchen.

Prägend für diese Stadtteile wurde das Gutachten des Stadtplaners Reinhard Baumeister von 1894 (vgl. S. 95), das hier eine geschlossene, weiträumige Bauweise vorsah, wie sie im großen und ganzen auch verwirklicht wurde. Jenseits des 1. Rings orientieren sich die Straßen an den radial nach außen führenden Hauptstraßen Biebricher-, Schiersteiner- und Dotzheimer Straße. Das in der klassizistischen Straßenführung vorherrschende Karreé wurde zugunsten von Rundungen sowie von spitzen und stumpfen Winkeln aufgegeben. Großen Wert legte Stadtplaner Reinhard Baumeister auf Plätze, die er bevorzugt an Knotenpunkten mehrerer Straßen und an Grundstücken vorsah, die sich nicht gut zur Bebauung eigneten.

In der Ausgestaltung der einzelnen Bauten ließ der Plan nie gekannte Freiräume. Im Gegensatz zu dem in der nassauischen Zeit in Wiesbaden dominierenden klassizistischen Baustil mit seinem strengen Formenkanon entstanden nun Fassaden reich an Ornamenten und phantasievollen Details. Eigentümlich ist der sozialökonomische Hintergrund dieser städtebaulichen Entwicklung. Während in anderen Städten, zum Beispiel in Dortmund, das wie Wiesbaden um 1900 die 100.000 überschritt, eine Fabrik nach der anderen aus dem Boden wuchs und sich die Arbeitermassen konzentrierten, verzeichnete Wiesbaden seit 1879 den Zuzug vor allem wohlhabender Familien, die über Renteneinkommen aus Kapitalbesitz in den florierenden Industrien verfügten, deren Gestank sie entflohen. Das Wiesbadener Baugewerbe und andere eingesessene Handwerks- und Dienstleistungsbetriebe profitierten zunächst davon. Besitzer der Grundstücke und Bauherrn waren oft einheimische Gewerbetreibende.

Blücherstraße/Ecke Scharnhorststraße um 1900

Von Anbeginn wies der bauliche und soziale Standard der Häuser Unterschiede auf. So gibt es in der Wielandstraße, am Luxemburgplatz und um die Ringkirche Häuser mit großzügigen Vorgärten, bepflanzten Innenhöfen, manchmal mit zwei Aufgängen und Dienstboteneingängen. Andere, vor allem im Feldherrenviertel, waren von vornherein mit Torfahrt und Hinterhof für Handwerk und Kleingewerbe angelegt. Nach dem Ersten Weltkrieg verarmte der wohlhabende Mittelstand, der diese Viertel bewohnte. Dienstboten konnte sich kaum noch jemand leisten. Viele Mansarden standen nun leer, zumal das Hauspersonal, dank erweiterter Rechte, nicht mehr rund um die Uhr diente. Hinter den Fassaden vollzogen sich tiefgreifende Veränderungen. Das Immobiliengeschäft blühte: von Kriegsende bis März 1921 wechselte nahezu ein Drittel aller Wiesbadener Häuser den Besitzer. Aus den Mansarden wurden Wohnungen und an die Stelle grüner Innenhöfe traten Hinterhäuser. Entsprechend vielschichtig gestaltete sich das soziale Spektrum. Nach dem Zweiten Weltkrieg waren viele Häuser beschädigt und ihre Pracht verblichen. In den 1950er Jahren wirkten sie alt und bröckelig. Wer damals die Möglichkeit hatte, in einen Neubau umzuziehen, zögerte nicht lange. Die

Hinterhof im Feldherrenviertel

Renovierung ging seit den 1960er Jahren nur schleppend voran. Ende der 1970er und Anfang der 1980er Jahre machten Firmen Schlagzeilen, die oft besonders schöne Häuser aufkauften, die bisherigen Mieter mit Schikanen heraustrieben und die renovierten Wohnungen an zahlungskräftige Käufer, sei es zum Eigenbedarf, sei es als Kapitalanlage, verkauften. Dieser Art Luxusrenovierung versuchte die Stadt hier und da einen Riegel vorzuschieben, indem sie von ihrem Vorkaufsrecht Gebrauch machte. Wo preisgünstiger Wohnraum erhalten blieb, stockte jedoch die Renovierung. So ist die „soziale Mischung", die Reinhard Baumeister anstrebte, heute mehr denn je vorhanden. Was er aber als stadtplanerisches Ziel baulich anspruchsvoll verwirklichen wollte, ist nun einfach die Folge erheblicher Unterschiede in den Standards der Wohnungen. Es gibt noch immer bedrückende Wohnverhältnisse in Hinterhäusern, man sieht es nur nicht von der Straße aus.

Die Fluktuation der Bewohner ist traditionell hoch. Hier leben mobile, aufstiegsorientierte Sozialgruppen, Freischaffende und Künstler, aber auch Randgruppen und viele Anwohner mit Migrationshintergrund.

Aphrodite – Bauschmuck am Bismarckring

So sehr die Geschichte dieser Stadtteile die der Desillusionierung von stadtplanerischen Idealen ist, hat sich doch eine urbane Wohnkultur etabliert, die die bürgerliche Beschränktheit und Sterilität der Entstehungszeit verloren hat. In den 1970er und 1980er Jahren war es der von der alternativen Protestbewegung geprägte Zeitgeschmack, der in seiner Abneigung gegen das Vorgeformte, Standardisierte Gefallen fand an der bunten Vielfalt der Fassaden und den Entfaltungsmöglichkeiten, die die großzügigen Wohnungen bieten, ohne der architekturge-

schichtlichen Bedeutung der Viertel allzuviel Interesse entgegenzubringen. Seit 1972 gibt es eine Denkmalschutzsatzung in Wiesbaden, nach der ganze Straßenzüge einer Veränderungssperre unterliegen. Das Interesse an urbaner Wohnkultur und Denkmalschutz wirken heute zusammen bei der Erhaltung und Ausgestaltung der Bausubstanz. In den sanierten Häusern gibt es mittlerweile immer mehr Eigentumswohnungen, in denen sich ein städtischer Mittelstand etabliert hat, der an die bürgerliche Wohnkultur vergangener Zeiten anknüpft.

Bauschmuck am Luxemburgplatz

Nach all den Erwartungen an städtbaulich interessante Gestaltung, die eingangs vielleicht geweckt wurden, stößt man am Luxemburgplatz auf bis zu zwei Meter hohe, mittlerweile überwachsene verzinkte Metallgitter. Hinter den mehrfachen Umzäunungen befindet sich ein harmloser Kindergarten und angrenzend zur Herderstraße hin gelegen ein beliebter öffentlicher Spielplatz, der mittlerweile etwas offener und phantsievoller gestaltet ist. So ungefähr sieht der Luxemburgplatz schon seit der Mitte der 1970er Jahre aus. Er ist eingerahmt von renovierten Jugendstilfassaden, die anspruchsvolle Wohnkultur im Innern vermuten lassen.

❶ Luxemburgplatz

Der **Luxemburgplatz**, 1900 als kleine Parkanlage entstanden, sollte schon vor dem Zweiten Weltkrieg in einen Kinderspielplatz umgestaltet werden. Doch die für den Sandkasten ausgehobene Grube wurde zum Feuerlöschbecken, und Luftschutzeinrichtungen zerfurchten die alte Anlage. Der Luxemburgplatz diente nach Kriegsende als Umschlagbahnhof der im September 1945 angelegten zwölf km langen Trümmerbahn. 1951 – die Geburtenraten stiegen! – baute man endlich den mittlerweile dringend nötigen Spielplatz. Im oberen Teil des Platzes gab es ein Rondell, das Revier der alten Leute. Auf dem breiten Trottoir rund um den Platz liefen die Kinder Rollschuh. Das ist heute alles zugeparkt und eingezäunt. Um den Platz herum, in der Herderstraße und Luxemburgstraße lagen damals Läden für den täglichen Bedarf. Anfang der 1970er Jahre wurde auf dem Platz eine Kindertagesstätte als Übergangslösung in Leichtbauweise gebaut. Sie steht immer noch. Drum herum ging es hoch her: Jugendliche, für die es bis heute in diesem Viertel kein Angebot gibt, randalierten abends, Penner machten es sich im Gebüsch bequem, Anwohner warfen Sperrmüll ab und Hundebesitzer betrachteten die ganze Anlage als ideales Hundeklo. Mit dem 2,50 m hohen Zaun glaubte man allen Übeln abhelfen zu können. Bessere Ideen, immer wieder von engagierten Bürgerinnen und Bürgern vorgebracht, sind bis heute nicht verwirklicht worden.

Luxemburgplatz um 1900

Wir gehen jetzt durch die Herderstraße am „Winzerstübchen" vorbei, einer beliebten Stadtteilkneipe, die ihren Gästen vom Frühstück bis zum abendlichen Schoppen offensteht. Im Hinterstübchen – heute Raucherzimmer – traf sich in den 1980er Jahren die Geschichtswerkstatt Wiesbaden e. V.

Der Kaiser-Friedrich-Ring und seine Fortsetzung, der Bismarckring (Verkehrsbezeichnung: 1. Ring), gehört „mit seiner Fülle großer Architekturen der wilhelminischen Zeit zum Schönsten ..., was von dem deutschen Städtebau dieser Epoche erhalten blieb." (B. Bubner, Stadtdenkmalpfleger in den 1980er und 1990er Jahren)

Gaststätte Zum Herder, Herderstraße

Der bereits 1871 projektierte Ring wurde um die Jahrhundertwende erstaunlich schnell vollendet. Die Bebauung begann mit dem Gründerzeitviertel am Sedanplatz und setzte sich, zunehmend reicher und aufwändiger über die Ringkirche hinaus im Kaiser-Friedrich-Ring fort. Auffallend sind vor allem die Eckbauten, von denen viele noch im Originalzustand erhalten sind. In seiner Entstehungszeit gehörte der 1. Ring mit Promenade und Fahrweg zu den vornehmsten Wohngegenden der Stadt. Die Radfahrbahn, auf der die ersten „Veloziped"-fahrerinnen in Pumphosen ihr Vergnügen fanden, musste im Juni 1900 der elektrischen Straßenbahn weichen, die von den Bahnhöfen an der Rheinstraße kommend, zum Sedanplatz fuhr. Schon damals wanderten die ersten Mieter in ruhigere Wohngegenden aus. Die Glanzzeit war auch hier mit dem Ersten Weltkrieg zu Ende. Die oft verarmten Mieter teilten die Zimmerfluchten auf und nahmen Besatzungsoffiziere in Pension. Nach 1930, dem Abzug der Rheinarmee, standen viele Häuser leer.

❷ **Wallufer Platz**

„... ein Versuch unsere Utopien im Alltag umzusetzen ..."

❸ **Ringkirche**

Pfrarrer Dr. Hugo Herrfurth

Heute ist der Ring eine Hauptverkehrsstraße und entsprechend ist die Wohnqualität gesunken. Allerdings schaffen Isolierfenster heute Abhilfe, und manches renovierte Haus bietet ein ganz erstaunliches Intérieur. Balkons und Terrassen führen mitunter in gerade hier besonders schöne rückseitige Gärten. Auch das Geschäftsleben floriert. Antiquitätengeschäfte, alteingesessene Läden und Cafés können sich halten, ebenso neueingerichtete Geschäfte verschiedenster Branchen. Der Ring ist nach wie vor dicht bewohnt und hat sich nicht, wie zu befürchten war, zum sterilen Büroviertel entwickelt.

Unser Weg führt nun durch die Wallufer Straße zum **Wallufer Platz**, wo man einen Moment verschnaufen und den Kindern auf dem großzügig angelegten Spielplatz zuschauen kann. Links von der Einmündung der Hallgarter Straße liegt das Hilde-Müller-Haus, das Bürgerzentrum des Stadtteils, benannt nach einer konservativen Sozialpolitikerin.

Wir sind nun im **Rheingauviertel**, ein „Dokument des Jugendstils" (B. Bubner), der sich jedoch oft verschämt nach außen klassizistisch gibt und sich nur im Inneren der Häuser voll entfaltet.

Über die Hallgarter, Johannisberger und Eltviller Straße kommen wir an der Ecke Marcobrunner Straße zum Café Klatsch, von einem Kollektiv in Selbstverwaltung seit über 20 Jahren erfolgreich betrieben und ein beliebter Treffpunkt der linksalternativen Szene.

Die Marcobrunner Straße führt stadteinwärts auf die 1894 eingeweihte **Ringkirche**. Wir stehen am rückwärtigen Haupteingang. Die protestantische Trutzburg hat sich seit vielen Jahren als Zentrum sozialkritischer Aktivitäten einen Namen gemacht. Unvergessen bleibt wie am 14. November 1981 die Glocken läuteten, als ein Zug von 150.000 Menschen, die für einen Volksentscheid über den Bau der Startbahn West demonstrierten, vom Elsässer Platz her an der Ringkirche vorbeikamen. Auch bei der großen Demonstration gegen die Flughafenerweiterung im September 2000 wurde der erste Teil der Kundgebung vor der Ringkirche abgehalten.

Viele musikalische und künstlerische Initiativen gingen von der Ringkirche aus. Dr. Hugo Herrfurth, in der Nazizeit Anhänger der Bekennenden Kirche und in den 1950er und 1960er Jahren Pfarrer der Ringkirche, gründete hier 1960 den renommierten Wiesbadener Knabenchor (heute geleitet von Roman B. Twardy). Von „Onkel Hugo" hörten die Kinder der Ringkirchengemeinde meist zum ersten Mal etwas von der Bekennenden Kirche, von SA-Spitzeln und Vorladungen bei der Gestapo.

Die Ringkirche um 1900, F. Nitzsche

Wer jetzt, ungefähr auf der Hälfte des Weges, Lust auf einen Kaffee und etwas Süßes hat, sollte die Gelegenheit zum Besuch des Café Gehlhaar in der Klarenthaler Straße nutzen, um dort feinste Torten und echte Königsberger Marzipanspezialitäten zu kosten. Der Vater Werner Gehlhaars, der sich mit seiner Frau mittlerweile zur Ruhe gesetzt hat, besaß in Königsberg eines der besten Cafés.

Wer will, kann des städtebaulichen Gegensatzes wegen die Marcobrunnerstraße hinauf einen Abstecher machen. Man kommt zum **Karlsbader Platz**, früher Germaniaplatz, ein Beispiel für Wiesbadener „Plätze", die keine sind, nur der Name soll an die Partnerstadt erinnern. Bis in die Nachkriegszeit war hier der Stadtrand. Heute führt eine innerstädtische Verkehrslinie, der 2. Ring, vorbei. Gegenüber fällt der Blick auf die amerikanische Kaserne. Es handelt sich die ehemalige Gersdorffkaserne, die nach dem Zweiten Weltkrieg zum amerikanischen Camp Lindsay gehörte. Heute ist hier ein neuer Stadtteil, das Europaviertel, entstanden. (Vgl. S. 86)

❹ Karlsbader Platz

Jenseits des Loreleirings liegen schmucklose städtische Wohnsiedlungen, die Ende der 1920er Jahre gebaut wurden. Sie bezeugen, wie sich in kurzer Zeit der Zeitgeist und bauästhetische Wertmaßstäbe wandelten. Die funktionale Bauweise dieser Häuser steht im scharfen Gegensatz zu den Jugendstil-

Das Europaviertel: Konversionen eines Stadtteils

Kaum ein anderer Stadtteil Wiesbadens kann auf eine so bewegte Geschichte zurückblicken wie das neue Europaviertel, gelegen zwischen dem 2. Ring, der Schiersteiner und der Homburger Straße. Dieses 32 ha große Gelände diente seit 1863 als Exerzierplatz, seit 1896 wurde hier die Gersdorffkaserne errichtet. Nach dem Ersten Weltkrieg waren zunächst französische, dann britische Besatzungstruppen stationiert, die sich im Versailler Vertrag einige Brückenköpfe in Deutschland sicherten. 1935 begannen die Nationalsozialisten den „Schandvertrag" zu revidieren bzw. zu verletzen. Damals zogen mit der Remilitarisierung des Rheinlands Wehrmachtssoldaten in die Kasernen ein.

Als die US-amerikanischen Truppen Ende März 1945 den Rhein überquerten, liefen die osteuropäischen Zwangsarbeiter ihren bäuerlichen und sonstigen Zwingherren, den SS-Herren der Arbeitslager, einfach davon und quartierten sich – unter chaotischen Umständen und nur lose von den Militärs gesteuert – in dem von der Wehrmacht geräumten Kasernengelände ein. Im April füllten sich die ca. 30 Einzelkasernen immer mehr. Am 5. April waren etwa 7.000 Menschen im Camp, zumeist Russen und Polen, und die Zahlen steigerten sich im Mai noch weiter, zeitweilig auf über 11.000. Es herrschte ein ständiges Kommen und Gehen, stabil in diesem ständigen Wechsel war nach dem Abtransport der Russen lediglich die zahlenmäßige Dominanz von Polen.

Im Oktober 1946 schließlich begannen die US-Militärs Camp 563 aufzulösen. Camp Lindsay entstand, hier wurden die europäischen Fernmeldekräfte der Airforce stationiert.

1993 wurde das Gelände der Bundesrepublik Deutschland zurückgegeben und die Stadt Wiesbaden stand vor der großen Herausforderung, es in eine zivile Nutzung zu überführen. Bei diesem Konversionsprozess spielte die Altlastenproblematik eine wichtige Rolle, denn auf Grund des jahrzehntelangen Umgangs mit umweltgefährdenden Substanzen muss mit Boden- und Grundwasserverunreinigungen gerechnet werden.

Zeitlich parallel mit diesen Abriss- und Sanierungsarbeiten fanden Planungen für den Kanal- und Straßenbau sowie die Vermarktung der Gebäude statt. Zahlreiche Gebäude, etwa die Hälfte des Bestands, wurden abgerissen, andere von Grund auf saniert und umgestaltet.

Hartmann Wunderer

PPP-Projekt Justiz- und Verwaltungszentrum

Tiefgreifende Auswirkungen auf die Stadtentwicklung und das Stadtbild sind vom neuen Justiz- und Verwaltungszentrum an der Mainzer Straße zu erwarten. Es handelt sich um ein gemeinsames Projekt der Stadt Wiesbaden und des Landes Hessen und eines der größten Privat-Public-Partnership (PPP)–Projekte Deutschlands. Die bisher in der Innenstadt verstreuten Ämter und Behörden werden nun am Stadtrand konzentriert, die bisher genutzten städtischen Immobilien verkauft. Auch die Justizbehörden des Landes Hessen, die seit über 100 Jahren ihren Sitz im Gerichtsgebäude in der Moritzstraße haben, werden dorthin verlegt. Dies wird den Charakter der Moritzstraße und des umliegenden Viertels stark verändern und hat große Unruhe unter den Anliegern ausgelöst, die sich um die Zukunft und den Charakter der beliebten Geschäftsstraße sorgen. Sie freut nun, was viel Unmut und Ärger, vor allem unter den Professoren und Studenten der Fachhochschule Wiesbaden ausgelöst hat: Der Beschluss der Jamaika-Koalition nach bereits großzügig erteilten Zuschüssen weitere 10 Mio. Euro für den Einzug einer neu zu gründenden juristischen Fakultät der European Business-School (EBS) – einer privaten Hochschule, die 12 000 Euro im Jahr an Studiengebühren erhebt – in das ehemalige Gerichtsgebäude zur Verfügung zu stellen.

An der Mainzer Straße entsteht mit dem Justiz- und Verwaltungszentrum ein Riesenbürokomplex aus Beton und Stahl von der Ausdehnung eines Stadtviertels, leider „in monontoner Einfacharchitektur", so BLW-Sprecher Michael von Poser. Wie bei PPP-Projekten üblich, hat das Auswahlverfahren im Geheimen und unter Ausschluss der Öffentlichkeit stattgefunden. „Hier wird ein ganzes Viertel errichtet, ohne dass es einen Schimmer von Bürgerbeteiligung gegeben hat", moniert die BLW in einer Pressemitteilung vom 5.4.2007. Auch der Architektenwettbewerb fand unter Ausschluss der Öffentlichkeit statt. Die Beschäftigten der Stadt und der Justiz wurden sowieso nicht gefragt. Ohne genaue Kenntnis des Bauvorhabens und der Details der Finanzierung und ob der Bau durch private Investoren die Stadt wirklich billiger käme als ein kreditfinanzierter Eigenbau, hat die Jamaika-Koalition das Projekt Anfang 2007 durchgewinkt. Die Stadt muss nun 30 Jahre lang 225 Mio. Euro aus Steuergeldern an Mieten zahlen, ohne dass die vertraglichen Grundlagen bekannt sind.

Brigitte Forßbohm

bauten auf der Stadtinnenseite des Loreleirings. Hier gibt es keine Ornamente, keine phantsievollen Giebel und keine Loggien, aber auch keine Hinterhöfe, dafür lichtdurchflutete Zwischenräume – Beispiele für die funktionale, serielle Ästhetik der späten 1920er Jahre, die die soziale Gleichheit der Bewohner symbolisiert.

Bauarbeiter von W. Bierbrauer

Das Denkmal des Wiesbadener Bildhauers Bierbrauer am Loreleiring erinnert an drei Arbeiter, die bei den Bauarbeiten ums Leben gekommen sind. Auch ein solches Gedenken ist an der gegenüber liegenden Straßenseite schwer vorstellbar. Leben und Gesundheit der oft nur notdürftig untergebrachten und versorgten Bauarbeiter vor 1908 war kein Thema für die damalige vordergründige Kulissenästhetik.

Die Dotzheimer Straße, die überquert werden muss, um in die Klarenthaler Straße zu gelangen, war seit jeher eine Quartiersgrenze und zugleich die wichtigste Verbindung Wiesbadens zum proletarischen Vorort Dotzheim, wo viele Bauarbeiter wohnten.

❺ Elsässer Platz

Die Häuser am Eingang der Klarenthaler Straße wurden nach dem Ersten Weltkrieg für die französischen Besatzungstruppen errichtet. Wir kommen nun zum **Elsässer Platz**, der im Laufe der Geschichte schon mehrfach seine Funktion gewechselt hat. Heute ist er vor allem ein Parkplatz. Zum Rummelplatz wird er beim Frühlings- und Andreasmarkt, dem einzigen der traditionellen vier Wiesbadener Jahrmärkte, der heute noch als Vergnügungsfest stattfindet. Ihm ist ein anderer traditioneller Jahrmarkt angegliedert - der Dippemarkt mit einem attraktiven Angebot an Tonwaren und Keramik.

Am Elsässer Platz endete vor dem Ersten Weltkrieg die Bebauung. Der 1908 angelegte Platz diente zum Exerzieren und in der Nazizeit für die Aufmärsche faschistischer Formationen. Heute geht hier alljährlich am Fastnachtssonntag der Faschingszug los. Auch der Szeneumzug „Lalü" (locker, alternativ, lustvoll, übermütig) nahm am 20. Februar 1982 hier seinen Ausgang. Er fand anstelle des Fastnachtsumzugs der „Dacho", der Dachorganisation der Wiesbadener Karnevalsvereine statt, denen die Stadtverwaltung in diesem Jahr keine Gelder bereitstellt hatte. Der Elsässer Platz war auch Ausgangspunkt großer Demonstrationen, wie der gegen die Startbahn West 1981.

Erst nach dem Ersten Weltkrieg wurden die Baulücken an der Goebenstraße und der Nettelbeckstraße geschlossen und die Klarenthaler Straße verlängert. Das offene „Haus der Jugend" am stadtauswärts gelegenen Teil des Platzes ist in den 1950er Jahren zunächst als Jugendherberge errichtet worden. Heute bietet es Raum, für das Kinderhaus Elsässer Platz mit einer Kindertagesstätte und offenen Betreuungs- und Werkstattangeboten nach der Schule. Auch der Waldkindergarten in der Nähe der Fasanerie wird von hier aus betrieben. Zu diesem Gebäudekomplex gehört auch die Jugendherberge mit dem Eingang in der Blücherstraße.

Über den Platz hinweg fällt der Blick auf die an der Höhe gelegene Trabantenstadt Klarenthal. Oft weht über den Platz ein frischer Wind von den Taunushöhen herab. Gerade diese wichtige Frischluftzufuhr für die im Kessel gelegene Stadt ist durch die neue Siedlung beeinträchtigt worden.

Wir biegen nun in die Gneisenaustraße ein und sind mitten im **Feldherrnviertel**. Dieser Stadtteil, auch „äußeres Westend" genannt, ist der dichtbesiedelste in Wiesbaden und leidet unter Problemen, die das Automobilzeitalter mit sich bringt: notorischer Parkplatzmangel, keine Grünanlagen, wenig Spielmöglichkeiten für Kinder, dafür Blech, wohin man sieht. Den dichtbefahrenen 2. Ring obendrein durch den Ziethenring zu führen, war schon ein stadtplanerischer Schildbürgerstreich. Der Ausländeranteil ist in diesem Stadtviertel, nicht zuletzt wegen der relativ günstigen Mieten, besonders hoch (über 25%). Viele Hinterhäuser haben heute noch unzureichende sanitäre Einrichtungen. Das aus einer privaten Stiftung errichtete städtische Wannenbad in der Roonstraße verzeichnete in früheren Jahren an die 10.000 Besucher jährlich. Heute beherbergt es einen Kindergarten. Eine andere Art von Selbsthilfeeinrichtung ist das 1982 gegründete „Bürgerzentrum Westend", Blücherstraße 12. Hier treffen sich nicht nur Parteien und Verbände, Initiativen der alternativen Szene, sondern auch Vereine von ausländischen Mitbürgern, Jugoslawen, Portugiesen, Italienern u.a., die regelmäßig bunte Straßenfeste feiern. Außerdem ist hier ein Stützpunkt für soziale Dienste. Die Ausländer haben sich ihre eigene Infrastruktur geschaffen, in deren Genuss alle Bewohner kommen. Wo kann man heute um vier Ecken nicht etwa nur den nötigsten täglichen Bedarf, sondern Köstlichkeiten aller Herren Länder, Körner und Vollwertkost, frisches Gemüse, Wein, Käse und Fleisch bekommen? Das Nebeneinander von Wohnen und Kleingewerbe ist hier traditionell stark ausgeprägt. Hinzu kommen zahlreiche Kneipen, so dass der Stadtteil bei allen Problemen den bunten und lebhaften Eindruck eines immerwährenden Markttreibens macht.

Bismarckbüste

Bauschmuck am Bismarckring

❻ Blücherschule

Mitten im Feldherrnviertel, an der Scharnhorststraße, liegt die 1897 erbaute **Blücherschule**. Die Schöpfung des damaligen Stadtbaumeisters Felix Genzmer ist ein Ergebnis geradezu überschäumender architektonischer Phantasie und in ihren Anklängen an die russische Baukunst ein Beispiel für die Belie-

Blücherschule um 1900

bigkeit und Austauschbarkeit der Stile um die Jahrhundertwende. Bei der Einweihungsfeier am 29.10.1897 war vom „hohen erzieherischen Wert schöner Bauformen" die Rede. Der Rektor betonte damals, dass es „in Wahrheit keine mehr rentable Aufwendung als für die Erziehung, den Unterricht der Jugend" gebe. Doch diesen Idealen blieb man nicht lange treu. Schon 1914 wurde das Gebäude in eine Kaserne umfunktioniert. Von hier aus zogen die Soldaten zum Güterbahnhof an die Fronten. Nach dem Krieg beschlagnahmten es die französischen Besatzungstruppen. Erst 1931 wurde die Schule wieder ihrer ursprünglichen Bestimmung übergeben. Nach Beschädigungen durch Bombenangriffe im Zweiten Weltkrieg und die erneute Beschlagnahme durch die US-Truppen konnte das Gebäude dann ab 1951 wieder als Schule dienen.

Chat d'Or samstagmorgens

Neben der Blücherschule ist der Spiel- und Bolzplatz mit Kletterwand und eine Streetballanlage umgestaltet worden. Dies ist einer der wenigen Orte, wo sich Kinder und Jugendliche im Westend ungehindert austoben können.

Ecke Scharnhorststraße/Westendstraße gibt es ein Szenelokal mit dem ungewöhnlichen Namen „Chat d'Or". Der Pächter hatte sein Lokal erst nach der den iranischen Frauen aufgezwungenen Kopfbedeckung „Schador" nennen wollen. Dies hatte den Boykottaufruf Wiesbadener Frauengruppen zur Folge. Mit Verbalakrobatik gelang es dem Kneipier, sich aus der Zwangslage zu befreien.

❼ Sedanplatz

Der **Sedanplatz** ist 1892 als innerstädtischer Schmuckplatz entstanden. Von ihm ging die Bebauung der Seerobenstraße aus, die mit reichem Fassadenschmuck einen repräsentativen Übergang zum Dürerplatz und zu den Taunuswäldern bilden sollte. Heute ist der Sedanplatz an seinem oberen Ende, wo die

Sedanplatz um 1900

Fahrbahnen des 1. Rings in die wesentlich engere, zweispurige Seerobenstraße münden, ein kritischer Punkt in der Verkehrsführung. Hier fließt der Pendlerverkehr aus den nördlich von Wiesbaden gelegenen Ortschaften. Die Bewohner leiden unter Lärm, Gestank und fast alltäglichen Staus. Es macht sich drastisch bemerkbar, dass noch immer ein leistungsfähiger Nahverkehr in die beliebten stadtnahen Wohnorte im Taunus fehlt. Die Verkehrsinsel war in den 1950er Jahren mit Pergola, Schutzhütte und Toiletten zu einem beliebten Kinderspielplatz ausgebaut worden. In den 1970er Jahren wurde er geschlossen, nachdem Schadstoffmessungen ergaben, dass der Aufenthalt von Kindern hier nicht ratsam ist. Hatte man ihn jahrelang einfach zuwachsen lassen, wurde er auf Betreiben des Landesamtes für Denkmalschutz mit reichen Blumenschmuck ästhetisch ansprechend und mit Rücksicht auf den Charakter der umliegenden Fassaden gestaltet.

Wer jetzt hungrig ist, sollte den „Weißenburger Hof" mit seiner einmaligen deutsch-chinesischen Küche an der stadtauswärts gelegenen Seite des Sedanplatzes aufsuchen.

Man kann nun von der Seerobenstraße aus durch die Drudenstraße gehen, die Emser Straße überqueren und die Treppe hinauf zur Riederberg- und noch weiter hinauf in die Philippsbergstraße steigen. Dort ist man in dem Bereich, den Reinhard Baumeister einst für eine „offene Bauweise weiträumig" vorgesehen hat, wobei er betonte, dass „auch den Klassen von geringerer Wohlhabenheit die Vorteile recht weiträumiger Bauweise und der Nähe der unberührten Natur" zuteil werden müssen – ein sicher zu hoch gestecktes Ziel. Das Viertel um die Philippsbergstraße ist bescheidener als andere Wiesbadener Villengebiete und hat den Charme einer stilisierten Landhausgegend. Die Philippsbergstraße führt über die Querfeldstraße zur Platter Straße und von dort in die Schwalbacher Straße, von wo aus man leicht in die Innenstadt kommt.

Einen eindrucksvollen Gegensatz bildet die Wellritzstraße, eine bunte Einkaufsstraße mit einem vielfältigen Angebot. Der

Name „Wellritz-“ kommt von „Welderatis“, und das war der Gemeindewald, der sich einst hier anschloss. Die Straße wurde von 1850 an von der Schwalbacher Straße, dem Westrand des Fünfecks, aus in die Sumpfgebiete des Faulweidenborns hineingebaut. Neukanalisation und Trockenlegung der „Kimbelwies“ ermöglichten um 1900 die Vollendung der Wellritzstraße.

Hier gibt's einfach alles

Die Wellritzstraße war schon immer eine stark von Kleingewerbe geprägte Geschäftsstraße. Seit den 1970er Jahren zogen immer mehr Ausländer zu. Sie schufen sich hier und in den angrenzenden Straßen eine dichtes Netz von Geschäften, Spielhallen, Waschsalons, Imbissstuben, Kebab-Häusern, Kiosks, Bäckereien und Restaurants, in denen auch mal Bauchtänzerinnen auftreten. Ansässige Bürger bemühen sich im Gewerbeverein Wellritz 2000 erfolgreich um eine Aufwertung der Geschäftsstraße und fördern den Brancen-Mix. Dem dienen auch die Westend-Kulturtage. Gehalten hat sich in all dem der „Bumerang“, eines der ältesten Szenelokale Wiesbadens.

Im heutigen Bürgerzentrum „Georg-Buch-Haus“, der ehemaligen Gewerbeschule, wurde 1946 der neugewählte Wiesbadener Magistrat vereidigt. Es ist benannt nach dem beliebten SPD-Politiker und Widerstandskämpfer Georg Buch (1903–1995), ein Wiesbadener Urgestein und von 1954 bis 1968 Bürgermeister und Oberbürgermeister von Wiesbaden. Gern gesehen auf Volksfesten und immer zu einem Spaß bereit, hatte er den Spitznamen „Kerbe-Schorsch“.

Das Haus Wellritzstraße 49 war früher das Gewerkschafthaus (heute Bismarckring 27). Am 22. Mai 1933 wurde es von der SA gestürmt, die Gewerkschaften zerschlagen.

OB Georg Buch wird bei der symbolischen Erstürmung des Rathauses zu Beginn der „Fassenacht“ in einem Käfig aus dem 2. Stock gehievt

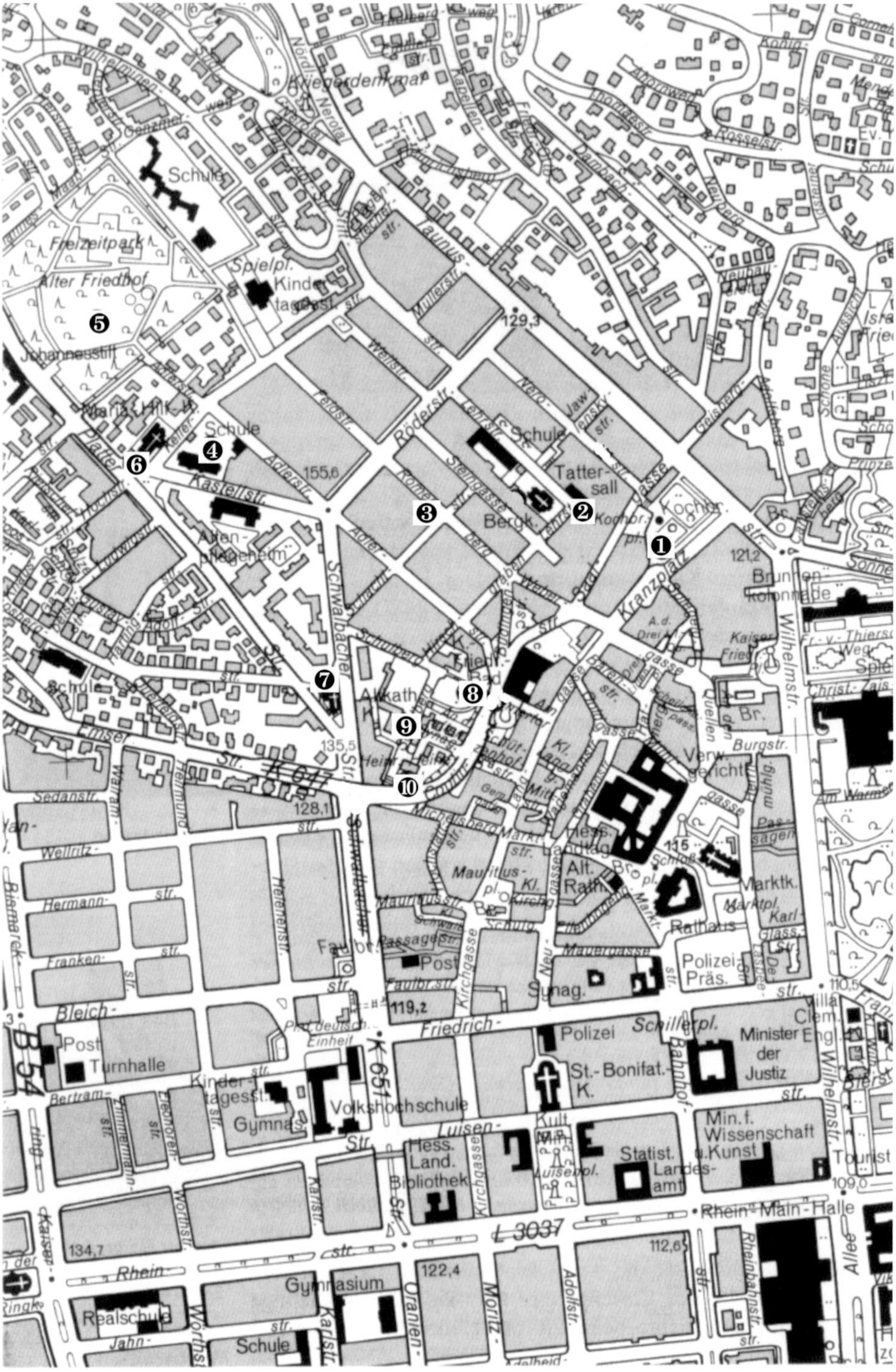

Kriegerdenkmal
Schule
Freizeitpark
Alter Friedhof
Spielpl.
Kinder-tagesst.
Johannesstift
129,3
Müllerstr.
Wellritzstr.
Feldstr.
Röderstr.
Lehrstr.
Nerostr.
Jawlenskystr.
Schule
Tattersall
Kochbr.
Kochbr.-pl.
Kranzplatz
121,2
Brunnen-kolonnade
Geisbergstr.
Wilhelmstr.
155,6
Adlerstr.
Kastellstr.
Altenpflegeheim
Bergk.
Steingasse
Schwalbacher Str.
Ludwigstr.
Schule
Emser Str.
135,5
Altkath. K.
Verw.-gericht
Burgstr.
Webergasse
Sedanstr.
128,1
K 647
Wellritzstr.
Hermannstr.
Frankenstr.
Bleichstr.
Helenenstr.
Michelsberg
Markt
Hess. Landtag
115
Schloßpl.
Marktk.
Marktpl.
Alt. Rathaus
Rathaus
Mauritius-pl.
Kirchgasse
Faulbr.
Post
Faulbr.str.
Mauergasse
Synag.
Polizei-Präs.
110,5
119,2
Friedrich-str.
Schillerpl.
Polizei
St.-Bonifat.-K.
Minister der Justiz
Post
Turnhalle
Kinder-tagesst.
Volkshochschule
Gymnas.
K 651
B 54
Bertram-str.
Luisen-Str.
Hess. Land. Bibliothek
Kult. Min.
Luisenpl.
Statist. Landesamt
Min. f. Wissenschaft u. Kunst
Tourist
109,0
Rhein-Main-Halle
L 3037
134,7
122,4
112,6
Rhein-str.
Gymnasium
Realschule
Schule
Jahn-str.
Karlstr.
Oranien-str.
Moritz-str.
Adolfstr.
Rheinbahnstr.
Wörthstr.
Adelheid-
Allee
❶
❷
❸
❹
❺
❻
❼
❽
❾
❿

Alte Mauern, neue Zeiten

Vom „Katzeloch" zum Bergkirchenviertel

Wolfgang Herber

Ausgangspunkt: Kranzplatz, Palast-Hotel
Haltestelle Webergasse, Linien 1 und 8
Endpunkt: Michelsberg, Ecke Schwalbacher Straße
Haltestelle Michelsberg, Buslinien 3, 6 und 33

„Katzeloch", „Feldstraße" und „Hilf", oberhalb der Altstadt gelegen, gehören zu den ältesten Wohnvierteln Wiesbadens. Die Quartiernamen sind von der alteingesessenen Bevölkerung überliefert. Diese Stadtteile haben den eigentümlichen Reiz der Gegensätze und des immer noch Unfertigen: Baulücken, viele sanierte und wenige nicht sanierte Häuser aus verschiedenen Bauphasen sowie Neubauten, deren Fassaden sich nach dem Zeitgeschmack der 1970er, 1980er und 1990er Jahre in das Gesamtbild des Stadtteils einfügen sollen. Aus engen Hinterhöfen fällt der Blick in entkernte Wohnblocks. Es gibt kleine Läden und Kneipen, oft noch mit einem Garten. Traditionell war der Anteil der Arbeiterschaft an der Wohnbevölkerung hoch. In den letzten Jahren sind mehr und mehr ausländische Mitbürger/innen, Student/innen, Künstler/innen, Kleingewerbetreibende und Gutverdienende hinzugezogen. In diesem kleinstädtischen Milieu mitten in der Großstadt beginnt „ein anderes Gelände, Kneipen des alternativen Milieus mit den Nachrichtenbörsen für die eingeweihten Cliquen, gut abgeschirmte Terrains, wo es oft um Reminiszensen ging oder um ewiggestrigen Streit." (Hanns-Josef Ortheil in seinem Roman „Agenten") Viele waren hier fest verwurzelt. Das Vereinsleben blühte. Katzeloch, Feldstraße und Hilf bildeten früher eigene „Bürgergemeinden". Die Bürgergemeinde Katzeloch löste sich im Mai 2008 auf und sprendete ihr restliches Vermögen für die Senioren- und Jugendarbeit der Bergkirchengemeinde. Der Heidenberg (die Römer wurden aus christlicher Sicht als „Heiden" betrachtet) war zur Römerzeit der Standort eines Kastells und wurde seit Anfang des 19. Jh. bebaut, als es im Kern der aufstrebenden nassauischen Residenzstadt zu eng wurde. Kleine Leute, Handwerker, Kurpersonal und Tagelöhner siedelten sich zunächst in der Nerostraße, dann in der Lehrstraße, der Steingasse – benannt nach einem früher dort gelegenen Steinbruch – und der Adlerstraße an. Um 1860 war das

Bis zum Jahr 2000 feierte die Bürgergemeinde Katzeloch jährlich ihr Volksfest

Gebiet bis zur Röderstraße, der Nordwestgrenze des sog. historischen Fünfecks, bebaut. Seitdem ist die Straßenführung unverändert geblieben, einzelne Häuser aus dieser Zeit sind noch vorhanden. Nach dem Volksmund waren die Fenster in den Dachgauben und Giebeln so klein, dass eine Katze gerade hindurchkam. „In die Katzelöcher ziehe mer nit ei", sagten die Bürger aus der Stadt. Der Name „Katzeloch" war schon um die Mitte des 19. Jh. geläufig. Feldstraße und Hilf sind später entstanden. Der heute geläufige Begriff „Bergkirchenviertel" beschreibt das ehemalige Sanierungsgebiet zwischen Saalgasse, Nerostraße, Röderstraße, oberer Schwalbacher Straße, Schulberg und Coulinstraße. Feldstraße und Hilf gehören nicht dazu.

Nach den Plänen von Prof. Ernst May von Anfang der 1960er Jahre wäre außer der Bergkirche und der Schule am Schulberg beinahe das gesamte Gebiet abgerissen worden. 1971 beschloss die Stadtverordnetenversammlung jedoch auf Druck der Bewohner, Hausbesitzer und Gewerbetreibenden die Sanierung der heruntergekommenen, ja despektierlich als „Slums" bezeichneten Stadtteile. Der Verkehr sollte gemindert werden und das Bergkirchenviertel ein Wohngebiet bleiben.

Das Modell „Bergkirchenviertel" wurde als sozialverträgliches Konzept der Stadterhaltung beispielhaft für die Sanierungspraxis in anderen Städten. Obwohl sich die Wohnungen durch die Blockentkernung verminderten und die Mieten stiegen, blieb die Struktur des Viertels weitgehend erhalten. Ein von den Anwohnern gewählter Sanierungsbeirat begleitete bis zum September 1993 die Arbeiten. Seit Abschluss der Planungen kümmert sich der Ortsbeirat um gestalterische Fragen.

❶ Palast-Hotel

Unser Rundweg führt vom **Palast-Hotel** am Kranzplatz nach Nordwesten durchs Katzeloch, dann in die Feldstraße und über

Palast-Hotel, Innenhof

Kontraste: Stadterweiterungen im 19. Jahrhundert

„Wiesbaden hat in der neuesten Zeit durch etliche neu angelegte, äußerst schöne Straßen, sehr gewonnen." So beschreibt der Wiesbadener Ludwig Boclo 1815 den ersten Schritt der Entwicklung vom „elenden Städtlein mit engen Gassen" zur mondänen Großstadt des beginnenden 20. Jahrhunderts. Basis des rasanten Wachstums war nicht — wie in anderen deutschen Städten – die Ansiedlung von Industrie, sondern der Kurbetrieb und die Verwaltung.

Nach Gründung des Herzogtums Nassau 1806 wurde Wiesbaden zur Hauptstadt. Schon vorher, 1804, hatte Carl Florian Goetz den Auftrag erhalten, einen „Generalplan über die Vergrößerung und Verschönerung der Stadt" zu erstellen. Der „Große Wurf" gelang aber erst, darauf aufbauend, dem jungen Architekten Christian Zais. Auf der grünen Wiese, östlich der Stadt, plante er einen neuen Kurbezirk, der Wiesbaden als Badestadt aufwerten sollte. Die Altstadt verschwand hinter einer Kulisse von Promenadenstraßen und repräsentativen Bauten. Auch an die kleinen Leute dachte der Planer: Für Handwerker, Kurpersonal und Tagelöhner wurde auf der entgegengesetzten Seite der Stadt jenseits der Stadtmauer ein Baugebiet erschlossen: das heutige Bergkirchenviertel. Am streng klassizistischen Straßenraster erkennt man das Zaissche Konzept noch heute auf dem Stadtplan als das „Historische Fünfeck" gebildet aus Wilhelmstraße, Rheinstraße, Schwalbacher Straße, Röderstraße und Taunusstraße. In seiner Mitte wurde 1837 bis 1841 das Stadtschloss errichtet.

Obwohl die Verlegung der nassauischen Residenz von Biebrich in die Stadt Bürgernähe signalisierte, blieb es in den neu entstandenen Vierteln bei einer strikten Trennung der sozialen Schichten. Aristokratie und Großbürgertum bezogen die herrschaftlichen Villen östlich der Wilhelmstraße oder am Hang über dem Sonnenberger Weg. Die Mittelschicht aus Verwaltung und Gewerbe wohnte in der Etagenwohnung — bei entsprechendem Einkommen in der „Beletage" (d. h. im ersten Stockwerk) — zwischen Friedrichstraße und Rheinstraße. Die minderbemittelten Bevölkerungskreise, die in der Hoffnung auf Arbeit in die Stadt strömten, fanden häufig überhaupt keine bezahlbare Wohnung. Nach einer zeitgenössischen Äußerung war „die Wohnungskalamität" so groß, dass in den Jahren 1860/61 ärmere Familien buchstäblich auf der Straße kampierten. Mit Unterstützung der Stadt entstand die „Hilf" als Kleineleutekolonie, weit außerhalb des Blickfelds von Kurgästen, wohlhabenden Rentiers und Staatsdienern.

Mit der Annexion 1866 sank das souveräne Herzogtum Nassau zwar zur preußischen Provinz ab, die Entwicklung Wiesbadens zur Großstadt wurde jedoch beschleunigt. Die Kehrseite dieses Aufstiegs war die grobe Missachtung der bisherigen baulichen Entwicklung. Während Oberbürgermeister Karl von Ibell, Kurdirektor Ferdinand Hey'l und Stadtbaumeister Felix Genzmer das Ambiente des wilhelminischen Modebades inszenierten, fiel im Stadtkern fast die gesamte Bausubstanz aus der Zeit vor 1840 der Bodenspekulation zum Opfer. Die wachsende Einwohnerzahl — um 1900 wurden die 100.000 überschritten — verlangte die weitere Ausdehnung der Stadt. Das „Gutachten die Stadterweiterung betreffend" (1894) von Reinhard Baumeister, einem Anhänger der Gartenstadtbewegung und der Sozialreform, sah von der Innenstadt nach außen hin eine abnehmende Bebauungsdichte vor. Dementsprechend wurden die neuen Viertel jenseits des Kaiser-Friedrich-Rings und Bismarckrings in einer zwar geschlossenen, aber weiträumigen Bauweise angelegt. Ein „zusammenhängendes Netz schattiger Fußwege" und Plätze für „einen angenehmen Aufenthalt" sollten entstehen. Die andere Seite „des glänzenden Wiesbaden" beschrieb 1905 der Wohnungsreformer Lieber: „Im gleichen Hinterhaus ... lag ein kleiner Kochraum, daneben ein überaus dürftiges und fast kahles Stübchen mit einem Bett für ein armes rheumakrankes Weib und dessen Mann. In der Kammer nebenan waren zwei Lager und ein Kinderbett unter das Dach gezwängt ... Das Ausdenken eines solchen Nachtquartiers, ihr lieben Freunde kann allein schon Brust und Herz beklemmen." *Helene Rettenbach*

den Alten Friedhof in die Hilf. Von dort geht es wieder zurück über den Schulberg zum Michelsberg.
Das Palast-Hotel, 1905 erbaut, gehörte ursprünglich zu den im „Kranz“ um den Kochbrunnen liegenden Hotels. Der berühmte Tenor Enrico Caruso (1873-1921) habe bei einem Aufenthalt in Wiesbaden hier logiert und so laut gesungen, dass sich Menschen vor dem Gebäude ansammelten und den Verkehr ins Stocken brachten. Das Palast-Hotel wurde in den 1970er Jahren zum Wohnhaus umgebaut und mit einem Anbau ergänzt, um das Wohnraumangebot im Sanierungsgebiet zu erweitern. Viele blieben. Geheizt wird das Palast-Hotel hauptsächlich mit Kochbrunnenwasser. Vor dem Ausbau 1970/71 logierte im Erdgeschoss der erste Kinderladen Wiesbadens. Als sich dann Jugendliche im Schüleralter immer öfter und zahlreicher in und um den Kinderladen einfanden, stellte sich die Frage, ob man einen Schülerladen aufbauen sollte. Über zwei Jahre kümmerten sich Leute aus dem Umfeld des Kinderladens in ihrer Freizeit um die Jugendlichen aus dem Viertel. Sie gingen in den damals leerstehenden Tattersall, spielten auf den Rheinwiesen zwischen Biebrich und Schierstein und auf dem Alten Friedhof. Das ehemals breite Angebot an Freizeitgestaltung und sozialen Diensten für Kinder und Jugendliche ist mittlerweile leider stark eingeschränkt.

Laden im Bergkirchenviertel

Über dem Kranzplatz geht es die Treppen hoch über die Saalgasse in die Nerostraße, die frühere Hospitalstraße. Sie war die erste bebaute Straße des Viertels. Die vielen Ladenlokale zeugen noch vom früheren Charakter als Geschäftsstraße. Der spätere Kurdirektor Hey'l nannte die Nerostraße 1858 „einen gewissermaßen natürlichen Gewerbeverein“. Heute herrschen hier Antiquitäten- und Kunsthandel sowie eine breite Kneipenszene vor. Lärmbelästigungen und Verschmutzungen sorgen allerdings für Unmut unter den Anwohnern. Ende der 1970er Jahre entstand hier der Film „... aus dieser Straße geh' ich nicht raus!“, der sich kritisch mit Sanierungsmaßnahmen auseinandersetzte und 1981 mit dem deutschen Kritikerpreis ausgezeichnet wurde. Hier fand auch 1977 das erste Straßenfest Wiesbadens statt, das nach einer Unterbrechung 2004 wieder belebt wurde.
Das Haus Nr. 24, das sog. Handwerkerhaus – heute Gestüt Renz –, stammt noch aus der Zeit der Bebauung der Straße. Als Gutenberg-Stube war es bis Mitte der 1960er Jahre ein Treffpunkt für die Katzelöcher. Dann machte sich hier das Szenelokal Jazz House einen legendären Namen. Regelmäßige Jazzkonzerte, Kleinkunst und die Atmosphäre des Lokals zogen die Jugend von Wiesbaden und Umgebung an. In APO-Zei-

„Jazzhaus" in den 1960er Jahren

ten wurde es zum Treff der Linken, nicht immer zur Freude der vor allem jazzbegeisterten und ungewöhnlich toleranten Wirtsfamilie Uschi und Albert Butz. Unmittelbar dahinter gehen wir vorbei am „Kortheuer", seit 1864 in Familienhand, über das „Berschelsche" (mundartlich für „kleiner Berg") zur Lehrstraße hinauf. Der Blick fällt rechts auf die 1842-44 errichtete heutige Grundschule. Sie ist benannt nach Anton Gruner (1778-1844), einem von Pestalozzi beeinflussten Pädagogen, der sich durch die Einführung der Simultanschule in Nassau verdient gemacht hatte. Bis Mitte der 1990er Jahre gab es hier ein Kuriosum: Das Gelände vor der Schule war der Schulhof. Zu den Aufgaben des Hausmeisters gehörte es, zweimal vormittags die Lehrstraße mit Schranken abzusperren. Heute halten sich die Schüler/innen während der Pausen hinter dem Schulgebäude auf einem großzügig angelegten Hofgelände auf, das durch Entkernungsmaßnahmen geschaffen werden konnte.

❷ Bergkirche/ Tattersall

Links steht der historistische Backsteinbau der 1879 fertiggestellten evangelischen **Bergkirche**. Der Baumeister Prof. Johannes Otzen (1839-1911) hat in ihr wie in der Ringkirche (Siehe S. 84 und 85) das sog. Wiesbadener Programm verwirklicht. Nach diesem Programm, das die evangelischen Kirchenbauten des wilhelminischen Deutschlands prägte, stehen Orgel, Kanzel und Altar inmitten des Gemeinderaums und bilden einen gemeinsamen Fokus für die Gemeinde. Es gibt hier häufig kirchenmusikalische Veranstaltungen. Seit 1988 findet auf dem Kirchplatz an jedem Himmelfahrtstag eine Kirchweih statt, die an den Bau der Kirche erinnern soll.
Der **Tattersall**, benannt nach dem gleichnamigen englischen Stallmeister und Trainer, gegenüber der Bergkirche, eine umgebaute Reithalle, ist heute ein Gemeinschaftszentrum mit einem

Pferdekopf am Tattersall

ebenerdigen Saal. Ein Pferdekopf an der Außenfassade erinnert noch an die ursprüngliche Funktion des Gebäudes. Mittlerweile finden hier Rocknächte, Kappesitzungen der Karnevalsvereine, internationale Solidaritätsveranstaltungen und andere Kulturveranstaltungen statt. Auch die Kappesitzungen der alternativen Fastnacht „Lalü '82" wurden hier abgehalten. Im Untergeschoss, das von der Saalgasse zu erreichen ist, ein Projekt von Kultur- und Jugendarbeit in freier Trägerschaft.
In der Steingasse wurde früher zum Abschluss des Katzelöcher Volksfestes das Symboltier, der Kater – aus Pappe versteht sich – verbrannt.
An der Kreuzung Hirschgraben/Webergasse/Römerberg kommen wir zum „Eckhaus", errichtet um 1850. Den heutigen Namen führt die Gaststätte seit 1980.

Früheres Signet der Bürgergemeinde Katzeloch

Einige Meter weiter links unten hatte sich in der Webergasse 56 Ende der 1960er Jahre der Club Voltaire, kurz „CV", eingemietet. Die Kneipe war der Treff der wenigen Gruppen und Cliquen in Wiesbaden, die angetreten waren, die gesellschaftlichen Verhältnisse zu ändern.
Bei Veranstaltungen der Wiesbadener Linken im Club Voltaire Ende der 1960er Jahre erschien „ein großer alter Mann, auf seine Weise imponierend, mit einer grausig riechenden Zigarre im Mund" – so beschrieb ihn Gretchen Dutschke-Klotz, die Witwe von Rudi Dutschke. Er sprach von „asiatischer Produktionsweise", „orientalischer Despotie" und kritisierte die „allgemeine Staatssklaverei" im realen Sozialismus nicht aus neokonservativer, kleinbürgerlicher, sondern aus marxistischer Sicht. Es war Günter Berkhahn, Kommunist, Spanienkämpfer, Emigrant, Mitarbeiter von Willi Münzenberg, der in Paris ab 1933 seinen publizistischen Kampf gegen den Nationalsozialismus führte und später den Säuberungen in der KPD zum Opfer fiel. Günter Berkhahn besuchte in der Weimarer Zeit die Oranienschule in Wiesbaden. Einer seiner Lehrer war Hermann Kaiser. Dieser konservative Antifaschist gehörte später zur Widerstandsbewegung um Beck und Goerdeler. Günter Berkhahn war als Schüler aktiv im KJVD (Kommunistischer Jugendverband Deutschlands) und in der KPD. Nach Hitlers Machtergreifung emigrierte er zunächst nach Argentinien. Wie Willy Brandt und Tausende andere wurde er per Reichsgesetzblatt offiziell ausgebürgert. 1936 ging Günter Berkhahn zu den Internationalen Brigaden, um die spanische Republik zu verteidigen und wurde Dozent für Topografie an der Militärakademie in Barcelona. Nach dem Sieg über den Hitlerfaschismus 1945 blieb Günter Berkhahn in den Westzonen, weil er wusste, wie die Sowjets mit kritischen Genossen umgingen. Er trat

Günter Berkhahn (gest. 1982)

der SPD bei, die er als Grafiker und Berater bei mehreren Wahlkämpfen unterstützte. Zu jugendlich, undiszipliniert und wenig kompromissbereit hielt er es bei den Sozialdemokraten nicht lange aus. Dann setzte er große Hoffnungen auf die APO, die Neue Linke. Besonders erfüllend war für ihn die Zusammenarbeit mit Rudi Dutschke, die sich in gemeinsamen Veröffentlichungen niederschlug. Rudi Dutschke schätzte ihn seinerseits „als eine Persönlichkeit, die ihre Lebensgeschichte aufgearbeitet und nicht verdrängt hatte." In vielen „kritisch-solidarischen Briefen" bestärkte Günter Berkhahn Rudi Dutschke in der Entwicklung seiner gesellschaftstheoretischen Konzeption. Es ging Rudi Dutschke vor allem um den unterdrückten Russland-Text von Karl Marx, nach dem er der Eroberung Russlands durch die Mongolen fundamentale Bedeutung für die Ausprägung des Feudalismus in Russland beimaß – interessante geschichtstheoretische Fragen, die heute unter aktuellen Gesichtspunkten wieder aufgegriffen werden könnten. Günter Berkhahn starb am 12. März 1982 im Alter von 70 Jahren in der damaligen Klinik im Nerotal.

kuenstlerhaus 43

Das Haus Webergasse 43, genannt kuenstlerhaus 43, ist ein kleines Stadtteilzentrum im Zeichen von Theater, Kunst, Begegnung und Austausch, betrieben von Susanne Müller und Wolfgang Vielsack. Die hier entstandenen interaktiven Theaterproduktionen haben allesamt Lokalkolorit und spielen in dem alten Arbeiterhaus, erbaut 1890 im Bergkirchenviertel. Das Publikum ist meist Teil der Inszenierung. Das Kreativhaus war im Jahr des Historismus 2007 Startpunkt des Stadtkrimis „rien ne va plus" von wo aus die Kommissare ihre Ermittlungen im Stadtschloss und Kurpark unternahmen.

Bei „Romeo und Julia" tafeln die Capulets in den unteren und die Montagues in den oberen Etagen des Hauses. Bei „E.A. Poe" spielen auch lebende Hühner und ein Hahn mit, was Anrufe der Nachbarn provozierte, die sich über die seltsamen Handyklingeltöne wunderten. Das Haus atmet den pittoresken Charme vergangener Zeiten, eine einzigartige Kulisse, auch für Ausstellungen, Lesungen oder private Feiern. Mit dem „Stadtsalon" bietet das Künstlerpaar neuerdings einen Treffpunkt für engagierte Bewohner des Viertels.

❸ Römerberg

Wir überqueren den Hirschgraben und gehen den **Römerberg** hoch, der die unten gelegene Altstadt mit der Siedlung Feldstraße verbindet. Einst eine belebte Einkaufsstraße, sind auch hier die Metzger, Bäcker und Lebensmittelgeschäfte verschwunden, die Ladenlokale werden nun anderweitig genutzt. Es gibt hier eine Lederboutique, dort türkische Gemüsehändler und Kneipen. Das Verkehrsaufkommen im Viertel ist hoch,

vhs Wiesbaden: Bildung und Kultur für alle!

Prima Klima? – zum Semesterthema hat man sich mal wieder was einfallen lassen: *Auf Füßen und auf Rädern* heißt das humorvolle Programm der Musikgruppe Best Age zusammen mit Wolfgang Vater, Arno Hermer und Elke Boger, aufgeführt im ESWE-Bus im Sommer 2007. Es trug auch zur Durchsetzung des Kulturtickets bei, mit dem man nun kostenlos nicht nur zur vhs, sondern auch ins Theater und zu anderen öffentlichen Kulturveranstaltungen hin und wieder zurück kommt.

Die vhs mischt sich auch schon mal in die aktuelle Politik ein, so mit einem humoristisch kabarettistischen Abend zum Thema *Krise! Welche Krise?* Da geht es um den biblischen Tanz um das goldene Kalb bis zur Verachtung materiellen Gewinnstrebens bei Hölderlin, Hegel und Marx. Unkonventionell, in der Öffentlichkeit präsent, aktuell und zugleich traditionsgebunden stellt sich die vhs in Wiesbaden, seit 1989 unter der Leitung von Hartmut Boger, dar. Sie fühlt sich der Tradition der Aufklärung verpflichtet und knüpft an Ideen an, die bei der Gründung 1921 und der Wiedergründung 1946 Pate gestanden hatten: Bildung als „allgemeine öffentliche Geistespflege für Erwachsene" als Hilfe, die Zerissenheit des Menschen durch gemeinsame Ideale jenseits allen nur auf Nützlichkeit gerichteten Denkens, durch gemeinsame, konzentrierte Arbeit an einer Sache oder an einem Thema zu überwinden. Carl Broglie und Johannes Maaß, die führenden Köpfe der Volkshochschule Wiesbaden in den 1920er Jahren, sahen in Arbeitsgemeinschaften „Grundeinheiten einer neuen, demokratischen, antimilitaristischen Volksgemeinschaft im Volksstaat." Auch heute wird die zu Mitwirkung, Eigenständigkeit und Teamarbeit befähigende Form der „AG" gegenüber dem Frontalunterricht bevorzugt. Es wird investiert „in die Ressource und Produktivkraft Mensch" ohne das Recht auf Bildung von der Verantwortung für das eigene Handeln für sich und für die Gemeinschaft trennen. „Deshalb bieten wir Bildungsmöglichkeiten nicht nur für alle, sondern auch zu allen Themen ... und auch zu allen möglichen Zeiten und an allen möglichen Orten der Stadt." (H. Boger) Letzteres ist nun nicht mehr in dem Maße nötig. 1997 konnte die vhs endlich im heutigen Europaviertel (siehe S. 86) eine angemessene, ständige Bleibe finden.

Die vhs profiliert sich qualitäts- und kundenorientiert in den fünf Fachbereichen Politik, Kultur, Beruf, Sprachen und Gesundheit als „Kommunales Weiterbildungszentrum für alle". Sie ist vernetzt mit städtischen Einrichtungen, auch mit politischen und kulturellen Initiativen und stellt sich die Aufgabe, ein Kurs- und Vortragsangebot bereitzustellen, durch das – neben vielen anderen Anforderungen – Bildungsbarrieren abgebaut werden, berufliche Weiterbildung ermöglicht, Selbstfindung und Identitätsbildung, aber auch Begegnung und Verständigung der Menschen gefördert wird. Alles in allem will sie so beitragen „zu einer anregenden (bisweilen aufregenden), kreativen, gemeinschaftlichen, verständigungs- und lösungsorientierten Atmosphäre in unserer Stadt", so Margarete Goldmann, Vorsitzende bis 2009.

Das Bildungsprogramm der vhs zeigt eine große Sensibilität für soziale, politische und allgemeine Lebensfragen und verschließt sich auch nicht aktuellen, arbeitsmarktorientierten Anforderungen der beruflichen Aus- und Weiterbildung in Kooperation mit der örtlichen IHK, Firmen und Verwaltungen. Sie ist führend in der EDV-Ausbildung. Neben Lehrgängen für Langzeitarbeitslose, Frauen zum Wiedereinstieg in den Beruf und ähnlichen qualifizierenden Maßnahmen wird seit 1997 ein Berufsvorbereitungslehrgang für Jugendliche mit Schulabschluss angeboten, in dem schulische Defizite aufgearbeitet, Training in Mathematik, Deutsch und EDV durchgeführt, Ausbildungs- und Berufswünsche geklärt und Betriebspraktika begleitet werden.

In der Villa Schnitzler werden vom Fachbereich Kultur und Kreativität Kurse, Seminare, Vorträge und Reisen angeboten, die die bildnerische, klangliche, körperlich-darstellerische und sprachliche Eigentätigkeit anregen und mit der eigenen Kultur als auch mit fremden Kulturkreisen vertraut machen sollen.

Der Fachbereich Sprachen ist mit rund 30 Fremdsprachen die größte Sprachenschule in der Stadt; gleichfalls lernen hier Menschen aus über 100 Nationen die deutsche Sprache. Ein besonderes Augenmerk wird auf die Probleme von Einwanderern gelegt. Mit einem breit gefächerten fachsprachlichen Angebot, das zunehmend für das Berufsleben an Bedeutung gewinnt, ist die Volkshochschule eine wichtige Partnerin der Wiesbadener Wirtschaft. Die Sprachkurse können nach Kriterien des Europäischen Referenzrahmens zum Fremdsprachenerwerb abgeschlossen werden.

Der Fachbereich „Gesundheit und Natur“ bietet ein großes und facettenreiches Programm mit Möglichkeiten zur Entspannung, Körpererfahrung, Identitätsbildung und Sinnstiftung. Durch die Vermittlung außereuropäischer Therapieansätze wird auch hier ein Beitrag zur interkulturellen Bildung geleistet.
Die Außenstelle in Naurod wartet mit vielseitigen und interessanten Stadtteilangeboten an Sprachkursen, kreativen Techniken wie Aquarellmalerei, Musik und die Arbeit im Fotolabor auf. Auch Kulinarisches, der kunsthistorische Fachvortrag oder Reiseimpressionen haben ihren Platz.
Die 1992 gegründete „Akademie für Ältere“ stellt jedes Jahr ein stattliches, zielgruppenorientiertes Bildungsangebot bereit. Für die jüngere Generation gibt es seit 1998 ein besonderes Bildungsangebot „junge vhs“ in Kooperation mit dem Amt für Soziale Arbeit und der Initiative „Kultur vor Ort“.
Das „Erzählcafé“, ursprünglich initiiert von der Gesellschaft für Kommunikation und Publizistik, wurde 1998 ins Programm der vhs übernommen.
Über 500 Lehrkräfte gestalten den Unterricht. Die vhs Wiesbaden hat bei ständigen Kürzungen der Zuschüsse von Stadt und Land schwierige Zeiten durchgestanden, dabei ihr Bildungsangebot immer zeitgemäß gestaltet. Mit rund 30 000 Teilnehmer/innen pro Jahr und über 50 Kooperationspartnern ist sie eine unverzichtbare Bildungs- und Kultureinrichtung in unserer Stadt.
Im Jahr 2000 hat die vhs Wiesbaden ein Buch herausgegeben, das sich ausführlich mit der eigenen, aber auch der allgemeinen Bildungs- und Kulturgeschichte der Stadt Wiesbaden befasst: Bildung für alle! – Kulturleben und Bildungsstreben in Wiesbaden seit 1800.
Die aktuellen Programme der vhs liegen an vielen Stellen in der Stadt aus.

Brigitte Forßbohm

---

am Tage wegen der Nähe zu den Arbeitsplätzen in der Innenstadt und abends wegen der Kneipen.
Am unteren Römerberg liegt in Höhe des Hauses Nr. 6 einer von drei Zugängen zum Komplex „Wohnen an der Bergkirche“ mit großzügig geschnittenen Eigentumswohnungen, Gewerberäumen und einer Tiefgarage, der von der Stadtentwicklungsgesellschaft SEG als Bauträger neu errichtet wurde. Diese gelungene Baumaßnahme ist ein weiterer Beitrag, Wohnen und Leben in der Innenstadt attraktiver zu gestalten.
Die Gaststätte Snuggel's am Römerberg 13 hat einen schönen Biergarten im Hof. In den Achtzigern gab es hier das Szenelokal „Courage“. Die „Courage“ am Römerberg 13 war einer der wichtigsten Ausgangspunkte für die „Anderen Maifestspiele“ (AMF) 1980 bis 1983. (Vgl. Rundgang 1) Die Wiesbadener Linken hatten die Kulturarbeit entdeckt. Hier wurde diskutiert, wie eine Alternative zu den mit großem Aufwand betriebenen Internationalen Maifestspielen finanziert und wie ein möglichst breites Bündnis von Gruppen und Initiativen geschaffen werden kann. Eine andere Auffassung von Kulturarbeit sollte der Wiesbadener Bevölkerung nahe gebracht werden.

Stilkontraste

Die Fassaden der Häuser am Römerberg präsentieren vielfältige Baustile: Das Haus Nr. 26, Ecke Schachtstraße, zeigt Jugendstilelemente. Gegenüber, Nr. 31, steht seit 2003 anstelle eines Handwerkerhauses aus der frühesten Phase der Besiedelung Anfang des 19. Jh. ein viergeschossiges Stadthaus. Nr. 33 ist ein Beispiel für wilhelminischen Historismus. Das Haus Nr. 35 hat eine klassizistische Fassade.

An der norwestlichen Kante des historischen Fünfecks überqueren wir die Röderstraße in Richtung Feldstraße. Die „Feldsträßer" hatten sich von Anbeginn als eigene Bürgergemeinde verstanden. Sie feierten ihre Kerb traditionell am letzten Juli-Wochenende, ihr Symboltier war der „Gansert", ein Gänserich. Besucherschwund und Mitgliedermangel machten diesem gesellschaftlichen Ereignis 2006 ein Ende. Ein besonders prachtvolles Exemplar dieser Art soll tatsächlich um die Jahrhundertwende auf den Bleichwiesen hinter den Häuserzeilen sein Wesen getrieben haben.

Steingasse, Blick in die Schachtstraße

Die hohen Toreinfahrten und der Name der Straße weisen noch auf die Tätigkeit der ersten Bewohner hin: Sie waren meist Bauern. Ein 1910 geborener Handwerkersohn berichtet, dass noch in seiner Jugendzeit dort drei Bauern gewohnt haben, die Felder in Erbenheim und am zum Taunus hin gelegenen Atzelberg besaßen.

❹ IGS Kastellstraße

Von der Ecke Kellerstraße/Adlerstraße hat man einen reizvollen Blick auf die Türme der Marktkirche. Hinter einer langen Mauer an der Kellerstraße liegt rechts die ehemalige Volksschule an der Kastellstraße, früher ironisch „Hilfer Gymnasium" genannt. Heute befindet sich in dem restaurierten Gebäude, das um einen modernen gläsernen Bau ergänzt wurde, die **IGS Kastellstraße**, eine integrierte Gesamtschule, die sich großen Zuspruchs erfreut. 1884 als Schule eingeweiht, diente das Gebäude bereits 1885 als Notkrankenhaus während einer Typhusepidemie. In den beiden Weltkriegen musste es als Kriegslazarett herhalten. In wilhelminischer Zeit und in der Weimarer Republik war die Schule an der Kastellstraße streng unterteilt für Mädchen und Jungen. Eine frühere Schülerin berichtet, dass der Schulhof durch einen Eisenzaun, den sogenannten „Sittenzaun", geteilt war. Die Schüler und Schülerinnen durften sich nur auf Abstand diesem Zaun nähern. „Um diese Anordnung zu gewährleisten, patroullierte ein Sittenwächter oder eine Sittenwächterin (Lehrperson) in den Pausen an diesem Zaun auf und ab. Gelegentliche Verbindungen kamen so zustande, dass im Winter wechselseitig Schneebälle mit Briefeinlagen und im Sommer zusammengefaltete Briefchen mit einem Gummiring über den Zaun geschleudert wurden."

❺ Alter Friedhof

Wir betreten den **Alten Friedhof** von der Kellerstraße aus durch einen Seiteneingang. Der 1832 eingeweihte Friedhof wurde 1975 entwidmet und in einen Freizeitpark umgewandelt. Dabei sind viele Gräber aus der nassauischen und frühen preußischen Zeit eingeebnet worden. Erhalten geblieben ist das Mausoleum der Herzogin Pauline, gleich links im Gestrüpp neben diesem Eingang. In der Nähe des Haupteingangs an der Platter

Straße stehen die Grabdenkmäler der nassauischen Baumeister Christian Zais (1770-1820) und Philipp Hoffmann (1806-1889). Der Architekt der Marktkirche, Carl Boos (1806-1873), wurde ebenfalls auf dem Alten Friedhof beigesetzt.
Auch Fanny Lewald (1811-1889) ist hier an der Mauer zur Platter Straße begraben. Sie war im vorigen Jahrhundert eine beliebte und vielgelesene Schriftstellerin, die sich für Demokratie und die Emanzipation der Frauen engagierte. Sie lebte in Berlin. Ihr Mann, der Kunsthistoriker Adolf Stahr, starb 1876 bei einer Kur in Wiesbaden. Man beerdigte sie später an seiner Seite.
Heute ist der Alte Friedhof vor allem im Sommer ein belebter und vielseitig genutzter Platz, ein Freizeitgelände für Kinder und Jugendliche, Vereine, private Gruppen, Parteien u. a. m. Viele feiern hier ihre sommerlichen Grillfeste. Die Idee den Friedhof zum Freizeitpark zu machen, geht zurück auf die Initiative des Kinderladens am Kranzplatz, der hier die Anlage eines Abenteuerspielplatzes durchsetzte.
Das Ratsmitglied Heinrich Ludwig Freytag kaufte in den 1860er Jahren des einige Morgen Land auf beiden Seiten der Platter Straße. In Wiesbaden herrschte Wohnungsmangel. Freytag, nach dem die Ludwigstraße benannt ist, verkaufte in einer Mischung von Sozialtat und Spekulation das Land parzelliert an bauwillige kleine Handwerker und Tagelöhner. Es entstanden Hochstraße, Ludwig- und Hartingstraße und auf der anderen Seite der Platter Straße die Verlängerungen der Adlerstraße, Kellerstraße und Kastellstraße. Der Ausdruck „Maria Hilf" tauchte 1864 erstmalig auf, wohl eine Anspielung auf die

Planschvergnügen im Freizeitpark auf dem Alten Friedhof
(wegen Unfallgefahr leider nicht mehr möglich)

Fanny Lewald (1811-1889)

❻ Maria-Hilf-Kirche

Katholische Kirche Maria Hilfe der Christen

November 1818, Hochstraße feiert Kriegsende und Revolution

Frömmigkeit und Armut der Bewohner. Die Hilf, damals noch außerhalb der Stadt gelegen, entwickelte sich zu einer „idyllisierten ländlichen Heimat", zu einer „Dorfgemeinde in der großen Stadt" (I. Behnken). 1895 wurde an der Platter Straße die katholische **Maria-Hilf-Kirche** gebaut, deren Architektur dem Limburger Dom nachempfunden ist. Das „Plätzchen", heute eine kleine Grünanlage an der Gabelung Kastellstraße/Platter Straße, war Treffpunkt der Hilfer Jugendlichen. Hier mussten sich bürgerliche Jugendliche oft auf ihrem Schulweg vom Nerotal zum Gymnasium am Zietenring, der heutigen Leibnizschule, ihrer Haut wehren.

In der Weimarer Republik wählte die Hilf mit großer Mehrheit SPD und KPD. „Hier oben, Adlerstraße, Ludwigstraße, das waren Hochburgen, war alles rot hier ... Bei der Machtübernahme wollte die SA da durchmarschieren, durch die Ludwigstraße. Der erste Fackelzug. Die kamen da nicht durch. Die Leute haben kochendes Wasser runtergeschüttet, glühende Briketts, Blumentöpfe. Da sind die schnell rum, die kamen da nicht durch", berichtet ein Augenzeuge.

Die Hilfer Familien, die mehrere Generationen hier gewohnt hatten, sterben langsam aus. Student/innen und ausländische Familien rücken nach. Die Hilfer feiern zwar keine eigene Kerb mehr. Aber nach wie vor lebt ihre Bürgergemeinde. Die Gaststätte Hans Sachs in der Ludwigstraße ist ihr Stammlokal.

In der Gustav-Adolf-Straße endet die geschlossene Bebauung der Hilf und geht in die offene des Philippsbergs über.

Von der Platter Straße aus kommen wir über eine Treppe in eine Wohnanlage aus den 1980er Jahren auf dem Gelände der früheren Städtischen Kliniken. In den teils alten, teils neugebauten Häusern sind senioren- und behindertengerechte Wohnungen eingerichtet worden.

Das denkmalgeschützte ehemalige Hauptgebäude der Kliniken wurde zwischen 1877 und 1879 von dem Berliner Architekten Martin Gropius (1824–1880), einem Großonkel des Bauhausbegründers Walter Gropius, errichtet. 2009 wurde dieses Kulturdenkmal aufwändig saniert. Eine bunte Mischung aus Kindergarten, Jungunternehmern und verschiedenen Initiativen bereichert hier oben das urbane Leben.

An der Zufahrtsstraße links steht eine steinerne Tafel. Sie zeigt aus der Vogelperspektive die Umrisse des ehemaligen römischen Kastells, dessen Zentrum an dieser Stelle war.

❼ Altkatholische Friedenskirche

Über die Schwalbacher Straße bergabwärts kommen wir an der verglasten Torfahrt des Hauses Nr. 87 vorbei. Hier ist die reduzierte, aber immer noch einzigartige Emailschildersammlung des Drogisten Dieter Erbenich zu sehen. An der

Kreuzung Schwalbacher Straße/Platter Straße fällt der Blick auf die im Jahr 1900 errichtete **Altkatholische Friedenskirche** mit einer großen Gemeinde in Südhessen und Rheinland-Pfalz. Wir gehen über den Schulberg Richtung Römertor. An der Fassade des Hauses Schulberg 7-9 erinnert eine Skulptur an den katholischen Sozialorden „Barmherzige Brüder", der hier seit 1887 ein Altersheim unterhielt. Heute befindet sich hier eine kirchliche Einrichtung mit alten- und behindertengerechten Wohnungen. Auf der linken Seite stehen die Reste der in römischer Zeit erbauten Heidenmauer. Rechts, wo heute ein Spielplatz ist, war von 1573 bis in die 1832 der „Städtische Friedhof vor dem heidnischen Tor", der sich von hier bis über das heutige Römertor den Berg hinab erstreckte.

Oben: Heidenmauer mit Römertor
unten: Mithras-Altar

Es steht noch das 1996 als „Denkmal im Denkmal" restaurierte, d. h. durch Sanierung im weiteren Verfall aufgehaltene Grabmal des Kavalleriegenerals Wintzingerode, der in russischen Diensten gegen Napoleon gekämpft hatte.

Vor uns liegt das **Römertor**, eine 1902 von Felix Genzmer errichtete Holzbrücke über die Coulinstraße. Sie ist in Anlehnung an die Tore des Limes, der römischen Befestigungsanlage nördlich von Wiesbaden, gestaltet.

An der Straße, die in einem geschwungenen Bogen von der Coulinstraße hinabführt, hat der Kur- und Verkehrsverein Wiesbaden e. V. ein Römisches Freilichtmuseum eingerichtet. In einer kleinen Anlage sind Kopien von römischen Fundstücken aus der Umgebung des Römertors und des aus Heddernheim stammenden Mithras-Altars aufgestellt. Die Originale gehören zur Sammlung Nassauischer Alterümer und sollen Platz in einem neuen Stadtmuseum finden.

❽ Römertor

❾ Schulberg

Wir gehen jedoch zurück zum abschüssigen Teil des **Schulbergs**. Am Rande des Spielplatzes sollen Anfang der 1940er Jahre entlang der Bebauung ca. zwei Dutzend alte Grabdenkmäler des vorherigen Friedhofs aufgestapelt worden sein. Sie seien dann mit dem Erdaushub aus dem Bunker Coulinstraße meterhoch zugeschüttet worden.

Schulberg Nr. 10 ist ein zweigeschossiges Palais in romanisch-klassizistischem Stil von Baumeister Philipp Hoffmann. Die Front des Gebäudes ist auf die Marktkirche ausgerichtet. 1863 wurde es zur Elementarschule, deren Turnsaal „eine Neuerung in Wiesbaden (war), die ... selbst den staatlichen höheren Schulen versagt blieb“ (Wolf-Heino Struck).

1919 kam die Kunstgewerbeschule in das Gebäude, aus der die Werkkunstschule hervorging, später Fachbereich Gestaltung der Fachhochschule Wiesbaden. Mit städtischer Förderung hat sich hier das Kunsthaus mit mehreren Ateliers etabliert. Zudem sind zwei Wohnateliers für auswärtige Künstler/innen und Ausstellungsräume in dem Gebäude untergebracht.

Unterhalb des Schulbergs stand eine Hochbrücke, die 1970 im Rahmen des Konzepts einer „autogerechten Stadt“, gleichwohl gegen heftigen Bürgerprotest, errichtet worden war. Nach dem Abriss im April 2001 steht nun die Neugestaltung der Schwalbacher Straße und der Kreuzung Coulinstraße/Schwalbacher Straße an.

❿ Ehemalige Synagoge

Die zerstörte Synagoge

Etwas weiter unten, in die heutige Coulinstraße hineinragend, stand die **Synagoge** der Wiesbadener jüdischen Reformgemeinde. Die Gemeinde hatte Philipp Hoffmann „wegen seiner vielseitigen Erfahrung und Kenntnis in Ausführung von Gotteshäusern“ mit der Planung beauftragt. Hoffmann, der die Synagoge später als sein liebstes Kind bezeichnete, folgte im Entwurf dem Bild des salomonischen Tempels mit einer die Stadt überragenden, mit goldenen Sternen übersäten Kuppel. Nichts ist übrig geblieben von dem einst prächtigen Bauwerk im maurischen Stil, das gleichberechtigt neben die anderen großen Kirchenbauten Wiesbadens wie die Marktkirche, die Bonifatiuskirche und die Griechische Kapelle getreten war.

Die Synagoge am Michelsberg war die größte neben der altisraelitischen in der Friedrichstraße und der Gemeinde der Ostjuden in der Schwalbacher Straße.

Hier wirkte auch der „Synagogen-Gesangverein“, ein gemischter Chor mit einem großen Repertoire an jüdischen und christlichen Liedern. Mit geistlichen und weltlichen Konzerten, Auftritten beim Beethovenfest und dem Stiftungsfest der deutschkatholischen Gemeinde bereicherte er das kulturelle Leben und

stellte einen Brückenschlag zwischen den Kulturen her. Die künstlerische Qualität des Chores veranlasste das Kronprinzenpaar im Winter 1880 sogar zu einem offiziellen Besuch der Synagoge am Michelsberg.

Michelsberg – links die Synagoge

In den Morgenstunden des 10. November 1938 brannten die Nazis die Synagoge nieder. Genau ein halbes Jahrhundert später, am 10. November 1988 um 4 Uhr morgens, dem Zeitpunkt der Brandstiftung, gedachten hier schweigend Hunderte von Wiesbadener/innen unter dem Geläut aller Kirchenglocken der verschleppten, gedemütigten und ermordeten jüdischen Mitbürger/innen.
Ein Teil seines Grundrisses wurde in blauer Farbe auf die Coulinstraße gezeichnet . Nur wenige Fotos und Abbildungen lassen heute eine Rekonstruktion des Baus zu. Auch die Bauakten sind vernichtet worden. Fünf Jahre später präsentierte die Gruppe „memo-aktiv", in der sich Lehrende und Lernende des Fachbereichs Innenarchitektur der Fachhochschule Wiesbaden zusammen gefunden haben, einen eindrucksvollen zehnminütigen Film. In einer Computersimulation zeigt er den virtuellen Wiederaufbau der Außenansicht und des Innenraums der Synagoge mit ihren vielen Arabesken und verspielten Ornamenten. Doch es gibt keine Menschen in der virtuellen Welt dieses Films. „Ein Gebäude können wir wieder herstellen", so ein Mitglied der Gruppe, „aber die ermordeten Menschen, die sind unwiederbringlich verloren."

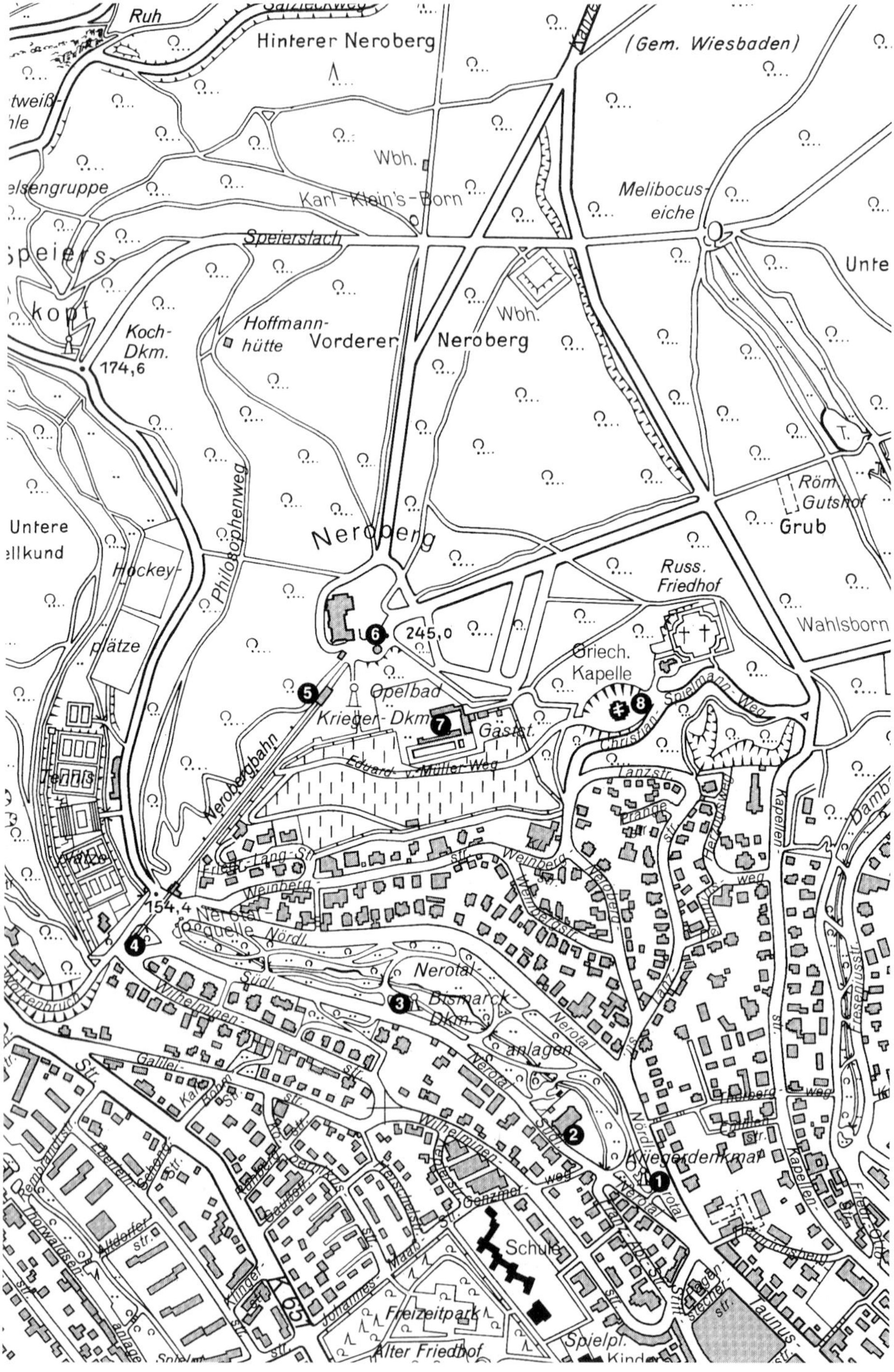
Ruh
Hinterer Neroberg
(Gem. Wiesbaden)
Wbh.
Karl-Klein's-Born
Melibocus-
eiche
Speierslach
Speiers-
kopf
Koch-
Dkm.
174,6
Hoffmann-
hütte
Vorderer
Neroberg
Wbh.
Unte
Röm.
Gutshof
Grub
Untere
Hockey-
plätze
Philosophenweg
Neroberg
Russ.
Friedhof
Wahlsborn
245,0
Griech.
Kapelle
Opelbad
Krieger-Dkm.
Gastst.
Christian-Spielmann-Weg
Eduard-v.-Müller-Weg
Nerobergbahn
Tennis
Tanzstr.
Kapellen-
Weinberg
str.
Weinbergstr.
Nerobergstr.
154,4
Nerotal-
quelle
Nördl.
Südl.
Nerotal-
Bismarck-
Dkm.
anlagen
Wilhelminen-
Galilei-
Nerotal
Nördl.
Südl.
Kriegerdenkmal
Wilhelminen-
weg
Genzmer-
Schule
Freizeitpark
Alter Friedhof
Spielpl.
Taunus-
Thorwaldsen-
Dürerpl.
Spielpl.
Kinder
Kellerstr.
Lanzstr.
Thalbergweg
Cäcilienstr.
Kapellen-
Friedrich-
Dambachtal
Adolfsberg
Frauensteinerstr.

Ein Hausberg als Ereignis

Vom Nerotal zum Neroberg

Christoph Harwart

Ausgangspunkt: Haltestelle Kriegerdenkmal, Linie 1
Endpunkt: wie Ausgangspunkt

Hausberge wie der Neroberg sind nicht irgendwelche Erhebungen, sondern – ständig vor Augen – ein markantes landschaftliches Ereignis, das sich für ganz unterschiedliche Zwecke nutzen lässt: Klassiker für Sonntagsspaziergänge und Schulausflüge, Ort für Feste und Feiern, Szenario für (unheimliche) Geschichten, Rückzugsraum für verliebte Paare, Waldlehrpfad ... Aber auch: Terrain für kommerzielle Nutzung durch Gastronomie, Verkehrserschließung oder Andenkenproduktion. Hausberge sind für neue „Freizeitnutzungskonzepte" ebenso gut wie für Kunstaktionen: Anlässlich der Wiesbadener „Stadtoper" im Sommer 1989 wiesen „sternförmige Linien zum Neroberg". Ein Kunststück von Monika Rohrmus und Helmut Schulze breitete sich mit 299 Pfählen spiralenförmig über das Stadtgebiet aus. „Kunst im Weinberg", eine Aktion vorwiegend Wiesbadener Künstler/innen, fand in den 1990er bis Anfang der 2000er Jahre statt. Schon die Geschichte des Namens verrät etwas von den Wünschen seiner Benutzer/innen: Als „mersberg", „ersberg", „örsberg" oder „arsberga" verschiedentlich erwähnt, wird der Name „Neroberg" seit 1750 mit der Entdeckung von Mauerresten begründet, man glaubte die Überbleibsel einer römischen Villa aus der Zeit Neros gefunden zu haben. Nun, die Steine sind aus jüngerer Zeit, aber sie liefern eine gute Grundlage, dem Berg ein historisches Flair zu verleihen. Entdecken Sie beim Schauen, Flanieren, bei der Fahrt mit der Nerobergbahn, beim Besuch der Restaurationen und der touristischen „highlights" ihr eigenes Verhältnis zum Berg. Dieser Spaziergang soll dabei den Blick auf einige Spuren lenken, die die Seelenverwandtschaft zwischen den Wiesbadenerinnen und Wiesbadenern und ihrem Hausberg illustrieren.

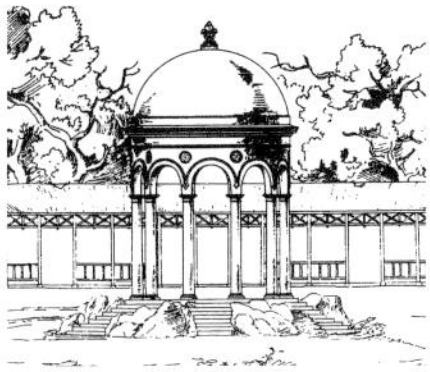

Planskizze des Nerobergtempels

Von den unterschiedlichsten Plätzen der Wiesbadener Innenstadt ist der Neroberg weithin sichtbar: Als grüne Kulisse für Jahrhundertwendearchitektur und Kirchturmspitzen und als bewaldeter Hügel zwischen Stadtraum und Taunus. Das Ganze wird – vor allem bei Sonnenschein – von den goldenen Kup-

peln der Griechischen Kapelle überstrahlt. Nicht nur als beliebtes Ansichtskartenmotiv weckt wohl die Kapelle das Hauptinteresse von Besucher/innen am Berg; ein Spaziergang dorthin verspricht Kultur, Geschichte und frische Waldluft.
1828 wurde auf Veranlassung der Regierung und auf Kosten der Stadt das Nerotal durch einen Fahrweg erschlossen.

❶ Kriegerdenkmal

Am Eingang in das grüne Tal steht das **Kriegerdenkmal** (1909, Franz Prietel/Carl Krause). Es ist ein Ersatz für ein Vorgängermodell, eine „Germania", die aufgrund von Witterungsschäden abgeräumt werden musste. Erinnert wird hier an den deutsch-französischen Krieg und an die 1870/71 gefallenen Naussauer. Die genannten Schlachten – Weißenberg, Wörth, Sedan, Paris – tauchen als Wiesbadener Straßen- und Platznamen wieder auf. Der trutzige Reiter scheint bis heute soldatisches Heldentum positiv verkaufen zu wollen. Der Platz um das Kriegerdenkmal wird allerdings weniger vom militärischen Ambiente bestimmt: Am Büdchen können Kinder ihren Eltern das erste Eis abtrotzen, es gibt Postkarten, Zeitschriften usw. Der Platz wurde neu gestaltet, das Büdchen ist zum Café mit Außenbewirtschaftung erweitert, das nun zum Verweilen einlädt. Ab und zu sind auch ein paar Stadtstreicher mit ihrer Habe im Nerotal anzutreffen.

Reiterstandbild

Die Grünfläche, die von den Straßen Nördliches und Südliches Nerotal und daran gelegenen großbürgerlichen Häusern umschlossen wird, heißt „Nerotal". Heute verschwinden die Wohnstraßen fast hinter den hohen Bäumen. Im Tal entfalten sich Wiesen, Gebüsch, Brücken und Wege entlang des Schwarzbaches, der in der Stadt unterirdisch verschwindet und dann als Schwemmkanalisation missbraucht wird. Ergießt sich hier ein Stück „Natur" aus dem Taunus in die Stadt? – Natürlich nicht!

Nerotal-Idylle

In der Tradition englischer Landschaftsgärten des 19. Jahrhunderts wurde vom Gartenarchitekten Paul Schatter zwischen 1897 und 1898 eine städtische Grünfläche geplant. DieAusführung übernahm die Stadt Wiesbaden unter dem Stadtbaumeister Felix Genzmer. Der Raum, der zu gestalten war, lag als Wiesental zwischen den Villenstraßen. Der Park bietet inszeniertes Grün: Baumarten und Gebüsch wechseln, dem Betrachter wird eine ausgewogene Mischung aus Hügeln, Wegen, Bachlauf und Brücken für einen angenehmen Anblick geboten. Das Bild soll versöhnlich stimmen: Diese Natur hebt den Widerspruch zwischen Stadt und Taunuslandschaft auf, sie gibt den großbürgerlichen Wohnhäusern eine vorgelagerte repräsentative Parklandschaft, die gleichzeitig öffentlicher Erholungsraum war und ist.

Villen und Weinberg vom Nerotal aus gesehen

Das Nerotal hat auf diese Weise menschenfreundliche und erzieherische Aspekte: Das wohlhabende Wiesbadener Bürgertum und die dazu passende Stadtregierung behielten die qualitativ besten Wohnlagen der Stadt nicht allein privaten Zwecken vor. Jeder konnte und kann, wenn er will, durch das Grün flanieren und dabei gleichzeitig Lehrreiches über Krieg, Helden und Staatsmänner erfahren. Die Schritte werden in dieser scheinbaren Naturlandschaft diskret gelenkt. Damit nur auf den geschlängelten Wegen lustgewandelt wurde, gab es an den Wegrändern kleine Metallzäunchen. So konnte auch ein gesitteter Umgang mit der Natur geübt werden. Heute überqueren Radfahrer/innen ungeniert die Wiesen, Stadtstreicher schieben ihre Supermarktkarren querfeldein und Kinder spielen dort, wo sie wollen.

Kultur tothal!

❷ thalhaus

Das einzige größere Gebäude, das direkt in den Park hineinragt, ist die ehemalige Kurklinik Bad Nerotal, heute: **thalhaus**. 1907 eröffnet, war sie Ersatz für die alte „Kaltwasseranstalt". Das Gebäude hat eine wechselvolle Geschichte: Kurklinik, Krankenhaus, Schwesternwohnheim und eine lange Zeit des Leerstandes. 1987 beherbergte das Haus das ausgelagerte Rathaus. Seit 1997 steht das Gebäude der Kulturinitiative „Hinterhaus" zur Verfügung, die hier nach vielen Jahren unbefriedigender Unterbringung eine ständige Bleibe gefunden hat und nun im thalhaus ein kontinuierliches ideenreiches Musik- und Theater- und Kleinkunstprogramm anbieten kann.

Schweizerhäuschen

Neben der alten Kurklinik liegt etwas versteckt das Schweizerhäuschen, wo den Promenierenden früher Milch angeboten wurde. Auch seine Gestaltung signalisiert Naturnähe: Fachwerk, Holz, Kleinteiligkeit.

Ein Stückchen weiter präsentiert sich ein weiteres „Parkmöbel", das **Bismarck-Denkmal**, eher deplaciert und tatsächlich

❸ **Bismarck-Denkmal**

Bismarckdenkmal in seiner ursprünglichen Form

1966 hier auch nur abgestellt. Das Denkmal stand seit 1898 auf dem ehemaligen Rondell des Bismarckplatzes (Wilhelmstr./Frankfurter Str.), das zur Verkehrsinsel geworden war. Das Denkmal war damals größer und mit zwei weiteren Figuren bestückt: Eine Frauengestalt verkörperte die „Nassovia" und ein Jüngling die zukünftigen Generationen. Beide wurden eingeschmolzen und der Reichskanzler landete als Opfer der Verkehrspolitik im Nerotal. Obwohl mit hohen Sporenstiefeln bekleidet, macht die ganze Erscheinung keinen sonderlich strammen Eindruck: Das Schwert fehlt, die Gürtelschnalle hängt schlapp herunter. Immerhin hält Bismarck noch eine Schriftrolle fest in der Hand, die an die Kaiserproklamation erinnert. Die Reichsinsignien – Krone, Zepter und Schwert, die zum Schmuck des Denkmals gehörten –, sind im Stadtarchiv noch vorhanden.

An Bismarck vorbei, kann man beim Flanieren ein besonders üppiges Brückenexemplar überqueren. Der Stein ist so bearbeitet worden, dass er den Anschein von natürlichem Felsen erhielt. Dahinter liegt gleich eine moderne Naturscheinwelt. Vor ca. 10 Jahren wurde hier in der geplanten Zufälligkeit des historischen Landschaftsparkes ein Biotop angelegt, mit einem Bach, an dessen Ufer ungemähte Wiesen heranreichen.

❹ **Nerobergbahn**

Zwischen Nerotal und Taunus wird für die Spaziergänger ein deutlicher Riegel gestellt, ein besonderes Denkmal der Technikgeschichte: die **Nerobergbahn**.

Wie alle technischen Neuerungen war auch der Bau dieser Bergzufahrt umstritten. Angeregt durch ähnliche Projekte in der Umgebung Wiesbadens wurde der Bau einer Bergtrasse zum Neroberg 1873 erstmals im Wiesbadener Gemeinderat dis-

Brücke

kutiert. Die Vorstöße waren vor allem aus unternehmerischer Sicht motivert, gerieten über Jahre in Vergessenheit und wurden aber immer wieder aufgegriffen: Zuerst taten sich ein Wiesbadener und ein Amerikaner aus San Franzisco zusammen, um das Vorhaben zu realisieren. Diese und andere Pläne platzten jedoch, weil sie dem Gemeinderat nicht gefielen. Der Charakter der Landschaft, die Kapelle und Erschließungswege sollten nicht zu sehr von dem neuen Projekt berührt werden. Entgegen vieler Bedenken gegenüber möglichen Gefahren der Technik, einer befürchteten „Verunstaltung des Tales" und trotz der Konzessionsstreitigkeiten wurde der Bau 1888 begonnen. Die Konstruktion lieferte der Ingenieur Johann Niesen, die Finanzierung stellte der Unternehmer Carl Rudolph.

Interessant ist die Technik der Bahn, die bis heute dieselbe geblieben ist. Durch Ballastwasser wird das Gewicht der beiden Wagen so reguliert, dass gleichzeitig die eine Bahn an Drahtseilen hinauf und die andere hinunterfahren kann. 438,5 m Strecke, die Höhe von 83 Metern und eine Steigung bis zu 26% werden so überwunden. Das Wasser, dessen Entleerung aus dem 7 m^3 fassenden Tank an der Talstation beobachtet werden kann, wird jeweils auf den Berg zurückgepumpt. Eine Elektrifizierung blieb bis heute aus, so dass man – von Motor und Pumpe einmal abgesehen – von einem ausgesprochen umweltfreundlichen Verkehrsmittel sprechen kann.

Um die Talstation findet sich ein seltsames Gemisch an Dingen zusammen: Glascontainer, eine Bushaltestelle aus Beton, Kandelaber, ein Brunnen – der letzte Versuch, den Schwarzbach als Wildbach zu inszenieren – und Reste alter Pflasterung.

Das Stationshaus und das kleine Toilettenhäuschen passen sich in ihrem äußeren Stil mit Fachwerk wieder der „Landschaftsidylle" an. In dem ehemaligen „Bedürfnishäuschen" – eine Schöpfung von Felix Genzmer, von 1894 bis 1903 Stadtbaumeister in Wiesbaden – ist heute ein kleines Museum untergebracht, das über die Geschichte der Nerobergbahn informiert. Auch ein Blick hinter das Stationshaus lohnt sich: Die „Beau Site", (frz.: schöne Landschaft) eine Restauration aus dem 19. Jahrhundert, an der einst die Wiesbadener Pferdebahn endete, beherbergt heute ein Restaurant mit Gartenlokal. Hier kann man eine Pause einlegen, bevor die Fahrt mit der Nerobergbahn beginnt.

„Bedürfnishäuschen", Felix Genzmer; heute: Museum

(Alternativ: Man läuft an dieser Stelle weiter in das Taunustal hinein zur Leichtweiß-Höhle, siehe S. 332).

In den Genuss des traditionsreichen Wiesbadener Verkehrsmittels kann nur kommen, wer nicht raucht, keine Pommes

„Partie aus dem Nerotal" um 1900

frites und kein Eis isst! Außen mischt sich die grelle Farbigkeit des blau-orangenen 1970er Jahre-Designs mit historischem Flair: Blau-orange sind die Stadtfarben Wiesbadens. Nun muss man etwas Geduld haben, bis der Wagen eintrifft und die herunterkommenden Fahrgäste ausgestiegen sind. Der Schaffner erteilt genaue Anweisungen, wann und wo ein- und auszusteigen ist und schließt eigenhändig die Türen. Kein alltägliches, anonymes Rushhour-Verkehrsmittel – sondern eben die Nerobergbahn!

Die neuen Waggons sind äußerlich den historischen Vorgängern nachempfunden. Im Innern: viel Orange, viel Plastik, Stragulaboden ..., aber man soll ja auch hinausschauen! Wegen der Aussicht sollte man den Berg bei der Fahrt möglichst im Rücken haben. Das Verhältnis zur Stadt Wiesbaden ändert sich allmählich: Häuser und Kirchtürme setzen sich zu einer Silhouette zusammen. Zur Rechten liegt der Wald, der aus der Entfernung ebenso „natürlich" aussieht wie das Grün des Nerotals. Während man unten im Landschaftspark immer noch Teile der Stadt hinter den Bäumen erkannte, scheint man auf dieser Fahrt von der Natur gänzlich aufgenommen zu werden. Die Trasse der Bahn, die sich durch Eichengehölz legt, wirkt wie ein Fremdkörper. – Doch auch oben auf dem Berg erwartet uns eine domestizierte „hergerichtete" Natur.

Seilführende Rolle

❺ Neroberg

Die Fahrt endet auf der Bergstation des **Nerobergs**. Eigentlich müsste nun eine freie Stelle im Stadtführer auftauchen, damit der/die Benutzer/in selbst notiert, was gerade vorzufinden ist. Die Geschichte der Bebauung und Benutzung des Neroberges ist – wie es sich für einen Hausberg gehört – Ausdruck des wechselnden Verhältnisses, das die Stadtbewohner/innen und deren Verwaltung zu ihm entwickeln.

„Platt, Kapell und Neroberg", erhielt man früher zur Antwort, wenn man Wiesbadener nach dem Ziel des obligatorischen Sonntagsnachmittagsfamilienspaziergangs fragte.

Seit 1843 ließ der Wiesbadener Gemeindevorstand den Geburtstag Herzog Adolfs von Nassau am 24. Juli auf dem Neroberg feiern. Brot wurde unter die Armen verteilt, ein Volks-

fest beschloss den Festtag. Auch das 25-jährige Regierungsjubiläum des Herzogs am 31. August 1864 beging man dort mit Serenade und Volksfest.
Neben den „Blau-Orangen“, (den Anhängern des Hauses Nassau), schätzten aber auch die „Roten“ den stadtnahen Berg. Am 26. Mai 1850 veranstaltete der im April 1848 gegründete Arbeiterbildungsverein dort oben ein Volksfest, an dem mehrere hundert Anhänger teilnahmen, Freiheitslieder sangen und politische Ansprachen anhörten. Kein Geringerer als Nassaus bedeutendster Arbeiterführer, der 1812 in Weinbach bei Weilburg geborene Pfarrerssohn Karl Schapper, ein früher Weggenosse von Marx und Engels, leitete damals diese Vereinigung. Und aus dem Jahre 1860 ist überliefert, dass der 1856 gegründete Gesangverein Concordia bei der Fahnenweihe auf dem Neroberg das schwarz-rot-goldene Banner der Demokraten hissen ließ. Eher unpolitisch waren die schon in den letzten Jahren des Herzogtums Nassau üblichen traditionellen Himmelfahrtausflüge der Wiesbadener zum Neroberg und Nerotal. (Klaus Kopp)
Von der Bergbahnstation führt der Weg direkt zum Gelände des ehemaligen Nerobergotels. Der rauhe Umgang, den die Wiesbadener/innen mit einigen schönen Flecken ihrer Stadt pflegen, hatte sich in den letzten Jahrzehnten besonders krass an diesem Beispiel gezeigt. Die Geschichte des wunderschönen Hotels, das dort einmal stand, war eine des ständigen Abwirtschaftens, des permanenten Vertagens langfristiger Planung, deren „krönender Abschluss“ Brandstiftungen waren. So wurde das Problem auf radikale Weise gelöst. Lästige denk-

Ehemaliges Nerobergotel

Café auf dem Neroberg

malpflegerische Maßnahmen waren nun nicht mehr erforderlich. Seit 1989 steht nur noch der Turm des alten Hotels, und Planungsvarianten werden immer noch diskutiert ...
Ein wirklich lohnendes Geschäft war das Hotel auf dem Neroberg wohl nie so recht. Nachdem kleine Kaffeebuden und eine kleinere Restauration dort gestanden hatten, wurde 1881 mit dem Bau des Hotels begonnen. Mit dem Bau der Bergbahn konnte das Haus 1888 erweitert werden. Dieses Jahr und die darauf folgenden Jahre scheinen die Blütezeit der Gastronomie gewesen zu sein. An Sonntagen sollen dort bis zu 5000 Besucher/innen 2000 Stück Kuchen und einen Zentner Kaffee vertilgt haben. Hotel und Gastronomie wechselten mehrfach den Besitzer. Nach dem Zweiten Weltkrieg war das Hotel von 1947–1957 Clubhaus der Besatzungsmacht, der Amerikaner. 1957 bemühte sich die Stadt Wiesbaden erstmalig, aus dem Gebäude etwas zu machen. Es wurde renoviert – für eine Inneneinrichtung fehlte allerdings das Geld. Wieder Verkaufsverhandlungen, Übergangslösungen.

Im Klettergarten

1979 neue Entwicklungen! „Bald fernöstliche Aura auf Wiesbadens Neroberg?“ – so wurde in den Zeitungen gefragt. Japanische Investoren wollten eine Hotel- und Gartenwelt auf dem Neroberg im japanischen Stil bauen ... Das Hin und Her über dieses Vorhaben weitete sich zur Provinzposse aus. Ab Ende der 1970er Jahre wurde das Hotelgebäude mehrere Jahre als provisorisches Kulturzentrum genutzt. Endlich gab es einen Ort für Musikveranstaltungen in Wiesbaden! „Roter Stern“ – Fußballmannschaft und linke Stadtzeitung – , die Initiative Andere Maifestspiele (AMF), die grün-bunt-alternative Wiesbadener Liste u.a. feierten hier ihre Feste.

Walderlebnispfad: Telefonieren mit dem „Mardertelefon“ und an der Klangstation ein Xylophon-Konzert geben - das macht Spaß!

Immer wieder Hotelprojekte, 1987 war ein Planetarium hoch im Kurs, dann war ein Kongresszentrum im Angebot. Doch diese Zeiten sind inzwischen vorbei. Der Hotelturm ist mittlerweile saniert und es gibt ein Café, so dass man die auswärtige Tante beim Besuch des Nerobergs wenigstens zu Bahnfahrt und Kaffee einladen kann. In der aus Steinquadern gebauten „Erlebnismulde“ findet sommerliches Open-Air-Theater statt. Dahinter ist der Einstieg in den „Walderlebnispfad“ und ein Miniklettergarten für die Kleinen, daneben der große Klettergarten – eine Attraktion für Jugendliche und Junggebliebene. Ein „Muss“ bleibt für viele Wiesbadener/innen die Sylvesternacht auf dem Neroberg.

❻ Tempel

Ein nahezu intaktes Zeugnis der ersten Nerobergerschließung ist der **Tempel**. Er wurde 1851 parallel zu den Bauarbeiten an der Kapelle vom Architeken Philipp Hoffmann errichtet. Praktischer Bürgersinn half beim Bau des Gartentempels: Die Sandsteinsäulen der Öllaternen von der Wilhelmstraße und vom Luisenplatz konnten nach der Umstellung auf Gasbeleuchtung hier wieder verwendet werden. Wo im 19. Jahrhundert eine kunstvoll angelegte Felsenlandschaft war, gehen wir heute über asphaltversiegelte Straßenflächen. Die Blickachse zwischen Tempel und Griechischer Kapelle (heute: Russische Kirche), die Hoffmann in ästhetischer Absicht in den Wald schlagen ließ, ist mittlerweile wieder hergestellt.

Nerobergtempel von Philipp Hoffmann

Auch auf dem Neroberg gibt es eine Gedenkstätte zur Erinnerung an kriegerische Ereignisse. Das „Denkmal der Achtziger" wurde 1930 zum Gedenken an die Gefallenen des Ersten Weltkrieges errichtet (Architekt Edmund Fabry und Bildhauer Arnold Hensler). Die Reihe der Steinblöcke erinnert zwar auch ungebrochen an die „toten Helden". Die Erinnerungsstätte scheint aber durch die Anordnung, die gesamte Ästhetik der Anlage und die fehlenden Aufmarschflächen sehr zurückhaltend.

Am unteren Ende der Gedenkstätte – keine Bäume verstellen den Blick – breitet sich zwischen zwei gewaltigen, aus gelbem Sandstein gehauenen Löwen ganz Wiesbaden aus. Hinter der Mauer sieht man den Weinberg der Stadt Wiesbaden. Wein gibt es seit dem 16. Jahrhundert auf dem Neroberg. Der Besitz verteilte sich zunächst auf Privatleute und den Landesherren. 1744 initiierte Fürst Karl von Nassau die Zusammenlegung durch Ankauf und ließ eine Mauer um sein Gut ziehen. Was heute hinter den Resten dieser Mauer wächst und gedeiht, wird bei festlichen Anlässen der Stadt angeboten.

Die Wege, die zur „Griechischen Kapelle" und zum Russischen Friedhof führen, sind zum Teil als Waldlehrpfade gekennzeichnet. Schon zwischen 1844 und 1852 ließ der Wiesbadener Verschönerungsverein Wanderwege bauen. Bevor wir dem Blick zur „Griechischen Kapelle" folgen, geht der Weg seitlich der Bergstation noch einmal einige Meter hinab. Auch wer nicht schwimmen will, sollte einen Blick auf Gebäude und die Anla-

❼ Opelbad

Opelbad-Rutsche

ge des **Opelbades** werfen. Der Architekt Franz Schuster baute 1933/34 das Bad im Auftrag des Stifters, dem Großindustriellen Wilhelm von Opel. Wiesbaden war ein Hauptsitz des Autohauses. Das damit verbundene Ansehen gab Opel die Möglichkeit, die prominente Lage für das Bad durchzusetzen. Die Formensprache des Gebäudes und Details in der Anlage zeigen, in welcher Tradition Schuster steht: In der Bewegung des „Neuen Bauens" in Österreich trat er für eine soziale Architektur ein. Von 1928 – 1934 war er Mitarbeiter des Frankfurter Baudezernenten Ernst May, der in derWeimarer Republik vorbildliche Modelle sozialen Wohnungsbaus plante und realisierte. Seit einer grundlegenden Renovierung in den 1990er Jahren, die das Bad vor allem auch kinderfreundlicher machte, ist es – trotz relativ hoher Eintrittpreise – selbst an kühleren Sommertagen gut besucht. Die Renovierung des Restaurants 1988 hat leider vor allem bei der Innenausstattung das ursprüngliche Design überdeckt.

❽ Griechische Kapelle

Unsere nächste Station ist die **„Griechische Kapelle"**. Es handelt sich korrekt ausgedrückt um die russisch-orthodoxe Kirche der heiligen Elisabeth, in der nach orthodoxem Ritus in russischer Sprache Gottesdienst gehalten wird.

Herzog Adolf ließ sie in den Jahren 1847 bis 1855 durch Philipp Hoffmann am Osthang des Berges als Grabkirche für seine erste Gemahlin, der 1845 früh verstorbenen Elisaweta Michailowna, eine Nichte des Zaren Nikolaus I., in einer „Mischung von byzantinischen und antikisierenden Elementen" erbauen. Der Grundriss bildet ein griechisches Kreuz. Vier Spitzkuppeln flankieren die 55 m hohe Hauptkuppel der Kirche, die vergoldet weit in das Land strahlen und bald schon zum Wahrzeichen der Weltkurstadt und nassauischen Residenz wurden. Ferdinand Hey'l befand 1866 in seinem Wiesbaden-Führer, dass die Kapelle „wohl in Deutschland schwerlich ihres Gleichen" finde. Er meinte damit wohl vor allem die weithin sichtbaren goldenen Kuppeln, die symbolisch für Christus und die vier Evangelisten stehen.

Griechische Kapelle

Der Innenraum bietet eine merkwürdige Stimmung als Grabkirche für eine junge Frau – Herzogin Elisabeth starb erst 19-jährig im Kindbett, und auch ihr Töchterchen überlebte nicht. Die Prachtentfaltung im Stilgemisch des 19. Jahrhunderts und die Begrüßung am Eingang beim Erwerben des Eintrittskärtchens ergeben ein spezielles Flair, das man sich nicht entgehen lassen sollte. Die Krönung der kostbaren Innenausstattung bildet der Sarkophag der Herzogin, für den der Hofbildhauer Emil Alexander Hopfgarten Marmor aus Carrara verwendete. Der Innenraum, die Fresken und die Ikonostase sind in

den 1990er Jahren nach der Entdeckung schwerer Bauschäden aufwändig renoviert worden, so dass die Kirche wieder den Eindruck vermitteln kann, den der Architekt damals beabsichtigte.
Die „Griechische Kapelle“ ist ein wichtiges Zentrum der russisch-orthodoxen Gemeinde, die seit 1844 mit Wiesbaden eng verbunden ist. Auch heute noch ist der orthodoxe religiöse Geist auf dem Neroberg am nahegelegenen Pfarrhaus der Gemeinde (1855 von Philipp Hoffmann erbaut) und am Russischen Friedhof zu spüren. Kirche, Pfarrhaus - ursprünglich angelegt als Wächterhaus - und Friedhof bilden eine seltene geschlossene Einheit russischer Exilkultur.
Der russisch-orthodoxe Friedhof ist einer der ältesten in Westeuropa und der erste auf deutschem Boden. Hier wurden nicht nur in Wiesbaden und Umgebung verstorbene russische Kurgäste beigesetzt, sondern auch Russen, die in anderen deutschen Städten, in der Schweiz und in Frankreich verstorben waren: Angehörige des russischen Hochadels, hochrangige Militärs und Staatsmänner, Wissenschaftler und Künstler, Emigrant/innen nach der Oktober-Revolution 1917, Ostarbeiter/innen und Emigrant/innen nach dem Zweiten Weltkrieg - alle fanden sie hier ihre letzte Ruhestätte. Auch Hierarchen und Priester der russisch-orthodoxen Kirche im Ausland, zu deren Jurisdiktion die Gemeinde in Wiesbaden heute gehört, sind auf diesem Friedhof begraben. (M. Werschewskaja)
Hier ruht auch der Maler Alexej von Jawlensky, der die letzten 20 Jahre seines Lebens in Wiesbaden verbracht hatte und hier 1940 starb. Wer den Friedhof besichtigen möchte, kann sich in der Kirche einen Schlüssel geben lassen. Dort findet man auch einen Plan mit Erläuterungen zu einzelnen Gräbern.
Von der Griechischen Kapelle gelangt man über einen kurzen Fußweg zur Nerobergstraße. Sie ist von prächtigen Villen der vorletzten Jahrhundertwende umsäumt. Die Vielfalt der Architektur zeigt, ähnlich wie im Nerotal, wer in diesem Teil Wiesbadens gelebt hat und immer noch lebt: das wohlhabende Bürgertum. Beim Abstieg vom Berg ins Tal wird dies deutlicher als beim Spaziergang durch den Park. Hier fehlt es am versöhnlichen Grün, das die sozialen Schranken zwischen Hausberg und Innenstadt gnädig überdeckt.

Friedhofskapelle von Philipp Hoffmann

Grabmal von Alexej und Helene von Jawlensky

Kultur aus den Tempeln geholt ... (2)

Für die bildende Kunst gibt es in Wiesbaden vielfältige Initiativen, die der Förderung auswärtiger als auch hier ansässiger Künstler/innen dienen. Zahlreiche Ausstellungsräume werden kontinuierlich genutzt: beim Nassauischen Kunstverein, im Rathaus, in der Villa Clementine, im Kunsthaus am Schulberg, in privaten Galerien, auch in Banken. In den Anlagen an der Wilhelmstraße ist ein Skulpturenpark entstanden, alle fünf Jahre wird ein „Alexej-von-Jawlenskij-Preis" verliehen. Unter Stadträtin Rita Thies ist im Jahr 2000 ein Kultursommer der bildenden Künste mit dem Titel „Kunstbaden Wiesbaden" durchgeführt worden, der konzeptionell an den Wiesbadener Sommer '89 anknüpfte. Seitdem findet alle zwei Jahre ein „Kunstsommer" mit einheimischen und auswärtigen Künstlern statt, die mit zeitlich begrenzten Projekten den Stadtraum künstlerisch thematisierten. Mit der Initiative ZusammenKunst, der Kurzen Nacht der Museen und Galerien, offenen Ateliers uam. ist es gelungen, die Ausstellungen der verschiedenen Galerien und Museen zu einem gemeinsamen Programm zusammenzufassen. So wird mittlerweile vieles getan, um das Publikum für bildende Kunst in Wiesbaden zu sensibilisieren und zu interessieren.

Ein beliebtes kulturelles Zentrum ist die Stadtbibliothek. Hier finden alle zwei Jahre die Wiesbadener Literaturtage statt, zu denen ein prominenter Autor als Gastgeber verpflichtet wird, der seinerseits Kollegen einlädt – nicht nur zu Lesungen, sondern auch zu Kabarett- und Musikabenden und einer Ausstellung. Im Frühjahr gibt es auf Initiative der Buchhändler die Reihe „Buchseiten/Buchzeiten".

Auch die oft „Social Beat" und „Poetry Slam" genannte Literatur von jüngeren Leuten abseits des etablierten Literaturbetriebes hat in Wiesbaden inzwischen ihren festen Ort: Unter dem Motto „Where the wilde words are" trifft man sich in der Räucherkammer des Schlachthofes.

Mit der 2009 frisch renovierten Villa Clementine in der Wilhelmstraße hat Wiesbaden ein Literaturhaus, das an Schönheit und Atmosphäre seinesgleichen sucht. Um neue Technik und ein Café in der Beletage bereichert, steht es als Ort der literarischen Kommunikation den ganzen Tag über zur Verfügung und lockt mit Veranstaltungen wie dem „Literatur-Aperitif" und der „Lesung in der Mittagspause" die Besucher/innen. Jährlich findet der „Krimiherbst" statt, mehrmals wurde bisher der FrauenKrimiPreis verliehen. Die „Poetik-Dozentur" dient der Förderung junger Autoren. Alle literarischen Veranstaltungen in Wiesbaden werden im Gemeinschaftsprogramm „Lesezeichen" bekannt gemacht.

Eine Einrichtung von überregionaler Bedeutung ist das Frauenmuseum in der Wörthstraße mit Wechselausstellungen zu Frauenthemen. Mit regionaler Geschichte befasst sich neben dem Hessischen Hauptstaatsarchiv und dem Stadtarchiv das Aktive Museum Spiegelgasse (AMS) für deutsch-jüdische Geschichte, das in der Spiegelgasse 11 über Ausstellungsräume verfügt und im Stadtbild mit ideenreichen Installationen präsent ist.

Seit 2001 gibt es ein Projektbüro Stadtmuseum. Es hat die Aufgabe ein Stadtmuseum in einem Neubau an der Wilhelmstraße vorzubereiten und thematisiert in einem Programm von Vorträgen, Stadtführungen, Sammlungsinitiativen und Ausstellungen die Stadtgeschichte.

Festzuhalten bleibt, dass sich im kulturellen Leben seit den 1970er Jahren viele Initiativen von Einzelpersonen, freien Gruppen und aus der Bürgerschaft heraus neu etablieren konnten, die seit 1985 von der Stadt regelmäßig finanziell gefördert werden. Außerdem bekommt, wie es scheint, eine nach der anderen den Kulturpreis der Stadt Wiesbaden. Eine gewisse Neigung zu Insider-Zirkeln, das Fehlen an Mit- oder Gegeneinander, an Kommunikation und kritischer Neugierde konnte jedoch in den letzten Jahren mehr und mehr aufgebrochen werden, wobei auch die vielfältigen Initiativen der seit Herbst 1999 mit kurzer Unterbrechung amtierenden Kulturdezernentin Rita Thies zu „mehr Begegnungen verschiedener Milieus" langsam ihre Früchte tragen.

Wolfgang Jung

Einst bunte Exotik in einer alltagsfernen Märchenwelt

Ein Spaziergang zu den Heilpflanzen des Kurparks

Irmelin Dörnfeld

Ausgangs- und Endpunkt: Kurparkeingang Paulinenstraße
Buslinien 1, 8 und 16, Haltestelle
Kurhaus/Theater

Den Kurpark betreten wir von der Paulinenstraße aus durch ein gusseisernes Tor. Das kleine Wärterhäuschen ist umgeben von Eiben. Wir dürfen eintreten. Das Wärterhäuschen ist nicht mehr besetzt. Der Eintritt ist frei. Das war nicht immer so.
Das 1810 eingeweihte Kurhaus von Baumeister Christian Zais war bewusst außerhalb der Stadt im Grünen errichtet worden und von Anfang an eingebettet in eine Gartenlandschaft. Während die repräsentative, der Stadt zugewandte Seite der Kuranlagen als architektonischer Garten geplant wurde, gestaltete man die Rückseite als „englischen Garten", d. h. als romantischen Landschaftspark, der südliche oder gar paradiesische Assoziationen weckte. So empfand auch Goethe bei seinem Kuraufenthalt in Wiesbaden, er fühlte sich nach Schiras, der Heimat des persischen Dichters Hafis, versetzt. (Siehe Goethe als Kurgast in Wiesbaden, S. 132) Im Interesse ungestörter exotischer Impressionen musste den Bürgerinnen und Bürgern von Wiesbaden allerdings erst mal per Verordnung abgewöhnt werden Singvögel zu fangen und im Kurparkweiher zu waschen, zu fischen und zu baden. Gerbereien, Ziegeleien und Wäschebleichereien wurden aus dem Gartengebiet verlegt, die Anlagen durften nicht mehr in Arbeitskleidung betreten und das Vieh nicht mehr durch den Kurraum getrieben werden. Fuhrwerke mussten den Kurbezirk fortan umfahren. Landschaftsgärtner legten Wasserläufe, Wege und Brücken an, pflanzten edle Bäume, Sträucher und Blumen, stellten Bänke und Pavillons auf. Im Kurführer von 1842 ist die Rede von bunten Blumenbeeten „freundlichen Gebüschen, verschlungenen Gängen mit einladenden Ruheplätzen und künstlichen Felsen", von Katalpabäumen und Kugelakazien. Der Park ist eine Augenlust bunter Exotik geworden. (B. Fuhs)
Der Kurpark wurde 1838 erweitert und 1852 völlig umgestaltet. Der Landschaftsgarten als solcher hatte seinen Reiz verloren, die Ansprüche der Kurgäste an Zerstreuung und Unter-

Nizzaplätzchen, Säulenrest aus dem Portikus des alten Kurhauses

haltung waren gestiegen. Im Weiher wurden 1855 künstliche Halbinseln und die heute noch bestehende Fontäne angelegt. Diese Tendenz zum Ausbau des Kurparks unter dem Gesichtspunkt der Freizeitgestaltung und Vergnügung der Kurgäste verstärkte sich mit der Schließung der Spielbank 1872. Zwei Steingrotten entstanden am Weiher, der mit Goldfischen, schwarzen und weißen Schwänen und vielerlei fremdländischen Enten und Schwimmvögeln besetzt wurde. Um 1877 standen für den Kurgarten jährlich allein 24 000 Goldmark zur Verfügung. „1884 wurde das Musikzelt durch einen festen Pavillon ergänzt. Musikalische Unterhaltung, Exotik, Abwechslung und technische Spielerei – wie die Fontäne und ein künstlicher Wasserfall – inmitten einer alltagsfernen Märchenwelt waren zu ‚Sensationen' des Kurparks geworden." (B. Fuhs) Der Kurgarten, mittlerweile ausgestattet mit künstlichen Grotten, Kinderspielplatz und Hirschpark diente als Raum für Gartenfeste, Kinderfeste, Zaubersoiréen und Militärkonzerte. Besondere Bedeutung wurde der Beleuchtung beigemessen, die den märchenhaften, theatralischen Effekt des Gartens erhöhte. 1875 wurden 21 Kandelaber angeschafft, die mit 224 Flammen den Garten fast taghell erleuchteten. Darüber hinaus gab es zu besonderen Gelegenheiten bengalische Beleuchtung und Feuerwerke.

Dies alles stand jedoch nur den betuchten Kurgästen zur Verfügung. In den 1870er Jahren wurde der Kurgarten unter Protesten aus der Bevölkerung mit Eisengittern versehen. Von nun an konnten nur noch die Besitzer einer teuren Kurkarte den Garten betreten.

Eintritt bezahlen musste man bis in die 1970er Jahre, wenn zweimal in der Woche Kurkonzerte stattfanden. Die wurden irgendwann mangels Interesse eingestellt. Heute bemühen sich die Kurbetriebe und die Kurhausgastronomie den Kurgarten bei schönem Wetter volkstümlich zu bewirtschaften, wozu auch im Sommer ein Stand des städtischen Weinguts beiträgt. In Anbetracht der hohen Preise ist aber v. a. Familien mit Kindern eher zum Picknick zu raten.

Blick auf den Weiher

Seit Sommer 2001 gibt es ein „Parkpflegewerk", erarbeitet auf Initiative des Landesamtes für Denkmalschutz, das auch als Leitfaden für eine verträgliche Nutzung und Entwicklung des Kurparks dient. Die Zeiten der „Happy Familiy"-Veranstaltungen verschiedener Lebensmittelkonzerne mit über 100 000 Besuchern sind demnach zum Glück vorbei. Einer vielfältigeren, dabei die historische Substanz und die Vegetation schonende öffentliche Nutzung des Kurparks steht nichts entgegen, da sind jetzt gute Ideen gefragt ...

Wir sind nun im Kurpark auf der Suche nach Heilpflanzen. Die Bepflanzung des Kurparkes ist außergewöhnlich, ja exotisch. Wir finden Pflanzen und Bäume aus vielen Ländern und anderen Erdteilen, die dank des milden Klimas in Wiesbaden und der relativ hohen Bodenwärme gut gedeihen. Doch wo kommen die Pflanzen her und welche Bedeutung haben sie dort, wo sie herkommen?

Festliche Illumination im Kurpark um 1910

Rechts am Nizza-Plätzchen, mit dem Rest des Architravs und zwei ionischen Säulen aus dem Portikus des alten Kurhauses von 1810 und der Büste des russischen Dichters Dostojewski, stehen mächtige Blutbuchen, die man von weitem schon erkennen kann an ihrem dunkelroten Laub, das sich im Herbst orangerot färbt, bevor es abfällt. Sie sind eine Sonderform der heimischen Buche, die wir in Wiesbadens Wäldern so häufig finden. Die Früchte des Baumes – Bucheckern – sind schwach giftig, das in Kriegszeiten aus ihnen gewonnene Speiseöl ist jedoch ungiftig. Früher verwendete man Buchenholzteer in der Volksheilkunde gegen Rheuma und Hauterkrankungen.

Wechselflor am Nizzasplätzchen

Hier, am Nizza-Plätzchen, sehen wir das erste Blumenbeet mit Wechselflor. Wechselflor bedeutet dreimal im Jahr eine neue Bepflanzung mit einjährig gezogenen, nicht winterharten Blütenpflanzen. Weitere Beete dieser Art gibt es auf dem begehbaren Hügel, der sich an das Plätzchen anschließt. Unter ihm lag früher der Eiskeller der Wiesbadener Metzger, der nach 1810 von der Kursaal-Gastronomie übernommen wurde.

Wir sehen als festen Bestandteil innerhalb des Blumenbeetes klein geschnittenen Buchs. Der immergrüne Buchs ist eine traditionelle Pflanze der Volksmedizin, da es sich dabei aber um eine Giftpflanze handelt, sei vor Experimenten jeglicher Art dringend abzuraten. Heute wird Buchs medizinisch innerlich nur noch in homöopathischen Dosen gegen Rheuma verabreicht. Im Frühling stehen dort auch Zuchtformen der Tulpen, Narzissen, Hyazinthen und andere Zwiebelgewächse.

Die Wildformen der Hyazinthen kamen, wie der botanische Name (Hyacintus orientalis) uns sagt, aus Südeuropa und dem Orient. Sie gelten als Boten des Frühlingsauferstehungsgottes Hyakinthos, der auf Kreta, Rhodos, in Sparta und Mykene verehrt wurde. Im Mythos ist er ein homosexueller Liebhaber von Apoll. Die Priesterinnen der Artemis, die Hyakinthiden, standen den archaischen Riten zu Ehren des Blumengottes vor. Die Blumen sind auch ein Phallussymbol.

Kurhausterrasse, Jugendstilmotiv, mittlerweile verglast

Auch die verschiedenen im Frühling blühenden Narzissen sind Boten eines Frühlingsauferstehungsgottes, des griechischen Blumengottes Narziss, der starb, während er im Teich der Nymphe Echo sein Spiegelbild betrachtete. Wie diese jugendlichen Götter sterben und jedes Jahr wiedergeboren werden, so geht es auch mit den nach ihnen benannten Blumen: Nur eine kurze Zeit der Blüte, danach ziehen sie sich völlig ins Erdreich zurück – im nächsten Jahr sind sie wieder da.

Wenden wir uns beim Blick auf die Erde jetzt den Wildpflanzen zu: Im Frühling sind es zuerst die kleinen Duftveilchen, Symbol des Verborgenen, stiller Bescheidenheit. Athen, die Stadt der Athena, war die „Veilchenbekränzte". Im alten Griechenland legte man Veilchengärten an, trug Veilchenkränze zu Festen, so dass man, wie Homer beklagte, darüber die Olivenhaine ganz vergaß. In der germanischen Mythologie war das Veilchen Thor, dem Gott es Donners und der Vegetation geweiht. Auch sie war, wie andere Frühlingsblüher, die Wunderblume, die zu verborgenen Schätzen führt, die Glück und Segen bringt.

Veilchenblüten sind essbar, lassen sich zu Tee oder purpurfarbenem Sirup verarbeiten, der früher als Hustenmittel für Kinder eine Bedeutung hatte. Die Duftstoffe in den Blüten haben eine nervenberuhigende Wirkung. Der Wurzelstock ist ein mildes schleimlösendes und auswurfförderndes Mittel bei Bronchialkartarrhen. Ziehen sich die Veilchen nach der Blüte in Bescheidenheit zurück, kommt das Gänseblümchen: Es gehört zu den fleißigsten Blühern unserer Vegetationszonen. Sobald die Schneedecke wegschmilzt, ist es da. Es stört sich nicht daran, wenn Menschen drüberlaufen, die Blütenstängel sind biegsam und brechen nicht. Sie enthalten unter anderem einiges an Vitamin C, Kieselsäure und Blüten wie Blätter eigen sich hervorragend zur Frühjahrskur. In Essig eingelegt lassen sich die Knospen wie Kapern in der Küche verwenden. Vor einer Ernte im Kurpark soll allerdings – wegen der Verschmutzung durch Menschen und Abgase – wie bei allen dort wachsenden Pflanzen gewarnt werden, sie verdienen es jedoch, einen liebevollen Blick von uns zu erhaschen. Gänseblümchen heißen so, weil sie von den Gänsen, die früher von kleinen Mädchen gehütet wurden, verschmäht werden und sich deshalb auf den Gänseangern gut ausbreiten konnten. Die kleinen Gänsemägde banden sich – wenn die Zeit dies zuließ –, Kränze aus diesen Blüten und fragten das Gänseblümchenorakel nach ihren Zukunftsaussichten „er liebt mich, er liebt mich nicht, er liebt mich ..." Botanisch heißen diese zarten kleinen Kraftstrotzenden „Bellis perennis". Bellis, die Schöne, und der Artname „perennis" deutet darauf hin, dass sie mehrjährig ist, immer wieder kommt – also die „Immerschöne".

Gänseblümchen

Links der Kurparkweiher – eingefasst mit verschiedenartigem dornigen Gestrüpp, darunter die im April karmesinrot blühende Zierquitte, ein Rosengewächs, auch Scheinquitte genannt. Die erste Scheinquitte kam 1796 aus China nach Europa, die eng mit ihr verwandte Japanische Scheinquitte wurde 1874 von einem Engländer eingeführt. Der botanische Name „Chenomeles" kommt aus dem Griechischen und wird abgeleitet aus chainein, d. h. klaffen und meles, d. h. Apfel. Beginnen nach der Blüte die Früchte zu wachsen, zuerst grün, im reifen Zustand leuchtend gelb, sieht man die etwas seltsame rundliche Form. Fast ohne Stiel kleben sie am Zweig, wodurch das „Klaffen" entsteht. Der Name Scheinquitte rührt von der Ähnlichkeit mit den am Baum wachsenden Birnen und der Apfelquitte her. Die Früchte lassen sich zu Likör und Konfitüre verarbeiten. In rohem Zustand enthalten sie weit mehr Vitamin C als ein Apfel oder eine Apfelsine. Im Gegensatz zu diesen Früchten sind sie roh jedoch zu sauer und zu hart, und daher ungenießbar.

Scheinquitte

Zwischen den gelb blühenden gelbholzigen und später mit schwärzlichen Früchten behangenen Mahonien wächst eine Sumpfzypresse – Taxodium distichum –, deren Heimat Florida und das Mississippigebiet ist. Die Art gelangte 1640 nach Europa und wird seit geraumer Zeit als Parkbaum in Europa gepflanzt.

Zwei Robinien haben sich vermutlich selbst ausgesät. Im Frühjahr erkennt man sie an ihren zahlreichen stark duftenden weißen Blüten, die später verwelkt durch die Luft wirbeln und sich am Boden sammeln. Die Robinie ist ein Baum mit hellen herabhängenden gefiederten langen Blättern, im Volksmund „Akazie" genannt. Ihre Heimat ist Nordamerika. 1640 wurde

sie durch den französischen Botaniker Jean Robin eingeführt. Wegen des guten Holzes und dem schnellen Wachstum ist sie ein sehr geschätzter Forstbaum. Er breitet sich durch Samen in der Landschaft stark aus und gilt daher auch als Problempflanze, da andere Bäume dem Konkurrenzdruck der Robinie nicht gewachsen sind.
Die Blüten sind essbar. Sie enthalten ein ätherisches wohlriechendes Öl, das sich als Würze für Süßspeisen eignet.
Die Rinde – vor allem die junge Rinde der Zweige – enthält giftige Eiweißstoffe, Gerbstoff und Harz. Sie wird heute in der Homöopathie verwendet bei zuviel Magensäure, Migräne und Gesichtsneuralgien.
Weiter des Weges, auf der rechten Seite steht der erste noch ganz junge Ginkgo-Baum. Der Stammdurchmesser in 1 m Höhe beträgt 10 Zentimeter, die Höhe des Baumes etwa 6 Meter. Wie jung mag er sein, seit wann steht er da? Nach der Befestigung mit Seilen zu urteilen, ist er noch nicht fest eingewachsen.

Ginkgoblätter

Der Ginkgo-Baum ist eine botanische Besonderheit. In Baumschulkatalogen als Nadelgehölz aufgeführt, zählt er doch zu einer ganz eigenen botanischen Ordnung: die Ordnung der Ginkgoales, deren einzige Familie die Familie der Ginkgoaceae ist, einzige Gattung dieser einzigen Familie wiederum die Gattung Ginkgo und dort die einzige Art: Ginkgo biloba. Das war jedoch nicht immer so. Erste Ginkgo-Arten sind aus der Zeit von vor 300 Millionen Jahren nachgewiesen. Aus Versteinerungen sind heute etwa 300 Arten aus der Familie der Ginkgo-Baum-Gewächse bekannt, deren Fundorte über die ganze Welt verstreut sind.
Sehen wir uns den Baum von weitem an, lässt uns sein Habitus eher einen Nadelbaum vermuten, doch er trägt Blätter und keine Nadeln. Wirklich? Es könnte auch der Übergang zwischen Nadel- und Laubbaum sein: Einzelne Nadeln zusammengewachsen bilden ein Blatt. Dieses eine Blatt ist wiederum in der Mitte gegabelt, daher der Artname „biloba“ (zweilappig). Er gibt immer neue Rätsel auf. Weil Goethe während eines Kuraufenthaltes in Wiesbaden 1815, bei dem er den Aufenthalt im Kurpark besonders genoss, zumindest Teile des West-Östlichen Divan schuf, hier sein „Gingo Biloba“ genanntes Gedicht aus dem „Buch Suleika“:

Dieses Baumes Blatt, der von Osten
Meinem Garten anvertraut
Gibt geheimen Sinn zu kosten
Wie‘s den Wissenden erbaut.

Ist es ein lebendig Wesen,
Das sich in sich selbst getrennt
Sind es zwei die sich erlesen,
Daß man sie als eines kennt.

Solche Frage zu erwiedern,
Fand ich wohl den rechten Sinn,
Fühlst du nicht an meinen Liedern,
daß ich eins und doppelt bin.

Unser heute kultivierter Ginkgo kommt aus China und wird erst seit 1730 in Europa angepflanzt. Wegen seiner besonderen Winterhärte und seiner Unempfindlichkeit gegenüber Stadtluft und Abgasen lief er in den 1980er Jahren in Gefahr, zum Standardbaum städtischer Bepflanzung zu werden. Dazu ist er jedoch zu prächtig und zu vornehm. Vielleicht hat auch das langsame Wachstum ihn vor diesem Schicksal bewahrt und so nehmen weiterhin die geliebten Platanen diesen Platz ein.

Ginkgos sind zweihäusig, d. h. es gibt männliche und weibliche Bäume. Weibliche Bäume bilden im Alter von 30 Jahren die ersten Früchte (Silberaprikosen, gin, d. h. Silber, kyo, d. h. Aprikose). Deren Kerne schmecken gut, sie können verwendet werden wie Pistazien, aber der Fruchtmantel riecht in reifem Zustand nach Milchsäure, das heißt, es stinkt meterweit und im Laufe des Zersetzungsprozesses wird der Gestank immer schlimmer. Daher findet man im Handel meist nur über Steckhölzer vermehrte männliche Pflanzen. Schade eigentlich. Die Inhaltsstoffe des Blattes wirken vor allem auf das Gehirn und die Beine durchblutungsfördernd. In China gilt er schon seit alters her als Heilpflanze gegen Husten und Tuberkulose, vermutlich wegen seiner antibakteriellen Wirkung. Er war dort auch ein heiliger Baum und wurde als Kultbaum in Klöstern und Tempeln angepflanzt.

Daneben steht ein alter Bergahorn, ein Vertreter der heimischen Baumflora. In früheren Zeiten wurde er wegen des hellen Holzes auch Weiß-Baum genannt. Er galt als heiterer Baum wegen des „lustigen Schattens“. Hildegard von Bingen empfahl gekochte beblätterte Ahornzweige gegen Fieber. Im Mittelalter wurde er verwendet gegen hitzige Geschwüre, geschwollene Augen, bei Gerstenkorn, Fieber und Entzündungen.

Ahorn ist weltweit mit 42 Arten vertreten, bei uns werden 11 Arten in den Baumschulen angeboten.

Weiter des Weges auf der linken Seite steht ein japanischer Fächerahorn, der mit prächtigen Rhododendren unterpflanzt ist. Die meisten bei uns angesiedelten immergrünen Rhododendron-Arten kommt aus China. Der Name bedeutet „Rosenbaum“. In der klassischen Homöopathie wird Rhododendron heute unter anderem gegen Rheuma angewendet. Wenden wir uns wieder dem Rasen zu: Breitwegerich zählt wie das Gänseblümchen und alle anderen auf Rasen vorkommenden Pflanzen zu den sog. Trittgesellschaften:Er ist ein enger Verwandter des etwas weiter im Innern der Rasenfläche zu findenden Spitzwegerich. Die zarten jungen Blätter beider Arten eignen sich im Frühjahr feingeschnitten als Zugabe im Salat. Der ausgepresste Pflanzensaft oder Aufguss als Tee ist ein altbewährtes Hausmittel gegen Erkältungskrankheiten.

Die von Mai bis September blau-lila blühende kleine Braunelle schlängelt sich hier oberirdisch durch den Rasen. Sie wurde früher in der Volksheilkunde bei Magen- und Darmerkrankungen verwendet, das frische Kraut auch als Wundheilmittel. Auch hier wieder das zarte Gänseblümchen ...

Kastanien

Wir kommen zu einer Gruppe mit vier alten, dicken und hohen Bäumen. Es sind Rosskastanien. Rosskastanien, weil ihre Früchte denen der Esskastanie ähneln, und türkische Rossknechte sie den Pferden gaben, um sie wieder auf Trab zu bringen. Das natürliche Vorkommen der weißblühenden Rosskastanie ist Südeuropa und Westasien. Bei uns wird der Baum in der Landschaft wegen der Kastanien als Schweine- und Wildfutter angebaut. Er ist ein typischer Zier- und Straßenbaum, der Schattenspender Bayerischer Biergärten.

Das erste Exemplar der Rosskastanie soll 1576 aus Konstantinopel nach Wien gebracht worden sein. Stärkste Verbreitung fand sie in Mitteleuropa durch Ludwig XIV., der nicht nur die Menschen, sondern auch die Natur zu Untertanen machen wollte und alle Bäume in geometrische Formen schneiden ließ. Rosskastanien vertragen diesen harten Rückschnitt zunächst besonders gut, jedoch wird ihre Lebensdauer dadurch verkürzt. Die rotblühende Rosskastanie kommt aus Kalifornien, die ursprüngliche indigene Bevölkerung nutzte deren Früchte als Nahrung – sie hatten eine Methode gefunden, die stark vorhandenen Bitterstoffe aus der Frucht herauszuziehen. „Unsere“ Wiesbadener Rosskastanien blühen rosa. Sie entstammen einer Kreuzung aus beiden Arten. In den letzten Jahren sind sie stark von einem Schädling befallen. Die Knospen werden heute vorzugsweise von unseren Wiesbadener Papageien verspeist. Blüten der Rosskastanie sind in der Volksheilkunde ein Mittel gegen Gicht und Rheuma und als Tee getrunken helfen sie gegen Husten. Extrakte aus Frucht und Rinden werden in der Medizin gegen Krampfadern eingesetzt, ebenso gegen Prellungen, Frostschäden und bei Durchblutungsstörungen. Einen farblichen Kontrast bilden die verschiedenen Blutpflaumen, Blütenkirschen oder auch (fälschlicherweise) Mandelbäumchen genannten rot- bis schwarzrot beblätterten niedrigen Bäume (bis 5 m Höhe). Sie sind, wie der Name schon sagt, enge Verwandte unserer Kirschen und Pflaumen, im Frühjahr übervoll mit rosa und weißen, meist gefüllten Blüten. Die an einigen Exemplaren reifenden unscheinbaren dunkelroten Früchte sind essbar. Weshalb tarnen sie sich nur? In der freien Natur ergäbe so eine Tarnung keinen Sinn. Es handelt sich um typische Vertreter der durch menschliche Züchtung entstandenen Ziergehölze, die in der freien Natur nicht vorkommen.

Auf der rechten Seite des Weges steht die Büste des legendären Kurdirektors Ferdinand Hey'l (1830-1897) von dem Berliner Bildhauer Hugo Berwald. In der Nähe, an einem Querweg wieder ein Ginkgo. Ein schönes und stolzes Exemplar, mindestens 30 Jahre alt. Er trägt ein Schild mit der Bezeichnung „Mädchenhaarbaum". Wir finden in diesem Bereich Zierapfelbäume in verschiedenen Formen und Farben, deren Blüten im Frühling von weiß über zartrosa bis dunkelpink das Auge erfreuen und deren im Herbst reife Früchte im Puppenstubenformat essbar sind und wie ihre größeren Brüder den Vögeln als Nahrung dienen.

Denkmal Ferdinand Hey'l

Das 1905 enthüllte Denkmal für den Kunsthistoriker und Schriftsteller Gustav Freytag (1816-1895), der seit seinem 60. Lebensjahr die Wintermonate in Wiesbaden verbrachte, schließlich ganz hierherzog und hier auch starb, ist umgeben von Eiben und Efeu.

Ein lauschiges Plätzchen mit weißen Bänken lädt zum Verweilen ein, doch es ist auch ein wenig düster durch das dunkle Grün der Eiben und das ebenso dunkle Grün des Efeus gegenüber. Beide Pflanzen haben lange Traditionen in der Verwendung als heilende, aber auch als tötende Pflanzen.

Die Eibe ist seit 150 Mio. Jahren in Mitteleuropa heimisch, sie ist äußerst schnittverträglich. Sie lässt sich in die seltsamsten Formen schneiden, ohne dass sie dies verübeln würde. Ihr botanischer Name lautet „Taxus baccatá" – „baccatá" bedeutet beerentragend und dies ist eine Besonderheit dieses Baumes aus der Ordnung der Nadelholzgewächse. Der rote Fruchtmantel der nach 15 bis 30 Jahren zum erstenmal auftretenden Früchte schmeckt sehr süß. Er ist der einzige nicht giftige Bestandteil der Pflanze. Vor ihrem Verzehr sei dennoch gewarnt, denn beißt man versehentlich auf den Kern, kann dies gefährlich werden. Das Wort „toxisch", d. h. giftig, ist abgeleitet von „Taxus".

Die Eibe trägt also in ihrem botanischen Namen den Hinweis auf ihre Giftigkeit. In der griechischen Mythologie war sie den Rachegöttinen geweiht, die Frevel mit Eibengift bestraften. Nicht nur Artemis, die griechische Göttin der Jagd und der Fruchtbarkeit, trug Eibengiftpfeile bei sich, auch die Kelten tränkten ihre Pfleile mit Eibenblätterabsud.

Eibensud und Eibenholz dienten schon in den Frühzeiten der Menschheit als Waffen: Das Eibenholz ist dunkelrot, und, da es so langsam wächst, auch von besonderer Härte und Festigkeit. Die Pfeile und Bögen der Steinzeitmenschen waren oft aus Eibenholz hergestellt. Der Baum des Todes ist jedoch auch ein Baum des Lebens: 1963 fanden amerikanische Wissenschaftler in der Eibe das Paclitaxel. Diese Substanz hemmt das Wachstum bestimmter Krebszellen. Das daraus hergestellte Medikament trägt den Namen Taxol und ist heute in fast allen europäischen Ländern zur Krebsbekämpfung zugelassen. Verwendung findet der Baum auch in der Homöopathie bei Hautausschlägen, Gicht und Rheuma.

Gustav-Freytag-Denkmal, Detail

Der Efeu ist wie alle immergrünen Pflanzen Symbol für das ewige Leben, Geburt, Tod und Wiedergeburt. Er ist die klassische Pflanze des Dionysos, des Gottes des Weines. Efeu,- Myrthen-, Rosen- und Lorbeerkränze wurden in der Antike gegen Trunkenheit getragen. Denselben Efeu, der sich in Festesfreude um die Stirne schlang, benutzten die Griechen und Römer als Grabespflanze, ein Memento mori, das bei heiterstem Beginnen ernste Gedanken anregen sollte.

Besonders giftig an dieser Pflanze sind die Früchte, ihre Reifung beginnt im Spätherbst und geht über den Winter, bis im Frühling die Schwarzen Beeren an Dolden glänzen. Ihr Verzehr ruft Erbrechen und Durchfall hervor. Bei Kindern sind sogar Todesfälle bekannt geworden. Der schwarze Saft des Efeus wurde früher häufig als Mittel zur Schwarzfärbung der Haare verwendet. Efeublätter haben schleimlösende und besonders auf die Bronchien krampflösende Wirkung. In der Volksheilkunde wurde er auch äußerlich bei parasitären Hauterkrankungen und gegen Rheuma genutzt.

Nach einer Rast auf den weißen Steinbänken unter dem Denkmal können wir den Rückweg antreten: Wir gehen an der Amerikanischen Roteiche vorbei. Sie unterscheidet sich von unseren heimischen Eichen durch ihr großes Blatt und im Herbst leuchten die dunkelrot gefärbten Blätter besonders schön.

Etwas weiter des Weges steht eine besondere Form der heimischen Eiche, die Pyramidensäuleneiche. Über Eichen ist schon viel geschrieben worden und so sei hier nur darauf hingewiesen, dass die Früchte, die Eicheln schon seit alters her ein wichtiges Futter vor allem für Schweine darstellen. Eichen wurden deshalb oft auf Weiden gepflanzt. Aus den gerösteten Früchten lässt sich ein Kaffeersatz herstellen. Eichenrinde erhält viel Gerbstoff, dessen adstringierende Wirkung in der Volksheilkunde vor allem äußerlich gegen Hauterkrankungen genutzt wird.

Zierkirsche

Auf der linken Seite die neue gestaltete Weiherbrücke, die zu einem kleinen Inselchen führt. Am Ufer leuchten uns einige Birken entgegen. Weil sie mit ihrem hellen Blatt und der weißen Rinde ein Symbol des Frühlings und des Frohsinns darstellen, werden schon seit uralten Zeiten bei vielen Festen des Frühlings Birkenzweige zum Schmücken der Straßen, Häuser und Räume benutzt. Ebenso alt ist die Verwendung der Birke in der Heilkunde gegen Gicht, bei Nieren- und Steinleiden sowie zur allgemein stärkenden Frühjahrskur: Die jungen Blätter können im Frühjahr zu Tee verarbeitet werden oder ganz frisch gepflückt dem Salat beigegeben werden.

Lassen wir den Blick wieder nach rechts schweifen, erblicken wir ein stattliches Exemplar des Tulpenbaumes. Liriodendron tulipifera heißt auf deutsch etwa der tulpentragende Lilienbaum – nicht zu verwechseln mit den ihm verwandten Magnolien, die im Volksmund wegen ihrer tulpenähnlichen Blüten oft so genannt werden. Das auffallende am Tulpenbaum ist neben dem schlanken hohen Wuchs und den schönen Blüten vor allem das eckige Blatt, das dem Profil einer Tulpenblüte ähnelt. Die unserem Klima angepassten Tulpenbäume kommen aus Amerika, sie erreichen dort eine Höhe von bis zu 35 Metern, einen Durchmesser von 2-3 Metern und blühen erst nach 20 Jahren. Die imposante ebenfalls tulpenähnliche Blüte erscheint im Juni, im Herbst beeindrucken die zapfenartigen Früchte. Auch dieser Baum ist eine heilende Pflanze: Die inneren Rindenschichten werden in der Medizin als Herzmittel eingesetzt.

Tulpenbaum

Am Ende des Rundganges sei uns eine Einkehr im Biergarten vergönnt. Im Sommer – zur richtigen Tageszeit und wenn wir Glück haben – können wir auch am Weinstand einen Tropfen des guten Neroberg-Rieslings vom stadteigenen Wiesbadener Weingut zu uns nehmen.

Ganz egal ob Wein, Apfelsaft oder Bier, denken wir daran, dass aller Geschmack in den Getränken von den Pflanzen kommt.

Die Rosen blühen vollkommen ... – Goethe als Kurgast in Wiesbaden

Vor dem Portikus des Hessischen Landesmuseums thront er ruhig und stolz in Jupiterpose aus Riesengebirgsgranit geschlagen: Johann Wolfgang von Goethe, der mit seinen zweimaligen Kuraufenthalten in den Jahren 1814 und 1815 der aufstrebenden nassauischen Residenzstadt Glanz verlieh. Immerhin geht auch die Gründung eines Museums auf die Anregung des honorigen Kurgastes zurück. Als Grundstock empfahl der kenntnisreiche, selbst sammelnde Dichterfürst des Freiherrn Johann Isaak von Gernings bedeutende Privatsammlung, mit der tatsächlich 1821 das Museum im gerade vollendeten Erbprinzenpalais eingerichtet wurde.

Was die Kurpläne anbelangte, war Goethe zunächst unsicher, ob er die seit langem vorgesehene Reise nach Wiesbaden antreten sollte. Doch die politische Lage hatte sich am Ende der Befreiungskriege im Oktober 1813 mit der Niederlage Napoleons in der Völkerschlacht bei Leipzig verändert und allmählich kehrten überschaubare politische Verhältnisse ein.

So festigte sich der Entschluss, nach Westen, in die Rhein- und Maingegenden zu reisen und der Landschaft seiner Kindheit und Jugend wieder zu begegnen.

Der längst als Dichterfürst verehrte alternde Geheimrat hatte sich von allen Staatsgeschäften losgesagt und befand sich in einer Lebenskrise. Er litt an Gicht, Rheuma, Nierensteinen mit zeitweise schweren Koliken. Mit fast 65 Jahren fühlte er sich als Greis, war wohlbeleibt, plagte sich mit Gallensteinen, Bluthochdruck und hatte kaum noch Zähne im Mund. So zeigten sich die Folgen des übermäßigen Weingenusses und die Lust an deftigen Speisen.

Da er jedoch zu den genialen Naturen zählte, glaubte er an eine zweite Verjüngung und begann während der Reise schwungvoll ein poetisches Tagebuch:

So sollst du, muntrer Greis, / Dich nicht betrüben. / Sind gleich die Haare weiß, / Doch wirst Du lieben.

Unterwegs überraschte ihn ein heftiges Gewitter, das mit der Überschrift All-Leben poetisch festgehalten wurde: *Wenn jetzt alle Donner rollen / Und der ganze Himmel leuchtet / wird der wilde Staub des Windes / Nach dem Boden hingefeuchtet / Und sogleich entspringt ein Leben / Schwillt ein heilig heimlich Wirken / Und es grunelt und es grünet / in den irdischen Bezirken.*

Fünf Tage sollte die Reise von Weimar nach Wiesbaden dauern. Die eigene geschlossene Kutsche, jenes Fahrhäuschen, das bis heute im Schuppen des Weimarer Goethehauses steht, war sein Reisegefährt. Damit legte er etwa 80 km pro Tag zurück und erreichte schließlich Wiesbaden am 29. Juli 1814. Dort wurde er von seinem Freund, dem Berliner Maurermeister und Komponisten Friedrich Zelter, bereits im Gasthof Zum weißen Adler erwartet. Den Gasthof gibt es längst nicht mehr, doch die Quellen speisen heute die Kaiser-Friedrich-Therme. Von diesem erstklassigen, doch sehr heißen Quartier wechselte der illustre Kurgast nach wenigen Tagen in das zwar kleinere, aber angenehmere Haus Zum Bären in der Langgasse, das als ruhiges Badhaus galt. Noch heute können Badegäste im gleichnamigen Hotel die gleiche Quelle nutzen, in der bereits Goethe badete, wenn auch Gebäude und Einrichtungen am Drei-Lilien-Platz nicht mehr aus jener Zeit stammen.

„Erste Einrichtung ... Gedichte an Hafis abgeschrieben. Mit Zelter spazieren. Nächste Umgebung, Boskett, Kursaal, Frühstück, Table d'hôte ... Mit Zelten spazieren. Steinbruch, Stadtmauer, Schützenhof, Kirchhof, Wolzogens Grab, Alte Mauer. Für mich. Abends Zelter, Hafis. Leidlich warm." Flüchtige Notizen der ersten Tage, die im Tagebuch verzeichnet sind. Zufrieden mit allem schrieb er an seine Frau Christiane: *„Zuwörderst also wirst Du abermals gerühmt, mein liebes Kind, dass Du mich in diese Gegend zu gehen bewogen. Erde, Himmel und Menschen sind anders, alles hat einen heitern Charakter und wird mir täglich wohltätiger. Die Verhältnisse eines Badegastes sind mir nun auch schon deutlicher. Ich habe ein sauberes, kühles Quartier bezogen, speise auf dem Zimmer und lebe nach meiner Weise. Unter den hiesigen Angestellten und Geschäftsleuten gibt es bedeutende Männer, ich habe schon mehrere kennengelernt. Oberbergrat Cramer besitzt ein trefflich Mineralien Kabinett, das mich schon viele Abende beschäftigt. Das Schwalbacher Wasser, zusammen mit dem hiesigen Baden bekommt mir sehr wohl und so geht ein Tag nach dem andern hin, vergnüglich heilsam und nützlich ..."*

Für die Trinkkur benutzte man das mineralienreiche Schwalbacher Wasser, im Zusammenwirken mit der Badekur im stark kochsalzhaltigen Wiesbadener Wasser. Erst seit etwa 1820 fanden die heißen Quellen auch für die Trinkkur mehr und mehr Befürworter. Während des 26 Tage dauernden Kuraufenthaltes nahm Goethe 22 Bäder. In seinem geordneten Tageslauf gehörte er morgens zu den ersten, um frisch ein-

gefülltes und nicht nachgeschüttetes Heilwasser benutzen zu können. Abends schätzte er einen Aufguss aus Bilsenkraut, der ihm „ergötzliche Träume" schenkte.
Geregelte Arbeitsperioden gliederten die weiteren Stunden des Tages, in denen die ersten Gedichte an Hafis entstanden. So nannte er zunächst die später als *West-östlicher Divan* bekannte Sammlung, deren Entstehung eng mit dem Wiesbadener Kuraufenthalt verbunden ist. Eines der schönsten Gedichte entstand am 31. Juli und wurde in das erste Verzeichnis, das sog. Wiesbadener Register aufgenommen. Später nannte er es im Buch des Sängers *„Selige Sehnsucht"*:

> Sag es niemand, nur den Weisen,
> Weil die Menge gleich verhöhnet,
> Das Lebend'ge will ich preisen
> das nach Flammentod sich sehnet.

In der Suche nach einem höheren Sein, Selbstaufgabe in der Liebe und Altersweisheit als poetische Gleichnisse, klingt die letzte Strophe dieses Gedichtes aus:

> Und so lang du das nicht hast,
> Dieses: Stirb und werde!
> Bist du nur ein trüber Gast
> Auf der dunklen Erde.

Herr von Gerning, Jurist und Kenner vieler Sprachen, berühmter Sammler und Verfasser der Heilquellen am Taunus und anderer Rheinbücher, die mit Kupfern von Schütz zu den schönsten und berühmtesten Reiseschilderungen der damaligen Zeit gehören, bemühte sich um den im Zenit seines Ruhmes Stehenden. Gerning verhalf dem Sammler Goethe schließlich auch zu einem kostbaren Alabastergefäß, das aus dem säkularisierten Kloster Eibingen stammte. Dabei soll es sich der Legende nach um eines jener Gefäße gehandelt haben, in denen Christus anlässlich der Hochzeit zu Kanaa Wasser in Wein verwandelt hat. Es befindet sich noch heute im Goethehaus in Weimar.
Schließlich kam es am 4. August im Wiesbadener Kurhaus zur ersten Begegnung mit der Demoiselle Marianne Jung, die wenig später die Frau seines Frankfurter Freundes Johann Jakob von Willemer wurde und als späte Liebe und als *Suleika* im *West-östlichen Divan* als kongenialer dichterischer Widerpart in die Literaturgeschichte eingehen sollte.
Sonntags war der berühmte Kurgast bei Herzog Friedrich August im Biebricher Schloss zur Tafel geladen: „*... die Herrschaften sehr gnädig und freundlich. Der Gesellschaftssaal, eine Galerie, man sieht an einer Seite den Rhein, an der andern den Lustgarten. Es ist völlig ein Märchen.*
Der runde Speisesaal tritt etwas vor die Linie des Gebäudes. Die Herzogin, neben der ich saß, sitzt gerade so, dass man durchs offene Fenster den herunterfließenden Rhein vor einen See halten kann, an dessen jenseitigem Ufer Mainz liegt (...) Der Tag war sehr schön. Allerlei gute Bissen wurden genossen. Artischocken, sodann zum Nachtisch frische Mandeln, Maulbeeren und dergleichen, das ich in vielen Jahren nicht geschmeckt. Nach der Tafel besah man den Park und eine artig angelegte Ritterburg. Von dem Altan ist die Aussicht sehr schön. Die Vegetation im Garten und Park sehr lebhaft." Das Schloss liegt noch immer majestätisch über dem Strom, die Aussicht und Umgebung jedoch nicht mehr „so völlig ein Märchen" wie es der Dichter beschrieb.
Neben Ausflügen nach Mainz und in den Rheingau erkundete Goethe gern die nähere und weitere Umgebung der Kurstadt.
Zu seinem besonders bevorzugten Ausflugsort gehörte das ehemalige Landwirtschaftsgut Hof Geisberg, in dem sich seit 1797 eine Gastwirtschaft mit Tanz befand. Gern sprach er auch hier dem Weingenuss zu. Dabei entstanden Gedichte für das Schenkenbuch. So soll ihn der unwirsche Kellner zu den Gedichtzeilen: „*Wer mir Wein bringt sieh mich freundlich an, sonst trübt sich der Eilffer im Glase ...*" angeregt haben.
Anlässlich seines 65. Geburtstags am 28. August verzichtete Goethe auf eine große Feier, doch seine Freunde gratulierten bei einem morgendlichen Déjeuner im Kursaal und überreichten ihm Geschenke, die auch aus dem Rheingau überbracht wurden: „*Frau Antonia Brentano-Birkenstock hatte früh von Winkel 10 Flaschen des echtesten Weines gesandt. Schlosser (Goethes Schwager) überbrachte gleichfalls frühe eine ungeheure Schachtel mit Artischocken, Früchten und Blumen. Ferner habe ich von Damen zwei Blumentöpfe mit hohen Sträußen erhalten, das alles diente zum Zierrat wie zum Genuss ...*"
Mittags hingegen war der Geheimrat als Freund der Regierenden im Biebricher Schloss, im vertrauten Kreis der herzoglichen Familie eingeladen und „*die wahrhaft wohlwollenden Herrschaften wünschten mir Glück*", berichtete er nach Weimar. Am Abend beschloss eine kleine Herrengesellschaft den Geburtstag mit dem Brentano-Wein, der die Freunde erfreute, und alles endigte zum Besten.

In heiterer Stimmung entstanden weitere Zeilen für den *West-östlichen Divan*:

Solang man nüchtern ist
Gefällt das Schlechte,
Wie man getrunken hat
Weiß man das Rechte;
Nur ist das Übermaß
Auch gleich zu Handen;
Hafis! O lehre mich
Wie du's verstanden.

Doch am nächsten Tag ist im Tagebuch knapp und doch vielsagend notiert: *„Nicht wohl. – Im Bette geblieben. – Mittag für mich. – Zeitig zu Bette."* So hatte der Herr Geheimrat einen Kater auszukurieren. Wie er sich überhaupt beim Weingenuss, trotz aller gesundheitlicher Beschwerden, kaum zurückhielt. In Weimar gehörte es zu seiner Gewohnheit, bereits zum Frühstück ein Glas Madeira zu trinken, mittags stand dort sowieso ein Liter Wein nur für Goethe auf dem Tisch. Zum Abschluss der Tafel bevorzugte er noch ein Gläschen Dessertwein. Und die Weinbestellungen aus dem Goethehaus waren, selbst unter Berücksichtigung zahlreicher Gäste, enorm, betrugen sie doch im Jahr 1816 immerhin noch 900 Liter.

Als während des hiesigen Kuraufenthaltes Goethe einige Tage bei den Brentanos in Winkel verbrachte, staunte Antonia Brentano über den hohen Weinkonsum ihres Gastes. In der literarischen Nachlese *Das Rochusfest zu Bingen* gibt er zudem mit Ironie die lebhafte Schilderung eines Wallfahrers über die sinnenfrohe Fastenpredigt eines Weihbischofs wieder, der darin den Weingenuss in „höchsten Maßen" pries. Sie gilt bis heute als literarische Rechtfertigung unter den Lobpreisungen des Weines.

Am 8. September kam Goethe von Winkel zurück nach Wiesbaden, nahm am nächsten Tag ein Bad und wanderte noch einmal zu den Kalksteinbrüchen im Mühltal um Mineralien zu sammeln.

Der erste Wiesbadener Kuraufenthalt endete am 11. September 1814. Nicht der Euphrat, sondern der Rhein sollte nun zur Landschaft seiner Dichtung West-östlicher Divan werden.

Napoleons Flucht von der Insel Elba Ende Februar 1815 beunruhigte Europa sehr. So konnte sich Goethe zunächst nicht entschließen erneut von Weimar aus westlich zu reisen. Doch das zunehmende Rheuma- und Gichtleiden sowie der Gedanke an den Erfolg der letztjährigen Wiesbadener Kur führten schließlich zu dem Entschluss, erneut in die Rheingegenden zu reisen. So traf der nicht nur Genesung, sondern vor allem allgemeine Verjüngung Suchende am 27. Mai 1815 in Wiesbaden ein, um im vertrauten Gasthof Zum Bären Quartier zu beziehen. Seiner Gewohnheit entsprechend, zunächst eine Anhöhe der bereisten Orte aufzusuchen, kam der Geheimrat sogleich in Wiesbaden nach. Den weiten Blick in die Rheinebene genießend, schrieb er begeistert an seine Frau: *„Wenn man von der Höhe über Wiesbaden den Rhein sieht, von Oppenheim herab bei Mainz vorbeifließen und wie er dann gegen Ellfeld die große Aue in sich fasst und weiter hinab die Reihe von Ortschaften, der Johannisberg und bis Bingen die Landschaft erscheint – so weiß man doch, warum man Augen hat. Dies zu erfahren war mir sehr nötig."*

Der nächste Brief folgte nach wenigen Tagen: *„Nun bin ich so ziemlich eingerichtet, ich wohne allerliebst, aber theuer, esse gut und wohlfeil ... Morgens nach köstlichem Schwalbacher Wasser, bade ich in dem heilsamen Wiesbade; das alles bekommt mir recht gut, und ich kann dabei thätig sein."*

Beim Anblick des Kurparks geriet der Dichter ins Schwärmen: *„Die Rosen blühen vollkommen, die Nachtigallen singen, wie man nur wünscht, und so ist es keine Kunst, sich nach Schiras zu versetzen. Und so sind die Tage der Reise und des hiesigen Aufenthaltes froh und nützlich zugebracht."* In Erinnerung an Marianne Willemer entstand das Gedicht *An Suleika*:

Dir mit Wohlgeruch zu kosen,
Deine Freuden zu erhöhn,
Knospend müssen tausend Rosen
Erst in Gluten untergehn ...

Neben den regelmäßigen Kuranwendungen, bei denen es Goethe auf 21 Bäder bringt, verkürzten wiederum Ausflüge die Zeit: sie führten über den Rhein nach Mainz, zur Platte und zum Kloster Klarenthal. Er kehrte dort in der geschichtsträchtigen Nonnenmühle ein. Dort fiel seine Aufmerksamkeit auf Katharina, die Tochter des Müllers Reinhard. Das kraftvolle und fröhliche junge Mädchen erinnerte ihn an die Gestalt der Dorothea, die er 16 Jahre zuvor in seinem Epos *Hermann und Dorothea* geschaffen hatte. Immer wieder führte ihn der Weg zum Geisberg.

Auch jetzt mangelte es nicht an gutem Essen und Weingenuss, wenn er darüber am 17. Juni 1815 berichtete: *„Mein Speisewirth nährt mich zwar nicht köstlich, dabey ist aber angenehm, dass sie einem zubereiten was man ihnen schickt. Brentanos haben mich von Frankfurt aus mit Artischocken* *versehen, heute sind große Krebse gekauft worden, von welchen das Stück etwas über 3 Kreuzer kostet. An Confect und getrockneten Früchten zum Nachtisch, nicht weniger an Chokolade lassen es die Freunde auch nicht fehlen. Rothen und weißen Wein ließen sie mir gleichfalls zurück. Ferner habe ich einen Petit-Burgunder verschrieben, die Bouteille einen leichten Gulden, (...) ein sehr angenehmer trinkbarer Wein. Auf einem nahen Lustorte, der Geisberg genannt, findet sich treffliches Pökelfleisch, von welchem mir der freundliche Wirth manchmal ein Stück herein sendet. Denkt Ihr nun noch gutes Brot und Brezeln dazu, so seht Ihr ein, dass mir von dieser Seite nichts abgeht.*"

Zu einer Landpartie nach Frauenstein begleitete ihn die junge Philippine Lade, die Schwester des Hofapothekers Johann August Lade, die Anlagen zum theatralischen Spiel besaß und deren schauspielerisches und zeichnerisches Talent Goethe bemerkte. Nach einem ländlichen Mahl im Nürnberger Hof kam es zu einem legendär gewordenen Fehltritt des 66-Jährigen, als dieser der 17-Jährigen in einem steilen Weinberg hinterher eilen wollte, den Abhang hinabzustürzen drohte und ohne fremde Hilfe nicht mehr auf die Beine kam. Und alles nur, weil er die unterwegs angefertigte Zeichnung seiner jungen Begleiterin wohlmeinend kritisierte.

Der Goethestein, ein Obelisk, der an den Dichter als Geologen erinnert (siehe S. 214), wurde 1932 oberhalb des Nürnberger Hofes bei Frauenstein errichtet. Das Denkmal stellt symbolisch Goethes Lebensgesetz dar, das er sich als 30-Jähriger gegeben hatte: „... *Diese Begierde, die Pyramide meines Daseins, deren Basis mir angegeben und gegründet ist, so hoch als möglich in die Luft zu spitzen, überwiegt alles andere.*"

Wie im Jahr zuvor suchte er gern die anregende Gesellschaft des Bibliothekars Bernhard Hundeshagen. Viele Stunden verbrachte er in der „*Öffentlichen Bibliothek zum Gebrauch der Staatsbeamten des Herzogtums Nassau*", die sich damals noch am Markt befand. Das Universalgenie benutzte u.a. *Taveniers Six voyages qu'il a fait en Turquie et en Perse*, Schreibers Taschenbuch für Reisende am Rhein sowie die Faszikel des Göttinger Gelehrten Anzeigers, bewunderte den mit Miniaturen geschmückten, im Zweiten Weltkrieg verlorengegangenen Codex der Hildegard von Bingen und andere mittelalterliche Handschriften.

Nach der Siegesmeldung über Napoleon in der Schlacht bei Waterloo feierte man in Wiesbaden am 16. Juli ein allgemeines Dankfest zu Ehren der verbündeten Heere und der ausgezeichneten Mitwirkung der herzoglichen Truppen bei Belle Alliance. Zur großen Mittagstafel im Biebricher Schloss, an der Goethe wie gewohnt teilnahm, war Erzherzog Carl von Österreich mit dem gesamten Generalstab der Festung Mainz geladen.

Am 1. August überreichte der kaiserlich-österreichische Gesandte Freiherr von Hügelder dem fürstlich-weimarischen Staatsdiener im Wiesbadener Kursaal den Leopoldi-Orden. Goethe wusste auch diese Ordensverleihung zu schätzen; „*denn ein Titel und ein Orden halten im Gedränge so manchen Puff ab*", kommentierte er die erneute Ehrung. 1808 hatte Napoleon, im Zenit seines Ruhmes stehend, in Weimar Goethe das Ritterkreuz der Ehrenlegion verliehen. Auch nach dessen Sturz trug er weiterhin diese Auszeichnung, ebenso wie den russischen St. Annenorden.

Am 11. August 1815 endete die zweite Wiesbadener Kur. Nicht nur durch die heilbringenden Bäder fühlte sich der alternde Geheimrat „*erfrischt und verjüngt und des Lebens Kräfte schlugen neu erquicklich*", wie er im Tagebuch vermerkt, sondern auch das erneute Zusammentreffen mit Marianne von Willemer und die leidenschaftliche Hinwendung zu ihr führt zur dichterischen Vollendung im West-östlichen Divan.

Doch bevor Goethe nach Frankfurt reiste, besuchte er in Begleitung des jungen Gelehrten und Sammlers Sulpiz Boisserée zum letzten Mal Mainz.

Die Beschreibung jener beiden letzten Sommeraufenthalte in Wiesbaden und am Rhein findet sich in Kunst und Altertum in den Rhein- und Mayn-Gegenden, einer Zeitschrift, die erstmals 1816 erschien und die nicht nur Beiträge über wissenschaftliche Kunstbewertung aller Epochen enthielt, sondern auch autobiografische Elemente als Lobpreisungen auf das Leben aufnahm. Hierzu gehört *Das Rochusfest zu Bingen*, diesem als Supplement folgend *Im Rheingau Herbsttage*. Als reifste Altersprosa gilt aber der 1819 erschienene *West-östliche Divan*, ein Buch der Liebe und zugleich der Entsagung, das bedeutendste literarische Ergebnis dieser Zeit.

Sechs Wochen nach dem Tod seiner Frau Christiane wollte Goethe am 20. Juli 1816 zu einem erneuten Kuraufenthalt nach Wiesbaden reisen, um sich an den hiesigen Quellen zu laben. Doch bereits kurz hinter Weimar brach die Achse der Kutsche. Unter diesem schlechten Vorzeichen war dem Geheimrat nun die Fahrt gen Westen verleidet. Er ließ umkehren und besuchte den Rhein niemals mehr.

Marlene Hübel

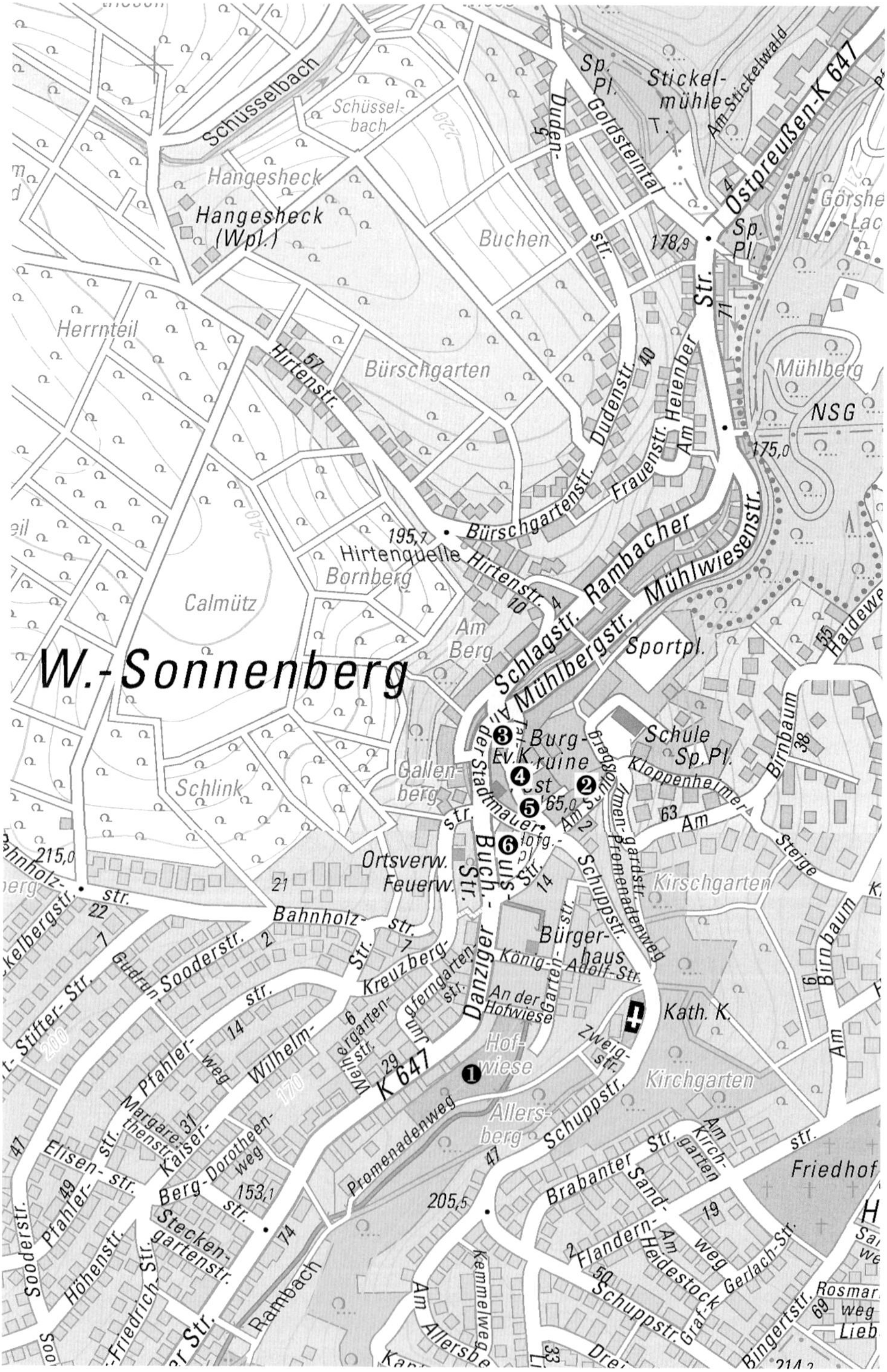
W.-Sonnenberg
Schüsselbach
Hangesheck
Hangesheck (Wpl.)
Herrnteil
Bürschgarten
Buchen
Calmütz
Bornberg
Schlink
Gallenberg
Am Berg
Hirtenquelle
Hirtenstr.
Bürschgartenstr.
Dudenstr.
Goldsteintal
Stickelmühle
Am Stickelwald
Ostpreußen-K 647
Sp. Pl.
Str.
Am Heienberg
Frauenstr.
Mühlberg
NSG
Rambacher Str.
Mühlwiesenstr.
Schlagstr.
Mühlbergstr.
Sportpl.
Burgruine
Ev. K.
An der Stadtmauer
Am Schloßberg
Schule
Sp. Pl.
Kloppenheimer Steige
Birnbaum
Am Birnbaum
Haideweg
Kirschgarten
Immengardstr.
Promenadenweg
Schuppstr.
Ortsverw.
Feuerw.
Buchwaldstr.
Danziger Str.
K 647
Bahnholzstr.
Kreuzbergstr.
Bürgerhaus
König-Adolf-Str.
Hofgartenstr.
An der Hofwiese
Hofwiese
Weingartenstr.
Zweigstr.
Kath. K.
Kirchgarten
Allersberg
Am Kirchgarten
Brabanter Str.
Sandweg
Friedhof
Flandernstr.
Am Heidestock
Graf-Gerlach-Str.
Bingertstr.
Rosmarinweg
Kemmelweg
Am Allersberg
Rambach
Sooderstr.
Gudrunstr.
Pfahlerweg
Wilhelm-Kaiser-Str.
Margarethenstr.
Elisenstr.
Berg-Dorotheenweg
Steckengartenstr.
Höhenstr.
Friedrich-Str.
Stifter-Str.
Bahnholzstr.
Kelbergstr.

Rundgang 8

Vom Burgflecken zum Stadtteil im Grünen

Sonnenberg

Walter Czysz

Ausgangspunkt: Kurparkeingang Paulinenstraße oder Haltestelle Tennelbachstraße der Linie 16
Endpunkt: Sonnenberg, Hofgartenplatz, Linie 16

Wer gut zu Fuß ist, sollte den Gang zum historischen Ortskern von Sonnenberg am Kurhaus in Wiesbaden beginnen. Den Weg durch den Kurpark nahmen schon im 19. Jahrhundert die Kurgäste, wenn sie über die Dietenmühle zur Burgruine mit anschließendem Besuch des beliebten Ausflugslokals „Nassauer Hof" spazierten. Wem dies zu weit ist, dem kann ein Einstieg bei der Haltestelle Tennelbachstraße empfohlen werden. Von hier sind es nur wenige Schritte bis zum Kurweg jenseits des Rambachs, an dem nach 500 m bei der Hofwiese der Rundweg durch Sonnenberg beginnt.

Jenseits des Kurparks (vgl. Rundgang 7) führt der Kurweg nach Sonnenberg über die nach einem Günstling Kaiser Wilhelms II. benannte Josef-von-Lauff-Straße. Dort liegt seit der Eröffnung des Kurwegs vor 175 Jahren ein schlichter Quarzitblock, der nur bei genauem Hinsehen als Wegweiser zu erkennen ist. Die eingemeißelten Zielorte „Dietenmühle, Wartthurm, Sonnenberg" sind durch Verwitterung schwer lesbar. Bemerkenswert der Hinweis auf den Bierstadter Wartthurm, der damals noch als historische Sehenswürdigkeit mit Gastronomie von Fremden besucht wurde. Ein weiterer Quarzitblock mit den Aufschriften „Cafe Dietenmühle" und „Sonnenberg" liegt jenseits der Fichtestraße. Rechts die Gartenfronten einiger zum Teil hervorragend renovierter Villen im Stil des Historismus an der Parkstraße. Ähnliche Villen leuchten durch das Grün der Gärten jenseits des Rambachs und des Chaisenwegs, auf dem um die Jahrhundertwende die Kutschen der Herrschaften zur Landpartie nach Sonnenberg rollten. Heute ist er ein Radweg und Auslaufstrecke für Hunde. Hinter der Blumenwiese, der ältesten Tennisanlage Wiesbadens, erinnert ein alleinstehender Torbogen an die nicht mehr erhaltene Dietenmühle, die viele berühmte Gäste der Kurstadt als Besucher erlebt hatte.

Torbogen Dietenmühle

❶ Hofwiese

Wir kommen auf diesem Weg nach Sonnenberg, das die Sonnenberger selbst „Summerich" nennen. Der Ort beginnt in Höhe des links herabkommenden Tennelbachtals. Ein historisches Entrée bildet rechter Hand das „Eichenwäldchen", das seit dem Mittelalter den steilen Abhang zum Rambach bedeckt. Nach ca. 500 Metern erreichen wir die **Hofwiese**, ausgestattet mit Spielgeräten und Bänken, ein netter Ruhe- und Picknickplatz, vor allem bei einem Ausflug nach Sonnenberg mit Kindern. Der Name weist auf das ehemalige Schulzsche Hofgut, das auch dem Hofgartenplatz im Zentrum Sonnenbergs seinen Namen gegeben hat.

Löwe am Spielplatz der Hofwiese

Wo der Promenadenweg zwischen Eichenwäldchen und Hofwiese den Rambach überquert, führt der Weg aufwärts zur katholischen Pfarrkirche Herz Jesu. Hier ist daran zu erinnern, dass Sonnenberg zur Grafschaft Nassau-Idstein-Wiesbaden, später Nassau-Usingen gehörte und daher seit der Reformation bis zum Ende des 18. Jahrhunderts rein evangelisch war. Katholiken kamen erst Anfang des 19. Jahrhunderts hierher. Nachdem bis 1888 die Zahl der Katholiken auf 300 angestiegen war (bei insgesamt 2000 Einwohnern, darunter etwa 50 Juden), begann die Gemeinde mit dem Bau der Kirche. Architekt war Jakob Fachinger aus Limburg. Geweiht wurde sie am 8. September 1890.

Katholische Kirche Herz Jesu

Kräftige Strebepfeiler gliedern, unterbrochen vom Querschiff mit steilem Giebel, das Mauerwerk der neugotischen Kirche, die aus Serizitgneis vom nahen Sonnenberger Steinbruch erbaut wurde. Der Chor mit Vierachtelschluss erhält Licht durch bemalte Maßwerkfenster. Den steil aufragenden, mit Schiefer gedeckten Turmhelm krönt ein vergoldeter Hahn, der Glockenstuhl trägt drei Glocken. Die Inneneinrichtung entspricht dem Standard der Jahrhundertwende. Durch maßvolle Dimensionen und harmonische Eingliederung in die Umgebung ist die Kirche neben dem Bergfried der Burg ein unübersehbares Wahrzeichen Sonnenbergs.

Ein Abstecher über den Friedhof mit der Heiligkreuzkapelle erfordert ungefähr eine Stunde. Er beginnt gegenüber der Katholischen Kirche, steigt nach einem rechtwinkligen Wegeknick als „Totenweg" an, auf dem früher die Trauerzüge unter Gebet und Gesang zur Heiligkreuzkapelle schritten, und führt zum Eingang des Friedhofs.

Weiter auf dem Promenadenweg erreichen wir nach überqueren der Schuppstraße, deren Name an den evangelischen Pfarrer und Heimatschriftsteller Ottokar Schupp (1872-1905)

Friedhof und Heiligkreuzkapelle in Sonnenberg

Sonnenberg erhielt erst 1553 einen eigenen Friedhof, als die Pesttoten auf den Kirchhöfen der für Sonnenberg zuständigen Pfarreien in Wiesbaden und Bierstadt zurückgewiesen wurden. Als Ort bot sich das Gelände um die 700 m vom Ortsmittelpunkt entfernt am Hang liegende Kapelle „Zum Heiligen Kreuz“ an. Niemand weiß, seit wann sie dort steht und wer sie erbaut hat.

Im Mittelalter stand dort wohl ein einfaches Holzkreuz, vor dem die Bauern beim Mittagsläuten und nach der Feldarbeit ein kurzes Gebet gesprochen haben, denn dicht beim Friedhof liegt die Flur „Heidestock“. Sie hat der hier vor wenigen Jahren errichteten Siedlung den Namen gegeben. Der Flurname verweist auf den sprachlich verstümmelten ursprünglichen Namen „Heiligenstock“. Später hat hier ein frommer Stifter eine Kapelle errichtet. Die heutige Ruine lässt eindeutig zwei Bauphasen erkennen: eine, die als vorgotisch anzusprechen ist, und eine gotische. Nach dem aus den Akten erschlossenen Kirchweihtermin hat sie bereits im frühen 14. Jahrhundert bestanden. Ursprünglich diente sie als Wallfahrtskapelle für die Einwohner der umliegenden Dörfer, die sie an besonderen Kirchenfesten aufgesucht haben. Seit der Anlage des Friedhofs wurden in ihr die Totengebete verrichtet. Als fünf Jahre nach Beginn des Dreißigjährigen Krieges die Pfarrkirche im Ort einzustürzen drohte und nicht instandgesetzt werden konnte, fand hier der Gottesdienst für die Gemeinde statt. Dieser Zustand währte bis 1685, als die Pfarrkirche baulich wieder hergerichtet war.

1731 beschlossen die Sonnenberger, die Kapelle abzureißen, um die Unterhaltskosten zu sparen. Als sie das Dach bereits entfernt hatten, stellte sich jedoch heraus, dass das Mauerwerk sehr stabil war und die Niederlegung teuer geworden wäre. So blieb das dachlose Mauerwerk stehen. In einer Gruft im Innern der Kapelle wurde 1766 der 86-jährige Pfarrer Johann Emmerich Poths neben seinem schon sieben Jahre vor ihm gestorbenen Sohn Dietrich, seit 1747 Pfarradjunkt seines Vaters, beigesetzt.

Heute ist die Kapelle eine romantische Ruine. Wuchernder Efeu und grünes Blattwerk benachbarter Bäume verdecken gnädig die Wunden.

Walter Czysz

---

erinnert, einen der schönsten Aussichtspunkte Sonnenbergs. Auf dieser landschaftlich einzigartigen Strecke plante in den autobesessenen 1960er und 1970er Jahren die Stadt die Irmengardstraße als bequeme Verbindung vom Prominentenviertel „Am Birnbaum“ zur Schuppstraße. Zugleich sollte damit die Abfahrt über den engen Schlossberg vermieden werden. Gegner dieser Lösung kritisierten den enormen Landschaftsverbrauch, der mit der in den Hang zu bauenden 180-Grad-Kurve zur Schuppstraße nötig wäre. Das Pro und Contra zum Bau dieser Straße ist ein Musterbeispiel für die von den wechselnden Mehrheiten im Wiesbadener Rathaus abhängige Stadtplanung.

Auf das obere Ende des Schlossbergs stößt die Straße „Am Birnbaum“. Der Name steht heute für ein in Zeiten des Wirtschaftswunders entstandenes luxuriöses Villenviertel, das in besonderem Maße für den Nimbus Sonnenbergs als „Nobelvorort“ sorgt. Dass einheimische Landwirte den von Kies und Schotter eines ehemaligen Flussbetts – einem Vorläufer des heutigen Mains – durchsetzten, nicht sehr fruchtbaren Boden anfangs für 50 Pfennige pro Quadratmeter verkauft haben, ärgert heute die Erben. Gegenwärtig muss man dafür, wenn er überhaupt verkäuflich ist, vierstellige Summen zahlen.

Siegel des Grafen Ruprecht von Nassau

Grabstein des Grafen Philipp v. Nassau-Idstein, genannt Jungherr, gest. 1506

geführten Fehden und Kriege „der Streitbare“ (lat.: bellicosus) genannt wurde. Er war ein Enkel König Adolfs und Sohn des Grafen Gerlach und seiner zweiten Gemahlin Irmengard, nach der die umstrittene Irmengardstraße (s. o.) benannt werden sollte.

Seit wann ist die Burg eine Ruine? Um die Burg wurde nach ihrer Blütezeit im 14. Jahrhundert nie gekämpft und sie wurde nie durch Kampf zerstört. Der letzte Nassauer, der in ihr wohnte und hier auch gestorben ist, war Graf Philipp der Jungherr (1558-1566). Da sie später keine strategische Bedeutung mehr hatte, ließen seine Nachfolger sie einfach verfallen. 1611 wurden sämtliche Bauhölzer, die für die Reparatur der undichten Dächer bereit lagen, über die Platte und den „Sonnenberger Weg“ (daher der alte Name) nach Wehen transportiert, um das dortige Schloss, das noch bewohnt war, zu reparieren. In Sonnenberg pfiffen Wind, Sturm und Regen unter die Dächer und durch die undichten Fenster. Den Rest erledigten plündernde Soldaten im Dreißigjährigen Krieg und 1672 brandenburgische Truppen, die beim Durchzug aus Wut gegen die Einwohner, die ihre Wertsachen und Lebensmittelvorräte nicht freiwillig herausgeben wollten, das ganze Dorf niederbrannten.

Gräfin Irmengard erwirkte 1351 bei König Karl IV. aus dem Hause Luxemburg für Sonnenberg Stadtrechte. Das damit verbundene Recht, den Ort zu befestigen, nutzte Graf Ruprecht, der Sonnenberg, Kloppenheim und Auringen als eigene Herrschaft Nassau-Sonnenberg besaß, zum Bau von Mauern und Türmen, die dem Ort zu einem besonderen, heute als malerisch empfundenen Flair verhelfen. Am besten erhalten ist der Turm des Wiesbadener Tors, der auch „Stümpert“ genannt wird. Er zeigt wie das Bierstadter Tor die offene Innenwand, die das Festsetzen eines eingedrungenen Feindes verhindern sollte. An seiner Rückseite befindet sich der 1507 errichtete Karzer, der bis ins 20. Jahrhundert zum Einsperren von Raufbolden und nächtlichen Ruhestörern diente.

❸ Stadtmauer

Die im Laufe der Jahrhunderte auf beiden Seiten weitgehend durch Häuser verbaute **Stadtmauer** besaß fünf Türme. Vom Rambacher Tor am Ende der Talstraße, dessen Spitzbogen wie der des Wiesbadener Tors auf die Erbauung im 14./15. Jahrhundert weist, ist nur der Torbogen erhalten. Typisch für den Wandel der Auffassung von erhaltenswerter historischer Bausubstanz ist der um 1900 ausgetragene Streit um Abriss und Erhalt der beiden Torbögen. Der Bürgerverein unterstützte die beschwerdeführenden Landwirte: „Die Durchfahrt an der sehr engen Straße ist durch die übergehenden Stützpfeiler der (Tor)Bogen durchaus beschwerlich und mit hochbeladenen

Schloss Sonnenberg um 1480, Rekonstruktion von R. Bonte

Erntewagen kaum möglich, so dass selbst sehr geschickte und tüchtige Fuhrleute an den genannten Stellen angefahren sind und genöthigt waren, die Frucht abzuladen, wodurch den Landwirthen großer Schaden durch Körnerverlust entstanden ist." Die Bauern selbst befinden: „Eine Zierde des Dorfes kann man die Bogen in der jetzigen Zeit auch nicht mehr nennen". Glücklicherweise entschied das Regierungspräsidium mit Schreiben vom 10. April 1901: „Die Genehmigung zur Niederlegung wird versagt, weil die Erhaltung solcher Baudenkmäler im historischen Interesse angezeigt erscheint."

Turm des Wiesbadener Tors mit Karzer, errichtet 1507

Mit der Talstraße betreten wir den historischen Kern Sonnenbergs. Er ist von der im 14./15. Jahrhundert errichteten Stadtmauer vollständig eingeschlossen. Die dichte Bebauung erlaubt weder einen Marktplatz (er lag bei der Linde vor dem Wiesbadener Tor) noch Grünflächen außer dem kleinen Rasen beim Kriegerdenkmal für die Gefallenen des Krieges 1870/71 neben der Kirche.

Anfangs rekrutierten sich die Einwohner Sonnenbergs aus Fronarbeitern und Handwerkern, die als Hörige der Grafenbrüder Heinrich II. und Ruprecht IV. zum Bau der Burg aus der Umgebung ihres Idsteiner Burgsitzes in das bis dahin unbewohnte Tal gebracht wurden. Später lockte der Schutz durch die festen Mauern und Türme immer mehr Menschen an. Es waren wiederum überwiegend Handlanger und Kleinhandwerker, die mit einfachen Arbeiten im Burgbereich und auf den Äckern, den Weinbergen und im Wald der Herrschaft beschäftigt wurden. Ihr Lohn bestand meist aus Grießsuppe, einem Käsebrot und einem Becher sauren Wein. Da es in Sonnenberg wegen der Enge des Tals nur wenig bebaubares Ackerland gab und dieses sich zu einem großen Teil im Besitz der Herrschaft und von ihr mit Lehnsgütern ausgestatteten Burgmannenfamilien befand, konnte sich ein örtlicher Bauernstand nicht entwickeln. Die Landwirte saßen noch bis ins 19. Jahrhundert überwiegend auf gepachtetem Land. Nur ganz wenige besaßen ein Pferdegespann, die übrigen ackerten mit Zugochsen und -kühen.

Diese Verhältnisse erklären die Kleinteiligkeit der Grundstücke. Sie fällt besonders auf, wenn man den Ort von den oberen Terrassen der Burg oder der Wehrplatte des Bergfrieds herab betrachtet. Die malerischen Winkel, in deren Herrichtung vor allem Besitzer kleinerer, in Fachwerkbauweise errichteter Anwesen viel Liebe und Arbeit investieren, verdecken nicht das Fehlen großzügiger fränkischer Hofanlagen, wie sie in einigen bäuerlichen Nachbarorten vorhanden sind.

❹ Talkirche

Sieht man von der einmaligen Lage im Grünen, umgeben von Hügeln, deren Hänge von einem Kranz gepflegter Villen und gehegter Gärten bedeckt sind, ab, beeindruckt Sonnenberg in erster Linie mit seiner Burg, einem für Wiesbaden einzigartigen Zeugnis mittelalterlicher Geschichte. Nicht übersehen werden darf daneben die evangelische **Talkirche**, der wir uns nun zuwenden. Sie liegt am Fuße des steil abfallenden Burgfelsens, der ein Stück weit in die Mauern des Chors hineinreicht. Die Namen Talkirche, Talschule und Talstraße beziehen sich auf die alte Bezeichnung „Im Tal" für den Ortsbezirk im Gegensatz zur Burg auf dem Berg.

Die Kirche wurde 1429 als „St. Marienaltar" von dem Burgmann Werner Hut von Sonnenberg auf seinem eigenen Grund erbaut, war also eine Eigenkirche. Er hat die kleine Kapelle mit einer ansehnlichen Stiftung bedacht, von deren Ertrag ein Altarist bezahlt wurde.

Zur Unterscheidung von älteren Burgmannenfamilien „von Sonnenberg", mit denen sie nicht verwandt waren, führte die Familie den erweiterten Namen „Hut von Sonnenberg", was sich nach Meinung von Historikern von der Burghut ableitet, die der Familie anvertraut war. Sie bewohnte ein festes Haus am unteren Zugang zur Burg und ist mit Dietrich Hut von Sonnenberg 1474 ausgestorben.

Durch Wiederheirat der Witwe gelangte das Patronat der Kapelle an die Familie von Nassau-Sporkenburg und Mitte des 16. Jahrhunderts an das durch Karl Reichsfreiherr vom und zum Stein berühmt gewordene Geschlecht vom und zum Stein. Die Familie war für Sonnenberg von besonderer Bedeutung, als sie, vor allem in der Zeit der Reformation, das wechselhafte Schicksal der Kapelle bestimmt hat.

Johann von Nassau-Sporkenburg öffnete sie 1529 erstmals für die bis dahin ausgeschlossenen Einwohner. Bis dahin musste, wer östlich der Talstraße wohnte, nach Bierstadt, die Bewohner der anderen Straßenseite nach Wiesbaden zur Kirche gehen. Da Sonnenberg zwei nassauische Herren hatte, der Weilburger Graf sich schon 1529 zum neuen Glauben bekannte, Graf Philipp von Nassau-Idstein aber bis 1540 in seiner Grafschaft katholische Messen lesen ließ, gab es in Sonnenberg ein Problem, das der Patronatsherr von Sporkenburg salomonisch löste: Er verfügte, dass in seiner Kapelle sonntags und an zwei Tagen der Woche die Messe gelesen und „des Sonntags dem Volk das Evangelium verkündet" werde –, was nichts anderes bedeutete als den Beginn des lutherischen Predigtgottesdienstes. Diese Zweigleisigkeit führte allerdings dazu, dass Sonnenberg erst 1609, als letzte Gemeinde der ganzen Grafschaft, eine eigene Pfarrei erhielt.

Wiesbadener Tor heute

Die Talkirche war durch unfachmännische Renovierungen und die totale Vernachlässigung im Dreißigjährigen Krieg fast zur Ruine geworden. 1685 wurde sie von Grund auf neu hergerichtet. Damals erhielt sie ihr heutiges Aussehen. Die irreguläre Anordnung der Fenster ist eine spätere Zutat. Man opferte die symmetrische Ordnung, als 1733 im Innern eine Empore eingebaut wurde und Pfarrstuhl, Herrenstuhl und der Pfarrer auf der damals noch seitlich angeordneten Kanzel nicht genug Licht bekamen. Die Jahreszahl 1535 auf dem gotischen Sandsteinrahmen des Eingangs bezieht sich auf einen Umbau oder eine Erweiterung der alten Kapelle von 1429. Der Türrahmen wurde in die Kirche von 1685 wieder eingebaut.

Idylle mit Fachwerk in der Talstraße

Das Innere kann man als schlichten „Bauernbarock" ansprechen, wie er aus vielen Dorfkirchen des Nassauer Landes bekannt ist. Die Empore ist noch die des Einbaus von 1733, Altarwand mit Kanzel stammen wie die heute noch gespielte Orgel aus dem Jahr 1883. Typisch für den Zeitgeschmack am Ende des 17. Jahrhunderts ist der barocke Turmaufbau von 1685. Bemerkenswert das Taufbecken mit der Jahreszahl 1711 und dem Wappen der Familie von Lindau, die Anfang des 18. Jahrhunderts Patronatsherr der Kirche war. Als die Kirche 1990-93 in großem Umfang renoviert wurde, stieß man unter dem heutigen Boden auf die Fundamente der Hut'schen Kapelle und auf eine gemauerte Gruft, in der das unversehrte Skelett der 1756 verstorbenen Pfarrersfrau Anna Catharina Poths gefunden und ungestört gelassen wurde; daneben das eingestürzte Grab ihrer zweijährig verstorbenen Enkelin.

❺ Talschule

Das Gebäude neben der Talkirche ist die **Talschule**. Sie steht am Platz des ältesten Schulhauses, das 1826 durch die zwei-

Schnitzereien am Haus An der Stadtmauer 15

geschossige Talschule ersetzt wurde. Später aufgestockt, diente sie bis zum Bau der Burgschule auf dem Berg 1904 ihrem eigentlichen Zweck. Sie wurde auch nach dem Zweiten Weltkrieg noch zur Entlastung der Konrad-Duden-Schule benutzt. Heute dienen die ehemaligen Klassenzimmer Sonnenberger Vereinen als Versammlungs- und Übungsräume.
Nach dem Verlassen der Talstraße durch das Rambacher Tor stoßen wir auf den (als solchen nicht mehr kenntlichen) alten Brunnenplatz, hinter dem die Sonnenberger Mühle lag. Nach den letzten Besitzern Bingelsmühle genannt, war sie bis 1929 als Dampfmühle in Betrieb. An sie erinnern die Mühlberg- und Mühlwiesenstraße. An deren Anfang zweigt links die Schlagstraße mit der Fortsetzung als Rambacher Straße ab. Hier befanden sich früher zwei Schmieden, die wegen der Feuergefahr am Ortsrand errichtet wurden.
Die Schlagstraße weist auf den Schlag(baum), eine Sperrschranke, die früher unterhalb des Forsthauses am Ortseingang stand. Hinter dem Schlag zog der Gemeindehirt mit den Schweinen über die „Hirtenstraße" in den Wald oder mit den Schafen zum Rabengrund, der im 19. Jh. zum Teil noch zur Sonnenberger Gemarkung gehört hat.
Die Enge der Rambacher und vorderen Danziger Straße sind eine Folge der Nassauischen Straßenbauverordnung, die aus Sparsamkeit keine größere Straßenbreite als 20 Fuß (knapp 7 Meter) zuließ. Es sind die ersten Straßen der seit 1820 erfolgten Ortserweiterung über den alten Ortskern hinaus. Breitere Straßen (Danziger Straße ab König-Adolf-Straße und Mühlwiesenstraße ab dem Standort der alten Mühle) sind in preußischer Zeit angelegt worden.
Vor 1800 war außerhalb des ummauerten Ortskerns nur die Außenseite der Stadtmauer und der Anfang der alten Wiesbadener Straße, heute Danziger Straße, bebaut. Hier ist das Fachwerkhaus „An der Stadtmauer" Nr. 15 mit geschnitzten und farbig bemalten Eckpfosten aus dem Jahr 1687 zu nennen, das vor Jahren nur mit Mühe vor der Spitzhacke gerettet werden konnte. Der Abriss von alten, angeblich unansehnlichen, aber auch von gut erhaltenen, nach Meinung von „Experten" jedoch störenden Häusern ist eine in engbebauten Ortschaften bis heute geübte Praxis. Als schändliches Beispiel ist hier die Niederlegung des Fachwerkhauses der Gaststätte „Zur deutschen Einheit" (womit die deutsche Einheit nach der Gründung des Kaiserreichs 1871 und nicht die zwischen Bundesrepublik und DDR gemeint war) zu nennen, die an der Schlagstraße dort stand, wo heute verwildertes Gebüsch zur Nachtzeit als Müllkippe missbraucht wird.

Hofgartenplatz um 1900

Anfang der 1970er Jahre besaß die Sicherstellung eines unbehinderten Autoverkehrs in engen Ortsdurchfahrten noch erste Priorität. In Sonnenberg war eine Überbrückung des Rambachs zwischen Schlagstraße und Mühlberg-/Mühlwiesenstraße geplant, um das zum Abbremsen zwingende Umfahren des an der Ecke der Mühlbergstraße um die Jahrhundertwende errichteten mächtigen Wohnhausblocks zu vermeiden. Der Straßenführung hinter diesem Wohnhausblock stand nur die „Deutsche Einheit“ im Weg. Nach langem Hin und Her in den städtischen Gremien machte ein Abrisskommando handstreichartig die beliebte Gaststätte platt. Kurz danach wurde der neue Straßenabschnitt aus der Planung gestrichen. Der Verlust des alten Fachwerkhauses war jedoch nicht mehr gutzumachen.

Der Streit um den dörflichen Charakter Sonnenbergs hat Tradition. Ein Beispiel ist der vorstehend genannte Wohnhausblock, der in der Tat nicht in das alte Sonnenberg passt. Dennoch wurde er, nach Meinung des Autors zu Recht, verschont, weil er inzwischen seit vier Generationen zum Ortsbild gehört. Nähme man ihn weg, würde das plötzliche Fehlen des markantesten Gebäudes im Ortszentrum eine Lücke hinterlassen, die von vielen Bürgern als Identitätsverlust für Sonnenberg empfunden würde.

Ein ähnliches Problem stellten vier Häuser am Rambach in der Mitte der Straße „An der Stadtmauer“ dar. Jahrzehntelang wurde debattiert. Da die aus dem Ende des 18. bis Mitte des 19. Jahrhunderts stammenden Häuser aus wohnhygienischen

Gründen nicht länger tolerierbar waren, wartete man die – inzwischen erfolgte – freiwillige Räumung der letzten Bewohner ab. Der Abriss ist nun im ersten Jahr des neuen Jahrtausends erfolgt. Jetzt können Bürgersteige verbreitert und am offenen Rambach eine kleine Grünanlage angelegt werden.

❻ Hofgartenplatz

Auf dem Rückweg entlang des hier noch offen fließenden Rambachs erreichen wir den **Hofgartenplatz**. Dieser Platz bietet noch einige Ansätze zu Betrachtungen über Wesensmerkmale eines Ortes, die nicht unerörtert bleiben dürfen. Wie schon früher erwähnt, hat er seinen Namen von dem Hofgut, das als Burgmannenlehen über die ebenfalls schon genannten Herren von Nassau-Sporkenburg, vom Stein und von Lindau 1728 von dem Reichshofrat Georg Wilhelm von Schulz käuflich erworben wurde. Die Hofgebäude lagen außerhalb des Ortes vor dem Wiesbadener Tor.

Brunnen, Sandsteinbalustrade im Hintergrund

Das Herrenhaus befand sich an der Stelle des Wohnhauses neben der Ortsverwaltung an der Louis-Buchelt-Straße (Buchelt war letzter Bürgermeister Sonnenbergs vor der Eingemeindung 1926) und diente in der ersten Hälfte des 20. Jahrhunderts als Rathaus. Es wurde am 2. Februar 1945 durch Bomben zerstört. An seiner Stelle steht heute ein Wohnhaus, dessen schlichte Architektur es als Nachkriegsbau „der ersten Stunde" ausweist. Die Sandstein-Balustrade in dem spitzen Winkel zur Kreuzbergstraße ist ein den Platz schmückendes Überbleibsel aus dem 18. Jahrhundert, als das Plätzchen ein Ziergarten des Herrenhauses mit einer in barockem Stil erbauten Orangerie war.

Der Hofgartenplatz diente als Obst- und Gemüsegarten des Hofguts und war bis 1900 von einer mannshohen Mauer umgeben. Zwischen der Mauer und der gegenüberliegenden Häuserreihe verlief die Straße nach Wiesbaden, die beim heutigen Lebensmittelmarkt – dem ehemaligen, 1824 erbauten Gasthaus „Nassauer Hof" – auf einer Brücke den Rambach überquerte und dann einen Knick machte. Die hier abzweigende Louis-Buchelt-Straße wurde erst ausgebaut, als die Stadtwerke in den 1930er Jahren den Omnibusbetrieb nach Rambach aufnahmen und dafür eine befestigte Durchgangsstraße brauchten.

Gleich das erste Haus an der Ecke Danziger Straße/Schuppstraße markiert eine der schlimmsten Bausünden. Wiederum lieferte die „Entschärfung" der vorher sehr engen Kurve zur Schuppstraße die Begründung, die alte „Krone", neben dem „Nassauer Hof" wohl die bedeutendste Gastwirtschaft Alt-Sonnenbergs, abzureißen und durch einen modernistischen Neubau zu ersetzten, der zwar zweckmäßig sein mag, von dessen

Hässlichkeit an diesem Platz sich jeder Besucher selbst überzeugen kann. Ein ähnliches Schicksal hätte fast auch den „Nassauer Hof" ereilt. Der rückwärtige Saalbau, in dem viele Generationen von Sonnenbergern und Gästen aus der Stadt getanzt und Feste gefeiert haben, stürzte während des Umbaus durch eine „Verkettung unglücklicher Umstände" ein. Das Haupthaus steht zwar noch, wenn auch seiner kunstvoll geätzten Schmuckfenster beraubt. Es ist jedoch seiner ursprünglichen Bestimmung entfremdet. Das durch einen vernachlässigten Gartenhof von ihm getrennte, im jetzigen Zustand nicht mehr ansehnliche Wohnhaus an der Ecke Danziger Straße/König Adolf-Straße, unter dem sich altes Fachwerk verbirgt, verdankt die vorläufige Schonung vor dem längst ins Auge gefassten Abriss der sogenannten Torsituation an der Einmündung der König-Adolf-Straße.

Über die Gestaltung des Hofgartenplatzes wurde und wird bis heute mehr diskutiert als über alle anderen Problempunkte Sonnenbergs. Ursprünglich außerhalb des alten Ortes gelegen, ist er durch den Ausbau der Danziger Straße und der beiderseits anschließenden Hanglagen bis zu den ersten Häusern der Innenstadt Ortsmittelpunkt geworden. In ihn münden die wichtigsten Straßen von „Neu-Sonnenberg", dessen Bewohner wegen der steilen Zufahrt zum überwiegenden Teil mit dem Auto kommen. Wo aber parken? Gleiches gilt für Besucher von außerhalb, die im Ortskern zu tun haben. Dafür ist keine andere Fläche Sonnenbergs geeignet als der Hofgartenplatz. Naturverbundene Sonnenberger wollen das nicht hinnehmen, da es nach ihrer Meinung unzumutbar ist, den Platz so zu missbrauchen. Einige von ihnen haben sogar den Plan noch nicht aufgegeben, den in ein unterirdisches Rohr verbannten Rambach entlang des Platzes wieder in einem offenen Bachbett fließen zu lassen. Am Ende des Rundgangs kann sich jeder Teilnehmer an der Preisfrage beteiligen, wie hier eine alle Seiten zufriedenstellende Lösung gefunden werden kann.

Walter Czysz' Ausführungen über den Hofgartenplatz sind noch immer aktuell. Nach der städtischen Planung (Stand: Juli 2009) soll der Rambach im Bereich des Hofgartenplatzes in einem offenen Kanal freigelegt werden, der dann aus Sicherheitsgründen aber gegen die Straße mit einer hohen Betonmauer begrenzt werden müsste. Mit einer breiten Terrassierung soll der Kanal vom Platz aus zugänglich gemacht werden. Über diese Planungen und ein tragfähiges Konzept für den fließenden sowie ruhenden Verkehr wird zur Zeit noch diskutiert.

Red.

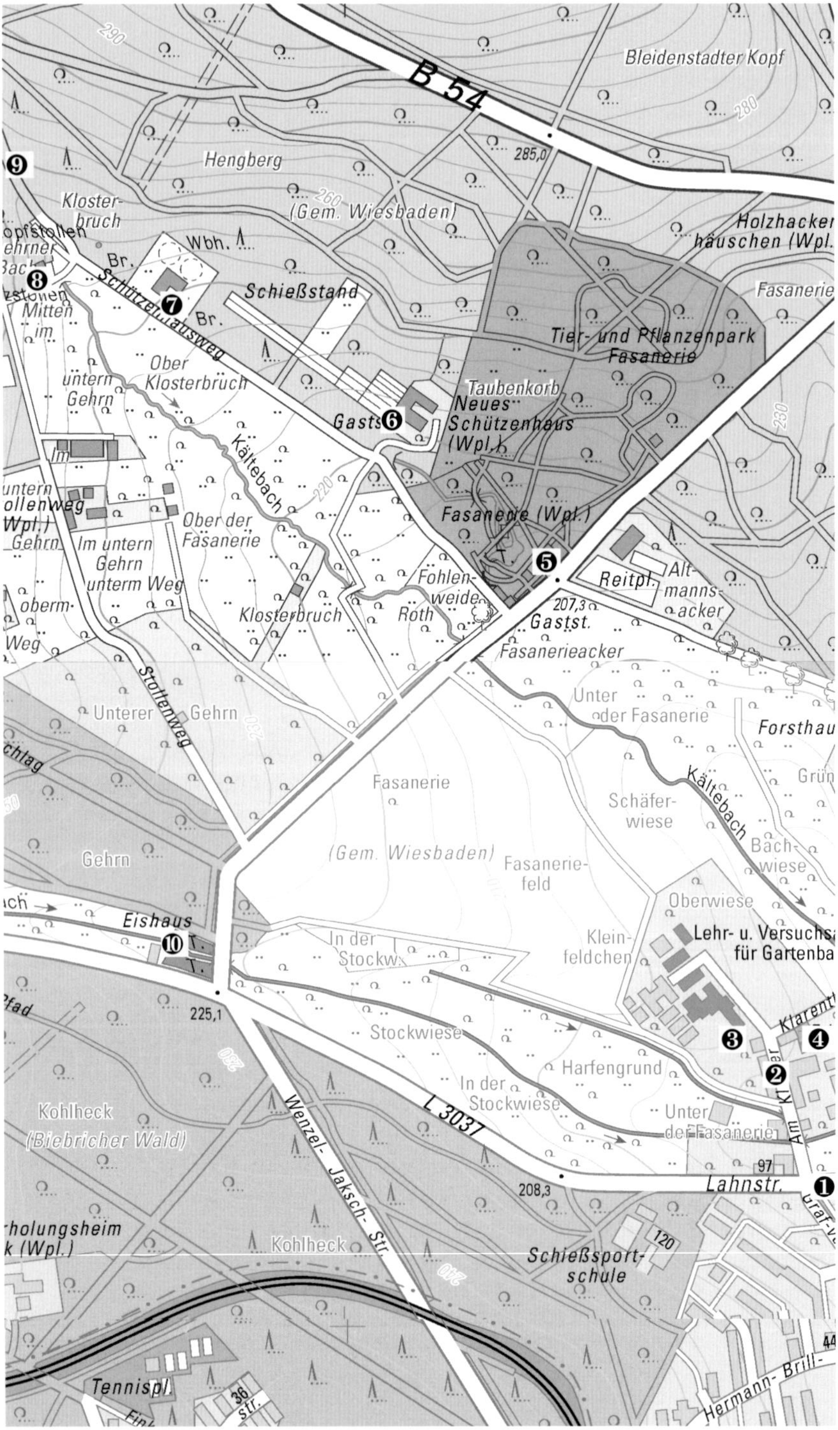
B 54
Bleidenstadter Kopf
Hengberg
(Gem. Wiesbaden)
285,0
Holzhacker-
häuschen (Wpl.
Kloster-
bruch
Wbh.
Br.
Schießstand
Schützenhausweg
Fasanerie
Tier- und Pflanzenpark
Fasanerie
Ober
Klosterbruch
Taubenkorb
Neues
Schützenhaus
(Wpl.)
Gasts.
Kältebach
Ober der
Fasanerie
Fasanerie (Wpl.)
Im untern
Gehrn
unterm Weg
Fohlen-
weide
Reitpl.
Alt-
manns-
acker
Klosterbruch
Roth
207,3
Gastst.
Fasanerieacker
Stollenweg
Unterer Gehrn
Unter
der Fasanerie
Forsthau
Fasanerie
Schäfer-
wiese
Gehrn
(Gem. Wiesbaden)
Fasanerie-
feld
Bach-
wiese
Oberwiese
Eishaus
In der
Stockw.
Klein-
feldchen
Lehr- u. Versuchsa
für Gartenba
225,1
Stockwiese
Harfengrund
In der
Stockwiese
Unter
der Fasanerie
Kohlheck
(Biebricher Wald)
Wenzel- Jaksch- Str.
L 3037
208,3
Lahnstr.
Kohlheck
Schießsport-
schule
Tennispl.
Hermann- Brill-

Wölfe, Bären und ein Dampf-Ross

Von Klarenthal zur Fasanerie

Klaus Kopp

Ausgangspunkt: Haltestelle Graf-von-Galen-Straße, Linien 14 und 17 oder Haltestelle Alt-Klarenthal, Linie 33 (ohne Siedlung Klarenthal)
Endpunkt: Haltestelle Graf-von-Galen-Straße, wie oben, oder Haltestellen Stollenweg bzw. Eishaus, Linie 33

Der Wiesbadener Stadtwald steht in engen Wechselbeziehungen zu der ihn mehr und mehr bedrängenden und zurückdrängenden Bebauung, die mit der Großsiedlung Klarenthal besonders drastisch vor Augen geführt wird. Stadtnaher Wald dient den Erholungsansprüchen der Stadtbewohner; Wander- und Reitwege führen hindurch, Tierpark Fasanerie und Schützenhaus sind Anziehungspunkte dieses Naherholungsgebietes. Der Wald hat aber auch erhöhte ökologische Bedeutung – für die Klimaverhältnisse der Großstadt ebenso wie für ihre Wasserversorgung. Anlagen der Trinkwasserversorgung (Leitungen, Pumpwerke, Sammelbehälter, Tiefstollen) werden deshalb durch weitläufige Wasserschutzgebiete vor schädlichen Einflüssen gesichert.

Eine eigenartige Bindungsfunktion zwischen Großsiedlung und Stadtwald nimmt Alt-Klarenthal ein. Ursprünglich ein weltabgewandtes Nonnenkloster weit vor den Toren des mittelalterlichen Wiesbadens erscheint es heute wie eine vorgeschobene Bastion des Stadtteils, der den Namen des Nonnenordens übernommen hat, und in seiner räumlichen Beschränktheit zugleich ein sichtbares Zeichen dafür, dass die ausufernde Siedlungstätigkeit vor den Waldtälern, die für das hochbelastete Wiesbadener Innenstadtklima so bedeutend sind, endgültig halt macht.

1960 erhielt Ernst May, in den 1920er Jahren Baudezernent der Stadt Frankfurt/M. und Anhänger des „neuen Bauens", den Planungsauftrag für eine Großsiedlung im Bereich Klarenthal. Für May bedeutete Städtebau Landschaftssteigerung, also Berücksichtigung der Topografie, Großzügigkeit des flächenmäßigen Zuschnitts und Einbeziehung von viel Grün. Andere sehen – besonders aus Richtung Innenstadt – eher die alles erdrückende Konzentration schier endloser Baumassen.

Klarenthal, Wohnungen für ca. 10 000 Menschen

Im Herbst 1964 erfolgte der erste Spatenstich für den Bau von insgesamt 5000 Wohnungen. Im Frühjahr 1966 konnten die ersten Mieter einziehen. Besonders für junge Familien mit eher bescheidenen Einkommensverhältnissen sollte in Klarenthal-Nord Platz geschaffen werden. Gemeinschaftseinrichtungen fehlten, Kirchen, Vereine und Parteien fassten erst nach und nach Fuß, so dass die Anfangsjahre geradezu zwangsläufig von sozialen Problemen belastet waren. Ein „heißes" Thema bot die zentrale Fernwärmeversorgung, die obligatorisch war und Häuser einbezog, deren Wärmedämmung eher auf die klimatischen Verhältnisse der Camargue ausgerichtet waren. Ensprechend hoch stiegen die Heizkosten, so dass die Mieter durch Protestaktionen neue Preisstaffeln erzwingen mussten. Die Klarenthaler sind heute noch stolz darauf, dass damit aus ihrer Mitte eine der frühesten „Bürgerinitiativen" der Bundesrepublik hervorgegangen ist.

1977 erreichte die Einwohnerzahl die 10 000er Grenze. Heute hat sich – auch nachdem die Sozialarbeit vor Ort intensiviert wurde – das Gemeinschaftsleben eingespielt; die Bevölkerungsstruktur entspricht weitgehend dem städtischen Durchschnitt – Klarenthal wird von seinen Bewohnern als „normal" empfunden.

Alle Straßen der Siedlung und die beiden Schulen – Carl-von Ossietzky-Schule und Geschwister-Scholl-Schule – tragen die Namen von Verfolgten und Widerstandskämpfern gegen das Nazi-Regime.

❶ Graf-von-Galen-Straße

Wer den Bus nach der Fahrt durch die Großsiedlung an der **Graf von-Galen-Straße** verlässt, wird unwillkürlich seinen Blick zu den vor ihm liegenden Taunuswäldem schweifen lassen, die sich bis auf die „Höhe", die alte Bezeichnung für den Mittelgebirgszug Taunus, erstrecken.

❷ Alt-Klarenthal

Nach dem Überqueren der Lahnstraße folgt **Alt-Klarenthal**, das nur aus einer einzigen Häuserzeile besteht und doch zu den geschichtsträchtigsten Plätzen Wiesbadens zählt.

Hier stiftete der deutsche König Adolf von Nassau (1292–1298) am 6.1.1298 ein Klarissenkloster, dessen Grundstein 1296 gelegt worden war.
Die nassauischen Grafen hatten, im Anschluss an das Interregnum, die „Reichsstadt“ Wiesbaden ihrem Herrschaftsbereich eingliedern können. 1255 teilten die Grafenbrüder Walram und Otto die Grafschaft: Aus der ottonischen (jüngeren) Linie ging das Haus Nassau-Oranien hervor, das heute noch in den Niederlanden regiert. Der walramischen Linie entstammten der einzige deutsche König aus dem Hause Nassau, vier Erzbischöfe von Mainz sowie die Herzöge von Nassau, die bis 1866 das Land mit der Hauptstadt Wiesbaden regierten und dann 1890 das Großherzogtum Luxemburg erbten, wo ihr Nachkomme, Großherzog Henri, noch heute amtiert. Eine Reihe von Klarenthaler Äbtissinnen und Nonnen entstammten dem nassauischen Grafenhaus, dem das Kloster bis zum Ende des 14. Jahrhunderts außerdem als Begräbnisstätte diente. Auch Königin Imagina, Adolfs Gemahlin, wurde 1318 hier beigesetzt, während König Adolf in der Speyerer Kaisergruft liegt. Imaginas Grabdenkmal ist heute verschollen.

Stifterbild, 1632 von Maler Dors wiedergegeben

Das stille Kloster am Fuße des Taunus hatte weder große geistliche Ausstrahlung noch bewahrte es herausragende künstlerische Zeugnisse. Auch die wirtschaftliche Ausstattung war eher bescheiden; schon bald nach der Gründung setzte der Niedergang ein. Andererseits haben sich weder Skandale noch Skandälchen überliefert. Der Alltag des knappen Dutzend Nonnen, die den Konvent bildeten, war angefüllt mit Beten, Meditieren und Arbeiten. Es war eben ein bescheidenes „Feldkloster“, das nicht mit den reichen und einflussreichen städtischen Klöstern verglichen werden konnte.
Lebhaft wurde es am St. Margaretentag, am 13. Juli, wenn nach altem Brauch die Honoratioren Wiesbadens ihre Prozession nach Klarenthal unternahmen, so z. B. im Jahr 1524: „item, uff Sant Margarethentag sindt Scheffen und Geschworn nach alter loblicher Gewonheyt dem heiligen hochwirdigen Sacrament, Gott zu lob und ere, in eyner ordnung und Procession zum newen Closter und widderumb von danen anheym nachgevolget.“ Zu solchen Gelegenheiten wie auch an den Jahresgedenktagen der Gönner des Klosters gab es regelrechte Festmahlzeiten, für die – ausweislich der erhaltenen Rechnungsbücher des Klosters – reichlich Wein, Fleisch und Fisch eingekauft wurde. Selbst „Arbeitsessen“ im neuzeitlichen Sinn sind überliefert: „19 Albus vor fisch, als mir den tag hielten mit den edellüden zuWiespaden, der Wiesen halben betreffend Geyspitzheim, uff mittwoch achtag nach Sant Agnetens tage.“

Grabstein der Imagina, verschollen

Das Kloster bestand 250 Jahre und wurde 1559 geschlossen. Die letzten Reste der Klosterkirche verschwanden 1756. Die heutige Kapelle – mit dem schlichten Dachreiter – entstand 1730 als Gotteshaus für die Gemeinde Klarenthal. In der Westwand der Kapelle und des nordwärts anschließenden Gebäudes (Restaurant „Landhaus Diedert“) stecken noch acht gotische Spitzbogenarkaden – mehr blieb von den Klosterbaulichkeiten nicht erhalten.

Spitzbögen an der Klosterkirche Klarenthal

Außen an der Kapelle wurde der vor einigen Jahren gefundene Grabstein der letzten Äbtissin Anna Brendel von Homburg (1525-1553) angebracht. Den Abguss des 1964 in Klarenthal geborgenen Grabsteins des Ritters Sibodo von Dotzheim (gest. 1331) und seiner Ehefrau Katharina ließ der Heimat- und Verschönerungsverein Dotzheim 1987 am Heimatmuseum im Dotzheimer Ortskern auf stellen. Zum Inventar der Kapelle gehört ein Taufstein aus der Zeit um 1600 sowie eine Kanzel aus dem 17. Jahrhundert.

Im 18./19. Jahrhundert nutzten gewerbliche Betriebe den Klosterbereich: 1706-1723 produzierte eine Spiegelglasfabrik in Klarenthal, 1724-1840 bestand eine Papiermühle. Daneben ließ die nassauische Regierung die Ländereien des Klosters als Hofgut von einem Pächter („Klosterbeständer“) bewirtschaften. Ursprünglich wohnten alle Klosterangehörigen, später auch die Glasarbeiter und die Gesellen der Papiermühle, innerhalb des alten Klosterbereiches. Die Häuschen auf der linken Seite der Dorfstraße „Am Kloster Klarenthal“ stammen erst vom Anfang des letzten Jahrhunderts.

❸ Campus Klarenthal

Wir kommen nun an der ehemaligen „Lehr- und Versuchsanstalt für Gartenbau Wiesbaden“ – heute **Campus Klarenthal** – vorbei. Die Gartenbauschule entstand 1969 und war ein Beispiel für die vielseitige Nutzung des Landschaftsraums zwischen Stadt und Stadtwald. Seit 1920 hatte die traditionsreiche Landwirtschaftsschule „Hof Geisberg“ eine Gärtnerfachklasse eingerichtet. Unter dem Einfluss des seit 1923 dort wirkenden Lehrers, Gartenbaudirektor Georg Kerz, gründeten am 24.09.1924 15 Wiesbadener Gärtner die erste „Junggärtnergruppe“ Deutschlands, um sich gemeinsam fachlich weiterzubilden. Von hier aus breitete sich diese Idee im gesamten Reichsgebiet aus. 1928 schlossen sich die örtlichen Gruppen in der Arbeitsgemeinschaft deutscher Junggärtner (AdJ) zusammen, die noch heute besteht und 130 Ortsgruppen mit 5.000 Mitgliedern umfasst. 1956 kam es sogar zur Bildung einer Arbeitsgemeinschaft Europäischer Junggärtner. 1941 ging aus der Gärtnerfachklasse der Landwirtschaftsschule Wiesbaden eine unabhängige Gartenbaufachschule hervor.

Heute entsteht auf dem Gelände der mittlerweile geschlossenen Schule „Campus Klarenthal“ ein auf christlichen und reformpädagogischen Traditionen basierendes Schul- und Erziehungsprojekt der EVIM (Evangelischer Verein für Innere Mission in Nassau).

❹ Friedhof

Der alte Klarenthaler **Friedhof** wurde bis 1869 benutzt, später bestattete man die Toten in Wiesbaden. Heute ist ein Teil des Friedhofs zu einer Grünanlage umgestaltet. Das Grabdenkmal für Karl Philipp Reinhardt (1804-1836) steht noch aufrecht; er könnte der Familie des Klostermüllers Johannes Reinhardt angehört haben, dessen Tochter Katharina Eleonore 1815 Goethe als Ebenbild der Dorothea in „Hermann und Dorothea“ erschien (vgl. S. 134).

Der Kältebach, der den oberen Bereich des Tales prägt, entspringt am Klosterbruch und vereinigt sich unterhalb Alt-Klarenthals mit dem Gehrnerbach zum Wellritzbach. Ein Bach, der im wahrsten Sinne des Wortes aus der Kälte kommt, nämlich aus der Senke zwischen Schläfers- und Bleidenstädter Kopf.

Der Fasanerieweg ist eine der typischen Erschließungstrassen des stadtnahen Waldes und führt von der Fasaneriestraße (Haltestelle der Buslinie 33) zum Jagdschloss und Tierpark Fasanerie. (Wegemarkierung: rotes Kreuz)

❺ Fasanerie

Fürst Karl von Nassau- Usingen, der seit 1744 in Biebrich residierte und Wiesbaden zum südnassauischen Regierungssitz machte, ließ 1744/45 das Jagdschloss **Fasanerie** errichten, das von dem Nassau-Saarbrückener Baudirektor Friedrich-Joachim Stengel (1694-1787) beeinflusst wurde. Stengel wirkte mit am Bau bzw. Wiederaufbau der nassauischen Schlösser in Biebrich, Idstein, Usingen und Saarbrücken; auch das Stadt-Ensemble mit Ludwigsplatz und Ludwigskirche in Saarbrücken geht auf

Im Tier- und Pflanzenpark Fasanerie

ihn zurück. Eine Umfassungsmauer von 4 km Länge schützte den Bestand von 600 Fasanen. Die fürstliche Laune der Fasanenjagd hielt nicht lange an. Schon 1775 wurde die Fasanerie aufgelöst, weil Fürst Karl-Wilhelm sein Jagdgebiet auf die Platte verlegt hatte.

Das schlichte Jagdschloss mit Mansarddach und einem Mittelrisalit mit Zwerchgiebel überstand die Zeiten; die heutige Gaststätte hat ihren Vorläufer in dem 1840 eingeführten Ausschank für Wanderer und Ausflügler. Ab 1850 überließ Herzog Adolf von Nassau das Gebäude dem Staatsminister Prinz Wittgenstein als Sommersitz.

Während das lang gestreckte Stallgebäude aus der Zeit der Errichtung des Schlosses stammen dürfte, ist die Scheune mit ihrem eigenartigen Bogendach wohl erst um 1815 erbaut worden, als ein weitläufiger Forstgarten mit fremdländischen Laub- und Nadelbäumen angelegt wurde.

1910 erwarb die Stadt Wiesbaden die aus Schloss und Park bestehende Anlage. Das frühere Fürstenrefugium wurde damit der Allgemeinheit zugänglich. 1954 beschloss die Stadt, hier einen Tier und Pflanzenpark zu schaffen, wobei man sich der wertvollen Hilfe von Prof. Lutz Heck, des früheren Direktors des Berliner Zoos, bedienen konnte.

Am 31.3.1955 wurde der Park eröffnet. Auf einer Fläche von 18 ha werden heimische Tierarten gehalten. Als Mitte der 1990er Jahre – angesichts dringenden Sanierungsbedarfs und leerer städtischer Kassen – die Einführung von Eintrittsgeld für den Tierparkbesuch drohte, bildete sich 1995 ein Förderverein Fasanerie, der durch den engagierten persönlichen Einsatz seiner Mitglieder, durch kontinuierliche Öffenlichkeitsarbeit, attraktive Feste im Park, sachverständige Führungen etc. und vor allem durch systematische Erschließung von Finanzierungsquellen diese Maßnahme überflüssig machen sollte. Dies ist, wie mittlerweile festgestellt werden kann, in vollem Umfang gelungen.

Mit der Sanierung des Teiches und einem neuen Stall für neue Wisente begann es. Schon Ende 1997 konnte das neue Betriebsgebäude für Tierparkverwaltung und Förderverein eingeweiht werden. Die nächste aufwändige Baumaßnahme war die Einrichtung eines Bärengeheges mit Bärenhaus und Teich sowie eines anschließenden Bereichs für Wölfe. Vorrangig geht es dem Förderkreis und der Tierparkverwaltung also stets darum, den Lebensraum der Tiere zu verbessern und eine artgerechte Tierhaltung anzustreben. Seit 1998 ist die Fasanerie Naturpädagogisches Zentrum, das als außerschulischer Lernort genutzt werden kann.

Auch der wertvolle Bestand an Bäumen — wahren Baumriesen zum Teil — und Sträuchern, ist durch Kurzbeschreibung vor Ort erschlossen.
Ende 2003 übertrug die Landeshauptstadt Wiesbaden dem Verein in Erbpacht das Schloss mit Gaststätte, Biergarten und Kiosk. Der Verein verpflichtete sich im Gegenzug zur Sanierung des Hofguts Fasanerie, wo auch ein Jugendbauernhof entstehen soll.

❻ Neues Schützenhaus

Unmittelbar an den Park lehnt sich die Anlage des 1911/13 erbauten **Neuen Schützenhauses** der Wiesbadener Schützengesellschaft 1843/1860 an, das Elemente des Jugendstils wie des Heimatstils, wie er an der TH Darmstadt gelehrt wurde, enthält. Über 100 Stände stehen den Sportschützen im Schützenhaus zur Verfügung; die Hauptattraktion sind die 300-m-Stände.
Die Sport-Schützen von heute haben gerade in Wiesbaden eine stolze Tradition: Das Herzogtum Nassau wurde 1848 als erstes der deutschen Bundesstaaten von den von Frankreich herüberschwappenden revolutionären Ideen erfasst. Am 2. März 1848 bildete sich die Wiesbadener Bürgergarde, die die Durchsetzung der neuen Ideen (die neun „Forderungen der Nassauer")und die Wahrung demokratischer Rechte gewährleisten sollte. Über die mehr geselligen Bürgerschützen-Corps der folgenden Jahrzehnte führte die Entwicklung dann zum Vorrang des sportlichen Wettbewerbs; heute ist Wiesbaden eine der Hochburgen dieser Sportart in der Bundesrepublik.

Anzeige der Schützengesellschaft

Gleich nach Eröffnung erhielt das Schützenhaus – bis zum Ausbruch des Ersten Weltkriegs – eine hochmoderne Verkehrsanbindung: Auf ihrer Fahrt zu den Badeorten Schlangenbad und Langenschwalbach hielten die Wagen der 1913 gegründeten Wiesbadener Autoverkehrsgesellschaft „Blaue Kurautobusse" fahrplanmäßig an dieser beliebten Ausflugsstätte an.
Der Kurweg 8 führt – zunächst als Betonweg – durch das dortige Wasserschutzgebiet unmittelbar in den Stadtwald. Es ist empfehlenswert, sich immer mal wieder umzudrehen, da sich lohnende Blicke auf die Stadt im Talkessel bieten. Vor allem die Dreifaltigkeitskirche hebt sich als markanter Punkt ab. Bei etwas Wetterglück zeichnet sich ganz fern die Silhouette des Odenwalds ab.

❼ Pumpwerk Klosterbruch

Die Anlage **Pumpwerk** und Trinkwasserbehälter **Klosterbruch** entstand 1966/68 vor allem als Versorgungseinrichtung für Klarenthal. Der Behälter fasst 10.000 m³ Wasser und damit etwa ein Fünftel des normalen täglichen Wasserbedarfs der Landeshauptstadt. Den Fries am Pumpwerksgebäude gestaltete die Wiesbadener Kunstdozentin Margot Münster.

Blick ins Trinkwasserbergwerk der Wiesbadener Wasserversorgung

Die vier Wiesbadener Trinkwasserstollen entstanden zwischen 1875 und 1910. Sie erschließen auf der Grundlage der Forschungsergebnisse des Landesgeologen Dr. Karl Koch die wasserführenden Quarzitschichten des Taunus. Durch ein ausgeklügeltes System von Stollenverschlüssen wurde es möglich, den Wasservorrat der Stollen, die insgesamt 11,5 km lang sind, fast wie in unterirdischen Talsperren zu regulieren. Die Wasserstollen decken bis heute etwa ein Drittel des Wiesbadener Bedarfs, der seit Jahren bei weniger als 20 Mio. m^3 Wasser jährlich liegt.

Die Portale des 1,5 km langen Kreuzstollens (fertiggestellt 1907) und des 2,8 km langen Schläferskopfstollens (fertiggestellt 1910) entsprechen einander. Es sind bewusst repräsentativ gestaltete Fassaden mit dem Wiesbadener Lilienwappen als Ausdruck des wohl berechtigten Stolzes auf diese kommunalwirtschaftlich bedeutsamen Bauwerke, die heute als technische Denkmäler von nationalem Rang gelten.

❽ ESWE-technikum

Nach der Fertigstellung des modernen Pumpwerkes Klosterbruch wurde der Vorgängerbau neben dem Kreuzstollen funktionslos, seit 1942 hatte man von hier aus mit Hilfe von drei Förderpumpen das Wasser zur Versorgung von Bad Schwalbach und Bleidenstadt über die Eiserne Hand gepumpt. Anfang der 1980er Jahre richtete ESWE in den leerstehenden Räumen ein Museum, das **ESWE-technikum**, zur Darstellung der Entwicklung des Unternehmens ein, das seit 1930 in der Form einer kommunalen Aktiengesellschaft geführt wurde. 1942 erwarb die Gesellschft die Städtischen Verkehrsbetriebe und firmierte bis zur Privatisierung und Aufspaltung 2000 als **S**tadtwerke **W**iesbaden AG (ESWE). (Siehe auch S. 75 f.) Das große Schwungrad einer Dampfförderpumpe (früher Trollmühle bei Bad Kreuznach) macht auf das ESWE-technicum aufmerksam.

Portal des Schläferskopfstollens

„Waldbahn" zur Eisernen Hand nach einer alten Ansichtskarte

Im anschließenden Wald – im oberen und unteren Pfaffenborn – ließ die Wiesbadener Stadtverwaltung 1860/1868 Quellen fassen und zur Stadt leiten. Außerdem wurde in einem Einschnitt in der Talsohle ein Sammelkanal von 3 km Länge verlegt, den Seitenkanäle (1.900 m Länge) zum Auffangen des Hangwassers ergänzten. Die Zuleitung zum Wasserbehälter oberhalb des „Wolkenbruchs" an der Platter Straße bestand aus Zementröhren, der damals modernsten und noch wenig erprobten Röhrenart.

Durch das Pfaffenborntälchen führt der schnellste (Fuß-)Weg von Wiesbaden zur Eisernen Hand und zum Aartal.

⑨ Pagenstecher-Hütte

Rechts des Weges ließ der Kur- und Verkehrsverein 1986 eine Schutzhütte – die **Pagenstecher-Hütte** – errichten, die er seinem Mitgründer Hofrat Dr. Alexander Pagenstecher widmete, dem berühmten Augenarzt und Schöpfer der 1856 eröffneten Wiesbadener Augenheilanstalt.

1862 war dieser Verein von „mehreren achtbaren hiesigen Bürgern" ins Leben gerufen worden, um „die Kurindustrie der Stadt Wiesbaden nach den gebotenen Kräften zu fördern", wie es im Gründungsaufruf hieß. Seither engagiert sich der Verein für Wiesbadens Kur-, Verkehrs- und Kongresswesen. Er erschloss den Stadtwald durch seine „Kurwege", errichtete Schutzhütten für Wanderer und gab vielfältige kulturhistorische Anstöße wie die Rekonstruktion des römischen Mithras-Altars und anderer Objekte an der Coulinstraße neben der Heidenmauer (Siehe S. 105) und Bronzereliefs an den wichtigen Baudenkmälern im Stadtgebiet.

Wer dem Kurweg 8 folgen möchte, kreuzt auf einer Bruchsteinbrücke die Gleise der am 15.11.1889 eröffneten Langenschwalbacher Bahn. Die 1983 stillgelegte Bahnstrecke, die die Bäder Wiesbaden und Langenschwalbach (seit 1927 Bad Schwalbach) verband, steht seit 1987 unter Denkmalschutz, um die großartige Trassierung ihres Erbauers Moritz Hilf, des technischen Direktors der nassauischen Staatsbahn, dauerhaft zu sichern. Die Bahn war zur Zeit ihrer Erbauung mit einer Steigung von 1:33 die steilste Bahnstrecke im Deutschen Reich, die ohne Zahnradunterstützung befahren wurde.

Nach kurzem, steilen Aufstieg gelangt man zum Schläferskopf (455 m ü. NN) mit Aussichtsturm und Berggaststätte. Der in Bruchstein errichtete und an einen mittelalterlichen Bergfried erinnernde Aussichtsturm (22 m hoch) ersetzte 1906 den hölzernen Vorgänger von 1883. Architektonisch verblüffend ist das Treppenhaus mit zwei gegenläufigen Spindeln und separatem Auf- und Abstieg.

Kaiser-Wilhelm-Turm nach einer alten Ansichtskarte

Für den Rückweg vom Schläferskopf empfiehlt es sich, dem Kurweg 8 wieder bis zum Ausgangspunkt unterhalb der Bahnlinie zu folgen, falls man nicht den direkten Abgang Richtung Eishaus (Signatur: „schwarzer Punkt" des Rheingau-Taunus-Clubs) wählt.

Wer den Abstecher zum Schläferskopf nicht gehen möchte, kann am Wegedreieck (Höhenlinie 305 m ü. NN) links leicht abwärts durch die Mischwaldabteilungen 517/518 abbiegen. Er wird – vor allem an Sonntagen – unter Umständen das aufgeregte Pfeifen der Lokomotiven der Nassauischen Touristik-Bahn hören können, die, von Wiesbaden-Dotzheim aus, einen Museumsbahn- und Ausflugsverkehr über die Eiserne Hand bis weit ins Aartal unternimmt.

Es folgt ein großer Abschnitt mit Buchenwald („Futterhallweg"). Der Weg stößt dann auf den Großen Stellschlag, der als breite Schneise vom Schläferskopf herabkommt.

⑩ Eishaus

Am Ausgang des Waldes folgen wir nach rechts der Fasaneriestraße bis zum **Eishaus**, (Haltestelle der Buslinie 33, stadteinwärts). Im Weiher am Eishaus wurden im Winter Eisblöcke gewonnen, die man dort lagerte und während der Sommermonate in Spezialfuhrwerken zu den Hotels, Gaststätten und Metzgereien brachte, die über „Eisschränke" verfügten.

Halb links folgen wir dem Weg neben der Wenzel-Jaksch-Straße und biegen nach wenigen hundert Metern links ab. Ein breiter Fußweg führt direkt zu den ersten Häusern Klarenthals.

Es ist der Rheingauer Pfad, der stadtauswärts hinter dem Forstamt Chausseehaus auf die uralte „Rheingauer Straße" stößt. Sie war – mit Ausgang in Schierstein und Walluf – Teilstück eines mittelalterlichen Fernwegs über die Eiserne Hand zur Lahn. Die Deutung des Namens „Eiserne Hand" ist strittig. Es mag dort ein eiserner Wegweiser gestanden haben. 1683 lässt sich der Name erstmals belegen, und zwar mit dem Zusatz „ vulgo Heiligenstock". Dies deutet darauf hin, dass sich dort (auch) ein Bildstock befunden haben muss. In Richtung Norden transportierte man vor allem Wein, nach Süden Eisen und Eisenwaren.

Orte des Gedenkens an die Opfer des NS-Regimes

Nachdem in den ersten vier Nachkriegsjahrzehnten in Wiesbaden nur wenige Gedenkstätten, -steine und -tafeln zur Erinnerung an Verfolgung und Widerstand während der NS-Zeit errichtet wurden, konnten seit Anfang der 1990er-Jahre vergleichsweise viele Gedenkorte im öffentlichen Raum neu markiert und mit entsprechenden Hinweisen versehen werden.

Die Straßen und Plätze, Schulen und anderen Gebäude, die nach Verfolgten der NS-Gewaltherrschaft sowie nach Aktivisten des antinazistischen Widerstandes benannt wurden oder an denen Gedenktafeln an sie erinnern, lassen sich wegen ihrer großen Zahl an dieser Stelle nicht aufführen. Gleiches gilt für die vielen kleinen Messingtafeln mit den Namen und Lebens-, Deportations- bzw. Ermordungsdaten von zumeist jüdischen NS-Opfern, die vor deren letzten von ihnen selbst gewählten Wohnsitzen im Rahmen des „Stolpersteine"-Erinnerungsprojektes des Kölner Künstlers Gunter Demnig seit 2005 auch in Wiesbaden verlegt werden; diese europaweit größte dezentrale Gedenkaktion wird hierorts vom Aktiven Museum Spiegelgasse (AMS) betreut.

In der Heinrich-Heine-Anlage am Michelsberg und in der Bernhard-Schwarz-Straße 17 in Wiesbaden-Schierstein wurden schon 1953 bzw. 1968 Gedenkstätten zur Erinnerung an die 1938 der Zerstörungswut der faschistischen Rassisten zum Opfer gefallenen Synagogen errichtet. In der Poststraße 5–7 in Wiesbaden-Bierstadt und in der Rathausstraße 37 in Wiesbaden-Biebrich erinnern Gedenktafeln an die einst dort befindlichen Synagogen.

1992 wurde auf Anregung des AMS vor dem Haus Alexandrastraße 6–8 eine Gedenktafel für die deportierten und ums Leben gebrachten Bewohner jenes früheren „Judenhauses" angebracht. 1994 gestaltete der damals noch in Wiesbaden lebende Künstler Marc van den Broek eine ebenfalls namentliche Form des Gedenkens an die Nordenstadter Opfer des Holocaust an der Ecke Stolberger Straße/Heerstraße.

Seit 2006 stehen Informations-Stelen an mehreren weiteren authentischen Orten, so vor der Außenmauer des früheren Gerichtsgefängnisses in der Albrechtstraße 29, ferner gegenüber der Paulinenstraße 9 als einstigem Gestapo-Hauptquartier und am Geschwister-Stock-Platz zur Erinnerung an die während des „Dritten Reiches" verfolgten und ermordeten jüdischen Kinder.

Auf dem Areal des heutigen Freizeit- und Kulturparks Schlachthof ruft seit 2007 eine großformatige fotorealistische Darstellung des Wiesbadener Sprühkünstlers Yorkar7 die Judendeportation des 1. September 1942 in Erinnerung. Am Michelsberg hat das AMS zwei Informationsstelen platziert, die seit 2004 der Präsentation von wechselnden „Erinnerungsblättern" dienen, mit denen das Andenken an das tragische Schicksal der Wiesbadener Jüdinnen und Juden bewahrt wird. Demnächst wird an jenem Ort eine eindrucksvolle Form namentlichen Gedenkens an alle hiesigen Opfer des Holocaust geschaffen werden.

Im Foyer des Rathauses wurde 2002 ein Gedenkraum eingerichtet, in dem vielfältige Informationen zum jüdischen Verfolgungsschicksal bereitgehalten werden, darunter ein Video mit der virtuellen Rekonstruktion der früheren Synagoge am Michelsberg. Auch können auf einem Monitor Hinweise zu verschiedenen weiteren Orten des Gedenkens an NS-Opfer abgerufen werden.

1991 wurde die KZ-Gedenkstätte „Unter den Eichen" im Carl-von-Ibell-Weg eröffnet. Eine Dauerausstellung thematisiert das 1944/45 dort bestehende Außenkommando des SS-Sonderlagers Hinzert, den antinazistischen Widerstand in Luxemburg, das Leid der hiesigen KZ-Häftlinge sowie die ihnen von einigen Wiesbadenerinnen und Wiesbadenern gewährte Hilfeleistung. Informationsmaterial hierzu ist in der Gedenkstätte selbst wie auch im Stadtarchiv erhältlich, wo auch Termine für qualifizierte Gruppenführungen vereinbart werden können.

In der Bahnhofstraße wurde 1992 ein von der Sinti-Werkstatt in Albersweiler in der Pfalz geschaffenes großes Mahnmal eingeweiht, das an den von den NS-Rassisten an dieser Minderheit verübten Völkermord und an deren Wiesbadener Opfer erinnert.

Auf dem Südfriedhof befinden sich ein Ehrenfeld unter anderen für zivile Opfer der NS-Gewaltherrschaft (Abteil C 1) sowie ein solches für 171 namentlich aufgeführte Opfer aus „Euthanasie"-Anstalten und aus Konzentrationslagern (Abteil U 11).

Weitere Informationen zu den Wiesbadener Gedenkstätten können im Internet abgerufen werden (www.wiesbaden.de) und stehen im Stadtarchiv und im AMS zur Verfügung. Beide Einrichtungen führen regelmäßig Vortrags- und andere Veranstaltungen zum Thema durch; das AMS bietet außerdem thematische Stadtrundgänge an, u. a. auch Führungen über jüdische Friedhöfe.

Axel Ulrich

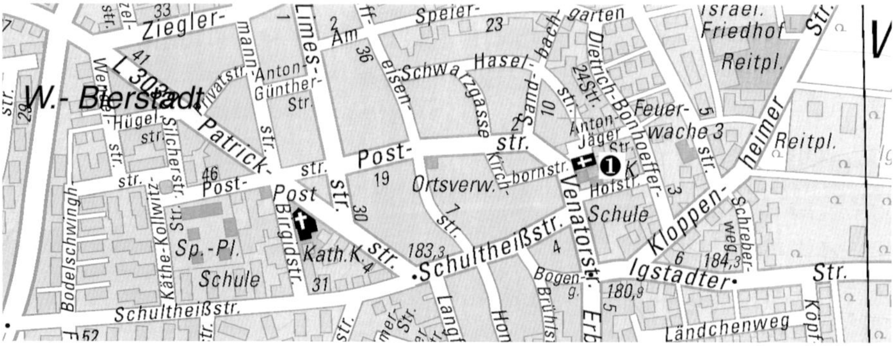
W.- Bierstadt
Ziegler-
Limes-
Am
Speier-
Israel. Friedhof
Reitpl.
Anton-Günther-Str.
Schwarzgasse
Hasel-
Sand-
bach-
Dietrich-Bonhoeffer-Str.
Hügel-
Patrick-
Post-
Kirch-
Feuer-wache 3
Anton-Jäger Str.
Hofstr.
Ortsverw.
bornstr.
❶
Kloppen-
heimer
Käthe-Kollwitz-Str.
Silcherstr.
Sp.-Pl.
Schule
Kath.K.
Birgidstr.
Schultheißstr.
Venatorstr.
Igstadter Str.
Schreberweg
Bodelschwingh
Ländchenweg
183,3
184,3
180,9

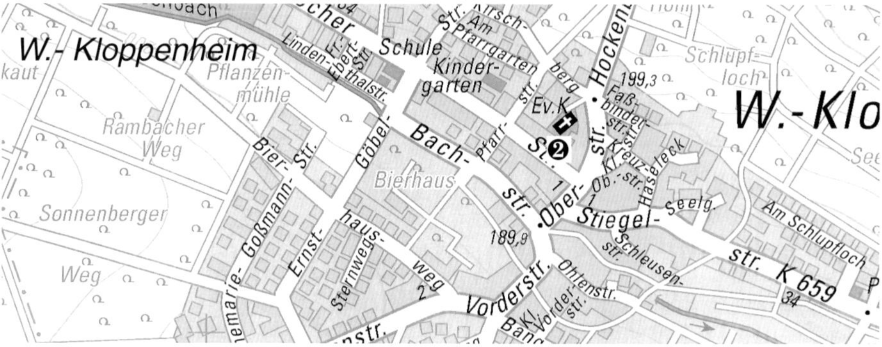
W.- Kloppenheim
W.-Klo
Schule
Kindergarten
Am Pfarrgarten
Ev.K.
❷
Linden-thalstr.
Pflanzen-mühle
Rambacher Weg
Sonnenberger Weg
Bier-Str.
Göbel-
Bach-str.
Pfarr-St.
Bierhaus
Faß-binder-str.
Kreuz-str.
Haseleck
Schlupf-loch
Ober-
Stiegel-str.
Schleusen-str.
Am Schlupfloch
K 659
Ernst-
Goßmann-
Sternweg
haus-weg
Vorderstr.
Ohlenstr.
199,3
189,9

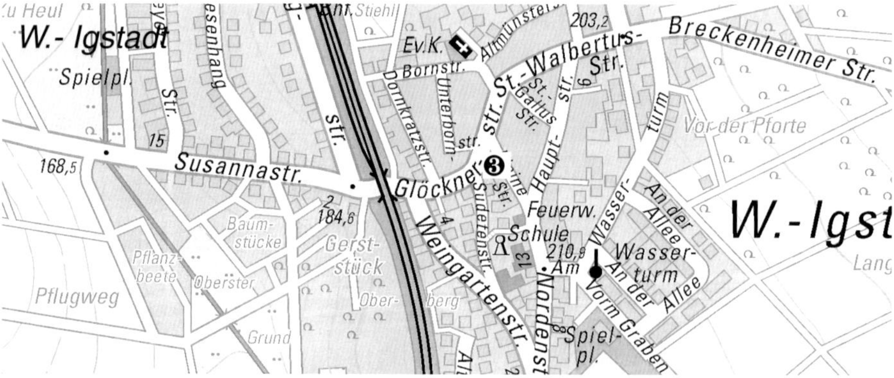
W.- Igstadt
W.-Igst
Spielpl.
Susannastr.
Ev.K.
Bornstr.
Altmünster
St.-Walbertus-Str.
Breckenheimer Str.
Unterborn-str.
Dornkratzstr.
St.-Gallus-Str.
Haupt-str.
Glöckner
❸
Vor der Pforte
Sudetenstr.
Feuerw.
Schule
Wasser-turm
Am Wasserturm
An der Allee
Vorm Graben
Weingartenstr.
Nordenstr.
Spiel-pl.
Baum-stücke
Gerst-stück
Pflanz-beete
Oberster Grund
Pflugweg
168,5
184,6
203,2
210,9

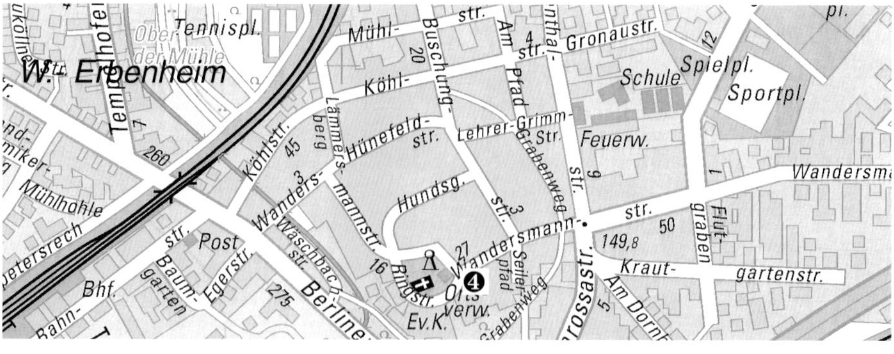
W.- Erbenheim
Tennispl.
Ober der Mühle
Mühl-str.
Buschung-
Am Pfad
Gronaustr.
Köhl-
Schule
Spielpl.
Sportpl.
Lämmersberg
Hünefeld-str.
Lehrer-Grimm-Str.
Feuerw.
Grabenweg
Köhlstr.
Hundsg.
Wandersmann-str.
Flut-graben
Kraut-gartenstr.
Mühlhohle
Post
Wäschbach-str.
Ringstr.
❹
Ortsverw.
Ev.K.
Seiler-pfad
Bhf.
Baum-garten
Egerstr.
Berliner
Am Dorn
260
275
149,8

Per Pedale ins Ländchen

Östliche Vororte: Bierstadt - Kloppenheim - Igstadt - Erbenheim

Helene Rettenbach

Ausgangspunkt: Schillerdenkmal am Warmen Damm vor der Rückseite des Theaters
Endpunkt: Hauptbahnhof, fast alle Linien
Dauer: ca. 2 Stunden reine Fahrzeit

„A 66 - Wiesbaden, Richtung Frankfurt; zwischen Erbenheim und dem Autobahnkreuz Wiesbaden ..." Staumeldungen im Verkehrsfunk beschreiben das „Ländchen" aus der Perspektive der Pendler in der Blechlawine, die sich täglich zwischen den beiden Städten hin- und herschiebt.

Die vielfältige und geschichtsträchtige Kulturlandschaft östlich von Wiesbaden er-fährt man besser mit dem Rad. Unsere Route führt durch Parkstraße und Aukammtal aus der Innenstadt hinaus und über Bierstadt und Kloppenheim ins Ländchen nach Igstadt. Von dort geht der Radweg am Wäschbach entlang nach Erbenheim und Wiesbaden zurück.

„... damit aber Wiesbaden gegenüber der Stadt Frankfurt (...) nicht benachteiligt werde", beschloss der Preußische Landtag am 20 März 1928 die Eingemeindung von neun bis dahin selbständigen Ortschaften. Zu den neuen Stadtteilen gehörten im Osten die vier, die wir für unsere Radtour ausgewählt haben. 1977 wurde im Rahmen der hessischen Gemeindereform ein weiterer Ring von Vororten um die Stadt gelegt. Obwohl sie nun zur Landeshauptstadt gehören, haben alle Orte zumindest Teile ihres dörflichen Charakters erhalten und repräsentieren jeder für sich ein Stück der langen Geschichte des Ländchens, die weit zurück reicht.

Ländches-Tracht

Bis in die Steinzeit lässt sich die Besiedlung des Gebietes verfolgen. Kelten und Germanen wurden kurz nach der Zeitenwende von den Römern abgelöst, die das Land durch Gutshöfe und Straßen erschlossen. An unserem Radweg den Wäschbach entlang kann man sich so z. B. auf beiden Seiten römische Villen auf großen Grundstücken und eine vielgenutzte Heerstraße auf dem Bergrücken dahinter vorstellen. Die Alemannen vertrieben im vierten Jahrhundert die Römer und wurden selbst 150 Jahre später von den Franken davongejagt. Aus der Zeit um 1000 n. Chr. stammen dann auch die ersten urkundlichen Erwähnungen der Siedlungen. Vermutlich waren es die hohen Ernteerträge auf besonders gutem Boden, die das Ländchen in den folgenden Jahrhunderten zum Zankapfel zwischen unterschiedlichen Territorialherren gemacht haben. Örtliche Rittergeschlechter, königliche Lehensmänner und auswärtige Klöster waren die Bauherren der ansehnlichen fränkischen Hofreiten, die noch heute in den Ortskernen zu finden sind. Bedeutete schon in ruhigen Zeiten jede Missernte für die abgabepfichtigen Bauern Teuerung und Hungersnot, so begann mit dem Dreißigjährigen Krieg (1618-1648) für die Bewohner des Ländchens eine Zeit unvorstellbaren Leidens.

Grenzstein aus dem 16. Jh.

„Verwahrloste und verwilderte Söldnerhaufen zogen mordend, plündernd und brandschatzend durch das Land, schändeten Frauen und Kinder und trieben das Vieh aus den Ställen (...). Immer wieder flohen die Bewohner in die dichten Wälder, ernährten sich von Wurzeln und wild wachsenden Früchten, ließen die Felder veröden und ihre Hofstätten verfallen, so dass überall Hungersnot herrschte und die Pest reichlich Ernte hielt." (Igstadt gestern und heute) Auch nach dem Ende des Krieges kam das Ländchen nicht zur Ruhe. Die strategisch kritische Lage in der Nachbarschaft der Festung Mainz hatte immer wieder Einquartierungen von durchziehenden Truppen und Beschlagnahme von Lebensmitteln und Futter für die Tiere zur Folge.

Erst Anfang des 19. Jahrhunderts begannen bessere Zeiten mit kontinuierlichem wirtschaftlichem Aufbau. Daran änderten weder die revolutionären Strömungen des Jahres 1848 noch die Annexion durch Preußen 1866 etwas. Man war konservativ, aber die Liebe zum Herzog war bald vergessen, als sich mit Wiesbaden, der aufstrebenden Kurstadt, ein expandierender Arbeits- und Absatzmarkt entwickelte. Die Sogwirkung der Stadt machte im 19. Jahrhundert aus Bauerndörfern Pendlergemeinden, die sich entlang der Straßen ausdehnten.

War die Bindung an Wiesbaden in der Gründerzeit auch dem Umland zugute gekommen, so wurde die Region nach dem Ersten Weltkrieg in die Krise der Stadt mit hineingezogen. Die preußische Verwaltungsreform von 1928 besiegelte die „Ehe zwischen Stadt und Land" und bedeutete für die vier Orte auf unserer Radtour das Ende ihrer Selbständigkeit.

Nach diesem „Sprint" durch die Geschichte des Ländchens sind die historischen Spuren unseres Jahrhunderts besser im Radler-Tempo entlang der Rundfahrtstrecke zu suchen. Dabei empfiehlt es sich, den Drahtesel auch einmal abzustellen. Zu Fuß entdeckt man – besonders in den Ortskernen – mehr interessante Details und kommt auch mit den Bewohner/innen ins Gespräch. Deshalb verzichten wir auf genaue Wegebeschreibungen. Orientierung bieten die als Punkte gekennzeichneten Anlaufstellen. Das Radwegenetz in und um Wiesbaden wird immer weiter ausgebaut. Wir empfehlen die im Buchhandel erhältliche Radverkehrskarte Wiesbaden des Tiefbau- und Vermessungsamts, die auch im Internet unter www.wiesbaden.de zur Verfügung steht.

Unsere Route beginnt am **Schillerdenkmal**, an der Rückseite des Theaters. Die Durchfahrt durch den Kurpark ist tabu. Wir folgen deshalb zunächst der Parkstraße (Radwegebeschilderung Richtung Sonnenberg). Die ist nicht nur beim Monopoly eine gute Adresse. Auch in Wiesbaden wohnten hier – seit die Straße am Kurpark entlang ab 1864 planmäßig ausgebaut wurde – wohlhabende Leute. Bevorzugt wählten auch gut betuchte Pensionäre das biedermeierliche Landhaus oder die neobarocke Villa als Alterssitz. Heute heißen die reichen Alten „Senioren“ und ihre Adressen in der Parkstraße „Seniorenstift“ oder „Seniorenresidenz“.

Über die Josef-von-Lauff-Straße kommen wir auf den Chaisenweg, der an den Kurpark anschließt. An der Fichtestraße biegen wir ab in die Aukammallee und können von dort bis zum Apothekergarten durch die Grünanlage fahren.

Der Kurpark steht für das Naturverständnis des Wechsels vom 19. zum 20. Jh. 100 Jahre später entsteht am Aukamm direkt im Anschluss daran ein Stück „kultivierte Natur“ moderner Ausprägung. Das Projekt „Naturerlebnistal“ zwischen Thermalbad, Apothekergarten und Stadtgärtnerei, hat sich mit einem vielfältigen Angebot zum Begegnungsort für ökologisch orientierte Stadtbewohner entwickelt. (Siehe Praktische Tipps)

Nach dem Apothekergarten folgen wir der Aukammallee/Von-Bergmann-Straße bis zur Kreuzung Bierstädter Höhe und dann in den Ortskern von Bierstadt.

❶ Bierstadt, Evangelische Kirche

Bierstadt ist seit dem 19. Jh. nicht nur wirtschaftlich und kulturell sondern auch baulich mit Wiesbaden zusammengewachsen. Nur noch im Ortskern (Schwarzgasse, Haselstraße, Honiggasse und Schultheißstraße) ist die alte Dorfstruktur erhalten geblieben. Eine Ortstafel und die Brunneneinfassung auf dem Platz vor der **Evangelischen Kirche** an der Venatorstraße geben einen Überblick über historische Gebäude und Daten Bierstadts, das mit über 12 000 Einwohnern heute fast den Charakter einer selbständigen Kleinstadt hat.

Wer bei Bierstadt an Gerstensaft denkt, ist auf dem Holzweg. Der älteste und geschichtsträchtigste Wiesbadener Vorort erhielt seinen Namen vor mehr als 1000 Jahren von iro-schottischen Mönchen, die ihrer Schutzpatronin, der heiligen Birgid von Kildare, im Missionsgebiet eine Kirche weihten.

Markt vor der Ev. Kirche in Bierstadt

Trotz vielfältiger Umbauten (romanisch, gotisch, barock) blieb von dem karolingischen Bau die romanische Apsis, ein Taufstein und ein Türsturz in der Südwand der heutigen evangelischen Pfarrkirche erhalten, der bei seiner Entdeckung 1908 für überregionale Aufmerksamkeit sorgte.
In der alten Schule neben der Kirche hat der Heimatverein Bierstadt liebevoll ein Museum eingerichtet, in dem man sich anschaulich über die Geschichte der heimischen Leineweberei, Töpferei, Wäscherei, Apfelweinherstellung u. v. m. aber auch Bierstadts Entwicklung seit frühesten Zeiten informieren kann. (Siehe Praktische Tipps)
Die Schutzpatronin Birgid kam erst wieder zu Ehren, als 1939 in Bierstadt die erste katholische Kirche seit der Reformation eingeweiht wurde. Die Baugenehmigung für das dazugehörige Pfarrhaus hatte es „trotz weltanschaulicher Bedenken" des zuständigen Baurats nur unter der Voraussetzung gegeben, dass die Gemeinde versprach, einen Luftschutzkeller einzurichten. Nun hatte man zwar eine Kirche, aber schon im folgenden Jahr wurde das staatliche Gehalt des Dekans Valentin Rumpf gestrichen. Anlass für die Bestrafung nach „aufregenden und beleidigenden Verhören" bei der Gestapo war eine Anzeige wegen der Teilnahme polnischer Kriegsgefangener am Gottesdienst.
Innerhalb der evangelischen Gemeinde war es schon 1934 zum offenen Bruch gekommen, als Pfarrvikar Ruhl, Mitglied der Bekennenden Kirche, bei einem Vorstellungsgottesdienst die sog. „Barmer Thesen" verlas. Enthebung aus dem Amt, Redeverbot und Ausweisung aus der Gemeinde waren die persönlichen Folgen für Ruhl. Während in der Kirche der amtierende Pfarrer Steubing Gottesdienste (für Linientreue) abhielt, mussten die Bekennenden Christen in das Versammlungsgebäude der Freien Evangelischen Gemeinde und nach Wiesbaden ausweichen.

Ev. Kirche, frühromanischer Türsturz

Am härtesten jedoch waren während des NS-Regimes auch in Bierstadt die Juden von Schikanen, Beschränkungen und Verboten betroffen. Boykotte und Verfolgungen durch die Nationalsozialisten begannen 1933 und erreichten in der Pogromnacht vom 9. auf den 10. November 1938 einen grausamen Höhepunkt in der Verwüstung der Synagoge.
Noch 1927 hatte die 97-köpfige jüdische Gemeinde ihr Gotteshaus, das im Volksmund „Juddeschul" hieß, zum 100-jährigen Jubiläum gründlich renovieren lassen. Am 19. Januar 1940 musste sie den demolierten Bau für 855,- RM an die Stadt verkaufen. Erst 1980 – neun Jahre, nachdem die Reste der Synagoge einem Neubau gewichen waren – wurde eine Gedenktafel „den

Lebenden zur Mahnung, zukünftigen Generationen als Verpflichtung" angebracht.
Michael Rosenberg, der Sohn des letzten Bierstadter Rabbiners, war eigens zur Enthüllung der Tafel aus Israel angereist. „Die Feierstunde ging unter im Verkehrslärm", berichtete der Wiesbadener Kurier am 7. Juni 1980.

Ehem. Synagoge in der Poststraße

Ein weiteres Zeugnis der Geschichte Bierstadter Juden liegt am Weg nach Kloppenheim über die Kloppenheimer Straße. Der jüdische Friedhof entstand 1890. Heute erinnert dort nur noch ein einsamer Gedenkstein auf einer Rasenfläche an die deportierten Gemeindemitglieder aus Bierstadt und Igstadt.
An der Kloppenheimer Straße fallen zum ersten Mal die Streuobstwiesen auf, die für das Ländchen typisch sind. Besonders schön ist das Bild, wenn die Bäume blühen oder während der Erntezeit. Damit die Bewirtschaftung der auch ökologisch wertvollen Bestände wieder rentabel wird, hat der Streuobstkreis Wiesbaden eine Teilstrecke für die „Streuobstroute Nassauer Land" entwickelt. Das Marketing-Konzept für einen sanften Tourismus in der Region scheint aufzugehen. Bald werden sieben Karten mit fast 600 km Streckennetz vorliegen, das auch die Landesgrenze nach Rheinland-Pfalz überschreitet.

❷ Kloppenheim

Kloppenheim gehört mit seinen etwa 2300 Einwohnern zu den kleineren Wiesbadener Vororten. Durch seine Lage am Hang (Clopheim = Wohnsitz an der Anhöhe) verbindet es die weitläufige Talsenke des Wäschbachs mit der hügeligen Waldlandschaft der Taunusausläufer. In Kloppenheim muss deshalb eine Entscheidung über den weiteren Verlauf der Strecke nach Igstadt fallen. Der längere Weg (über die Hockenberger Höhe) verlangt auf dem ersten Kilometer Kondition, ein Fahrrad mit Berggang oder etwas Geduld beim Schieben. Als Entschädigung für die Anstrengung kann man aber nach einer rasanten Abfahrt in der Hockenberger Mühle unter riesigen 100-jährigen Kastanien eine Rast einlegen – traditionell mit Äppelwoi und Handkäs mit Musik.
Die anschließende Fahrt durchs Wickerbachtal nach Igstadt ist landschaftlich besonders reizvoll.

Im Vergleich zu Bierstadt hat sich in Kloppenheim bei einer etwa gleich langen Geschichte das dörfliche Ortsbild deutlicher erhalten. In der Dorfmitte um die Kirche herum finden sich noch viele der fränkischen Hofreiten aus dem 16. und 17. Jh. – Bauernhöfe mit dreiseitiger Bebauung um einen Wirtschaftshof und den typischen überdachten „Hessentoren".
Die erste größere Erweiterung des Ortskerns an der Hesslocher Straße vollzog sich um die Jahrhundertwende genauso „zögernd" wie die Integration des Dorfes als Stadtteil Wiesbadens nach der Eingemeindung 1928; von 1945 bis in die Mitte der 1980er Jahre wurden ganze 800 Neubürger gezählt. (Zum Vergleich: in Igstadt wurden allein im Oktober 1946 mehr als 300 Vertriebene – vorwiegend Sudetendeutsche – eingewiesen.) 1987 gab es in Kloppenheim noch 50 Bauern; die meisten bewirtschaften ihr „Obststück" allerdings im Nebenerwerb.
Worauf die bäuerliche Zurückgezogenheit inmitten von mit Kirschbäumen bestandenen Streuobstwiesen zurückzuführen ist, muss offen bleiben. Jedenfalls halfen Wall und Hecke, die im Mittelalter noch vor fremdem „Gesindel" schützten, in den letzten 10 Jahren nicht mehr gegen die Konzepte der Dorfentwicklungsplanung, die Kloppenheim als günstigen Wohnort – besonders für junge Familien – ausgemacht hatten. In den großen Neubaugebieten, stehen flächenschonende Reihenhäuser genauso zur Auswahl wie repräsentative Bungalows am Hang.
Aber auch das alte Dorf wurde nicht vernachlässigt. Die Sanierung der Ortsmitte mit Erhaltung der bäuerlichen Nutzung und die Renaturierung des Wäschbachs waren Schwerpunkte des Dorferneuerungsprogramms 1985 bis 1994.

Dass man nicht nur die schönen Fachwerkfassaden erhalten will, sondern sich auch mit den dunklen Seiten der Ortsgeschichte auseinandersetzt, zeigen die Recherchen von Christian Kögel, einem 16-jährigen Schüler aus Kloppenheim im Jahr 2002. Er ist der Erschießung von drei russischen Zwangsarbeitern am 22. März 1945 nachgegangen, die auf dem Alten Kloppenheimer Friedhof begraben sind.

❸ Igstadt

Aus dem Ortskern Kloppenheims führt der direkte kürzere Radweg am Wäschbach entlang nach **Igstadt**. In Größe geschichtlicher Entwicklung und heutigem Ortsbild ähnelt es in vielem der Nachbargemeinde. Unverwechselbar ist aber das Igstadter Wahrzeichen, der Wasserturm, der – egal aus welcher Richtung man sich dem Ort nähert –, schon von weitem zu erkennen ist. Etwa genauso hoch wie der 1910 erbaute Turm ist der Schornstein der Alten Ziegelei am Ortseingang. Beim Bauboom der Gründerjahre lieferten Ziegeleien aus dem Länd-

chen das Material für die typischen Backsteinhäuser der Jahrhundertwende; und auch für den Wiederaufbau nach dem Zweiten Weltkrieg wurden Ziegelsteine gebraucht. Gegen die überregionale Konkurrenz konnten sich die Betriebe dann in den 1950er Jahren allerdings nicht mehr durchsetzen und stellten die Produktion ein.

Seit 1997 wird das Gelände „verschärft künstlerisch genutzt". Die jungen Kreativen aus dem Bereich der bildenden Kunst wollen mit ihrer Arbeit (Ausstellungen, Seminare, Kurse) aus dem zum Teil noch gewerblich genutzten Gebäude ein Kulturzentrum machen. „Wenn die Türen offen sind", können Vorbeikommende den Künstler/innen auch spontan über die Schulter schauen.

Entlang der Ländchesbahn geht es auf der Hinterbergstraße Richtung Ortskern. Der Bahnhof sieht aus wie eine Idylle aus Dampflokzeiten, ist aber auch heute noch Haltestation auf der Strecke Wiesbaden-Limburg, die im 30-Min-Takt bedient wird. Die dritte Vertikale in der Silhouette von Igstadt ist die evangelische Kirche mit Turm und Glocke aus dem 15. Jahrhundert. Als 1728 ein neues Langhaus das zu kleine alte ersetzen sollte, gab es statische Probleme wegen der steilen Hanglage. Aus Kostengründen „wendete" man schließlich den Bau, nach-

Wasserturm

dem auch der Landesherr auf Anfrage nichts gegen die unübliche Anordnung von Chor und Altar „gegen Mittag" einzuwenden hatte.

Das alte Rathaus von Igstadt

Die Diskussion um die Eingemeindung nach Wiesbaden führte in Igstadt zu einer frühen Bürgerinitiative: „Die heute im Saalbau Zur Schönen Aussicht versammelte Einwohnerschaft Igstadts erhebt einmütig schärfsten Protest gegen die Ausschließung Igstadts von der Eingemeindung nach Wiesbaden. (...) Durch den erheblichen Kraftwagen- und Fuhrwerksverkehr von und zum Bahnhof Igstadt und durch die städtische Omnibuslinie Bierstadt-Igstadt-Breckenheim entstehen der Gemeinde laufend ungeheure Straßenbaukosten, welche die Gemeinde Igstadt nun im Interesse Groß-Wiesbadens leisten soll. Die Gemeinde Igstadt muss an diesen Straßenbaukosten für Groß- Wiesbaden zugrunde gehen." (Igstadt gestern und heute)

Fachwerkhaus mit Hessentor

Mit dieser Resolution versuchten die Bürger von Igstadt am 26. Januar 1928 gegen die vom Preußischen Landtag in erster Lesung bereits angenommene und vom Preußischen Staatsrat befürwortete „Gebietsreform" des Landkreises Wiesbaden vorzugehen. Obwohl sich alle Betroffenen – Bewohner, Gemeindevertretung und Stadtverwaltung – einig waren, blieb der Protest ohne Folgen. Am 15. März verabschiedete der Gemeindeausschuss des Landtages die Regierungsvorlage ohne Änderung.

Jetzt musste gehandelt werden. Bürgermeister Wilhelm Müller und Lehrer August Schimmel fuhren am nächsten Tag nach Berlin und erreichten durch persönliche Gespräche im Innenministerium und in den Fraktionen innerhalb von 24 Stunden, dass vor der zweiten Lesung speziell über den Igstadter Fall noch einmal beraten wurde. Die Zeit war knapp: Der Reisetermin der beiden Herren fiel auf einen Freitag, und am Dienstag der folgenden Woche war die entscheidende Sitzung des Landtages, in der nach mehrmaligen Unterbrechungen wegen Beschlussunfähigkeit schließlich verabschiedet wurde, was am Nachmittag ein Telegramm in der Gemeinde meldete: IGSTADT EINGEMEINDET.

Die historischen Orte des Geschehens sind heute verschwunden. Der Saalbau Zur Schönen Aussicht in der Hinterbergstraße fiel den Bomben des Zweiten Weltkrieges und das alte Rathaus der Verkehrsplanung der 1950er Jahre zum Opfer.

❹ Erbenheim

Erbenheim, die letzte Station unserer Radtour durch die östlichen Vororte, erreichen wir über den Radweg R6 am Wäschbach entlang. Erbenheim ist die Schnittstelle zwischen der fast idyllischen Agrarlandschaft des Wäschbachtals und dem indu-

striell geprägten Stadtrand Wiesbadens. Nicht nur hier, sondern im ganzen Ländchen werden auf traditionell ertragreichen Böden immer neue Gewerbeflächen für das Ballungsgebiet Rhein-Main erschlossen. Widersprüche, die sich gerade auch im Ortsbild von Erbenheim finden: Einerseits der „Kreuzberger Ring“ mit direktem Autobahnanschluss als Standort für überregionale und internationale Firmen, andererseits die Fachwerkgehöfte um die Kirche und das frühere Rathaus, wo es nach Stall riecht und man daran erinnert wird, dass der Ort einst Haupt-Milch-Lieferant Wiesbadens war.
„... bis 1932 waren es 61 Milchhändler, welche Tag für Tag Wagen voller Milch, Butter und Eier zur Stadt fuhren.“ (Krag)
Auch im Vorüberfahren fallen die für diesen Stadtteil typischen Bilder ins Auge, die die Geschichte der Verstädterung eines Bauerndorfes veranschaulichen.
Wir folgen im Ort - zum Teil zwischen Bauerngärten - dem ausgeschilderten Radweg R6 bis er die Wandersmannstraße kreuzt. Ein paar Meter nach links geht es zum Harlekinäum – dem „fröhlichsten Museum der Welt“ –, in dem Michael Berger seit mehr als 20 Jahren über 2000 „funtasievolle“ Ideen gesammelt hat. Zum zweiten Berger-Projekt in Erbenheim, der „Humorkirche“ (Wandersmannstr. 2) führt der Weg nach rechts in die Ortsmitte, rund um Rathaus, Kirche und das traditionsreiche Gasthaus „Zum Engel“ (seit 1634). Auch hier finden wir im alten Rathaus ein liebevoll eingerichtetes Heimatmuseum. (Siehe Praktische Tipps)
Das wichtigste Symbol für die Entwicklung Erbenheims in den letzten 100 Jahren, kann aber heute leider nicht mehr besichtigt werden: die Rennbahn. „Dreimal im Jahre, im Frühjahr, Sommer und Herbst fanden dreitägige Meetings statt, die von Samstag zu Sonntag tausende Gäste nach Wiesbaden und Erbenheim brachten. Es kamen die besten Pferde aus dem

Politiker beim Pferderennen

Auf der Rennbahn in Erbenheim

Südfriedhof, Fries von Hans Völcker

ganzen Reich, und es dauerte nicht lange, da war Erbenheim ein Begriff im deutschen Rennsport geworden.“ (Krag) Das gesellschaftliche Ereignis war nicht nur eine Attraktion im Unterhaltungsprogramm für die Wiesbaden-Besucher aus aller Welt, sondern brachte auch den ortsansässigen Gasthöfen und Geschäften Spitzenumsätze, bis Inflation und Wirtschaftskrise den Rennklub in den Bankrott und die Gäste aus der Kurstadt trieben.
1929 war aus dem Parcours ein Zivil- und 1937 ein Militärflugplatz geworden; und die Dorfjugend war vom Sattel auf den Pilotensitz umgestiegen: „Die bestehende HJ wurde zur Flieger-HJ umgegliedert. Dadurch hatten 30 Erbenheimer Buben Gelegenheit, die Segelfliegerprüfung zu machen.“ Auch die „internationalen Beziehungen“ blieben erhalten: „Bei den Kämpfen in Nordafrika bestand eine direkte Flugverbindung von Erbenheim nach Casablanca.“ (Krag)
Als europäisches Hauptquartier der US-Luftstreitkräfte und als Ausgangsbasis für die „Rosinenbomber“ der Berliner Luftbrücke behielt der Flugplatz auch nach dem Zweiten Weltkrieg seine strategische Bedeutung. Erst ab 1974 wurde der Luftraum über Erbenheim etwas ruhiger. Eine Infanterie-Brigade hatte die Air-Force abgelöst. Aber schon fünf Jahre später verdichteten sich Gerüchte um eine „Reaktivierung“ des Geländes. 1982 formierte sich eine Bürgerinitiative gegen den Lärm von ca. 60 000 Flugbewegungen jährlich. Um die Mobilisierung der Öffentlichkeit geht es zwei Jahrzehnte später wieder. Diesmal im Verfahren um die Erweiterung des Frankfurter Flughafens.
Der Rückweg in die Innenstadt (Kreuzberger Ring, Überquerung der Autobahn) bietet noch einmal ein weites Panorama über das Rhein-Main-Gebiet bis nach Mainz hinüber. Als Zwischenstation vor dem Endspurt zum Hauptbahnhof empfiehlt sich der Südfriedhof, dessen Gebäudefront am Siegfried-Ring 1908 bis 1912 weit vor der Stadtgrenze errichtet wurde.

Wiesbaden auf dem Weg zum Weltkulturerbe

Dass Wiesbaden eine besondere Stadt ist, braucht manchmal für die Einheimischen mehr Erläuterung als für die Besucher. Und ähnlich erging es Prof. Dr. Gottfried Kiesow, dem erst nach seiner Pensionierung als Landesdenkmalpfleger 2004 klar wurde, wie viele Besonderheiten Wiesbaden zu bieten hat – und dass es damit durchaus Weltrang beanspruchen kann. Die Stadtpolitik und die Presse griffen die Überlegungen auf – die Idee der Bewerbung Wiesbadens als Unesco-Weltkulturerbe war geboren, die in der Öffentlichkeit große Zustimmung fand.

Mittlerweile hat diese Idee auch beim aktuellen hessischen Denkmalschützer Prof. Gerd Weiss Anklang gefunden und ihre Verwirklichung gehört zu den Vereinbarungen der aktuellen hessischen Re–gierungskoalition.

Der Anspruch Welterbe zu sein leitet sich von dem heraus ragenden Stadtbild des Historismus ab, aber auch von den zahlreichen historischen Besonderheiten Wiesbadens. So ist die Stadt, die um 1800 kaum mehr als 2000 Einwohner hatte, binnen gut 100 Jahren zur Großstadt aufgestiegen. Große Teile der Bebauung aus jener Zeit sind noch erhalten, insbesondere spiegeln sich die einzelnen Erweiterungsschritte noch heute im Stadtbild und der Stadtanlage.

Das absolut Besondere ist jedoch, dass dieser Aufstieg vor allem durch die Rolle als Kurstadt erreicht wurde: Die Stadt hielt Industrieansiedlungen bewusst draußen, sie wollte „rauchfrei" sein. So erfolgreich und so konsequent wie Wiesbaden war keine andere Kurstadt im europäischen Raum.

Insbesondere im späten 19. Jahrhundert – unter dem legendären Oberbürgermeister Ibell – entwickelte Wiesbaden eine wahre Prachtentfaltung, die noch heute die Stadt prägt. Es wurde in höchster Qualität und mit hohem Anspruch gebaut. Die öffentlichen Gebäude wie Kurhaus, Theater, Theaterfoyer, Kaiser-Friedrich-Therme, Casino-Saal und Landesbibliothek weisen auch eine beachtliche Innenarchitektur des Historismus auf. Seit Kurzem geben neu eingerichtete Cafés Einblicke in die großbürgerliche Wohnkultur des Historismus. Das frisch restaurierte Literaturhaus Villa Clementine mit nahezu vollständig erhaltener Innenausstattung ist ganztägig geöffnet. Auch das prachtvolle „Weiße Haus", die Söhnlein-Villa an der Paulinenstraße, kann bei einem Cafébesuch erkundet werden.

Die Bewerbung Wiesbadens als Weltkulturerbe ist so inhaltlich wohl begründet, auch wenn über die Schwerpunkte im Detail noch nicht entschieden sind. Hier helfen der Stadt internationale Gutachter, die sich mit dem Antragsverfahren genau auskennen.

Der Titel „Unesco-Welterbe" ist international mittlerweile so begehrt, dass das Antragsverfahren immer aufwändiger geworden ist und die Wartezeiten immer länger. So existiert in allen Ländern eine so genannte „Tentativliste", in welche die „offiziellen" Antragskandidaten des jeweiligen Landes aufgenommen werden. In Deutschland war das Interesse so groß, dass diese Liste Ende der 1990er Jahre geschlossen wurde. Bei der nun bald anstehenden Revision der Liste – hier sind auch einige Antragsteller mit nur noch geringen Chancen enthalten – hofft Wiesbaden als Kandidat des Landes Hessen nominiert zu werden.

Für Wiesbaden, da sind sich die politische Gremien mit dem meisten Bürgern einig, geht es um die Erhaltung des einmaligen Stadtbildes und insbesondere auch darum, dass mit einer Anerkennung als Welterbe – ja sogar mit dem Verfahren selbst – das Bewusstsein der Wiesbadener für das Besondere ihrer Stadt gehoben wird.

Franz Mollissel

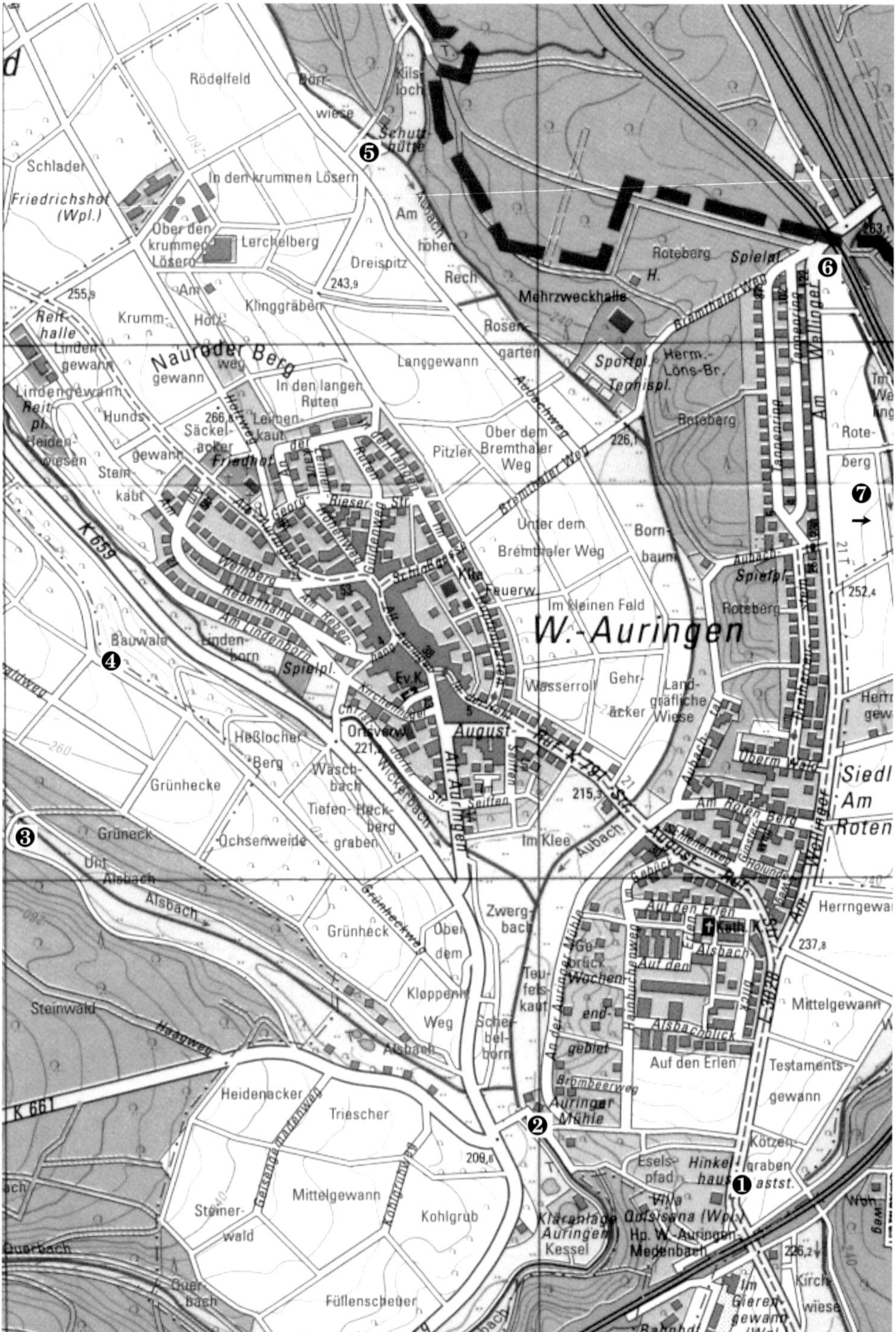

Rödelfeld
Kilsloch
Börrwiese
Schutthütte
5
Schlader
In den krummen Lösern
Friedrichshof (Wpl.)
Ober den krummen Lösern
Lerchelberg
Am hohen Rech
Dreispitz
243,9
255,9
Am Holz
Klinggraben
Reithalle
Krumm-
Lindengewann
Naurođer Berg
Holzweg
Rosengarten
Langgewann
Mehrzweckhalle
Roteberg
Spielpl.
6
263,1
Bremthaler Weg
Sportpl.
Tennispl.
Herm.-Löns-Br.
Lindengewann
Reitpl.
Heidenwiesen
Hundsgewann
266,6
Säckelacker
Leimenkaut
In den langen Ruten
Friedhof
Steinkaut
Ober dem Bremthaler Weg
Pitzler
226,1
Aubachweg
Rote-berg
7
Georg-Bieser-Str.
Weinberg
Hohenhang
Am Lindenborn
Lindenborn
Spielpl.
Unter dem Bremthaler Weg
Bornbaum
Feuerw.
Im kleinen Feld
Aubach
Spielpl.
252,4
W.-Auringen
K 659
Bauwald
4
Ev.K.
Kirchenweg
Wasserroll
Gehräcker
Landgräfliche Wiese
Ortsverw.
221,1
Heßlocher Berg
Waschbach
August-Ruf-K 791-Str.
Im Seiffen
215,3
Überm Wald
Siedl. Am Roten
Grünhecke
Tiefen-graben
Heckberg
Wickerbach
Alt Auringen
Am Roten Berg
3
Grüneck
Ochsenweide
Im Klee
Unt. Alsbach
Alsbach
Grünheckweg
Grünheck
Ober dem Kloppenheimer Weg
Zwergbach
Auf den Erlen
Kath. K.
Herrngewann
237,8
Teufelskaut
Gebrück
Wochenendgebiet
Alsbachblick
Mittelgewann
Steinwald
Haaweg
Alsbach
Scherbelborn
Auf den Erlen
Testamentsgewann
K 661
Heidenacker
Triescher
Brombeerweg
Auringer Mühle
2
209,6
Kötzengraben
Eselspfad
Hinkelhaus
1
astst.
Villa Quisisana (Wpl.)
Mittelgewann
Steinerwald
Kohlgrub
Kläranlage Auringen
Kessel
Hp. W.-Auringen-Medenbach
226,2
Querbach
Im Gierengewann (Wpl.)
Kirchwiese
Füllenscheuer
Bahnhof
K 659

Von Rio nach Auringen

Der Auringer Rundwanderweg – ein Projekt der Lokalen Agenda 21 im Wiesbadener Osten

Wolfgang Herber, Ulrich Schmidt

Wer geht sieht mehr,
als wer fährt.
Joahnn Gottlieb
Seume (1763-1810)

Ausgangs- und Endpunkt: Gaststätte Hinkelhaus,
Linie 21, DB-Haltepunkt Auringen-Medenbach, der „Ländchesbahn"

Wappen von Auringen

Der Auringer Rundwanderweg beginnt an der Gaststätte Hinkelhaus. Die ca. sieben Kilometer lange Wanderstrecke ist mit einem Zeichen, dem Auringer Wappen, markiert. Es zeigt eine in einem kleinen Wappen eingefasste Linde über einer aufgehenden Sonne.

Der Wanderweg hat im Uhrzeigersinn dann die weiteren Stationen Auringer Mühle, Alsbachtal, Feldbergblick, Aubachtal mit Auringer Teich, Roteberg und Dreiherrenstein. An diesen sieben charakteristischen Stellen wurden nach und nach Informationstafeln aufgestellt, die auf ökologische oder historische Besonderheiten aufmerksam machen.

❶ Hinkelhaus

Um endlich seinem unsteten Lebenswandel ein Ende zu bereiten, kauften die Eltern Rieser aus Auringen ihrem Sohn Julius um 1900 „auf den Erlen", unweit des damals neuen Bahnhofs an der August-Ruf-Straße, der damaligen Bahnhofstraße, ein Grundstück, auf dem er sich eine Existenz aufbauen sollte. Julius Rieser errichtete eine Gaststätte, der er zunächst den Namen „Zur Erholung" gab. Weil diese aber ihren Mann nicht ausreichend ernährte, baute Rieser zusätzlich eine Hühnerfarm und gab dann dem gesamten Anwesen den volkstümlichen Namen **Hinkelhaus**. Seither ist diese Gartenwirtschaft ein beliebtes, weit über die Grenzen Auringens bekanntes Ausflugslokal.

Auf dem benachbarten Gelände des Bahnhofs Auringen-Medenbach stand ein prächtiges Gebäude der ehemaligen Hessischen-Ludwigs-Eisenbahn AG, das 1972 wegen Baufälligkeit abgerissen und durch ein tristes Wartehäuschen ersetzt wurde. Die Bahnstrecke Wiesbaden-Niedernhausen, die sogenannte „Ländchesbahn", wurde 1879 von der Hessischen Ludwigsbahn mit Sitz in Mainz errichtet. Die Ländchesbahn wurde dann 1897 von der Königlich Preußischen Bahn gekauft. Aber die Bevölkerung des Ländchens zog es zum Einkaufen nach wie vor über Wiesbaden hinaus nach Mainz. Das stieß in Wiesbaden, das unter anderem aus Auringen die „Ländchesmilch"

Die Ländches-Bahn

Wiesbaden und des goldne Mainz,
Die streiten sich seit Jahren,
Und liegen mit der „Ländchesbahn“,
Sich schrecklich in den Haaren.

Des Ländche bringt uns vielerlei,
Und ist uns drum gewogen!
Denn meist mit echter Ländchesmilch,
Sind wir hier groß gezogen.

Die Mainzer Milch ist aus der Pfalz,
Sie würden Euch gern missen,
Doch daß Ihr gerne dorten kauft,
Das scheinen die zu wissen.

Ja, wißt Ihr liebe Ländchesleut,
Wollt Ihr mich ehrlich hören:
So kaaft bei uns und wir bei Eich,
Und laßt Eich nicht bethören.

Wiesbaden ist allein der Platz
Zu dem müßt Ihr Euch zählen,
Dann lassen wir's auch hilfsbereit
So leicht nicht an was fehlen.

Betrachtet nur des Mainzer Rad
Das die im Wappen tragen,
Für die ist an der Ländchesbahn
Ein Rad nur an dem Wagen!

Das heißt, es sind die andern drei
Für uns bestimmt zu laufen,
Denn wo Ihr Euren Absatz habt,
Da wollt Ihr auch nur kaufen!

Drum liebe Freunde dort im Land
In diesem edlen Streite,
Denkt an uns Nachbarn stets zuerst
Und bleibt an uns'rer Seite!

Virreche *)

*) In dem Wiesbadener Satireblatt „Wäsch-Bitt“ (1897-1900) stand 1899 das Gedicht von Franz Bossong (1872-1914), der mit dem Pseudonym „Virreche“ unterzeichnete: „Virreche“ (Vetterchen) nannten sich die alteingessenen Wiesbadener Bürger im Unterschied zu den „Hargeloffenen“, d. h. den Zugezogenen.

---

❷ Auringer Mühle

bezog, auf harsche Kritik. Die hier stehenden Gebäude gehören zur ältesten, erstmals 1689 urkundlich erwähnten Mühle, der **Auringer Mühle**.

Etwas unterhalb der Einmündung des Aubaches in den Wickerbach gelegen, versorgte sie wie die im Kirchenbuch von Kloppenheim erstmals 1700 erwähnte, etwas bachabwärts gelegene „Reitzenmühle“ die Region. Diese war nach ihrem ersten Besitzer Reitz benannt. Der fast verwahrloste Zustand der Auringer Mühle hat seit 2000 ein Ende, ihr neuer Besitzer hat sich rührig um die Instandsetzung gekümmert.

Die „Donnermühle“, eine dritte Mühle in Auringen, wurde 1710 von Johann Nikolaus Ruf unweit des Lindenborns „im Loch“ errichtet. Sie war nicht sehr lange in Betrieb, aber die Nachfahren des letzten Besitzers hießen noch lange die „Donnermüllers“.

❸ Alsbachtal

Der Alsbach, früher auch „Altzbach“ geschrieben, mündet in der unmittelbaren Nähe der Auringer Mühle in den Wickerbach. „Die Alsbach“, das **Alsbachtal**, ist wie alle Zuflüsse des Wickerbachs ein wichtiger Entstehungsort und Strömungstrasse für Kaltluft. Diese fällt nämlich entlang der Bäche und

Auringer Mühle,
zeitgen. Gemälde von
Vladimir Vambolt

ihrer Täler in die aufgeheizten Senken und sorgt für ein angenehmes, frisches Klima. Wiesbaden ist aufgrund seiner Kessellage darauf angewiesen, diese Schneisen zu erkennen und von Bebauung freizuhalten.

Beispielhaft für viele Taunusbäche sei auf das Nassauer Gestück verwiesen, einem alten Verfahren zu „Ausstückung" der Bäche mit Steinlagen. Es sollte das starke Mäandrieren der Bäche sowie das Mitreißen des Bodens bei starkem Regen oder bei der Schneeschmelze verhindern. Im Gegensatz zu der heutigen Methode des Betonierens von Bächen erlaubte diese alte Methode die Besiedelung der Bäche mit Gewässertieren. Wegen des rauen Untergundes konnten sie gut bergauf wandern und damit ihre Verdriftung kompensieren.

Zukünftig sollen Teile des Nassauer Gestücks im Wickerbachsystem entfernt werden, um dem Bach wieder natürliche Verhältnisse zu verschaffen. Man hofft damit, unter anderem den Prozess des sich ständig vertiefenden Bachbetts aufhalten zu können.

Weil sie wegen der vielen Bäche und nassen Wiesen im Sommer immer heftig von Schnaken geplagt wurden, sind die Auringer früher oft spöttisch „Schnooge" (mundartl. f. „Schnaken") genannt worden. Eine Gruppe junger Leute übernahm

2002 diese Bezeichungung, sie gründete die Kerbegesellschaft „Auringer Schnooge".

Die Markierung mit dem roten Pfeil am Auringer Wappen führt bachaufwärts durch das verwunschene Alsbachtal. Nach einer Spitzkehre im Wald am Grüneck erhabt sich auf den Feldern am Bauwaldweg in der Gemarkung Grünhecke mit gut 260 Metern über NN der höchste Punkt des Wanderwegs.

Auf dem Nordosthang des Kellerkopfs sind von hier noch gut die Reste eines Hakenkreuzes zu erkennen. Ende der 1930er Jahre hatte der Reichsarbeitsdienst im Zuge einer Aufforstungsaktion Nadelbäume gepflanzt, die dieses Zeichen von dem helleren Kleid der Laubbäume abhebend in der Landschaft weithin sichtbar markieren sollte.

❹ Feldbergblick

Von den Gewannen Grünhecke, Heßlocher Berg und Bauwald erschließt sich bei klarem Wetter ein herrlicher Blick über die Taunushöhe bis zum Großen Feldberg, der mit fast 880 m höchsten Erhebung im Taunus – der **Feldbergblick**. Eine hölzerne Sitzgruppe an einer erst kürzlich gepflanzten Goldulme – die Ulme war Baum des Jahres 1992 – lädt zum Verweilen ein.

Der Blick ins Tal zeigt das eingegrünte, in die Natur eingebettete kleine Dorf Auringen mit seinem alten Ortskern. Markanter Blickpunkt auf einer kleinen vorgelagerten Anhöhe ist das Schiff der evangelischen Kirche von 1716, die 1787 um den Glockenturm erweitert wurde.

Ev. Kirche Auringen, nach einer alten Ansichtskarte

Eine der Glocken stammt aus dem ersten Wiesbadener Waisenhaus, das der Pfarrer Eigidius Hellmund (1678-1749) im Jahre 1722 eingerichtet hatte.

In einer Mainzer Prozessakte wird Auringen 1252 erstmals als „Urungen" urkundlich erwähnt. Früher datierte Nennungen haben sich als nicht stichhaltig oder als Fälschungen erwiesen. Hügelgräber aus der Hallstattzeit (800 bis 400 v. Chr.) beweisen, dass auch davor bereits eine Besiedelung existierte.

Vor dem Dreißigjährigen Krieg (1618-1648) war Auringen eine kleine blühende Taunusgemeinde mit 26 Familien, die unter anderem intensiv Weinbau betrieben. Hinweise dafür finden wir noch in den Straßennamen „Am Weinberg" und „Am Rebenhang". Nach dem verheerenden Krieg waren 1651 nur noch sechs Männer und zwei Frauen am Leben. Aber 1684 wurden bereits wieder 57 Einwohner gezählt.

Auringen entwickelte sich weiter zu einer kleinen nassauischen Landgemeinde, in der Bauern, Arbeiter und Handwerker Wohnung und Arbeit fanden. In der der preußisch-deutschen Zeit siedelte sich sogar etwas Gewerbe an. 1945 wohnten hier 406 Einwohner. An die über 200 Heimatvertriebenen, die vorwiegend aus dem Sudetenland hinzugezogen sind, erinnert heute

Alte Ansichtskarte von Auringen

noch der von diesen am Wickerbach angelegte „Christdorfer Platz".

Der raschen wirtschaftlichen Entwicklung der Rhein-Main-Region sowie der Schaffung neuer Baugebiete verdankt die ehedem selbständige Gemeinde ein schnelles Wachstum. 1977 wurde sie wie andere Dörfer des westlichen Main-Taunus-Kreises nach Wiesbaden eingemeindet. Heute leben in Auringen ca. 3300 Einwohner.

Während des Jahres 2002 feierte die Gemeinde mit unterschiedlichsten Veranstaltungen, u. a. mit einem historischen Festumzug, die 750. Wiederkehr der ersten urkundlichen Erwähnung.

Vor dem Kirchenhügel existierte im Talgrund des Wickerbachs der Lindenborn, ein ehedem offener Schöpfbrunnen, dessen weiches Wasser von den Einwohnern hoch geschätzt wurde. In seiner Nähe standen einige Pappeln, die im Volksmund fälschlich „Lenne" genannt wurden, daher bis heute der Name „Lenneborn". Dieser stellte mit einigen anderen Brunnen die Wasserversorgung in Auringen sicher. Er wurde 1902 als letzter Auringer Brunnen abgedeckt und mit einer Pumpe versehen, wie man sie auch noch in der Straße Alt-Auringen am Haus Nr. 47 sehen kann. 1927 dann wurde der Lindenborn überflüssig, da von diesem Zeitpunkt an vom Wasserwerk Auringen im Gebiet Wellinger eine Hochdruckwasserleitung die Wasserversorgung für ganz Auringen übernahm.

Streuobstwiese

Der Blick auf Auringen wird insbesondere am diesseitigen Hang zum Teil von sehr alten Hochstamm-Obstbäumen verstellt. Diese ökologisch wertvollen Streuobstwiesen wurden seit kurzem wieder durch Neupflanzungen ergänzt und garantieren damit auch in den nächsten Jahrzehnten einen naturtrüben heimischen „Äbbelwoi" (Apfelwein).

Der Wanderweg führt nun talwärts über Straße und Wickerbach am Birkenhof, einem beliebten Reiterhof, vorbei zum Friedrichshof mit seinem Hofladen. Aussiedlerhöfe wie diese sind als Teil der heimischen Landwirtschaft wichtig für die ortsnahe Versorgung der Menschen. Und ohne landwirtschaftliche Nutzungen wäre Umweltschutz um ein Vielfaches schwieriger und aufwändiger.

Umweit der Aubachbrücke erinnert an einer Holzbank der im März 2000 gepflanzte „Martinsflieder“ an den Rezitator, Sprecherzieher und Sänger Hanns Martin Schäfer (1955-1997). Als Sänger im legendären Ballhaus-Quartett, einem Männerensemble in der Tradition der Comedian Harmonists, war er in den 1970er und 1980er Jahren maßgeblich beteiligt an den Kulturfesten der Wiesbadener Szene, u. a. bei den Anderen Maifestspielen (AMF).

❺ Aubachtal, Auringer Teich

Das langgestreckte **Aubachtal** wird seit einiger Zeit in Teilabschnitten nicht mehr landwirtschaftlich genutzt. Auch die übrige Bewirtschaftung erfolgt extensiv, das heißt großflächig, aber mit verhältnismäßig geringem Aufwand. Damit ist es für viele Pflanzenarten und in ihrem Gefolge auch für viele Tiere wieder möglich geworden, in diesem feuchten Tal zu siedeln. Dies ist ein wesentlicher Beitrag zur Sicherung dieses Biotoptyps am Rande des Taunus.

Auringer Teich

Eine Öffnung der Ausstückung im Aubach könnte auch hier ein stärkeres Mäandrieren und damit ein langsameres Fließen ermöglichen. Dies wäre auch ein Beitrag zur Reduzierung der Hochwassergefahr am Unterlauf des Wickerbachs.

Einen idealen Hochwasserschutz dagegen stellt der **Auringer Teich** dar, der als Rückhaltebecken fungiert. Als Lebensraum für zahlreiche Pflanzen und Tiere, die sich speziell an stehende Gewässer angepasst haben, war er jedoch über viele Jahrzehnte durch Oberflächenwasser aus dem Bereich der Autobahn belastet. Durch die neue ICE-Trasse Frankfurt-Köln ist der Teich nun vom Liefergebiet Autobahn abgeschnitten. Welche hydrologischen Effekte diese neue Situation haben wird, muss wie an vielen anderen Abschnitten der neuen Bahntrasse weiter beobachtet werden.

Das Gelände am Teich ist in jedem Sommer Treffpunkt der beiden christlichen Gemeinden Auringens, die hier zu einem ökumenischen Freiluftgottesdienst zusammenkommen.

❻ Roteberg

An der Gemarkung **Roteberg**, wo man wie am Hinkelhaus gut parken kann, erreicht man aus dem Wald kommend einen beschrankten Bahnübergang der Ländchesbahn.

Die neue aus Köln kommende ICE-Trasse verschwindet an dieser Stelle im Nordportal des Schulwaldtunnels, des mit über vier Kilometern längsten Tunnels dieser Strecke. Erst kurz vor

Breckenheim kommt sie wieder ans Tageslicht. Der bergmännisch durchgeführte Tunnelbau hat trotz intensiver Bohruntersuchungen mehr Probleme gezeigt, als zunächst vermutet wurde. Dies rührt zum einen von der bröseligen Struktur des Untergrundes, die durch den Faulschiefer bedingt ist. Zum anderen liegt es an den sandigen Ausläufern des Mainzer Beckens, das vor 35 Millionen Jahren bis in unsere Region hinein seine Meeresausläufer schickte. Es ist zu hoffen, dass das Jahrhundertbauwerk ICE-Trasse im Betrieb keine negativen Auswirkungen auf die Wohnqualität der Gegend haben wird.

❼ Dreiherrenstein

Am Bahnübergang geht es über eine Treppe und dann den neu errichteten „Medenbachsteg" an der Bahnstrecke entlang zu dem mitten im Wald angelegten Plätzchen um den **Dreiherrenstein**, einem dreiseitigen Grenzstein. Neben der Jahreszahl 1730 sind auf der Nordseite „CM" für „Curmainz", auf der Westseite „NI" für Nassau-Idstein und auf der Südostseite „HD" für Hessen-Darmstadt eingehauen. Der Name „Dreiherrenstein" wird darauf zurückgeführt, dass die drei Landesherren an dieser Stelle nach der Sage an einem „Dreiherrentisch" zu einem gemeinsamen Mahl zusammen kommen konnten, ohne ihr Hoheitsgebiet verlassen zu müssen. Aber dieser Stein steht nicht dort, wo er hingehört: Der eigentliche Schnittpunkt der Herrschaftsgebiete befand sich im Bereich des heutigen Bahnübergangs bachaufwärts. Hier sollte er 1730 gesezt werden. Aber wegen Grenzstreitigkeiten zwischen den drei Herrschaften hatte er zunächst fast 80 Jahre im Wald gelegen. Erst nachdem 1803 alle diese Gebiete zum Hause Nassau-Usingen kamen, wurde 1810 der Stein an diese Stelle gesetzt, weil hier herzoglicher Wald mit Medenbacher und Auringer Privatland zusammenstießen.

Wahrlich nicht zu überhören ist hier der Verkehrslärm, der von Osten von der Autobahn A 3 herüberkommt. Bereits 1934 wurde mit dem Bau dieser „Reichsautobahn" begonnen. Eine Legende ist es jedoch, dass die Nazis die Autobahn geplant und gebaut hätten. Denn bereits Anfang der 1920er Jahre, in der Weimarer Republik also, wurde eine Planung für ein Autobahnsystem in Deutschland vorgelegt. Und schon 1932 zerschnitt der damalige Oberbürgermeister von Köln Konrad Adenauer (1876-1967) das Band an der Autobahn Köln-Bonn. Im Frühjahr empfängt den Wanderer in diesem Bereich beiderseits des Medenbachs eine „Rapsodie in Gelb". Zunehmend haben nämlich die Landwirte auf den Anbau von Raps, einem Kreuzblütler, umgestellt, der als Ölpflanze in der Technik eine Zukunft hat. Ein gutes Omen also für unsere Zukunft am Ende des Auringer Rundwanderwegs!

Die Wagner-Villa am Biebricher Rheinufer

„Im Bibernest am Rhein, dort wo die Nachtigallen singen“, so schwärmte Richard Wagner, als er sich 1862 in einer neuen Villa am Biebricher Rheinufer einrichtete, um hier an der Komposition seiner Oper Die Meistersinger von Nürnberg ungestört zu arbeiten. Benachbart dem Biebricher Schloss, in der Rheingaustraße 137, weist heute eine schlichte Bronzetafel an der Backsteinmauer, die das Anwesen umgibt, die Vorübergehenden auf den berühmten einstigen Bewohner hin.

Der Architekt Wilhelm Frickhöfer war der damalige Besitzer und Erbauer der Villa. Die zum Rhein hin kantig hervortretenden Eckerker fanden ihr Vorbild wahrscheinlich im 1842-1845 errichteten Paulinenschlösschen in Wiesbaden, das 1945 bei einem Luftangriff zerstört und später abgerissen wurde. Die Fassadengliederung aus roten Backsteinen ist hingegen eher bei Nutzbauten der damaligen Zeit üblich gewesen.

1882 erwarb der türkische Gesandte am Berliner Hof, Aristarchi Bey, die romantisch über dem Fluss liegende Villa und nannte sie nach dem Kosenamen seiner deutschen Frau Anna, geborene von Bonin, Villa Annika. 1889 erhielt das Sommerhaus mit dem als klassischer Landschaftsgarten angelegten 5000 qm großen Grundstück, abermals einen neuen Besitzer, nämlich den Fabrikanten Rudolf Dyckerhoff, der Erweiterungen vornehmen und die Repräsentationsräume mit Motiven aus Wagner-Opern ausmalen ließ. Damals jedoch, im Februar 1862, mietete Richard Wagner zwei Balkonzimmer in der oberen Etage mit Blick in Richtung Mainz und schildert seiner Frau Minna die neu gewonnene Idylle: „*... reizend, man sagt mir, dass es hier so viele Nachtigallen gäbe, dass man völlig betäubt werde von ihrem Schlage. Da will ich mich denn betäuben lassen.*“ Die Zürcher Seelenfreundin Mathilde Wesendonck erhielt eine genauere Beschreibung seiner Häuslichkeit: „*... ich habe zwei Zimmer auf ein Jahr gemiethet, Flügel, Bücherschrank, das berühmte Ruhebett, die drei römischen Kupferstiche und das alte Nibelungenblatt ... Die Lage ist außerordentlich schön: dicht am Rhein, dem Schloss zur Seite, in einem alleinstehenden Hause, das Gott vor anderen Bewohnern bewahren möge ... So will ich denn hier mein Meistersingerschicksal erwarten!*“

In Mainz hatte er wenige Tage zuvor im Kreise des Musikverlegers Franz Schott die Dichtung der Meistersinger von Nürnberg eindrucksvoll vorgetragen und am gleichen Abend den Vertrag geschlossen. Schott rechnete mit einer zügigen Komposition und war daher auch zu Vorschusszahlungen bereit. Doch von Gläubigern verfolgt, in Spannungen mit seiner Frau Minna lebend, war Wagner kaum in der Stimmung zum Komponieren und reiste ruhelos umher, um durch Dirigieren seiner Werke in Leipzig, Wien und St. Petersburg weitere Einnahmequellen zu erschließen. Doch kehrte er meist erfolglos nach Biebrich zurück. Um seinen Verleger zu beruhigen, der für die gezahlten Vorschüsse größere Meistersinger-Abschnitte zu sehen wünschte, studierte Wagner in Biebrich mit der Sängerin Emilie Genast und dem zufällig anwesenden Hans von Bülow am Erardschen Flügel, *Fünf Gedichte für eine Frauenstimme* ein, deren Komposition er eigentlich nur Mathilde Wesendonck gewidmet hatte, immerhin nach ihren eigenen Gedichten. Bereits am nächsten Tag wurden sie in der Laubenheimer Sommervilla der Schotts zur Uraufführung gebracht, bei der „Frau Cosima von Bülow in Tränen schwamm“, wie es der anwesende Komponist Wendelin Weißheimer beschreibt.

Schon während dieses Besuchs der Bülows in Biebrich gab es „ein Geheimnis wortlos übereinstimmender Zuneigung“ zwischen Cosima von Bülow und Richard Wagner, obwohl er sich zu dieser Zeit gerade um die Zuneigung der 29-jährigen Mainzerin Mathilde Maier bemühte, in deren natürlicher Anmut er seine Kunstfigur Eva Pogner zu finden glaubte.

Im August 1862 wurde Wagner zu allem Unglück von der Bulldogge Leo, die sich sein stets mürrischer Hausherr als Kettenhund hielt, in die rechte Hand gebissen. Dies hinderte ihn für zwei Monate an der weiteren Niederschrift der Komposition. Schott stellte daraufhin jegliche Zahlungen ein.

Da die Komposition also nicht so recht voran kam, täuscht die an der Außenmauer der Villa angebrachte Inschrift der älteren Hinweistafel, auf der noch zu lesen ist: In diesem Haus schuf Richard Wagner im Jahr 1862 seine Meistersinger.

Richtig ist, dass Teile des 1. Aktes, an dem er noch im September arbeitete, und einige der schönsten Passagen des 3. Aktes mit der Ansprache Pogners: „Das schöne Fest Johannistag“ in Biebrich komponiert wurden. In *Mein Leben* beschreibt Wagner selbst jene Phase der Entstehung: „*Bei einem schönen Sonnenuntergang, welcher mich vor dem Balkon meiner*

Die „Wagner-Villa", Zeichnung von C. Rühl 1882, gewidmet Mathilde Maier

Wohnung aus den prachtvollen Anblick des goldenen Mainz mit dem vor ihm dahinströmenden majestätischen Rhein in verklärender Beleuchtung betrachten ließ, trat auch plötzlich das Vorspiel zu meinen Meistersingern, wie ich es einst aus trüber Stimmung als fernes Luftbild vor mir erscheinen gesehen hatte, nahe und deutlich wieder vor die Seele. Ich ging daran, das Vorspiel aufzuzeichnen, und zwar ganz so, wie es heute in der Partitur steht, demnach die Hauptmotive des ganzen Dramas mit großer Bestimmtheit in sich fassend." Doch nicht wie vor allem vom Verleger erhofft, am Rhein, sondern in Tribschen am Vierwaldstätter See konnte die Komposition endlich 1867 abgeschlossen werden.

Während seiner gelegentlichen Spaziergänge im Biebricher Schlosspark entdeckte Wagner die inmitten eines malerischen Weihers gelegene Mosburg, die dem Bildhauer Emil Alexander Hopfgarten als Atelier diente. Zu gerne hätte der Komponist hier sein Domizil bezogen, doch nicht nur wegen des feuchten Gemäuers konnte er den Plan nicht weiter verfolgen.

Bedrängt von Misserfolgen und Schulden verließ Richard Wagner Biebrich am 12. November 1862 und reiste nach Wien. Ostern 1863 kehrte er noch einmal nach Biebrich zurück um seinen Hausrat abzuholen. Nicht ohne die Hoffnung aufzugeben wieder zurückkehren zu können, appelliert er an die hiesigen Freunde, für ihn im Rheingau ein „Asyl" zu finden und überträgt die Verantwortung hierfür an Mathilde Maier: *„O weh, nun, versteht sich, muss ich vom Rhein fort, wenn Du mir kein hübsches Nest findest, das soll ich wohl auch noch von hier aus, während meiner Tristan Noth besorgen! Euch ist's vom Schicksal in die Hände gegeben, mich wieder an den Rhein zu bringen ...*"

Franz Schott, der verärgert über mangelnde Gegenleistungen die immer wiederkehrenden Vorschussforderungen Wagners nicht mehr erfüllte, äußerte wahrhaft prophetisch: „Überhaupt kann ein Musikverleger Ihre Bedürfnisse nicht bestreiten, dies kann nur ein enorm reicher Bankier oder Fürst, der über Millionen zu verfügen hat. Findet sich dieser nicht, so müsste man an das deutsche Volk appellieren."

Und siehe da, der ersehnte Fürst fand sich zwei Jahre später in München, in dem jungen Bayernkönig Ludwig II. Der Fürst hingegen, in dessen Nachbarschaft Wagner in Biebrich wohnte, konnte sich für diese „Zukunftsmusik" nicht begeistern und wäre sowieso als Mäzen nicht in Frage gekommen; denn Herzog Adolfs musikalische Vorliebe galt der italienischen Oper. So fand sich hier am Rhein nicht das rechte Umfeld für die Kunst eines der exzentrischsten Komponisten des 19. Jahrhunderts. *Marlene Hübel*

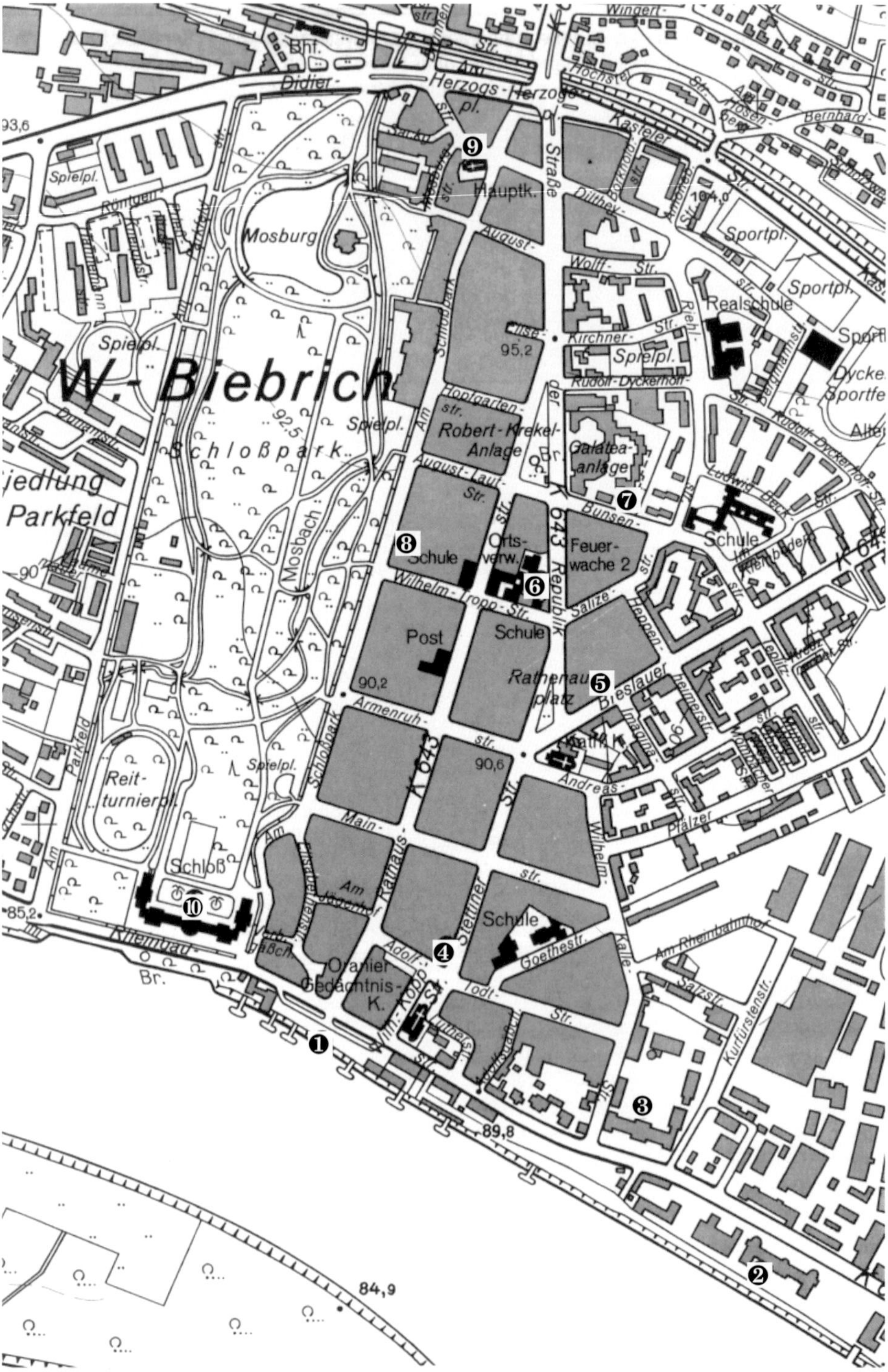
W.-Biebrich
Schloßpark
Siedlung
Parkfeld
Mosburg
Spielpl.
Reitturnierpl.
Schloß
Bhf.
Didier-
Herzogs-pl.
Hauptk.
Realschule
Sportpl.
Robert-Krekel-Anlage
Galatea-anlage
Schule
Ortsverw.
Feuerwache 2
Post
Rathenauplatz
Kath.K.
Oranier Gedächtnis-K.
Rheingaustr.
Br.
Straße der Republik
August-Lautz-Str.
Wilhelm-Tropp-Str.
Armenruhstr.
Mainzer Str.
Rathausstr.
Stettiner Str.
Goethestr.
Adolf-Todt-Str.
Bunsenstr.
Saline-
Breslauer
Pfälzer
Wilhelm-Kalle-Str.
Am Rheinbahnhof
Salzstr.
Kurfürstenstr.
Kasteler Str.
Dilthey-
Wolff-Str.
Kirchner-Str.
Rudolf-Dyckerhoff-Str.
Hopfgarten-str.
Am Schloßpark
Mosbach
Spielpl.
K 643
93,6
95,2
92,5
90,2
90,6
85,2
89,8
84,9
104,0
❶
❷
❸
❹
❺
❻
❼
❽
❾
❿

Sommerfrische mit rauchenden Schloten

Biebrich: Vom „Dampferlandeplatz“ zum Schlosspark

Rolf Engelke

Ausgangs- und Endpunkt: Rheinuferpromenade,
Linien 4, 14 und 9 (nach Mainz)

... wo bin ich, wo befind ich mich?
Hat mich ein süßer Traum bethöret?
Ist dieses nicht das schöne Bieberich,
von dem ich schon so viel gehöret?
Ja, ja es ist's; wie bin ich nicht beglückt,
daß ich einmal den Wunderort erblickt,
nach welchem mich bislang so hoch verlanget,
den die Natur für andern zärtlich liebt,
indem sie ihm das miteinander giebt,
womit sie sonst zertheilt und einzeln pranget!

Daniel Wilhelm Triller

Am vielbesungenen Rhein, eingezwängt zwischen Barockschloss und Industrieschloten, liegt Wiesbadens größter Vorort Biebrich. Seit 1926 ist das vormals selbständige nassauische Residenz- und Industriestädtchen, das zuletzt von einem eigenen Oberbürgermeister regiert wurde, nach Wiesbaden eingemeindet. Heute zählt der Stadtteil 36.500 Einwohner, die zum großen Teil in den zahlreichen Industriebetrieben beschäftigt sind. Einen Schwerpunkt stellt noch immer die chemische Industrie dar, die in Biebrich mit den Werken Kalle und Albert auf eine lange Tradition zurückblicken kann. Ein weiterer wichtiger und vor allem auch publikumswirksamer „Industrie“zweig mit Tradition ist die Sektfabrikation mit dem Branchenriesen „Henkell & Söhnlein Sektkellereien“. Dabei liegt der Ort eher abseits der Wiesbadener Konsumschneisen; für Schicki-Micki-Ambiente fehlen die exklusiven Objekte. Statt dessen gibt es immer noch „Tante-Emma-Läden“ und Getränkebüdchen vor Ort, im eng verwinkelten alten Mosbacher Ortskern einige der letzten bewirtschafteten Bauernhöfe. Während im Gewerbegebiet an der Hagenauer Straße der Konkurrenzkampf zwischen den Großmärkten tobt, ist das Geschäftsleben im Ort selbst erstaunlich beständig, kundenorientiert und lebhaft geblieben. Die Kneipen- und Vereinskultur blüht. Die Arbeitsgemeinschaft Biebricher Vereine und Verbände vertritt nicht weniger als 16.000 Mitglieder. Im Ortsbeirat herrschten früher

Gerichtssiegel von Biebrich und Mosbach 1636

Das Rheinufer bei Biebrich um 1900

SPD-Mehrheiten aus Tradition, die vor dem Hintergrund von Strukturwandlungen – ähnlich wie in anderen von Industrie geprägten Bezirken – mittlerweile verschwunden sind. Stammtischstrategen beklagen den angeblich zu hohen „Ausländeranteil" – während eine Vielzahl von Ausländervereinen, insbesondere eine bedeutende griechische Gemeinde, aktiv ihre kulturelle Autonomie entfaltet. Baulich bietet sich ein kontrastreiches Ensemble. Im Ortskern des Stadtteils Mosbach sind Reste dörflicher Gehöfte mit geräumigen Hofeinfahrten und Fachwerkfassaden erhalten und in einigen Gassen der „Gibb" verbreiten einstöckige, teilweise leicht baufällige Häuschen einen Hauch von „Arme-Leute"-Romantik. Ein Kranz von Arbeitersiedlungen und „Neue Heimat" westlich und östlich des Ortskerns, wilhelminischer Villenprunk („Landhäuser") entlang der Alleen nach Wiesbaden und Schierstein; postmoderne Wohnkultur mit schrägem Glasdach und hellenisierenden Betonsäulen dringt in der Nachbarschaft des Schlossparks langsam vor.

Allerorten aber sind bis heute die architektonischen Monumente der Biebricher-Amöneburger Großindustrie wahrzunehmen. Der Stadtplan weist eine schwer zu überblickende Zahl von Kalle-, Dyckerhoff-, Henkell- und Albertstraßen aus.

❶ Dampferlandeplatz

Der Treffpunkt der touristischen Besucher, die schon seit der Mitte des 19. Jh. in großer Zahl im Schlosspark und auf der Rheinpromenade promenieren, war von jeher der **Dampferlandeplatz** Biebrich am Rhein. Heute ist das Rheinufer durch die Haltestelle mehrerer Buslinien an das Verkehrsnetz des Rhein-Main-Verkehrsverbundes (RMV) angebunden. Die vormals luxuriösen Cafés und Hotels wurden nach und nach geschlossen. An die Stelle der eleganten Restaurationen sind profane Würstchenbuden, Zeitungskioske, einige Schnellrestaurants und ein winziges, durchaus empfehlenswertes italienisches Eiscafé getreten. Und vor allem an schönen Sommerabenden geht es recht rege, aber keineswegs „fürnehm" zu. Die Rheinfront – jahrzehntelang als Parkplatz und Endhaltestelle missbraucht – hat sich mittlerweile mit Platanen,

Deko-Felsen, Holzbänken und verbreitertem Spazierweg zur Promenade gemausert.

Flötenspieler an der Rheinpromenade

Um 1900 hatten hier die Dampfboote der „Köln-Düsseldorfer" geankert, denen Trauben von Sommerfrischlern und Kurgästen entstiegen, die Wiesbaden per Schiffsreise ansteuerten; auch vom nahen „Rheinbahnhof", an den nur noch eine gleichnamige Kneipe in der Wilhelm-Kalle Straße erinnert, waren die Ausflugsziele zu Fuß oder per Droschke erreichbar.

Die reine Naturidylle des „Wunderorts" am Rheingestade, an dem sich der nassauische Hofdichter Heinrich Daniel Triller um 1735 in seiner „poetischen Beschreibung Bieberichs" vom „süßen Traum bethöret" auf „alten Elyseer-Wiesen" wähnen konnte, ließ sich schon für den Touristen des wilhelminischen Zeitalters nur noch durch Ausblenden der Realität rekonstruieren. Schon vor 1900 verdunkelte im Osten der Stadt der Rauch von Schornsteinen der „Fabrik-Etablissements" von Kalle, Albert und vor allem der Zementfabrik von Dyckerhoff zuweilen den Himmel. Biebrich hatte längst den „Doppelcharakter" eines „anmutigen Rheinortes und einer fleißigen, aufstrebenden Gewerbestadt" angenommen, wie ein Reiseführer aus dem Jahre 1904 bemerkt:

Kommen wir nach der Rheinstadt Biebrich und lassen vom Rheinkai aus unsere Blicke westwärts über den herrlichen Strom und die lachende Landschaft des Rheingaus schweifen, so entlockt uns der Anblick wohl den Ausruf: Am Rhein ist Schönheit und wonniges Leben! Sehen wir aber rheinaufwärts die rauchenden Schlote der Fabriken, deren zahlreiche Produkte hier zu Schiff und mit der Bahn in alle Weltgegenden verfrachtet werden, so müssen wir gestehen: Am Rhein ist Arbeit und schaffendes Streben!

Am Rheinufer in den 1960ern

Heute findet sich der Besucher des Biebricher Rheinufers zunächst mit eher zwiespältigen Ergebnissen „schaffenden Strebens" konfrontiert. Beiderseits des Rheins breitet sich bis ins benachbarte Mainz unübersehbar ein fast geschlossenes Areal von Industriebetrieben aus.

Mit dem „wonnigen Leben", das sich im ehemaligen Biebricher „Strandbad" auf der Rheininsel Rettbergsaue abspielte, war es seit Beginn der 1960er Jahre endgültig vorbei. – Im Sommer 1844 war Wiesbadener Kurgästen ein erfrischendes Bad im Fluss mit warmen Worten ans Herz gelegt worden:

Die Rheinbäder in Biebrich ... sind in diesem Jahr zweckmäßig restauriert, in die Flussströmung weiter hinausgerückt worden und verdienen empfohlen zu werden ...

Aber bereits vor 1900 mussten die auf der Biebricher Rheinseite gelegenen Freibäder wegen der unerträglichen Verschmutzung des Flusses auf die Rheininsel (Biebricher Wörth) verlegt werden. Aus „hygienischen Gründen" wurden die „Militärschwimmanstalt" und die Ezelius'sche Badeanstalt („die größte am Mittelrhein") geschlossen, da die „Cloake" Wiesbadens und die Industrieabwässer der an Main und Rhein konzentrierten Farbwerke (vor allem die Farbwerke Hoechst, Cassella in Fechenheim und Kalle am Ort selbst) den Schwimmsport am rechten Rheinufer verleideten. Die Stadt Biebrich errichtete nach Schließung der Privatbadeanstalten in den 1920er Jahren auf der Rheinaue ein kommunales „Strandbad", dessen Gebäude noch heute deutlich zu erkennen sind.

Der Industrialisierungsschub der Nachkriegsjahre, einhergehend mit einer weiter zunehmenden Wasserverschmutzung, vertrieb die letzten Badefreudigen endgültig aus dem Rhein in die Schwimmbäder.

Griechisch-orthodoxe Pfarrkirche St. Georg in der Rheingaustraße, in „Klein-Hellas", mit einem hohem griechischen Bevölkerungsanteil

Während der Spaziergängerstrom sich vom ehemaligen Dampferlandeplatz meist nach Westen zum Biebricher Schloss hin oder auf der neuerdings nach Osten erweiterten Promenade bewegt, gehen wir an den ehemaligen Zollgebäuden vorbei die Rheingauer Straße entlang. Diese Straße mit angegrauten Fassaden, die direkt in das Biebrich-Amöneburger Industriegebiet führt, galt noch um die Jahrhundertwende als eine der besten Adressen mit dem Hotel „Bellevue" und dem Hotel „Zum Rheinischen Hof".

Das letzte Haus am Ortsausgang bewohnte der langjährige stellvertretende Bürgermeister und nationalliberale Abgeordnete des Preußischen Landtags, August Wolff.

Auf der linken, gegenüberliegenden Straßenseite sind vor einer unwirtlichen Kulisse von Fabrikgebäuden, ausgedehnten Firmenparkplätzen und der monströsen Rheinkaserne die ehemaligen Herrschaftshäuser der Biebricher Fabrikantenfamilien wie an einer Kette aufgereiht. Rheingaustraße Nr. 180 war früher im Besitz des Kommerzienrats Carl Dyckerhoff, Mitinhaber der Dyckerhoff'schen Zementwerke. Heute beherbergt der voluminöse Bau das Wilhelm Dyckerhoff-Institut für Baustofftechnologie.

Haus Nr. 182 war die Residenz von Kommerzienrat Heinrich Albert, Gründer der Chemischen Werke (um 1858); als er im Jahre 1901 nach Wiesbaden zog, stand die Stadt Biebrich am Rande des finanziellen Zusammenbruchs: sie hatte ihren „Höchstbesteuerten" an die Kurstadt verloren.

Strandbad Biebrich, Postkarte um 1930

Haus Nr. 184, einst vornehm-schlichter Familienstammsitz von Wilhelm Kalle, der 1863 die Kalle'schen Farbwerke in Biebrich gegründet hatte, ist heute ein Verwaltungsgebäude.

❷ Rheinkaserne

Die **Rheinkaserne**, noch in der Ära des nassauischen Herzogs Adolf in den Jahren 1857-1860 als „eine der modernsten Kasernen Europas" erbaut, wurde seit der Annexion Nassaus durch Preußen 1866 von verschiedenen militärischen Einrichtungen genutzt. Zunächst war dort eine Preußische Unteroffiziersschule untergebracht. 1914 wurden die Gebäude in Zusammenhang mit Kriegsvorbereitungen von Pionieren belegt. Nach der deutschen Niederlage im Ersten Weltkrieg lösten französische und später englische Besatzungstruppen die preußischen Militärs ab.

Rheingaustraße 184

Nach dem verlorenen Zweiten Weltkrieg zog für etwa zwei Jahrzehnte die US-Army als Besatzungsmacht in Biebrich ein und sorgte für das Aufblühen einer leicht zwielichtigen Kneipenkultur. Ein Relikt dieser Jahre war bis in die Gegenwart die Spelunke „Sputnik Franzek", die sich bis zum Tode des Wirtes gegenüber der ehemaligen Kasernenausfahrt am Leben halten konnte. Anfang 1990 brannte die modrige Holzbaracke ab. Die Kaserne selbst steht seit dem Auszug der Amerikaner leer und vergammelte jahrzehntelang. Nach dem Abriss einiger Nebengebäude ist jetzt der Ausbau zu einem – nichtmilitärischen – Bürokomplex in Gang gekommen; das Hessische Landesamt für Umwelt hat hier in Sichtweite der potentesten industriellen Umweltverschmutzer der Landeshauptstadt ein neues Domizil gefunden.

❸ Kalle Direktionsgebäude

Auf der gegenüberliegenden Straßenseite dicht am Rheinufer wurde im Jahre 1938 das **Kalle Direktionsgebäude** im Stil der (NS)-Zeit erbaut und in Anwesenheit von viel NS-Prominenz eingeweiht.

Wilhelm Kalle (1830 –1919)

Mit dem Farbstoff „Fuchsin“, der durch Behandlung von Steinkohlederivaten mit hochgiftiger Arsensäure „dargestellt“ wurde, war Wilhelm Kalle 1863 nach Übernahme einer stillgelegten Pechfabrik ins Geschäft mit synthetischen Farben eingestiegen. Die Belegschaft des Etablissements bestand im Gründungsjahr aus Wilhelm Kalle selbst, der ausgebildeter Chemiker war, und drei Arbeitern. Als Kalle und Co., um einen pharmazeutischen Produktionsbereich erweitert, im Jahre 1913 das fünfzigjährige Betriebsjubiläum feierte, zählte die Aktiengesellschaft von Moskau über Biebrich bis New York 1344 Beschäftigte, davon über 350 Chemiker, technische und kaufmännische „Beamte“.

Die Folgen des Ersten Weltkriegs brachten Kalle in existentielle Schwierigkeiten: Absatzmärkte waren verloren gegangen, die französische Besatzungsmacht regierte in den Betrieb hinein. Eine selbstbewusste, unruhige Arbeiterschaft versuchte 1920 durch Arbeitsniederlegung soziale Errungenschaften, wie beispielsweise den 8-Stundentag, zu verteidigen. 1925 wurde das krisengeschüttelte Unternehmen dem IG-Farben-Konzern angegliedert; die Produktion wurde vollständig auf die zunächst risikoreiche, später sich als gewinnbringend erweisende Herstellung von Kunststoff-Folien („Cellophan“) umgestellt. Die Herrschaft des Faschismus tat dem Aufblühen des Betriebes keinen Abbruch. 1938, im Jahre des 75-jährigen Firmenjubiläums, beschäftigte Kalle 3142 Arbeitskräfte. Ausländische Zwangsarbeiter und Kriegsgefangene mussten im Zweiten Weltkrieg durch ihren „Arbeitseinsatz“ die Produktion aufrechterhalten. Sie waren zum größten Teil in Holzbaracken des „Landgrabenlagers“ in der Nähe des Betriebs untergebracht. Der Terror der Gestapo und des Werkschutzes, die menschenunwürdige Ernährung (z. B. mit Sägespänen versetztes „Russenbrot“) und unzureichender Schutz bei Bombenangriffen forderten unter den „Fremdarbeitern“ zahlreiche Opfer. Im September 1944 legte ein englisches Bombenkommando die „kriegswichtigen Betriebe“ Kalle und Albert in Schutt und Asche. Nach Auflösung des IG-Farben-Verbundes 1945 durch die Siegermächte wurde Kalle den Farbwerken Hoechst zugeschlagen. Vorübergehend war auch die benachbarte ehemalige Albertsche Düngerfabrik, die heute pharmazeutische Produkte, Kunstharze und Tenside produziert, wie Kalle der Hoechst AG angegliedert. Lange war der Chemiemulti Hoechst mit Abstand der grösste Arbeitgeber und Gewerbesteuerzahler Wiesbadens. Nach der Übernahme der Hoechst AG durch den französischen Konzern Rhone-Poulenc wurde der „Industriepark Kalle-Albert“ geschaffen mit einem

Hollywood am Kochbrunnen – Filmstadt Wiesbaden*

** Titel des Buches von Horst Goschke, Film in Wiesbaden*

Im Sommer 1987 stöberten die Mitinitiatoren der Projektgruppe Wiesbadener Filmnächte Harald Schleicher und Uwe Schriefer den damals 86-jährigen Filmemacher Edy Dengel auf, der in den Jahren 1919-1924 mit seiner Firma AXA-Film insgesamt acht Spielfime gedreht hatte, darunter verheißungsvolle Titel wie *Das Schloß des Schreckens* und *Der Mann mit der Totenmaske*. Die Mitwirkenden, berichtete Edy Dengel, kamen alle aus der Gibb. (Stadtteil von Wiesbaden Biebrich)

Angebote aus Berlin, dem damaligen Mekka des deutschen Films, schlug Edy Dengel aus. Er drehte lieber weitere Abenteuer „Fred Repps", arbeitete bis 1933 für die Wochenschau und machte Städteporträts in der Umgebung. Edy Dengel produzierte Filme, in denen er selbst mitspielte und für die er auch das Drehbuch schrieb. Kapitalmangel verhinderte damals die industrielle Filmproduktion in Wiesbaden. Erst nach dem Krieg, 1949, investierte die zur Ufa gehörende Filmgesellschaft Afifa in die Studios Unter den Eichen 2,2 Mio. DM. Es entstand ein modernes Kopierwerk, das 1949 seine Arbeit aufnahm. Die 1950er wurden dann die Glanzjahre des Films in Wiesbaden: Es entstanden berühmte Filme wie *Wenn der weiße Flieder wieder blüht, Rosenresli* und *Mordprozeß Dr. Jordan*. Lilo Pulver, Romy Schneider, Curd Jürgens, Heinz Rühmann, Luis Trenker und andere Berühmtheiten gaben sich die Klinke in die Hand. Sogar Alfred Hitchkock drehte in Erbenheim Szenen für den Film *Topas*. Als 1963 in Mainz das Zweite Deutsche Fernsehen (ZDF) als Länderanstalt gegründet wurde, kamen die Sendungen erstmal aus den Studios der Afifa in Wiesbaden.

Im heutigen Medienpark Unter den Eichen und an anderen Wiesbadener Adressen gibt es mehr als 60 Filmproduktionsfirmen und Zulieferer, u.a. die 1956 gegründete Internationale Film Agentur (IFAGE), die für alle gängigen Fernsehformate produziert.

Die vielen in Wiesbaden lebenden Filmleute, Regisseure, Drehbuchautor/innen, Cutter/innen, Kameraleute, Schauspieler/innen beleben die Szene. Ob im Café oder beim Bäcker, plötzlich ist da jemand, den man kennt, aber woher bloß? Ach ja, gestern im Fernsehen ... Auch das illustre Stadtbild Wiesbadens dient oft als Kulisse für Filme oder Serien.

Im Frühjahr 2009 wurde das Deutsche Filmhaus der Friedrich-Wilhelm-Murnau-Stiftung, die sich der Film-Archivierung und -restaurierung widmet, in der Murnaustraße (ehem. Gartenfeldstraße) mit einem modernen Kino als Herzstück eröffnet. Die Murnau-Stiftung verwaltet mit einem Filmstock von über 2000 Stummfilmen, 1000 Tonfilmen und 3000 Kurzfilmen gewissermaßen die deutsche Filmgeschichte. Hier wird auch der legendäre Film *Metropolis* von Fritz Lang, dessen verschollene Teile 2008 in Argentinien aufgetaucht sind, restauriert. Die Stiftung will ihren Beitrag für die deutsche Filmkultur weiter auszubauen, wertvolle Arbeiten der Öffentlichkeit präsentieren und im Zeitalter des digitalen Films den einzigartigen Bestand aktuell halten.

Das Deutsche Filmhaus beherbergt nun die Spitzenorganisation der Filmwirtschaft (SPIO), die Freiwillige Selbstkontrolle der Filmwirtschaft (FSK), die Deutsche Filmkünstler Nothilfe (FKN), das Archiv des Deutschen Filminstituts (DIF), das Institut für Kino und Filmkultur (IKF) und andere mehr. Auch das Landesstudio Hessen des ZDF wird dort einziehen. Die Filmbewertungsstelle (FBW) und das Kuratorium Junger Deutscher Film werden mit den Institutionen im neuen Filmhaus kooperieren, selbst aber an ihrem bisherigen Standort im Schloss Biebrich bleiben.

Dort werden seit 1984 auf Initiative des Wiesbadener Filmemachers Joachim Kreck regelmäßig die *Filme im Schloss* gezeigt.

Das heutige kommunale Kino Caligari mit einem anspruchsvollen Programm im ehemaligen, aufwändig restaurierten Ufa-Palast begann als Archivkino des Deutschen Filmarchivs.

Das einst von der Projektgruppe für ein kommunales Kino ins Leben gerufene Open-Air-Kino in den Reisinger-Anlagen fand im Sommer 2009 zum zwölften Mal statt. Der Besuch ist kostenlos. Open-Air-Kino zu günstigen Preisen – Klassiker und Kultfilme – wird auch in der Reduit am Rheinufer in Kastel geboten. Das Walhalla Bambi (Programm)Kino einer privaten Initiative rundet das Angebot ab.

Die jährlich stattfindenden Filmfestivals *exground* und *Go east – Festival des mitttel- und osteuropäischen Films* finden starke Beachtung bei Publikum und Medien, so auch das *Alle-Welt-Kino* und die *Werkstatt für junge Filmer*.

Dass die „Filmstadt Wiesbaden" noch immer kein Multiplex-Kino hat, kann bei dem vielseitigen und anspruchsvollen Angebot verschmerzt werden.

Brigitte Forßbohm

Gemisch aus herkömmlichen und neuen Betrieben, der von der Firma InfraServ betrieben wird. Insgesamt ist jedoch ein Rückgang des produzierenden Gewerbes und der Anzahl der Beschäftigten – von 18000 zu Zeiten der Hochkonjunktur auf nur noch 6000 im Jahr 2009 – zu verzeichnen.

❹ Stettiner Str. 6

In der Stettiner Straße, der östlichen von drei Achsen, die den Ortskern in Nord-Süd-Richtung durchziehen, stehen neben Bauten der wilhelminischen Ära noch einstöckige Häuschen des vorindustriellen Biebrich. Baustruktur und Fassaden gleichen weitgehend dem kleinstädtisch-bürgerlichen Alt-Biebrich um 1900. In der **Stettiner Straße 6** befand sich einst ein angesehenes Textilwarengeschäft, das der jüdischen Familie Sender gehörte und Geburtshaus der Sozialistin Toni Sender war.Sie war Mitbegründerin der Unabhängigen Sozialdemokratischen Partei (USPD). 1918 gehörte sie dem Frankfurter Arbeiter- und Soldatenrat an. Nach dem Scheitern der Räterepublik wurde sie 1920 für die USPD ins Frankfurter Stadtparlament und im gleichen Jahr in den Reichstag gewählt, dem sie bis 1933 angehörte. Nach dem Reichstagsbrand floh sie vor den Nationalsozialisten zunächst in die Tschechoslowakei, später in die USA, wo sie ihre politischen und gewerkschaftlichen Aktivitäten fortsetzte.

Toni Sender, (1888-1964)

Chaotische Verhältnisse hatte der junge Zementfabrikant Rudolf Dyckerhoff Ostern anno 1865 zu beklagen. Erst mit der Bereitstellung fabrikeigener Wohnungen für „Stammarbeiter" kehrte Kontinuität auf dem örtlichen Arbeitsmarkt ein.

❺ Breslauer Str. 4-10

In Nachbarschaft der 1876 eingeweihten katholischen Marienkirche in der **Breslauer Straße 4-10** errichtete die Firma Dyckerhoff in den Jahren 1889-1891 ihre ersten Werkswohnungen auf Biebricher Gemarkung. Im Vergleich zu den wilhelminischen Häusern rund um den Rathenauplatz, wo sich „Fabrikbeamte" und Chemiker der Industriebetriebe niederließen, wirken die soliden, vierstöckigen Backsteinbauten recht bescheiden. 1908 verfügten die Dyckerhoffs als größte Haus- und Grundbesitzer in Biebrich und Amöneburg über 29 Häuser mit insgesamt 122 Wohnungen.

Im „Henkelmann" brachten Frauen ihren Männern das Mittagessen

In der Firma vertraten die Dyckerhoffs den Herr-im-Hause-Standpunkt: *Ein jeder Arbeiter hat die ihm übertragene Arbeit im Interesse der Fabrik-Eigenthümer mit Eifer und möglichstem Fleiß auszuführen, sich daneben während der Arbeitszeit einer sittsamen Ruhe zu befleißigen und sich aller Communicationen mit seinen Mitarbeitern, soweit diese nicht zur Arbeit gehören oder dieselbe stören, zu enthalten.*

(...) Die Arbeiter haben sowohl den Fabrik-Eigenthümern, als auch den ihnen vorgesetzten Aufsehern und Vorarbeitern unbedingt zu

gehorchen. Ungehorsam, Widerspruch und Widersetzlichkeit, sofern deren Verbüßung durch eine Geldstrafe nicht angemessen erscheinen sollte, können durch augenblickliche Entlassung geahndet werden. (Aus der Fabrikordnung der Fa. Dyckerhoff & Söhne 1864)

❻ Rathaus

Auf damals noch freiem Feld zwischen Rheinufer und dem Bauerndorf Mosbach ließen die selbstbewussten Stadtväter der aufstrebenden Industriegemeinde im Jahre 1876 ein repräsentatives **Rathaus** errichten. 1906 wurde der spätklassizistische Bau nach Norden erweitert, um ein Stockwerk erhöht und mit korinthischen Säulen und „Kunst am Bau" verziert: Besonders eindrucksvoll ein Fries mit allegorischen Darstellungen der um 1900 hier ansässigen Berufsgruppen Chemiker, Winzer, Fischer, Landmann, Metallarbeiter oder auch Soldat, die von (halb-)nackten Knaben dargestellt werden.

Figuren am Rathaus

Hier tagte bis 1926 die Biebricher Stadtverordnetenversammlung. Vor der Novemberrevolution ein Honoratiorenparlament – Beamte und Handwerksmeister, Industrielle und ihre Prokuristen, einige Landwirte. Nach den ersten freien und gleichen Wahlen von 1919 änderte sich die personelle und politische Zusammensetzung: Erstmals hatten drei Frauen im Stadtparlament Sitz und Stimme; SPD und USPD stellten mit 20 gegen 16 Abgeordnete der „Vereinigten Nichtsozialistischen Parteien" eine neue Mehrheit. Der seit 1892 regierende Biebricher Oberbürgermeister Vogt arrangierte sich mit den demokratischen Gepflogenheiten und blieb trotz Protesten der Linken aus USPD und KPD bis 1923 im Amt und Würden.

In den frühen 1920er Jahren spielten sich um das ehrwürdige Rathaus stürmische Szenen ab. Im Oktober 1923 wurde es im Anschluss an eine Hungerdemonstration gegen unbezahlbare Kartoffelpreise gar von einer „zur äußersten Wut entfachten Menschenmasse" besetzt, so der Polizeibericht im Wortlaut.

Oberbürgermeister Rudolf Vogt (1856-1926)

Am 30. November 1923 kam es in Biebrich zum „blutigen Freitag". Als die Polizei vor dem Rathaus in die Menge feuerte, gab es sieben Tote. Die Demonstranten, darunter viele Arbeitslose, hatten mit dem Vorstand des Gewerkschaftskartells die Übergabe der Stadtverwaltung an die Vertretung der Arbeiterschaft gefordert.

In der bürgerlichen Presse wurde die blutige Polizeiaktion als Abwehr eines „Separatistenputsches" dargestellt, den der Vorsitzende des örtlichen Gewerkschaftskartells, der Stadtverordnete Hochstetter (KPD), inszeniert habe; bis in die neuere Literatur hält sich diese Legende von der drohenden „Rheinischen Republik" in Biebrich, die nur durch einen „patriotischen" Polizeieinsatz verhindert worden sei.

Heute sind im Biebricher Rathaus kommunale Behörden untergebracht. Ein kleines Heimatmuseum, das von einigen Lokalhistorikern betreut wird, wurde 1989 aus dem Rathaus in Räume des städtischen Badehauses (Rudolf-Dyckerhoff-Straße Nr. 4) verlegt. Es widmet sich neben der Traditionspflege des nassauischen Herrschaftshauses der Orts- und Vereinsgeschichte des Stadtteils.
Der Stadtkern der Doppelgemeinde Biebrich-Mosbach hat sich zwischen 1890 und 1910 herausgebildet.

❼ Galatea-Anlage

Erst seit Mitte der 1970er Jahre überragt die **Galatea-Anlage** das Zentrum Biebrichs: ein 18-stöckiger Betonwohnturm mit Bürgersaal für Faschingsvergnügungen und Ortsbeiratssitzungen, mit Kegelbahn, Restaurants, Einkaufsläden und der nach dem sozialdemokratischen Lokalpolitiker Hörner benannten Altentagesstätte. Ein städtisches Jugendzentrum bietet Raum für Freizeit und kulturelle Betätigung.

Galateabrunnen um 1900

Benannt ist das einzige Hochhaus Biebrichs nach dem Galateabrunnen in der gegenüber liegenden Robert-Krekel-Parkanlage. Die aus Dyckerhoffzement gegossene, frisch sanierte Brunnenfigur zeigt die Meeresnymphe Galatea, eine ob ihrer Schönheit gerühmte Tochter des griechischen Meeresgottes Nereus. Sie ist ein Geschenk Eugen Dyckerhoffs aus dem Jahr 1900 und wurde auf dem freien Platz an der damaligen Kaiserstraße, heute Straße der Republik, aufgestellt.
Die Galatea-Anlage wurde auf dem Areal des früheren Biebricher Elektrizitätswerkes und des Betriebshofes der ehemaligen „Süddeutschen Eisenbahn-Gesellschaft“ erbaut. Als die Wiesbadener Stadtwerke 1955 ihre letzten Straßenbahnlinien zugunsten des Omnibusverkehrs stillegten, hatte die letzte Stunde des Depots (sprich „Debbo“) geschlagen.

Feuertreppe in der Galatea-Anlage

Die Straße Am Schlosspark, früher Wiesbadener Straße, verbindet von alters her das Bauerndorf Mosbach mit dem Schloss und dem Fischer- und Gewerbeort Biebrich am Rhein.
Mit dem Bau des Schlosses, seit 1744 nassauische Residenz, siedelten sich längs dieses überwiegend einzeilig bebauten Weges an der Schlossparkmauer Hofbedienstete mit ihren Familien an.
Nach der Errichtung des Wiesbadener Stadtschlosses (1837-1841) verließen die meisten Staatsdiener nach und nach Haus und Hof und siedelten nach Wiesbaden über. In die geräumigen Wohnungen zogen meist einheimische Gewerbetreibende. Vor allem Wirte eröffneten am Schlosspark ihre Gasthäuser: um 1900 bestanden allein in der Wiesbadener Straße und der zum Rheinufer hinab führenden Schlossstraße nicht weniger als elf Wirtschaften, Bierkaschemmen oder Restaurationen.

Damals befürchtete Bürgermeister Vogt gar, dass das „rote" Biebrich auch noch in den zweifelhaften Ruf eines lebenslustigen „Rixdorf am Rhein" geraten werde.

Das Gasthaus „Kaiser Adolf", **Am Schlosspark 73,** galt seit etwa 1890 als Hauptquartier der Biebricher Arbeiterbewegung; hier stand Peter Heberle, der erste sozialdemokratische Stadtverordnete, hinter der Theke. Wenn bedeutende Redner oder der Reichstagskandidat der Partei angekündigt waren, füllten mehrere hundert Zuhörer den Versammlungssaal.

❽ Am Schlosspark 73

Besonders beliebt in der Arbeiterschaft und der Schrecken des benachbarten evangelisch-ehrwürdigen Katharinenstiftes waren Tanzveranstaltungen im „Kaiser Adolf". Im Oktober 1902 beschwerte sich der Vorstand dieses „Damenheimes" über „Unfug bei Lustbarkeiten" und beschwor die „Gefährdung der öffentlichen Sitten". Man forderte eine Beschränkung der Polizeistunde, um angeblichen Orgien der sozialistischen Jugend Einhalt zu gebieten. „Von 2 bis 11 Uhr wäre reichlich Zeit, den ganzen Wochenlohn zu verschlemmen, Ehre und Gesundheit in den Koth zu treten. Der ganze Abschaum wird sich hier einnisten, wenn nicht beizeiten vorgebeugt wird", ereiferten sich die Tugendwächter im Jahre 1902 über ihre „heutige" Jugend.

Gasthof Kaiser Adolf um 1900

Nach 1919 spielte der „Kaiser Adolf" im Konflikt zwischen SPD und linker Opposition eine zentrale Rolle. Nach der Spaltung des SPD-Ortsvereins schloss sich der Wirt Heinrich Scheidt der USPD an und kandidierte später auf der Liste der KPD für die Kommunalwahl. Die Mehrheitssozialdemokraten, die in Biebrich zeitweise zur Minderheit wurden, mussten sich einen neuen Versammlungsort suchen.

Wenige Jahre später wurde der „Kaiser Adolf" von einem Kinobesitzer aufgekauft, der den Versammlungsraum des traditionsreichen Arbeiterlokals in die „Park-Lichtspiele" umwandelte. Heute trainieren hier die Besucher eines Bodybuilding- und Fitness Centers; zu den Stammgästen soll auch der „Biebricher Bub" und ehemalige Fußballnationalspieler Jürgen Grabowski zählen.

Nach Norden zu führt die Straße Am Schlosspark unmittelbar in den Ortskern von Mosbach. Bis heute hat Alt-Mosbach Reste seines dörflichen Charakters bewahrt; selbst die **Hauptkirche** mit ihrem spätgotischen Glockenturm, im 18. Jh. als Hofkirche des nassauischen Herrscherhauses errichtet, erinnert eher an eine Dorfkirche.

❾ Hauptkirche

Jenseits der Bahnlinie und der autobahnähnlichen Äppelallee, die den PKW-Verkehr zu mehreren Großkaufhäusern, in die Neubausiedlung Parkfeld und zu einer Filiale des Bundeskriminalamts leitet, liegt die Gibb. Den meisten Wiesbadenern ist dieser Ortsteil durch die „Gibber Kerb" geläufig: ein buntes Volksfest auf den Bleichwiesen im Mosbachtal, veranstaltet von der traditionsbewussten Gibber Kerbegesellschaft. Seit 1909 wird es am ersten Sonntag im Juli mit einem Festzug der „Kerbeborsche" und Musikkapellen eröffnet und sollte einst die Mosbacher für den Verlust ihres Marktes entschädigen.

Logo der Gibber Kerbegesellschaft

⑩ Schloss Biebrich

„Biebrichs größte Merkwürdigkeit ist das herzogliche **Schloss** mit seinem reizenden Park", heißt es in einer Ortsbeschreibung des Herzogtums Nassau von 1862. Höchstes Lob war dem 1811 vergrößerten und von dem bekannten Gartenbauarchitekten Friedrich Ludwig von Sckell „in englischem Geschmack angelegten ... Garten der Lust" schon im Rheinischen Antiquarius von 1865 zuteil geworden: „Majestätische Alleen wechseln ab mit anmuthigen Laubgängen, grüne Rasenteppiche mit duftenden Bumenbeeten, kühle Ruheplätze mit traulichen Lusthäuschen." Friedrich Ludwig von Sckell, der auch der Schöpfer des „Englischen Gartens" in München war, stammte aus Nassau. Die Umgestaltung des Barockgartens des Biebricher Schlosses in einen weitläufigen Landschaftspark war sein letzter Auftrag vor seinem Tode 1823.

Rotunde

Im nördlichen Teil des Parks, den wir durch das Nordportal oder das Mosbacher Burggässchen betreten, sind ein halbkreisförmiger Weiher und, als künstliche romantische Ruine, die Mosburg angelegt. Diese „kleine Burg, eine mittelalterliche Spielerei mit gotischen Zimmern und alten Steindenkmälern der Katzenelnbogenschen Grafen, wurde vor geraumer Zeit (1804/05) im Schlossgarten auf den Trümmern der alten Kaiserpfalz Biburk ... erbaut", so die bei Historikern nicht unumstrittene Darstellung in Baedekers „Rheinreise" von 1849. Der für den Nassauischen Hof tätige Bildhauer Emil Alexander Hopfgarten hatte seit 1848 in der Mosburg sein Atelier, das nach seinem Tode 1856 von seinen Schülern weitergeführt und erst 1874 aufgelöst wurde. Noch im 20. Jh. war die Mosburg bewohnt; bis zu den Zerstörungen im Zweiten Weltkrieg war in ihren Räumen das Biebricher Heimatmuseum untergebracht. Das seit 1978 alljährlich im August gefeierte Mosburgfest rund um den Schlossparkweiher mit einem vielfältigen Musik-, Kultur- und Kinderprogramm und illuminierter Mosburg dient auch der Selbstdarstellung der Biebricher Vereine und Initiativen und hat einen ausgesprochen multikulturellen Charakter.

Die Mosburg als Ruine um 1750

Im östlichen Teil des Schlossparks ließ Herzog Adolf, der letzte nassauische Herrscher, aus Passion einen Wintergarten mit exotischen Pflanzen und Palmen anlegen. Nach der Annexion Nassaus durch Preußen 1866 wurden die Gewächshäuser mitsamt Beständen für 60.000 Gulden an die Stadt Frankfurt verkauft und bildeten den Grundstock des Frankfurter Palmengartens. In den folgenden Jahren wurde der Park, der im Besitz Herzog Adolfs (seit 1890 Großherzog von Luxemburg) verblieb, für das Publikum geöffnet. Durch Polizeiverordnung waren „das Liegen auf den Bänken, das Rauchen aus langen und kurzen Pfeifen, jedes störende Lärmen" und andere Unarten streng untersagt. Heute raucht hier jeder nach Bedürfnis – Zigaretten oder Pfeifchen unterschiedlichster Längen –, joggt, führt seinen Hund aus oder beobachtet freilebende grellgrüne, kreischende Papageien, die sich seit einigen Jahren als Exoten im Park niedergelassen haben. Auf den Kinderspielplätzen ist fast immer „was los". Vor allem im Sommer trifft sich nachmittags die „multikulturelle Gesellschaft" Biebrichs im Schlosspark zum Picknick. Allein das Internationale Reitturnier sorgt für Exklusivität.
Das Schloss selbst, das einst mit ca. 190 Zimmern der herrschaftlichen Prachtentfaltung diente, ist heute Repräsentationsstätte der Hessischen Landesregierung. In den beiden Flügel sind das Hessische Landesamt für Denkmalpflege, die Diensträume und Werkstätten des Landesarchäologen und die Filmbewertungsstelle untergebracht. In der Rotunde und im Mittelbau wird zuweilen ein ausgewähltes Publikum zum Staatsempfang oder zum Konzert geladen.

Der Rheingau: „... eine Gegend wie ein Dichtertraum!"

„Ich habe noch keine Landschaft gesehen, die mir so wohl tat als diese ... Ringsum weit die Städte und Flecken hingesäet, viele tausend Blicke auf meinen Standpunkt gerichtet, in tiefer Einsamkeit, Vor- und Nachwelt um mich aufgelöst in ein unendliches Gefühl des Daseins", schrieb Clemens von Brentano in seinem Roman „Godwi" unter dem Eindruck der Reisen, die er 1801 mit Carl von Savigny und 1802 mit Achim von Armim unternommen hatte. Auch Heinrich von Kleist, zu Gast bei Brentanos, die 1804 in Winkel ein Landhaus erworben hatten, schwärmte: „Ach, das ist eine Gegend wie ein Dichtertraum!" Was machte den Rheingau damals zum bevorzugten Objekt historischer und poetischer Betrachtung? Karoline von Günderode, die auch zu dem Kreis gehörte, der sich im Salon der Brentanos traf, brachte es auf den Begriff: Es ist das „Rückwärts-in-schönere-Tage-blicken"-wollen, die Suche nach dem Besseren in der Vergangenheit, bei den frühen Romantikern verbunden mit einer radikalen Kritik an der Gegenwart. In dem an Umwälzungen so reichen 19. Jahrhundert veränderte sich die alte Kulturlandschaft nur wenig. Sie blieb in ihrem Erscheinungsbild, in dem sich Natur, Weinbau, Verkehr und Besiedelung zu einem harmonischen Bild verbinden, dem Mittelalter verhaftet. Den Anschluss an die gewerblich-industrielle Entwicklung hatte der Rheingau nicht gefunden, der Rhein war im Begriff, seine einzigartige Bedeutung als Verkehrsweg zu verlieren, die alten Zollburgen verfielen und zierten nur noch als Ruinen die Landschaft. Mit der einsetzenden Moderne wurde der Rheingau gewissermaßen zu einem Freilichtmuseum und eine Attraktion für zivilisationsmüde Städter. Und so folgte der Rheinromantik der Rheintourismus. Im Jahr 1835 betrug die Zahl der Reisenden nach den Listen der rheinpreußischen Dampf-Schiffahrtsgesellschaft schon 113.447, was die Spätromantikerin Adelheid von Stolterfoth, die das Publikum mit Märchen, Sagen, Romanzen und Legenden versorgte, wert fand, in einem ihrer Werke anzumerken. Bei ihr, die im Rheingau den „reizendsten Garten" und in der „Geschichte seiner Vorzeit, ... ein so schönes, ächt deutsches Bild entschwundener Zeiten und Sitten" sah, deutet sich schon der konservative Patriotismus an, der in der romantischen Dichtung und Kunst um den Rhein im Laufe des 19. Jahrhunderts, gegründet auf ein harmonisierendes Geschichtsbild und die Idealisierung des Mittelalters, immer stärker hervortrat. Der Rhein wurde mehr und mehr zum politischen Symbol stilisiert und in den Dienst der nationalen, gegen Frankreich gerichteten Propaganda gestellt. Dieses Bestreben im Sinne der „Wacht am Rhein", das sich nicht nur gegen die expansionistischen Ziele des Nachbarstaates, sondern auch gegen dessen revolutionäre Errungenschaften richtete, drückt sich in der „Germania", dem kuriosen „Monstrum patriotischer Gigantomanie" (Hübner), auf dem Niederwald über Rüdesheim aus. (Siehe auch S. 232)

So schmeichelhaft das poetische, wenn auch rückwärts gerichtete Interesse am Rheingau und der anhaltende Touristenstrom sein mögen, mit der tatsächlichen, an sozialen, politischen und religiösen Konflikten reichen Geschichte der Landschaft hat dies nicht allzuviel zu tun. 800 Jahre stand der Rheingau unter der Herrschaft des Erzbischofs von Mainz. Nach altem Herkommen waren die Rheingauer „cives", d. h. sie verfügten über Bürgerrechte wie die Bewohner der Städte, was im Rheingauer Weistum von 1324 festgehalten ist. Sie hatten freien Zutritt zur Landesversammlung, uneingeschränkten Rechtsschutz dem Adel und den Städten des Erzbistums gegenüber, das Marktrecht, den unbeschränkten Marktverkehr mit Mainz und das Recht der Nutzung der Wälder für Brennholz und Weide. Zur Landesverteidigung verpflichtet, waren sie bewaffnet, und auf der Mainzer Stadtmauer mussten sie zwei Zinnen besetzen, wenn Gefahr im Verzug war. Wenn auch die Rheingauer persönliche Unfreiheit nicht kannten – verfolgte und entflohene Leibeigene der umliegenden Herrschaften konnten das Rheingauer Bürgerrecht erwerben – waren sie von feudalen Lasten nicht verschont geblieben. Vor allem litten sie unter den hohen Abgaben an das Erzbistum und unter den Zehnten, die an die zahlreichen kirchlichen Grundeigentümer, Klöster und Stifte, die ihrerseits Steuerfreiheit genossen, zu leisten waren.

Vor diesem Hintergrund neigte man im Rheingau zum Protestantismus und sah in ihm eine den Reichen und Mächtigen feindliche Botschaft der menschlichen Gleichheit und Gerechtigkeit. Der von Erzbischof Albrecht von Brandenburg (Regierungszeit: 1514-1545) zunächst geduldete Hofprediger Hedio übte im Rheingau starken Einfluss aus. In einem überlieferten Sendschreiben „an das christliche Häuflein im Rheingau" heißt es: „Sehr groß ist der Zehnten, so ihr gebet, (...) nach der fruchtbaren Art eures Ländleins. (...) Was bedarf man eines solchen unzähligen Haufens (von Geistlichen), da doch

vielen Kärste und Hacken besser anstände als Chorröcke und Chorkappen! (...) wer will, wer möchte, wer kann sie ohne Jammer und Klage länger ertragen oder dulden, nähren, aufziehen und mästen!"
Die Rheingauer schlossen sich dem Bauernaufstand 1525 an, wobei die sich Auseinandersetzung hier vor allem zwischen den Bürgern und Bauern und dem Klerus abspielte, während der ansässige Adel sich mit den Aufständischen verbündete. Ritter Friedrich von Greiffenclau wurde zum „Hauptmann des gemeinen Lagers im Rheingau" gewählt. Auf dem Wacholder, in der Nähe des Klosters Eberbach, präsentierten die Rheingauer ihre Forderungen nach freier Pfarrerwahl durch die Gemeinden, Ermäßigung des Fruchtzehnten auf den 30. Teil, Beseitigung des Steuerprivilegs des Klerus und des Adels, Einschränkung der Klöster und Stifte u. a. m.
Die Aufständischen, die nach dem Bericht des Chronisten auf dem Wacholder zwar „mancherlei Unfug" trieben, enthielten sich aber größerer Übergriffe und Grausamkeiten. Allerdings sollen sie das große Eberbacher Fass von 70.000 Litern, das man am 1. Dezember 1500 zum erstenmal gefüllt hatte, weitgehend ausgetrunken und die Vorräte des Klosters um einiges geschmälert haben. Zunächst sah es so aus als hätten sie Erfolg: Die Klöster im Rheingau mussten mit „Brief und Siegel" die Forderungen der Aufständischen anerkennen. Dann unterlagen die Bauernhaufen Südwestdeutschlands den Truppen des Schwäbischen Bundes und die Rheingauer wurden zur Unterwerfung auf Gnade und Ungnade aufgefordert. Widerstand gegen die Kriegshaufen zu leisten, schien unmöglich; dies führe nur dazu „dass wir alle erwürgt, unsere Habe und Güter genommen und das Land in ewig Verderben gebracht" werde. Was die Delegierten des Rheingaus auf dem Weg in das Lager der Fürsten erlebten, war erschreckend. Es lagen „die Toten zuhauf". Wenn es ihnen nicht gelänge, mit den Fürsten ein Übereinkommen zu treffen, so schrieben sie aus Pfeddersheim, seien sie alle auf ewig verdorben, „denn man achtet gar wenig in diesem Handel eines Menschen." Das Schlimmste konnte abgewendet werden, die fürstlichen Truppen ließen davon ab, als Eroberer den Rheingau zu verwüsten.
Die Niederlage der Aufständischen hatte einschneidende Folgen: Die Unterwerfungsurkunde brachte den Verlust der alten Bürgerfreiheiten, die Wälder waren wieder allein dem landesfürstlichen Gebrauch vorbehalten, sogar das Fischen in den Bächen wurde verboten. Die Waffen wurden eingesammelt und mit einem Schiff in die Eltviller Burg gebracht. Einige „Rädelsführer" wurden festgenommen. Neun wurden „am Leibe gestraft und enthauptet."
Erzbischof Albrecht von Brandenburg regierte nun „lege absoluti" nach einer neuen Ordnung vom 3. Januar 1527.
Die Rheingauer waren nun Untertanen, von „Bürgern" keine Rede mehr. Im Klima der Ketzerverfolgung und religiösen Intoleranz verödeten die früher entstandenen Gewerbe.
Die Rheingauer sahen sich jedoch nicht nur politisch entrechtet, der Erzbischof Albrecht von Brandenburg griff mit einer Polizeiordnung tief in die Lebensweise seiner Untertanen ein: Tanzveranstaltungen an Sonn- und Feiertagen waren zukünftig verboten, Kirchweihfeste durften nicht mehr „mit wehrhafter Rüstung, Pfeifen, Trommeln, Tanzen, Spielen und anderer Kurzweil" besucht werden, bei Hochzeiten und Kindtaufen nicht mehr als acht Personen an den Feierlichkeiten teilnehmen und nur zwei Spielleute musizieren. Selbst das Essen war vorgeschrieben: Außer Käse und Obst waren drei Mahlzeiten erlaubt, dazu ein Imbiss, „um die Hochzeit zu beenden." Das Zutrinken war ebenso verboten wie spöttische Worte zur Verachtung und Verkleinerung der Obrigkeit.
Die absolutistisch-klerikale Herrschaft, wenn auch im Laufe der Zeit abgemildert, dauerte an bis zur Säkularisierung, der Aufhebung kirchlichen Grundeigentums und der territorialen Neugliederung in der napoelonischen Zeit. Der Anschluss des Rheingaus an das Herzogtum Nassau brachte einige Erleichterungen, wie die Aufhebung der Steuerfreiheit des Adels, der körperlichen Züchtigung als Strafmittel und die allgemeine Pressefreiheit.
Die gerade in jenen Jahren einsetzende Rheinromantik neigte schon zur Verklärung der Geschichte des Landstrichs unter Ausblendung sozialer Konflikte. Heute spielt die „Legende von der Rheinromantik" bei der Vermarktung der Region eine wichtige Rolle. Doch das Bild hat Risse bekommen. Das „Geschmeide der Städte und Dörfer, das die Ufer schmückt" ist an zu vielen Stellen neuzeitlichem Straßenbau, Gewerbeflächen und Zweckbauten gewichen. Zersiedelung und noch gewaltigere Vekehrsprojekte wie eine Rheinbrücke bei Rüdesheim drohen die alte Kulturlandschaft zu „einem gesichtslosen Teil des Rhein-Main-Gebiets zu machen", wie es im Memorandum „Aus Liebe zum Rheingau" anlässlich des 200-jährigen Jubiläums der Rheinromatik aus dem Jahr 2002 heißt. Ob die heutige Generation es schafft, das Erbstück Rheingau zu schützen und zu bewahren?

Brigitte Forßbohm

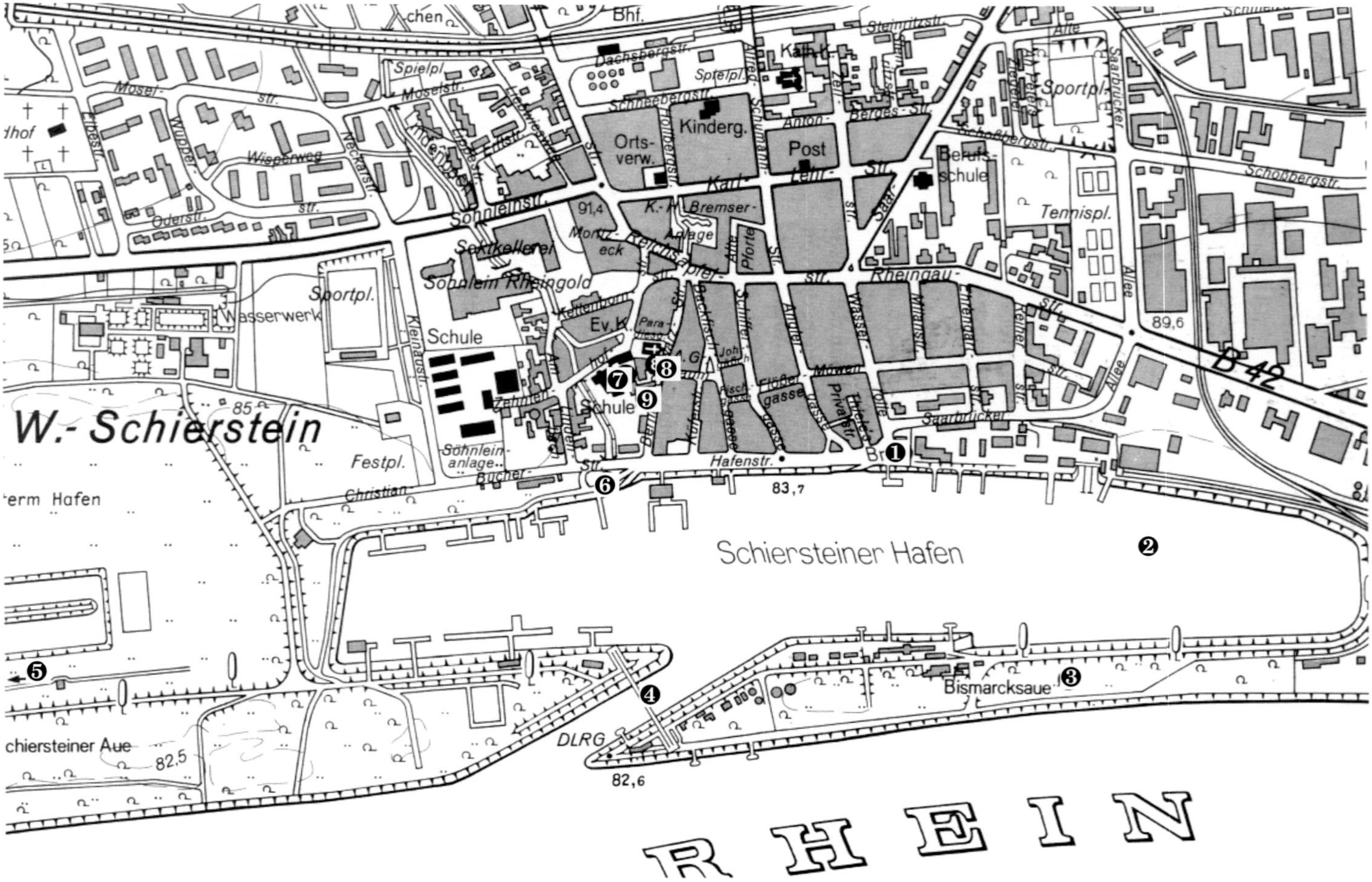
W.- Schierstein
Schiersteiner Hafen
RHEIN
Bismarcksaue
Schiersteiner Aue
DLRG
Hafenstr.
Rheingau-str.
Karl-Lehr-Str.
Sönnleinstr.
Kinderg.
Post
Orts-verw.
Berufs-schule
Schule
Ev. K.
Kath. K.
Sportpl.
Tennispl.
Festpl.
Wasserwerk
Sektkellerei Söhnlein Rheingold
Christian-Bücher-Str.
Saarbrücker Allee
Bhf.
B 42
83,7
82,6
82,5
89,6
91,4
85
1
2
3
4
5
6
7
8
9

Lästiger Weinzehnt und alte Fischerdynastien

Schierstein: Rund um den Hafen

Klaus Kopp

Ausgangs- und Endpunkt: Hafenrondell,
Endhaltestelle „Hafen" der Linie 23
Haltestelle „Zeilstraße" der Linien 5, 9, 14 (über die Wasserrolle zum Hafen)

Wappen von Schierstein

Schierstein ist das Einfallstor von Wiesbaden in den Rheingau. Im Stadtteil kontrastiert die über 1000-jährige Weinbautradition mit moderner Industrie. Vor allem aber ist hier der Hafen der Landeshauptstadt: Inzwischen allerdings mehr Sporthafen als Umschlaghafen und auch längst nicht mehr – wie seine Schöpfer anstrebten – als Schutzhafen gefragt.

❶ Hafenrondell

Am sog. **Hafenrondell**, heute Hans-Römer-Platz, endete seit 1922 die älteste Wiesbadener Buslinie, die den Luisenplatz in der Innenstadt mit dem Hafen des Fischer- und Schifferdorfs Schierstein verband. Die Busanbindung war eine Vorleistung auf die von Wiesbaden angestrebte Eingemeindung, denn die Stadt war bis dahin von Schierstein aus nur mit der Rheinbahn (seit 1856) oder mit einer Straßenbahnlinie über Biebrich (seit 1904) zu erreichen. Der Bus bot den „Städtern" zugleich eine willkommene Verbindung zum einzigen Schwimmbad weit und breit – der Rettbergsau mitten im Rhein.

ESWE-Uhr am Hafenrondell

Der Wendeplatz für den Bus wurde mit einer gewissen Großzügigkeit gestaltet und erhielt als Mittelpunkt die Normaluhr, heute ein selten gewordenes „Stadtmöbel", mit einem leider versiegten Brunnen.

1976 ließ die Stadtwerke Wiesbaden AG (ESWE) unmittelbar am Ufer einen von der Kunstdozentin Margot Münster geschaffenen Brunnen aufstellen, der an die Gründung des ESWE-Wasserwerks Schierstein sowie an das 50-jährige Jubiläum der Eingemeindung des Hafenstadtteils erinnern soll.

In der Nähe befindet sich der Steiger, an dem nach wie vor die Ausflugsschiffe zur Rettbergsau anlegen. Bis zur Inflationszeit unterhielten einige private Bootsbesitzer im Auftrag der Gemeinde Schierstein eine Verbindung zum 1914 gegründeten Schiersteiner Strandbad auf der Rettbergsau. Als dann finanzielle Probleme auftraten, sprang die Stadt Wiesbaden ein und beschaffte ein Boot für 80 Fahrgäste. Nach der Einge-

Schierstein – Hafen und Christophoruskirche

meindung im Jahre 1926 übernahm die Stadt den Fährverkehr zum Schiersteiner Strandbad (untere Rettbergsau) sowie zum Biebricher Pendant (obere Rettbergsau). Heute ist diese Au zu 80% Naturschutzgebiet.

Das Gelände zwischen Hafen und Saarbrücker Allee diente nach dem Zweiten Weltkrieg den Amerikanern als Stützpunkt für die „US-Navy Rhine River Patrol". Sie befanden sich damit in der Tradition einer weitaus früheren Besatzungsmacht. Schon vor fast 2000 Jahren – seit dem Jahr 80 n. Chr. – hatten die Römer ihre VIII. Legion, die in Argentoratum (heute: Straßburg) stationiert war, als Spezialeinheit für die Rheinüberwachung eingesetzt. 1958 lösten die „Flusspioniere" der Bundeswehr die nunmehr verbündeten US-Kräfte ab.

Auch dieses militärische Intermezzo gehört seit 1986 der Geschichte an. An der Pier liegen eine Flotte schmucker Jachten. Im Eingangsbereich der ehemaligen Kasaerne wurde 2001 das Jan-Niemöller-Haus des Evangelischen Vereins für Innere Mssion in Nassau (EVIM) mit 55 Einzelappartements als Pflegeheim errichtet.

Storchennest – Schiersteins Wahrzeichen

Auf dem übrigen Militärgelände konnte auf ca. 1,5 ha das Projekt „Wohnen am Hafen" realisert werden. Zur Hafenseite hin ruht die Anlage – in drei Metern Höhe – auf einer 40 cm dicken Stahlbetonplatte, die wirksam gegen Hochwasser schützen soll. Direkt an der „Wasserfront" wurden eingeschossige „Promenadenhäuser" mit grünem Flachdach gebaut. Es folgen die zweigeschossigen „Stadthäuser". Den Abschluss zur Storchenallee bildet eine Folge von Geschossbauten. Das von den Planern (Architekt: Gresser) angestrebte „mediterrane Flair" fand Widerhall bei den Bewohnern, die ihre Terrassen gern mit südlichen Pflanzen wie Olivenbäumchen oder Palmen schmücken. „Das hier ist die Riviera Wiesbadens", schwärm-

te ein der Bewohner (WK, 14.05.2004) Eine aufwändig gestaltete Uferpromende rundet das positive Bild wirkungsvoll ab. Mittlerweile gibt es auch kritische Stimmen zur „Hafenstadt“ unter alteingesessenen Schiersteinern, die unter anderem das Fehlen eines direkten Fußwegs vom Ort zum Ufer beklagen. Im folgenden Abschnitt „Arbeiten am Hafen“, sticht die attraktiv gestaltete Hauptverwaltung der Schufa Holding AG ins Auge. Auf erbitterten Widerstand stößt jedoch die geplante weitere Bebauung. Neben der Schufa soll ein ähnlich voluminöses Gebäude der Mainzer Firma DAL (Deutsche Anlagen Leasing) gebaut werden. Die Initiative „Pro Schierstein“ will jedoch einen Ideenwettbewerb für dieses Gebiet und fordert eine Ansiedlung, die Leben an den Hafen bringt. An Wochenenden und nach Feierabend leer stehende Büroflächen habe man mit der Schufa schon genug.

„Wohnen und Arbeiten am Hafen“, rechts das Schufa-Gebäude

KUNST MOLE

... an der Uferpromenade

❷ Osthafen

Nach kurzer Zeit erreichen wir die Ostseite des Hafens, den **Osthafen**. Von hier aus hat man einen guten Überblick über den Schiersteiner Hafen, der 1250 m lang und 235 m breit ist. Die Herzoglich Nassauische Landesregierung ließ 1857/58 durch Anschüttungen eine Landverbindung zur Bismarkau herstellen, wodurch ein Schutzhafen von 27 ha für die Rheinschiffahrt gegen Hochwasser, Sturm und vor allem Eisgang entstand. Später entwickelte er sich zu einem respektablen Floßhafen. Die Flöße brachten das begehrte Holz zum Schiffs- und Hausbau an die Rheinmündung. Ihre größten Gebilde waren über 500 m lang und 75 m breit und mussten von 500 Ruderknechten auf ihrem Kurs gehalten werden. Noch nach dem Zweiten Weltkrieg gab es Flöße auf dem Rhein.

Kirsten Herold, Banker, Skulptur

Erst 1917 folgten am Osthafen Anlagen für Kohleumschlag und Gleisanschlüsse: Auf den von Straßenbahntriebwagen gezogenen Güterwagen wurde die Kohle für das städtische Gaswerk an der Mainzer Straße transportiert.

1921 wälzte man dann im Vorgriff auf die Eingemeindung Schiersteins gigantische Pläne. Nach der Konzeption des Baurats Prof. August Hirsch von der TH Aachen sollte – als Konkurrenz zu Mainz – ein riesiger Umschlaghafen mit einer Wasserfläche von 50 ha und zusätzlich 100 ha Industriegelände entstehen. Das idyllische Fischerdorf sollte vom Rhein getrennt werden und hinter Lagerhallen und hochwassersicheren Bahndämmen verschwinden, eingekreist von einem Hafenbahnhof im Osten und einem Industriebahnhof im Westen.
Die Pläne scheiterten an der wirtschaftlichen Dauerkrise, in der sich die ehemalige Weltkurstadt Wiesbaden seit Ausbruch des Ersten Weltkrieges befand. Nach dem Zweiten Weltkrieg errichtete man am Osthafen eine aufwändige Kaimauer, an der selbst 2000-t-Schiffe löschen könnten. Doch außer zwei genossenschaftlichen Betrieben und einem Betonmischunternehmen ließ sich kein weiterer Umschlag erreichen.

Blick auf die Bismarkau

Nach einer kurzen Strecke nach Süden liegt der Strom vor uns. Der Rheinstrom erscheint vor dem oberen Schiersteiner Hafen optisch nicht sehr breit, da sich zwischen beide Ufer die Rettbergsau schiebt. Vor dem unteren Hafenbereich hingegen weist der Rhein eine Breite von etwa 450-500 m auf und hat eine mittlere Tiefe von 3,5 bis 4 m. Wegen der geringen Fließgeschwindigkeit vermischen sich Rhein- und Mainwasser erst im Binger Loch. Vor Schierstein jedenfalls füllt der Main noch relativ kompakt das rechte Strombett.

❸ Bismark-Au

Der Bereich zwischen Hafen und Strom geht zum Teil auf Aufschüttungen und zum Teil auf die alte **Bismark-Au** zurück. Ihr Name erinnert an die Familie des Grafen Johann Heinrich Ludwig von Bismark, der Generaladjutant des Herzogs Friedrich August von Nassau war und 1808 den auf das Herzogtum übergegangenen Stiftshof (Zehnthof) des Klosters Bleidenstadt erwarb. Die Familie, die sich in der Folgezeit von Bismark-Schierstein nannte, veräußerte ihren Besitz 1906 an den Geheimrat Söhnlein, der 1864 in Schierstein eine Sektkellerei gegründet hatte; mit dem Reichskanzler Otto von Bismarck hat der Auenname also nichts zu tun.

Blickt man über den Rhein zur Rettbergsau, erkennt man die bescheidenen Reste des aufgegebenen Schiersteiner „Strandbades", das heute Freizeitgelände ist.
Sollte einer der hier zahlreichen Sportbootfahrer unfreiwillig über Bord gehen, so kann er mit dem prompten Einsatz der DLRG rechnen. Schon 1925 errichtete die Deutsche Lebensrettungsgesellschaft am Schiersteiner Rhein- und Hafenufer eine Rettungsstation; die jetzige Station wurde 1968 in Betrieb genommen. Auch dies ist ein Hinweis darauf, dass bereits in den 1920er Jahren der Sport den Hafen zu erobern begann – 1921 war der Wassersportverein Schierstein gegründet worden.

Dyckerhoff-Brücke

❹ Dyckerhoff-Brücke

Seit 1967 überwindet die **Dyckerhoff-Brücke** mit kühnem Schwung die 80 m breite Hafeneinfahrt. Sie ist eine Stiftung der Dyckerhoff AG zum 100-jährigen Bestehen des Werks. 1864 hatte der Unternehmer Wilhelm Gustav Dyckerhoff mit seinen Söhnen Gustav und Rudolf in Amöneburg am Rhein die „Portland Zementfabrik Dyckerhoff & Söhne" gegründet, der es bald gelang, die englische Konkurrenz abzuschütteln und mit dem Baustoff Zement Weltgeltung zu erlangen.
Die Brücke, die am 17.3.1967 eingeweiht wurde, hat eine Stützweite von 95 m und erreicht eine Scheitelhöhe von 16 m. Sie ist das erste Bauwerk der Welt in Leichtbeton LECA-Blähschiefer. Oben von der Brücke hat man einen großartigen Überblick über den Hafen und Schierstein und seine nähere Umgebung bis zu den Höhen des Taunus.
Auf der Bauernau, die wir jetzt betreten, empfangen uns die Areale der Wassersportvereine.

❺ Wasserwerk

Der von Platanen begleitete Dammweg leitet über in das eingedeichte und eingezäunte Gelände des **Wasserwerks** Schierstein.
1899, als abzusehen war, dass das im Taunus gewonnene Trinkwasser keineswegs ausreichte, um die Wasserversorgung der kaiserlichen Residenz- und Weltkurstadt sicherzustellen, begannen Probebohrungen im Ufergelände unterhalb Schiersteins. Damals gingen dort Altrheinarme, Sümpfe und Auen noch mehr oder weniger nahtlos und wechselnd ineinander

Erwerbslose beim Dammbau 1922

über, so dass es vordringlich war, Eindeichungen vorzunehmen. Zunächst förderte man ausschließlich Grundwasser, das vorsorglich nur als Brauchwasser Verwendung fand. Allmählich wurde die Aufbereitung verfeinert, so dass das gewonnene Wasser Trinkwasserqualität erreichte. 1921/22 erwarb die Stadt Wiesbaden von der Preußischen Strombauverwaltung ein 1, 5 km langes Gelände zwischen Schierstein und Walluf. 500 Beschäftigte, die nach den strengen Regelungen der „produktiven Erwerbslosenfürsorge“ ausgesucht worden waren, brachten im Wasserwerksgelände 42 Entnahmebrunnen nieder und bauten Dämme aus den Erdmassen, die aus der an den Schiersteiner Hafen anschließenden Fläche entnommen wurden. So entstand der Westhafen mit 6 ha Wasserfläche.
Das aufzubereitende Wasser wurde über eine Dükerleitung aus der linken Stromseite entnommen, da damals schon das rechts fließende Mainwasser ausgesprochen belastet war, und dem Grundwasserwerk zugeleitet.
1960/61 entstand neben dem Grundwasserwerk ein sog. „Rheinwasseraufbereitungswerk“. 1964 wurde zur Erhöhung der Versorgungssicherheit eine zweite Dükerleitung zur Gewinnung des „Rohwassers“ in den Rhein verlegt. Durch Verbesserung und Erweiterung der Aufbereitungsstufen lassen sich seit 1980 täglich bis zu 36000 m^3 Trinkwasser aus den Schiersteiner Wasserwerksanlagen gewinnen.
Das 30 ha große Areal ist zwar seiner Bestimmung nach eigentlich eine Art Gewerbegebiet, hat sich aber durch äußerst zurückhaltende Bewirtschaftung zu einem ökologisch hochinteressanten Bereich entwickelt, der seit 1975 auch dem Schiersteiner Wahrzeichen, dem Storch, wieder einen Lebensraum bietet; 180 Tier- und Pflanzenarten wurden ermittelt. 2004 brachte die ESWE Versorgungs AG gegen eine Beteiligung von 18,2 % die Wiesbadener Wassergewinnungsanlagen (Taunusstollen und Rheinwasserwerk einschließlich ESWE-Labor) in die Hessenwasser GmbH + Co. KG ein.

Hier gibt es den Sportbootführerschein!

Der **Westhafen** ist ein Dorado der Wassersportler. Am nördlichen und südlichen Ufer liegen dicht an dicht kleinere und größere Sportboote und sogar seetüchtige Jachten. Der Schiersteiner Hafen erfreut sich auch als Regatta-Strecke steigender Beliebtheit. 1959 schlossen sich eine Reihe Wiesbadener Kanu-Vereine zum Kanu-Regatta-Verein Wiesbaden zusammen, um Länderwettbewerbe und Meisterschaften der Kanuten und Ruderer austragen zu können. Als ganz besonderer Publikumsmagnet erwiesen sich die seit 1995 im Schiersteiner Hafen ausgerichteten Drachenboot-Regatten, an denen sich mittlerweile jeweils mehr als 100 Mannschaften in verschiedenen Leistungsklassen beteiligen. Spaß bereiten dabei nicht nur die sportlichen Rennen selbst, sondern auch die phantasievollen Namen der Mannschaften und nicht zuletzt die Begeisterung der Zuschauer. Ende der 1920er Jahre erlebte der Hafen aufsehenerregende Versuchsfahrten: Der Wiesbadener Ingenieur Hanns Freiherr von Schertel unternahm mit einem vom Schiersteiner Bootsbauer Albert Achter erbauten Mini-Tragflächenboot Tests im Hafenbecken. 1935/36 gelang dem Baron erstmals die Konzeption eines gebrauchsfähigen Fahrzeugs von 10 m Länge, mit dem im April 1937 die Fahrt von Schierstein nach Köln in sensationellen drei Stunden und 40 Minuten zurückgelegt werden konnte. Seit 1937 entwickelte Schertel seine Konstruktion in Dessau und Hamburg.

Wassersport am Hafen

❻ Jupitersäule

Rund 1750 Jahre zurück führt die Nachbildung der **Jupitersäule** in der Wilhelm-Loos-Anlage zwischen Hafen und Christian-Bücher-Straße: Am 28.2.221 n. Chr. setzte der Römer Viccius Seneca, Reiter der XXII. Legion, auf seinem Grund und Boden „dem besten und größten Jupiter" ein Denkmal, das 1888 gefunden und dessen Nachbildung 1970 am Hafen aufgestellt wurde. Das Denkmal besteht aus einem vierseitigen Sockel, einer geschuppten Säule und – auf einem korinthischen Kapitell – der krönenden Gruppe, nämlich Jupiter als Reiter in römischer Feldherrntracht.

Die Schiersteiner Siedlungsgeschichte allerdings setzt lange vor der Römerzeit ein. Hier konnte eine der seltenen Befestigungsanlagen der sog. „Michelsberger Kultur" aufgespürt werden, die sich in einem weitgespannten Halbkreis mit einem Durchmesser von etwa 1,5 km im Westen an den jetzigen Westhafen – damals wohl Altrheinarm – und im Osten an den Rheinstrom anlehnte.

Durch die Bäume fällt der Blick auf die Schiersteiner Pfarrkirche. Wer nicht am Hafen entlang zum Ausgangspunkt wandern möchte, sollte hinter der Gigantensäule vorbei an der imposanten Schiersteiner Weinkelter von 1720, die an den seit 973 nachweisbaren Weinbau Schiersteins erinnert, der Lindenbachstraße folgen. Sie stößt auf die Zehntenhofstraße, an deren unterem Ende der Bleidenstadter Zehnthof lag.

Hier hatten die Schiersteiner Pächter und Leibeigenen im Mittelalter den „Zehnten" abzuliefern. Die Zehntabgabe erfasste Korn und Wein, Vieh, Eier und Käse, Honig und Wachs. Hinzu kamen Hand- und Spanndienste, die bis zur Hälfte der bäuerlichen Arbeitszeit beanspruchen konnten. Auch die Heiratserlaubnis musste bezahlt werden und selbst bei Todesfällen war ein Stück Vieh, das „Besthaupt", abzuliefern. Nach der Reformation versuchten die Schiersteiner, vor allem den lästigen Weinzehnt loszuwerden, so dass sich die Bleidenstadter Stiftsherren wiederholt beim Landesherren, dem Grafen von Nassau, beklagten; dieser beschränkte sich aber als protestantischer „Ketzer" auf Ermahnungen, ohne in die Streitigkeiten ernsthaft einzugreifen.

❼ Alte Hafenschule/Heimatmuseum

Jenseits des Lindenbachs stoßen wir auf das Bürgerhaus **Alte Hafenschule**. Die 1763 errichtete Schule bestand bis 1970 – in diesem Jahr konnte auf dem Zehnthof-Gelände die „Erich-Kästner Schule" eröffnet werden. Seit 1988 hält hier das Schiersteiner **Heimatmuseum** die Erinnerung an die Geschichte der Schiersteiner Rhein-Fischerei wach, die früher eine Reihe von Familien ernähren konnte und die der Konkurrenz der Seefische wie der Verseuchung des Rheinstroms zum Opfer fiel.

Gemälde im Heimatmuseum

Die Fischerei war regelrechte „Knochenarbeit", die bei jedem Wetter den ganzen Mann forderte und allenfalls eine bescheidene Existenz sicherte. Schon die Kinder mussten in aller Frühe mit hinaus auf den Strom. Sie bereiteten die Reusen, die Grundangeln – Schnüre mit 60—70 Haken in 2 m Abstand – sowie die wertvollen Hebenetze vor. Besonders hart war das Fischen im Winter, wenn Löcher in das Eis von Hafen oder Strom geschlagen werden mussten, um den nahezu unstillbaren Bedarf der Wiesbadener Hotels an Salm, Barben, Welsen, an Hecht und Karpfen decken zu können.

Ein Prachtexemplar! Heimatmuseum

Es gab unter den Berufsfischern regelrechte Fischer-Dynastien, vor allem die Schröders, daneben die Familien Steinheimer, Bechthold, Lang und Sack, Ehrengart, Schwank u.a. Nach dem Wiesbaden-Schiersteiner Adressbuch 1930 trugen 22 Personen den Namen „Schröder", jeder zweite war ein Fischer. Noch in den 1930er Jahren verhökerten die Frauen der Fischer an den Wiesbadener Markttagen ausgenommene und bratfertig hergerichtete Fische, das Pfund für 25 Pfennige.

Auch die Entwicklung der Schiersteiner Industrie- und Gewerbebetriebe wird im Heimatmuseum dargestellt.

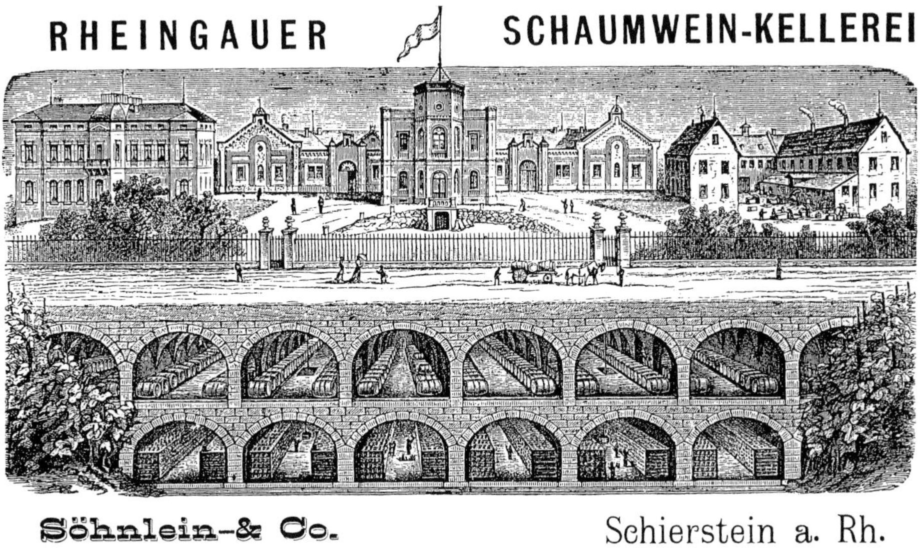

Anzeige der Firma Söhnlein 1889

Das älteste Unternehmen war die 1864 von Johann Jacob Söhnlein und Partnern gegründete „Rheingauer Schaumweinfabrik". Söhnlein hatte bereits große Erfahrungen im Weinexport nach Großbritannien. Seinem besten Schaumwein gab er mit Zustimmung Richard Wagners den werbewirksamen Namen „Rheingold" und setzte sich damit auf dem deutschen Markt durch. Besonders prestigefördernd war die Entscheidung Kaiser Wilhelms I., dass deutsche Kriegsschiffe fortan nur noch mit der Marke „Rheingold" getauft werden sollten. „Wo RHEINGOLD perlend steigt im Becher, da beut der Rhein sein Gold dem Zecher", hieß es in einer Anzeige von 1910. Das Spitzenprodukt ging 1907 sogar in den Firmennamen ein Rheingold-Söhnlein & Co. Rheingauer Schaumweinkellerei AG. 1950 kam das Unternehmen zur Oetker-Gruppe, 1987 erfolgte der Zusammenschluss mit der großen örtlichen Konkurrenz, es entstand die Henkell & Söhnlein Sektkellereien AG, die mit ihren Marken „Fürst von Metternich", „Henkell trocken" und „Rheingold" den Namen Wiesbadens in alle Welt trägt.
Das stilvolle Gebäude der Söhnlein-Verwaltung in der Söhnlein-Straße dient seit 2005 der privaten European-Business-School (EBS) als Ausbildungsstätte.
1897 entstanden die Glyco-Metall-Werke, die heute zum US-Konzern Federal-Mogul gehören und als weltweit bedeutendste Gleitlagerhersteller gelten. Allein das Schiersteiner Werk hat ca. 1800 Arbeitsplätze.
Seit 1890 produzierte das Werk der Scheidemandel AG (die „Knochehitt") Fette, Leime und Klebstoffe aus tierischen Kno-

Rosette aus der ehemaligen Synagoge

chen. Das 1909 gegründete Perennatorwerk Alfred Hagen wurde mittlerweile von der amerikanischen Dow Corning GmbH erworben und ausgebaut. Nach dem Zweiten Weltkrieg siedelten auf dem neu erschlossenen Industriegelände oberhalb Schiersteins zwischen Rheinbahn und Rheinstraße eine Vielzahl mittelständischer Betriebe der Elektro- (Engel), der Metallveredelungs- (Stützel) und der Chemiebranche (A. + E. Fischer).
Die Arbeiterbewegung, die mit dem Ausbau der Industrie entstand, lässt sich im Hafenstadtteil bis 1872 zurückverfolgen, die Wurzeln der Sozialdemokratie reichen zurück in die Zeit vor dem Sozialistengesetz von 1878. Conrad Späth war 26.12.1877 in Frankfurt als Delegierter Schiersteins auf der Konferenz der „Sozialisten des Maingaus und der angrenzenden Kreise". Die Schiersteiner Sozialdemokraten Emil Dietz, später Stadtrat der Landeshauptstadt Wiesbaden, und Karl Ebert überlebten KZ und Gefängnis der Nazis, Fritz Brüderlein starb am 1.2.1945 im KZ Dachau.

❽ Christophoruskirche

Dann stehen wir vor der reizvollen evangelischen **Christophoruskirche,** die 1752 bis 1754 nach den Plänen des nassauischen Regierungsassessors Johann Scheffer entstand. Bei der Restaurierung 1962/63 kamen die ursprünglichen Rokokofarben Ocker und Lilablau zum Vorschein, die nun wieder den Kirchenraum prägen. Der Kanzel-Altar trägt das Nassau-Saarbrückener Fürstenwappen. Ein kunstvoll geschwungener Dachreiter krönt das Bauwerk und ist das Wahrzeichen des Wiesbadener Tors zum Rheingau. Über das Paradiesgässchen gelangen wir in die Bernhard-Schwarz-Straße mit der Gedenkstätte an die **ehemalige Synagoge** (siehe folgende Seite).

❾ ehemalige Synagoge

Man kann nun entweder parallel zur Hafenstraße durch die engen Gassen des Ortskerns bis zur Wasserrolle gehen und die zum Teil recht gut restaurierten bescheidenen Häuschen, in denen früher die Fischer und Schiffer lebten, auf sich wirken lassen oder aber – sicher noch abwechslungsreicher – am Hafen entlang bis zum Ausgangspunkt schlendern und die ständig wechselnden Eindrücke genießen, die die ewig hungrigen Schwäne, Enten und Möwen, die bescheidenen Sportboote, die stolzen Jachten und die unermüdliche „Tamara" der Mainz-Wiesbadener Personenschifffahrt hervorrufen.

Fischrestaurant und Hotel am Hafen

Zur Geschichte der Juden in Schierstein

Zur Einweihung der Schiersteiner Synagoge 1858 stiftete der Graf von Leiningen-Billigheim einen prachtvollen Holzständer als Sühnegabe für seinen Vorfahren Emicho, der 1090 einen Pogromhaufen anführte, der mordend und plündernd über die jüdischen Gemeinden von Speyer, Worms und Mainz hergefallen war. Jahrhundertelange Verfolgung und Diskriminierung schien in einem aufgeklärten Zeitalter überwunden, zumal sich die rechtliche Stellung der Juden nach der Annexion des Herzogtums Nassau weiter besserte.

Nach der Gründung des Herzogtums Nassau 1806 und der folgenden Liberalisierung von Handel und Gewerbe hatten sich Rheingauer Juden in Schierstein niedergelassen. Sie waren Metzger, aber auch Früchte-, Wein- und Viehhändler, die zwischen Stadt und Land vermittelten. 1848/49 erlangten sie die staatsbürgerliche Gleichstellung. Als im März 1848 die Schiersteiner zum ersten Mal demokratisch ein „Bürger-Comité" wählten, erhielt der Jude Abraham Liebmann die zweithöchste Stimmenzahl. Herzog Adolf hatte die jüdische Gemeinde zum Bau einer Synagoge verpflichtet, da ihr Gotteshaus „eher einem Stall" gliche. Staatliche Unterstützung gewährte er jedoch nicht, so dass die Schiersteiner Juden sich dafür stark verschulden mussten. Bis in die 1930er Jahre prägten sie das Kultur- und Geschäftsleben in Schierstein mit. Juden und Christen lebten ohne besondere Konflikte miteinander. In der Reichsapfelstraße, (früher: Wilhelmstraße) befanden sich die meisten Geschäfte von jüdischen Besitzern: Die Metzgerei Israel und der Weinhandel Hallgarten (heute: Nassauische Sparkasse), Kaufhaus Katz und Häutehandel Kahn (Nr. 15), sowie der Viehhändler Karl Kahn (Nr. 3). In der Milanstraße 6 steht das Wohnhaus des hochgeachteten Lehrers und Kantors Arnold Katzenstein und seiner sozial engagierten Frau, noch immer eines der schönsten Häuser im historistischen Stil.

Der Arzt Dr. Bayerthal, Oberstabsarzt im Ersten Weltkrieg, war ein assimilierter Jude: Der Vater war bereits zum christlichen Glauben konvertiert und man schätzte seinen Bass im Männergesangsverein. Sein Enkel, der heutige Fernsehregisseur Rolf von Sydow, verstand die Welt nicht mehr, als er von den Nazis zum „Vierteljuden" erklärt wurde.

Der NSDAP-Ortsgruppenleiter, der Zimmermann Rudolf Dauster, installierte ein Spitzelsystem, nach dem auf regimekritische Äußerungen und Kontakten zu Juden Vorladungen in Dausters Büro in der Mainzerstr. 10, (heute: Möwenstraße) folgten. In der Wasserrolle steht das ehemalige Wohnhaus Dausters. Es hebt sich mit Erkern und Spitzgiebeln von der übrigen Häuserzeile ab: Ein Beispiel für die NS-Renaissance deutschtümelnd vereinnahmter Gotik, geziert mit germanischen Sonnenrädern.

Am 10.11.1938 verwüsteten Rudolf Dauster und seine Gefolgschaft mit beigeholten SA-Banden die Geschäfte. Ein Augenzeuge berichtet wie eine dichte Menschenmenge sprachlos zuschaute, bis jemand rief: „Das ist eine Schande!" Ein SA-Mann habe dem fliehenden Sprecher nachgesetzt.

Rolf von Sydow berichtet vom Schicksal seines Großvaters: Dr. Bayerthal hatte den gelben Judenstern nicht offen getragen und einen nichtjüdischen Patienten behandelt. Die Gestapo holte ihn ab. Er starb 1943 im Jüdischen Krankenhaus in Frankfurt. Onkel, Tanten und Nichten wurden nach dem Osten deportiert.

Der einzige überlebende Schiersteiner Jude, der Metzger Julius Löwenthal musste mit seiner Frau in der Pogromnacht die vollständige Zerstörung seiner Wohnung in der Söhnleinstraße 2, (früher: Wallufer Straße) erleben. Wegen seiner „Mischehe" wurde er noch im Februar 1945 nach Theresienstadt deportiert. Herzkrank, ohne nennenswerte Unterstützung oder Entschädigung durch die Stadt und gegen den Widerstand einiger alter Nazis betrieb er für kurze Zeit wieder eine Metzgerei in Schierstein, starb aber wenig erfolgreich in den 1950er Jahren.

Das Verbrennen der Synagoge am 10.11.1938 zielte auf die Vernichtung der jüdischen Kultur. Rudolf Dauster und seine SA-Bande übergossen den Altar mit Benzin und entzündeten das Inventar mit einem Gebetbuch. Mit der Synagoge verbrannte auch die Sühnegabe für die Pogrome der Kreuzzugszeit. Eine beherzte Frau hatte einige der Kultgegenstände gerettet.

1950 erwarb die Stadt die Ruine in der Bernhard-Schwarz-Straße und errichtete dort 1968 eine Gedenkstätte. Der Stein auf der rechten Seite trägt die Endzeitprophezeiung Jesajas: „Kein Volk wird gegen ein anderes mehr das Schwert erheben, und sie werden nicht mehr das Krieghandwerk erlernen."

Lothar Bembenek

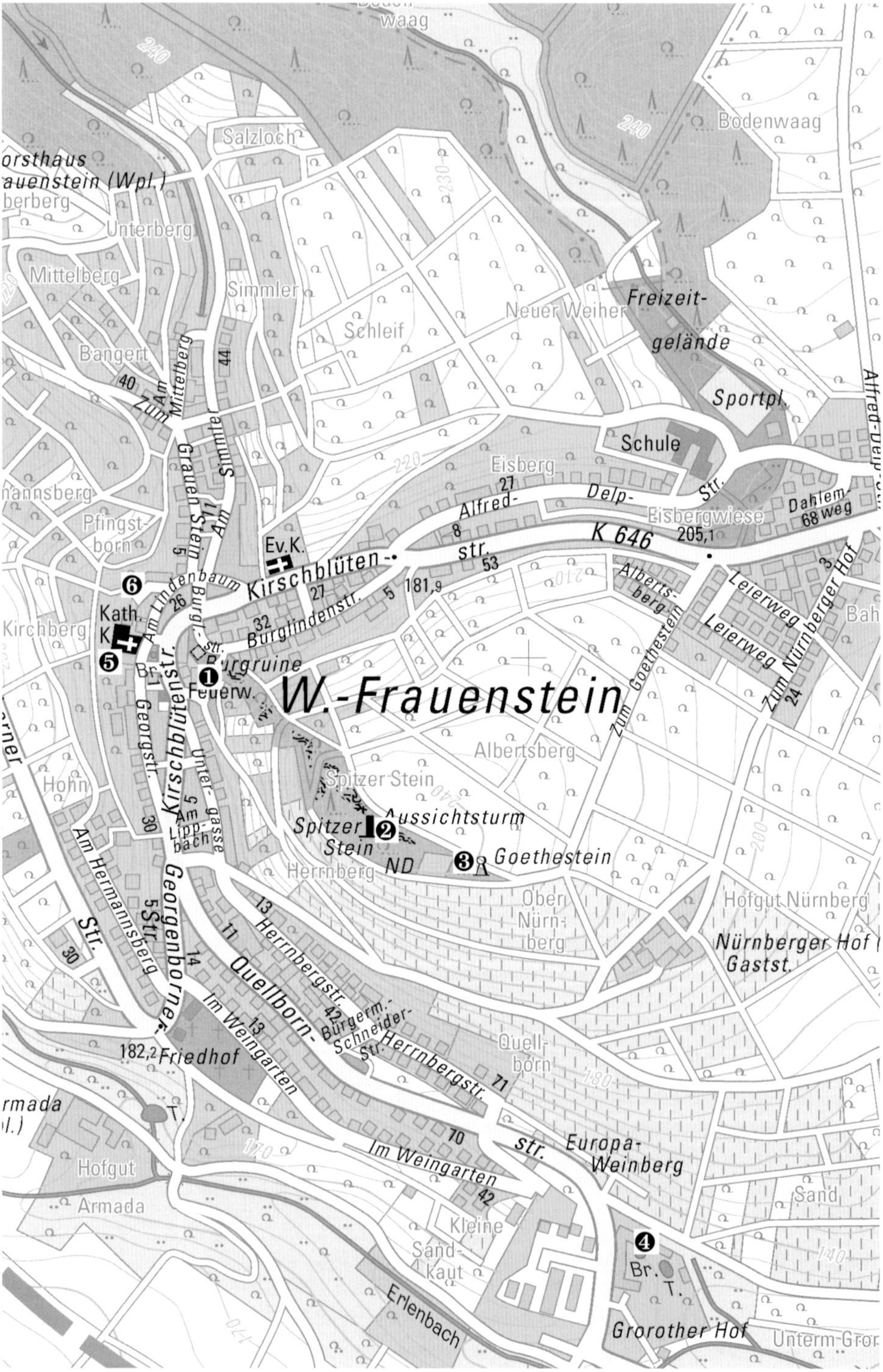
W.-Frauenstein
Kirschblütenstr.
K 646
Alfred-Delp-Str.
Burgruine
Spitzer Stein
Aussichtsturm
Spitzer Stein ND
Goethestein
Albertsberg
Herrnberg
Herrnbergstr.
Quellborn-str.
Georgenborner Str.
Georgstr.
Am Hermannsberg Str.
Im Weingarten
Bürgerm.-Schneider-Str.
Friedhof
Ev.K.
Kath. K.
Feuerw.
Burglindenstr.
Am Lindenbaum
Grauen Stein
Am Simmler
Zum Am Mittelberg
Unter-gasse
Am Lippbach
Schule
Sportpl.
Freizeit-gelände
Neuer Weiher
Schleif
Simmler
Salzloch
Unterberg
Mittelberg
Bangert
Pfingst-born
Kirchberg
Hohn
Eisberg
Eisbergwiese
Dahlem-weg
Albertsberg
Leierweg
Zum Nürnberger Hof
Zum Goethestein
Ober Nürnberg
Hofgut Nürnberg
Nürnberger Hof Gastst.
Quellborn
Europa-Weinberg
Sand
Kleine Sand-kaut
Erlenbach
Grorother Hof
Unterm Gror
Hofgut Armada
Bodenwaag
Forsthaus Frauenstein (Wpl.)
182,2
181,9
205,1

Auf Goethes Spuren: Weite Rundblicke in frischer Luft

Durch die Weinberge und den Ortskern von Frauenstein

Hartmann Wunderer

Ausgangs- und Endpunkt: Haltestelle Burg, Linie 24

Wappen von Frauenstein

Frauenstein, ein idyllischer kleiner Vorort von Wiesbaden, erstreckt sich entlang eines engen Tales. Besonders reizvoll ist auch die unmittelbare Umgebung des Ortes, vor allem im Mai, wenn die Kirschbäume auf den weitläufigen Streuobstwiesen blühen. Dann ist Frauenstein völlig verzaubert. Hier kann man eine alte Kulturlandschaft erleben, die vom Obst- und noch mehr vom Weinbau geprägt ist. Die bekanntesten Weinbergslagen sind Herrnberg, Homberg und Marschall, die auf die früheren Besitzer der Weinberge verweisen. Im übrigen war auch einmal Goethe hier, wir werden ihm auf unserem Rundweg noch öfter begegnen ...

Frauenstein, wahrscheinlich 1231 erstmals urkundlich erwähnt, gehörte seit dem Mittelalter zu Mainz. 1803 kam es zu Nassau. Wie andere Vororte auch wurde es 1928 nach Wiesbaden eingemeindet. Es zählt heute etwa 2350 Einwohner, hat eine katholische und eine evangelische Kirche und ein reges Vereinsleben. Frauenstein ist in mehrfacher Hinsicht „Spitze": Jede zehnte der etwa 130 Frauensteiner Betriebsstätten und Gewerbebetriebe fällt in die Rubrik „Gaststätten, Cafes, Kneipen". Dieser Anteil liegt damit höher als in der Stadtmitte oder im Wiesbadener Westend, wo doch auch an fast jeder Ecke eine Kneipe ist. Gemessen an der Einwohnerzahl gibt es nirgendwo in Wiesbaden soviele Gaststätten wie in Frauenstein!

Erstaunlich hoch ist auch der Motorisierungsgrad der Frauensteiner. Er liegt bei 67% der volljährigen Einwohner. Frauenstein wird hier nur von Medenbach und Delkenheim geringfügig übertroffen. Die Eigenheimquote liegt über 80%, groß ist auch die Gruppe der „Alteingesessenen". Betrachtet man hingegen die Anzahl der Zahnärzte pro Einwohner, rangiert Frauenstein fast am unteren Ende der Skala. Für praktizierende Fachärzte scheint es in Frauenstein gar keinen Bedarf zu geben, die Leute leben offenbar sehr gesund. Es gibt wenige Sozialhilfeempfänger und Arbeitslose, auch wenige ausländische Mitbürger, die hier wohnen (7,7% gegenüber 32% im gesamten Stadtgebiet.

❶ Burg

Für einen nicht allzu langen Rundweg mit der Markierung schwarzer Punkt auf weißem Hintergrund – zweckmäßigerweise mit festem Schuhwerk – von maximal 60 Minuten bietet sich der mühsame, aber kurze Aufstieg von der ESWE-Haltestelle „Burg" links an der **Burg** vorbei an. Das zu Mainz gehörende Frauenstein verdankt seinen Namen dieser kleinen Burg, die zu Beginn des 13. Jahrhunderts errichtet wurde. Von der ursprünglichen Anlage ist nur noch der Bergfried und ein Teil der Ringmauer erhalten. Der restaurierte und gelegentlich öffentlich zugängliche Turm enthält einige enge Räume, teilweise mit rundbogigem Tonnengewölbe. Im Mittelalter lag oberhalb der Burg ein künstlich angelegter Weiher, dessen Wasser in Kriegszeiten die Gräben rings um die Burg füllte. Eine Wasserburg auf einem Hügel! Die Anlage wurde ferner von der Bergseite her durch eine Hainbuchenhecke geschützt. Der Treppenaufstieg zur Aussichtsplattform am Bergfried bietet einen Blick über den verwinkelten Ort.

Burgturm, renoviert 2001/02

Die Burg diente offenbar dazu, die mainzischen Besitzungen im Rheingau gegen die angrenzende Grafschaft Nassau zu schützen, zumal es zwischen Nassau und Mainz wiederholt Kleinkriege gab. Typisch für die mittelalterliche Feudalordnung ist es, dass die Frontlinien nicht ganz gerade verliefen. Einige der Frauensteiner Ritter standen in einem Vasallenverhältnis zu den Nassauern. Einer dieser Adligen vermachte vor dem Antritt einer Pilgerreise ins Heilige Land einen Teil seiner Besitzungen testamentarisch an die Klöster Eberbach, Tiefenthal, Gottesthal, Aulhausen und Gnadenthal.

Goethestein

Vielleicht sind auch aus diesem Grund die Frauensteiner Herren bald verarmt und konnten daher keine ebenbürtigen Ehen mehr schließen ...

❷ Aussichtsturm

Nach einem heftigen, aber kurzen Aufstieg – links an der Burg und rechts am Gasthof Zur Linde vorbei immer geradeaus hoch – trifft man oben auf einen raffiniert und solide konstruierten hölzernen **Aussichtsturm**, den auch nicht-schwindelfreie Menschen ohne Probleme besteigen können. Der Rundblick, den dieser Turm auf Wiesbaden und vor allem in das Rheintal gewährt, lohnt die Mühe.

❸ Goethestein

Folgt man dem markierten Weg gen Osten, trifft man rasch auf den im Jahr 1932 errichteten **Goethestein**. Er soll an geologische Beobachtungen und Untersuchungen erinnern, die der Dichterfürst hier unternommen hatte (vgl. S. 135). Auch hier bietet sich wieder ein Ort zum Verweilen mit einem herrlich weiten Panorama.

Das nächste Päuschen kann man bereits beim Nürnberger Hof einlegen, sofern man nicht gar richtig zum Essen oder Kaffee

mit Kuchen einkehren will (Donnerstag Ruhetag) – auch hier weilte im Jahr 1815 Goethe mit einer Gesellschaft. Der Nürnberger Hof gehörte mit einer Reihe weiterer befestigter Höfe wie dem Grorother Hof, der Grorother Mühle oder dem Hof Armada (von „Armuth“ abgeleitet) zu nassauischen Besitztümern, die gewissermaßen die mainzische Burg Frauenstein „einkesseln“ sollten. Der Nürnberger Hof hat jedoch nichts mit der großen freien Reichsstadt in Mittelfranken zu tun, der Name leitet sich wohl eher von „Nornberg“ ab. Der Nürnberger Hof spielte vor allem wegen seiner beachtlichen Weinerträge eine wichtige ökonomische Rolle für die Nassauer Herren.
Man kann vom Nürnberger Hof den etwas weiteren Weg, den Teerweg Richtung Südosten wählen, der sacht absteigend durch die Weinberge zur 1699 errichteten Grorother Mühle führt. Kurz vor dieser alten Mühle knickt dieser Weg zweimal rechtwinklig nach rechts ab. Auf diese Weise gelangt man wieder nach Frauenstein zurück, vorbei am Grorother Hof.
Der mit Ringmauer, Eckwehren und Schießscharten 1564 wie eine Festung errichtete **Grorother Hof** beherbergt heute die Frauensteiner Winzergenossenschaft und ein weiteres Weingut mit liebevoll hergerichtetem Gutsausschank. Man kann auch Wein probieren und kaufen. Der Name Groroth leitet sich sehr wahrscheinlich von „roden“ ab, in diese Richtung weist auch das Wappen über dem sehenswerten südlichen Eingangstor, das einen kleinen Mann mit geschulterter Rodhacke zeigt. Der Sage nach erkannte hier ein rastender büßender Pilger in einem fleißigen Roder seinen Sohn wieder, den er früher wegen einer unstandesgemäßen Heirat verstoßen hatte.

Herrnberg mit Nürnberger Hof, Grorother Hof links unten

Ehemaliger Weinlehrpfad

❹ Grorother Hof

Hof Schönborn

Ausgrabungen, die hier 1829 durchgeführt wurden, brachten Gräber aus der Frankenzeit zum Vorschein, Gebeine, Urnen, Glasbecher, Brustharnischteile und Kurzschwerter. Diese Schätze lagern im Wiesbadener Museum. Offenbar war dieser Ort früh schon von Menschen sehr geschätzt.

Wer heute durch die Frauensteiner Weinberge wandert, wird ein stärkendes Gefühl von Weite und Raum mitnehmen.

Zum Ortskern kommt man von hier aus am besten über die Herrnbergstraße mit schönen alten Fachwerkwerkhäusern und liebevoll gestalteten Gärten. Frauenstein hat wiederholt und mit Erfolg an dem Wettbewerb „Unser Dorf soll schöner werden" teilgenommen. Allerdings wurde vor kurzem das denkmalgeschützte Haus Ecke Georgstraße/Kirschblütenstraße als „Verkehrshindernis" abgerissen und seiner Stelle ein Parkplatz eingerichtet. In der Ortsmitte unterhalb der Burg gibt es einige Häuser mit prachtvoll restauriertem Fachwerk: das Falkersche Haus, auf der anderen Seite der Kirschblütenstraße, Georgstraße 24, war 1571 abgebrannt und wurde 1573 wieder aufgebaut. Unterhalb der Burg, ihr vorgelagert ist das Gasthaus zur Burg, erbaut wahrscheinlich schon um 1300. Der Schönbornsche Hof gegenüber der Katholischen Kirche – ebenfalls nach einem Brand 1573 wieder aufgebaut – war der Zehnthof der Grafen von Schönborn, einem alten rheinischen Geschlecht, aus dem bedeutende Politiker hervorgingen wie Johann Philipp von Schönborn (1605-1673), Erzbischof von Mainz, der am Zustandekommen des Westfälischen Friedens beteiligt war.

❺ St. Georg und Katharina

Einen Blick sollte man in die Katholische Pfarrkirche **St. Georg und Katharina** werfen. Die Kirche mit den zwei Namenspatronen besteht eigentlich aus zwei Kirchen: Der kleinere und ältere Teil der Doppelkirche verdankt seinen Namen einer Kapelle des Hofes Armada aus dem 14. Jh. Nach deren Zerstörung im 30-jährigen Krieg gingen Altar und Pfründe an St. Georg über, daher der Doppelname. St. Georg wurde als Burgkapelle errichtet, die um 1540 erweitert wurde. An dieses schmucke Kirchlein mit kostbarer Innenausstattung wurde 1954 rechtwinklig ein Neubau angefügt, in den auch der monumentale frühbarocke Hochaltar überführt wurde. Dieser wuchtige Altar wirkt ein bisschen wie ein Fremdkörper. Ebenfalls versuchte man ein Taufbecken von 1654 und eine Kanzel aus dem 17. Jh. in den Neubau zu integrieren. Für das eigentümliche Altarbild aus dem 19. Jh. sollen Frauensteiner Kinder Modell für die Köpfe der Engel gestanden haben.

Reliefbild Muttergottes

Neben der Kirche steht die alte **„Blutlinde"**. Die Sage will, dass hier einst ritterliches Blut vergossen wurde: Dem Herrn von

Frauenstein war sein Töchterlein mit ihrem Liebsten entflohen. Beide wurden noch im Dorf gefasst. Ihr flehentliches Bitten half nichts, der Burgherr tötete den Frevler. Und dort, wo das Blut in den Boden eindrang, pflanzte die Unglückliche eine Linde, bevor sie sich hinter die Klostermauern von Klarenthal begab. Immer wenn sie den Geliebten beweinte, vergoss auch die Linde aus abgebrochenen Zweigen blutige Tränen ...
In der Nähe der Kirche, Am Lindenbaum 11, steht das Haus bei der Linde. Ursprünglich im Besitz der Ritter von Scharfenstein, war es eines der ältesten Gasthäuser Frauensteins, es hieß „Zum Engel".

❻ „Blutlinde"

Haus bei der Linde

Geheimrat Johann Wolfgang von Goethe hilft bei der Weinlese auf Schloss Johannisberg im Rheingau

Zeichnung von Michael Apitz aus: Karl - Weingeschichte

Goethes Fahrten „ins angenehme Rheingau“

Zu des Rheins gestreckten Hügeln,
Hochgesegneten Gebreiten,
Auen, die den Fluß bespiegeln,
Weingeschmückten Landesweiten
Möget mit Gedankenflügeln,
Ihr den treuen Freund begleiten.

Johann Wolfgang von Goethe

„Du wirst doch auch einmal den Rhein wieder besuchen, den Garten Deines Vaterlandes, der dem Ausgewanderten die Heimat ersetzt, wo die Natur so freundlich groß sich zeigt?“ Diesem Lockruf, den Bettina Brentano 1808 ihrem schwärmerisch verehrten Goethe nach Weimar zukommen ließ, folgte dieser nicht. Noch weitere sechs Jahre sollten vergehen, ehe der alternde Geheimrat während seiner Kuraufenthalte in Wiesbaden der ihm von Jugend an vertrauten Rheinlandschaft wieder begegnete. So entschloss er sich am 15. August 1814 zu einer Kutschfahrt *„ins angenehme Rheingau“*. Da er nie ohne Reisetagebuch unterwegs war, vermerkte er in ersten Eindrücken, *„wie schön bereits auf der Höhe über Biebrich das weite prächtige Flußtal mit allen Ansiedlungen zu übersehen war.“* Bis Schierstein ging die Fahrt *„durch weite Kornfelder bis nach Walluf, wo tiefer Friede herrschte, nur die Einquartierungskreide an den Haustüren war noch nicht ausgelöscht ...“* Der Reisende näherte sich „Elfeld“, wie Eltville damals auch genannt wurde und sinniert nicht nur über die reizvolle Lage des Städtchens sondern beobachtet auch Bewohner und Besucher: *„Man sieht schöne Kinder und erwachsen wohlgebildete Menschen, alle haben ein ruhiges, keineswegs ein hastiges Aussehen. Lustfuhren und Lustwandler begegneten uns fleißig, letztere öfters mit Sonnenschirmen ... Bei trockener Tageshitze und beschwerlichem Staub führte die Kutschfahrt durch das reinlich gepflasterte Erbach, in dem ein palastartiges Gutsgebäude, dessen Gärten mit schattigen Lindengängen bis zum Rhein herunterreichten, besondere Aufmerksamkeit hervorrief.“* Nach der „Erquickung am Marktbrunnen“, womit der nahe bei Schloss Reinhartshausen vor der gleichnamigen Weinlage 1810 errichtete Marcobrunnen gemeint ist, ging es weiter über Hattenheim, an Schloss Reichartshausen vorbei Richtung Oestrich, dessen anmutige Lage er vermerkt: *„... denn hinter dem Orte ziehen sich die Weinhügel bis an den Fluss, und so fort Mittelheim, wo sich der Rhein in herrlicher Breite zeigt. Langenwinkel folgt unmittelbar; den Beinamen des Langen verdient es, ein Ort bis zur Ungeduld der Durchfahrenden in die Länge gezogen, Winkelhaftes lässt sich dagegen nicht bemerken.“* Nach Betrachtungen zu Geisenheim *„vor dem sich ein flaches niederes Erdreich bis an den Strom erstreckt“* folgt schließlich nach alles in allem *„weniger als viertehalb Stunden“* (dreieinhalb Stunden also), die Ankunft in Rüdesheim. Hier lockte sogleich der Gasthof „Zur Krone“. Nur noch eine Gedenktafel am Adlerturm erinnert an Goethes Aufenthalt in dem später „Zum Adler“ genannten alten Gasthof, der sich ehemals daneben *„so anmutig gelegen“* befand. In der Brömserburg wurde er vom damaligen Besitzer Graf von Ingelheim empfangen, der *„hier jedem Fremden eine schnell belehrende und treffliche Übersicht bereitete“*. So hinterließ der bekannte Besucher in den berühmten Gästebüchern sein Autogramm. Im herzoglichen Amtshaus, dem heutigen Hotel „Rüdesheimer Schloss“ in der Drosselgasse war er schließlich noch Tischgast des nassauischen Amtmannes Hofrat Wilhelm Friedrich Götz, dessen mineralogische Sammlung er bewunderte. Danach war es für eine Rückfahrt nach Wiesbaden schließlich zu spät geworden: *„In Dämmerung versank nach und nach die Gegend ... Nun musste denn wohl, im Angesicht so vieler Rebhügel des Eilfers in Ehren gedacht werden ...“* Das Kometenjahr 1811 war ein besonders gutes Weinjahr und so wurde immer wieder jener Elfer gerühmt und getrunken.

Sinnierend über die Entstehung des Flusses schweift der Blick des Dichters auf die gegenüberliegende Rochuskapelle, deren Wiederaufbau nach langen Kriegswirren vollendet war und die anderntags neu geweiht werden sollte. Goethe entschloss sich zur Teilnahme an dieser sinnenfrohen katholischen Prozession, die zugleich zu einem ersten nationalen Fest nach Beendigung der französischen Besetzung des linken Rheinufers werden sollte. Das Fest geriet zu einem *„Idyll von selbständigem Wert, nach Art, Gewicht und Anlage verwandt mit dem Römischen Karneval und der Krönungsfeier in Frankfurt.“*

Nach diesem Erlebnis, das einen tiefen Eindruck hinterließ, fuhren Goethe und seine Begleiter mit dem Kahn nach Rüdesheim zurück, wo bereits die Kutsche wartete. Wegen stark einsetzenden Regens wurde im Gasthof „Zur Rose“ in Eltville noch einmal übernachtet. Das stattliche Haus, in Nachbarschaft des Eltzer Hofes, am Eltviller Rheinufer gelegen, über dessen Schwelle bereits Goethe seinen Fuß setzte, gibt es immer noch, doch längst ist es kein Gasthof mehr. Hier entstand ein frühes Schema seiner Schrift „*Das Rochusfest zu Bingen*" mit dem eingangs zitierten Widmungsgedicht an die Rheinlandschaft.

Zu seinem 65. Geburtstag, den Goethe in Wiesbaden beging, erhielt er auch 10 Flaschen Winkeler Wein von Franz und Antonie Brentano. Allzu gerne folgte er der Einladung der Frankfurter Kaufmannsfamilie zu einem erneuten Besuch „*ins übermäßig schöne Rheingau*" und verbrachte die Zeit vom 1. bis 8. September in deren Winkeler Landgut. In einem der Kabinette, die sich an den Saal anschließen, konnte er sein müdes Haupt zur Ruhe legen, im danebenliegenden arbeitete er regelmäßig an dem schönen Kirschbaumsekretär, der dort noch immer an seinem Platz steht, am „*West-östlichen Divan*".

Er war nicht gerade ein angenehmer Gast, der Herr Geheimrat. So erinnerte sich Antonie Brentano, dass Goethe sich zu Tische immer sehr sorgfältig anzog und dann ganz herablassend sich seinen Teller voll Speisen schöpfte, sie dann aber meistens liegen ließ. Bei der Hausfrau hinterließ dies ein Gefühl, als sei ihm nichts gut genug zubereitet. „Von unserm guten Rheinwein konnte er ganz fürchterlich viel trinken, besonders von dem 11er ..."

Immerhin beflügelte ihn dieser 11er so sehr, dass er im Schenkenbuch des West-östlichen Divan literarische Berühmtheit erlangte: „*Wo man mir Gutes erzeigt überall / s'ist eine Flasche Eilfer ...*" So kann das Brentano'sche Gut seine Weine bis heute Goetheweine nennen.

Morgens ging der Gast, so wird berichtet, immer in seinem weißen Schlafrock, die Hände auf dem Rücken, den langen Bogengang im Garten bis zum Rhein hinunter. Da ein Teil dieses mit Reben bewachsenen Bogengangs noch erhalten blieb, ist es verlockend auf den Spuren des Dichters zu wandeln.

Der anspruchsvolle Fremde wollte zudem jeden Tag eine Landpartie unternehmen, bei der ihn meist die Kinder der Brentanos unwillig begleiten mussten. So suchte er Kloster Eibingen auf, das nach der Aufhebung „zur Aufbewahrung wenig brauchbarer Kriegsbedürfnisse" genutzt wurde und sich nun im Zustand völliger Zerstörung befand. Es folgte ein erneuter Besuch von Rüdesheim. Anderntags führte der Ausflug durch die Weinberge hinauf ins nahe gelegene Schloss Vollrads, dessen völlige Verwahrlosung zu beklagen war: „*Der Schlosshof, von ansehnlichen Wohn- und Haushaltungsgebäuden umschlossen, zeugt von altem Wohlstande, der kleinere hintere Teil desselben ist Feldbedürfnissen gewidmet. Rechts tritt man in einen Garten, der wie das Ganze, von altem Wohlhaben und gutsherrlicher Vorsorge zeugt, und jetzt als eine belebte Ruine uns eigentümlich anspricht ... Eine Lustwohnung von dem Kurfürsten aus der Greifenklauischen Familie erbaut, empfängt mit sichtbarstem Verfall den Eintretenden. Die unteren Räume sind völlig entadelt, der Saal des ersten Stocks erweckt durch Familienbilder, die ohne gut gemalt zu sein, doch die Gegenwart der Persönlichkeiten aussprechen, das Andenken einer früheren blühenden Zeit ... So hängen auch Kurfürsten, Domherren und Ritter lebensgroß, in ganzen und halben Figuren umher, in dem nicht verwüsteten Saal, wo alte reiche Stüble, zwischen vernachlässigten Samenstauden und anderm Unrat, unordentlich noch ihren Platz behaupten. In den Seitenzimmern schlottern die Goldledertapeten an den Wänden, man scheint die Tapezierernägel, die sie festhielten, zu anderm Gebrauch herausgezogen zu haben ...*"

Bevor sich des Dichters Aufenthalt im Brentanohaus seinem Ende zuneigte, besuchte er noch einmal Geisenheim, Kloster Nothgottes und den Niederwald. In Winkel führte ihn Antonia Brentano vorbei an der „in ein Winzerhaus verwandelten Kapelle des heiligen Rabanus", dem „Grauen Haus", zu der Stelle am Rhein, an der sich Caroline von Günderrode das Leben nahm (siehe auch S. 284).

Das kleine Kabinett mit Blick auf den Rhein, in dem Goethe im Brentanohaus am „*West-östlichen Divan*" arbeitete, schmückt ein kleines Bild seiner Heimatstadt Frankfurt mit poetischem Dank für eine Gastfreundschaft, durch die das Brentanohaus in Winkel zu einer Goethe-Gedenkstätte werden konnte:

> Wasserfülle, Landesgröße,
> Heitrer Himmel, frohe Bahn,
> Diese Wellen, diese Flöße
> Schlagen auch in Winkel an.

Auch während seines erneuten Wiesbadener Kuraufenthalts im darauf folgenden Jahr besuchte der Dichter noch einmal den Rheingau und erlebte dabei am 19. Juli 1815 die Übergabe von Schloss Johannisberg an das österreichische Kaiserhaus. Ein denkwürdiges Ereignis und zugleich die letzte Begegnung mit dieser vertrauten Kultur- und Weinlandschaft.

Marlene Hübel

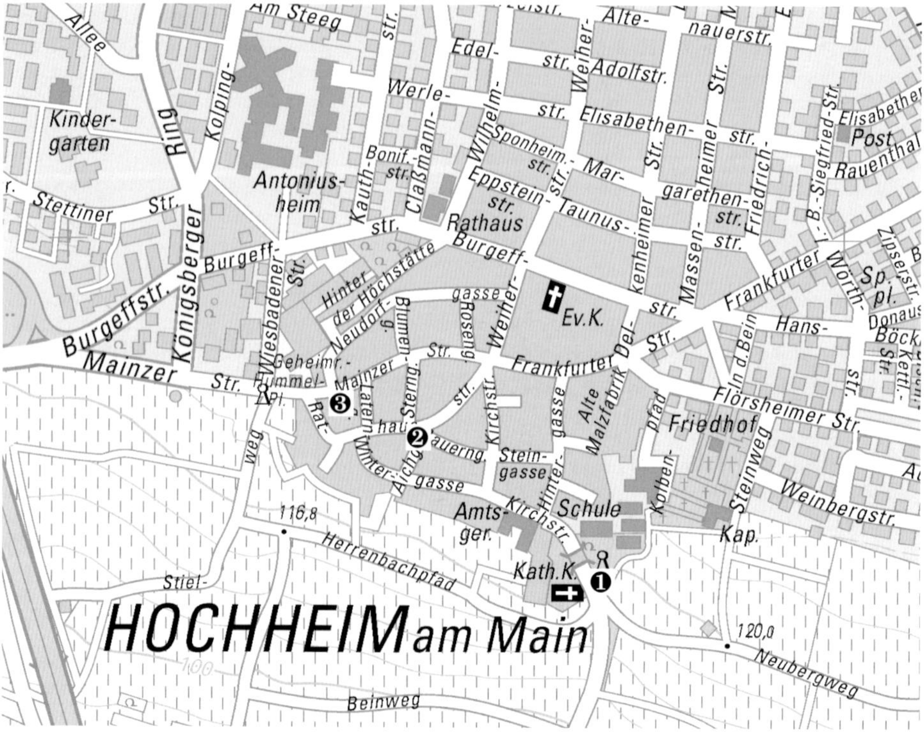

HOCHHEIM am Main
Am Steeg
Allee
Kindergarten
Ring
Kolping-
Antoniusheim
Stettiner Str.
Königsberger
Burgeffstr.
Burgeff-
Mainzer Str.
Wiesbadener Str.
Werle-str.
Edel-str.
Weiher-
Alte-
nauerstr.
Adolfstr.
Elisabethen-str.
Post
Rauenthal
Bonif.-str.
Kauth-str.
Claßmann-
Wilhelm-
Sponheim.-str.
Mar-garethen-str.
Eppstein-str.
Taunus-str.
Rathaus
Burgeff-gasse
Hinter der Höchstätte
Neudorf-g.
Blumen-
Roseng.
Ev.K.
Frankfurter Str.
Massen-heimer Str.
Friedrich-
Hans-
Böck
Sp. pl.
Zipserstr.
Geheimr.-Hummel-Pl.
Mainzer Str.
Rat-haus
Laterng.
Sterng.
Kirchstr.
Steingasse
Hinter-gasse
Alte Malzfabrik
Del-kenheimer
Kolben-pfad
Friedhof
Flörsheimer Str.
In d. Bein
Steinweg
Weinbergstr.
Winter-gasse
Aichg.
Amtsger.
Kirchstr.
Schule
Kap.
116,8
Herrenbachpfad
Kath.K.
Stiel-weg
120,0
Neubergweg
Beinweg
100

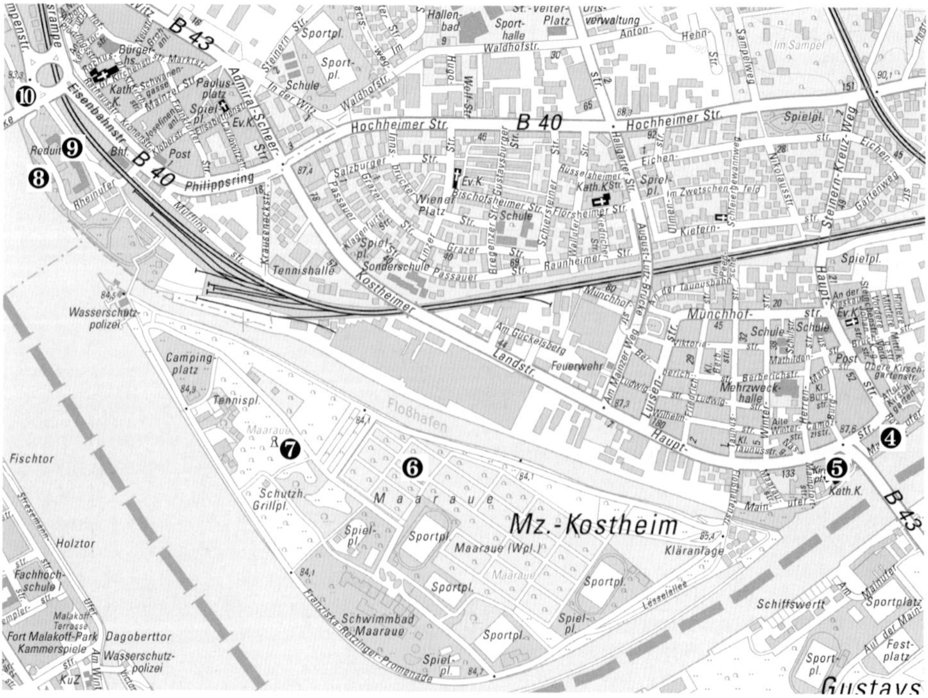

B 43
B 40
Hallenbad
Sporthalle
St.-Veiter-Platz
Ortsverwaltung
Sportpl.
Schule
Waldhofstr.
Hochheimer Str.
Im Sampel
Admiral-Scheer-Str.
Paulusplatz
Ev.K.
Kath. K.
Bürgerhs.
Post
Eisenbahnstr.
Philippsring
Bhf.
Reduit
Rheinufer
Salzburger Str.
Wiener Platz
Ev.K.
Kath.K.
Schule
Tennishalle
Sonderschule
Kostheimer Landstr.
Raunheimer Str.
Flörsheimer Str.
Spielpl.
Münchhofstr.
Am Gückelsberg
Feuerwehr
Viktoriastr.
Schule
Mehrzweckhalle
Post
Ev.K.
Kath.K.
Hauptstr.
Wasserschutzpolizei
Campingplatz
Tennispl.
Maaraue
Floßhafen
Fischtor
Schutzh. Grillpl.
Mz.-Kostheim
Sportpl.
Maaraue (Wpl.)
Kläranlage
Holztor
Fachhochschule
Fort Malakoff-Park
Kammerspiele
Dagoberttor
Wasserschutzpolizei
KuZ
Schwimmbad Maaraue
Franziska-Kessel-Promenade
Schiffswerft
Sportplatz
Festplatz
Gustavs

5790 Schritte von Hochheim bis zum Kasteller Brückenzoll

Von Hochheim über Kostheim nach Kastel

Marlene Hübel

Ausgangspunkt: Hochheim, Katholische Kirche, Haltestelle Hochheim Bahnhof, Linie 48, S1
Endpunkt: Brückenkopf Kastel, Haltestelle Linien 6, 9, 28, 54, 56, 57, 58, 91, 6610

Wappen Hochheim

Hochheim macht seinem Namen wahrhaftig Ehre, liegt es doch 35 Meter hoch über dem Main und 124 m über dem Meeresspiegel, idyllisch und von Weinbergen umgeben am rechten Ufer des Flusses. Man sollte mit der Bahn in diesem romantischen Städtchen ankommen, das seit 1840, mit dem Bau der Taunus-Eisenbahn von Frankfurt nach Kastel, ans Schienennetz angeschlossen ist. Der Bahnhof liegt am Main und zunächst führt der Weg nach oben zum Maintor, das 1746 mit einem als Küsterhaus bestimmten Fachwerkaufbau ergänzt wurde. Es ist eines der wenigen Reste der mittelalterlichen Stadtbefestigung, die ursprünglich durch einen Palisadenwall, dann mit einer gewaltigen fünftürmigen Ringmauer, die drei Tore hatte, verstärkt wurde.

❶ St. Peter u. Paul

Über den Weinbergen erhebt sich weithin sichtbar, die von 1730 bis 1732 vom mainzischen Ingenieurhauptmann Johann Ferolski erbaute katholische Pfarrkirche **St. Peter und Paul** mit ihrem spitzen Turmhelm. Der Hochaltar in der Chorapsis, die beiden Seitenaltäre und die Kanzel der weiten Saalkirche sind 1775 entstanden. Im gleichen Jahr schuf der zu dieser Zeit für die Augustinerkirche in Mainz tätige Joh. Baptist Enderle die Deckengemälde mit Szenen aus dem Leben der beiden Kirchenpatrone Petrus und Paulus.
Ein markierter, 5 km langer Rundweg für Radfahrer und Wanderer führt um die Stadt. Unterhalb der Kirche informiert er als Weinlehrpfad über Reben und Wein. In den bekannten Hochheimer Weinlagen, wie Hochheimer Berg, Hölle, Kirchenstück, Domdechaney und Königin-Victoria-Berg wird meist Riesling und vermehrt Rotwein angebaut.
Bevor auf dem Gelände des heutigen Königin-Victoria-Bergs Reben wuchsen, befand sich dort die Dechantenruhe, wo unter Nussbäumen eine Quelle entsprang. Auch Mainzer Erzbischöfe, insbesondere Emmerich Joseph von Breidbach-Bür-

resheim, erholten sich nach ausgedehnten Jagdausflügen gern an diesem idyllischen Ort. Die Chronik berichtet darüber: „Erfreuend und erfreut, ließ Emmerich Joseph dann Jung und Alt mit Speise und Trank bewirten, während die Klänge lustiger Jagdhörner und die Melodien munterer Volkslieder das ländliche Mahl würzten. Ein Freund des heiteren Volkslebens, ließ der joviale Kurfürst nach dem Imbiss aber nicht selten auch Hopstänze, Schleifer und Siebensprünge aufspielen, ergötzte sich an der eigenthümlichen Tanzweise der Bauernburschen und Landmädchen und lachte von Herzen, wenn ein oder das andere Paar auf dem glatten und unebenen Grastanzboden einmal einen unfreiwilligen Purzelbaum schlug."

1846 erwarb Weingutsbesitzer G. M. Papstmann die inzwischen verödete Dechantenruhe und pflanzte an dem fruchtbaren Südhang Reben, aus denen hervorragender Wein gekeltert wurde. Damals schon war der Hochheimer Wein in England als „Hock" besonders bevorzugt, eine Bezeichnung die inzwischen in angelsächsischen Ländern für deutschen Rheinwein überhaupt gilt. „A Hock once a day keeps the doc away" („Ein guter Hochheimer hält den Arzt vom Leib!")

Auch die englische Königin Viktoria (1819-1901) schätzte den Hochheimer und so besuchte sie 1850 während ihrer Deutschlandreise diesen Weinberg, der sich dann mit königlicher Erlaubnis „Königin-Viktoria-Berg" nennen durfte. Zudem wurde anlässlich des 35. Geburtstags der Monarchin, inmitten der 5 ha großen Rebfläche ein neugotisches Denkmal errichtet.

Die 18360 Einwohner zählende Stadt gehört heute zum Main-Taunus-Kreis, mit ihren Weinlagen jedoch zum Rheingau, sie liegt an der Rheingauer Rieslingroute und am Rieslingpfad. Bereits die Römer hatten hier auf der Höhe einen Stützpunkt errichtet und die Kultivierung der Weinrebe gelehrt. Der Name Hochheim geht auf alemannisch-fränkische Ursprünge zurück und wird erstmals 754 genannt, als die Gebeine des heiligen Bonifatius, Bischof von Mainz und Erzbischof für Germanien, von Mainz nach Fulda überführt wurden.

Als Lehen des Kölner Domkapitels gelangte Hochheim 1273 durch Kauf an das Mainzer Domkapitel, das bis zur Säkularisation im Jahre 1803 die Landeshoheit besaß und starke Befestigungen errichten ließ, die der Stadt Mainz in Kriegszeiten als Bollwerk dienen sollten.

Bereits im Mittelalter fanden als „Gabelungen" bezeichnete Weinmärkte hier statt. Im Jahre 1484 erteilte Kaiser Friedrich III. das Privileg für die Abhaltung von zwei Märkten im Jahr, von

denen der bis heute im November abgehaltene Hochheimer Markt als Volksfest und einer der größten Jahrmärkte in Deutschland fortbesteht; denn wer den Begriff „Markt" wörtlich nimmt, kann ihn hier erleben. Krämer und Händler mit landwirtschaftlichen und weinbautechnischen Geräten und Maschinen, als auch Viehhändler mit allerlei Nutztieren sind anzutreffen. Die verkehrsgünstige Lage Hochheims förderte die wirtschaftliche Entwicklung. 1837 entstand hier die erste rheinische Sektkellerei der weitere folgten. Im ehemaligen Gasthaus Zum Taunus, einem Fachwerkhaus in der Kirchgasse hatte der Sektfabrikant Ignatz Schweickardt sein erstes Gärlokal eingerichtet.

Ansicht von Hochheim

Weinstube in Hochheim

Die alte Siedlung um Kirche, Amtshöfe und Markt wurde als Straßenkreuz errichtet, an dem die Nebengassen gekrümmt verlaufen und in den Eckelchen der Altstadt, um das Fette Eck, Johannesgrund, Hollerbusch und Butterloch befinden sich heute gemütliche Gutsschänken und Straußwirtschaften mit urigen Innenhöfen. Besonders an den Wochenenden sind viele Fahrräder in den gepflasterten Altstadtgassen geparkt, deren Besitzer fröhliche Einkehr halten. Am ersten Juli-Wochenende wird in der besonderen Atmosphäre der hübsch restaurierten Altstadt das Hochheimer Weinfest gefeiert.

❷ Plan

Am **Plan**, dem ehemaligen Marktplatz, an dem mehrere von Fachwerk- und Barockhäusern gesäumte Straßen zusammenführen, steht auf geschwungenem Piedestal die Hochheimer Madonna.1770 wurde diese Rokokostatue in der Nähe des Biebricher Schlosses von Feldarbeitern gefunden und von drei „frommen" Hochheimern transportiert und hier „mit Beihilf aller Gutthaether aufgericht".

Fromm waren sie die Einwohner und blieben trotz Zehnten und anderen Abgaben an die geistliche Herrschaft gelassen und versuchten sich mit ihrer Obrigkeit zu arrangieren. Dafür spricht die im Mainzer Kurstaat oft verwandte Redensart: „Bückt euch nur vor Fürstenthronen, unterm Krummstab ist gut wohnen!"

Hochheimer Madonna

Besonders gern hielten sich die Domdechanten während der Sommermonate in Hochheim auf, das nach den weitgehenden Zerstörungen im Dreißigjährigen Krieg lange wiederaufgebaut werden musste. So ließ der Domdechant Georg Adam Freiherr von Fechenbach die neben der Kirche gelegene Dechaney 1765-1767 schlossartig erneuern und genoss von hier aus den Blick weit über die berühmten Weinbergslagen hinweg.
Doch nicht nur die Mainzer Dompräsenz und das Domvikariat besaßen Güter und Höfe in Hochheim, sondern auch Stifte, Abteien, Hospitäler, Deutsch- und Johanniter-Orden, die Klöster der Jesuiten, Augustiner, Karmeliter, Reichklaren, Agnesen und auch seit 1622 das Frankfurter Karmeliterkloster. In dem Gebäude betreibt die Stadt Frankfurt seit der Säkularisierung 1803 ein Weingut. Zudem verfügten 60 Adelsfamilien über Hochheimer Besitztümer. So sind seit 1652 bis heute die Grafen von Schönborn hier begütert. Im ehemaligen Gutshaus von 1763 befindet sich ein Restaurant mit individueller und origineller Ausstattung.
Auch in der Mainzer Letz, der Mainzer, in der Verlängerung Frankfurter Straße, gibt es noch stattliche Barockhäuser, die an einstige Nobilitäten, wie Metternich-Winneburg, von Bassenheim und von Dahlberg erinnern. Hinweistafeln mit knappen Erläuterungen sind an fast allen historischen Gebäuden angebracht.
1793 verschanzten sich während der Belagerung von Mainz Franzosen in Hochheim und wurden schließlich von Preußen unter König Friedrich Wilhelm II. nach Mainz zurückgetrieben. 1808 kam Napoleon auf dem Weg zum Fürstentag nach Erfurt durch Hochheim und als geschlagener Feldherr mit dem Rest seiner Armee, deren Nachhut von den Österreichern unter Fürst Schwarzenberg nach wilden Kämpfen vertrieben wurde.
Nach dem Reichsdeputationshauptschluss von 1803 fiel der Marktflecken Hochheim an das Herzogtum Nassau-Usingen. Landesherr Friedrich August ließ die Stadtmauern zum großen Teil niederlegen. Damit setzte eine Erweiterung ein, die seit 1809 zu einer Entwicklung führte, in der Hochheim mit dem Inkrafttreten der Nassauischen Gemeindeordnung von 1816 als Stadt ohne besondere Stadtrechtsverleihung anerkannt war. Das seit dem 18. Jahrhundert bekannte Stadtwappen zeigt

unter einer Mauerkrone mit einem Kreuz geteilten Schild, den Anker für die Mainschifffahrt, den Karst für den Weinbau, den Stern als Schröterrad zum Aufwinden der Weinfässer und das Ordenskreuz für die geistliche Herrschaft.

❸ Otto-Schwabe-Museum

Im **Otto-Schwabe-Museum**, das im Hochheimer Hof, Mainzer Straße 22-24, sein Domizil hat, können Besucher vieles über die Geschichte und den Weinbau erfahren. (Siehe Praktische Tipps)

Im TIK, dem Theater im Keller des Hochheimer Hofs dreht sich hingegen alles um Kleinkunst und Kabarett, wenn bekannte Interpreten hier Gastspiele geben.

Gleich um die Ecke, in der Wintergasse 13, befindet sich in einer früheren Kelterhalle des ehemaligen Papstmann'schen Gutshauses eine angesehene Kunstgalerie mit wechselnden Ausstellungen.

Am westlichen Stadtausgang liegt wiederum ein stattliches Weingut, von Weinbergen umgeben. Dieses erwarb 1780 der Mainzer Kaufmann Johann Baptist Werner und ließ sich auf dem weiträumigen Areal eine klassizistische Villa errichten. Sein Sohn, Dr. Franz Werner, war als Mainzer Domdekan eine Persönlichkeit von historischem Rang. Rettete er doch in den Nachwirkungen der Französischen Revolution und der napoleonischen Besatzung durch sein Einwirken auf Bischof Colmar den stark beschädigten Mainzer Dom vor dem Abbruch und leitete dessen Wiederherstellung. Unter dem Titel „Der Mainzer Dom und seine Denkmäler" verfasste Werner zudem ein umfangreiches kunsthistorisches Standardwerk. Ruhe suchte er gern auf seinem Hochheimer Weingut und knüpfte damit an die Tradition vieler adeliger Vorgänger aus der Kurfürstenzeit an.

Domdekan Dr. Werner

Die Mainzer Straße führt zur B 40. Wieder reicht der Blick weit hinunter in die Ferne, doch ist die einstige Anmut und Idylle von der Autobahn durchbrochen. Am Himmel schweben statt Vogelscharen Flugzeuge – leider oft schon bedrohlich tief und lärmend im An- und Abflug die Nähe des Rhein-Main-Flughafens kündend.

Blicken wir noch einmal zurück wie einst Reisende, die von Frankfurt kommend den Landweg benutzten und von dieser Aussicht schwärmten. So kommt Nostalgie auf, wenn man den Eindrücken des Mainzer Historikers und späteren Frankfurter Schöffen Niklas Vogt Glauben schenkt, der so oft als möglich im frühen 19. Jahrhundert in seiner geliebten Rheingegend unterwegs war: „... das schöne Schauspiel der Natur wurde mir erst aufgetan, als ich durch das alte gotische Tor von Hochheim gen Mainz blickte. Da glitt mein entzücktes Auge von

Weinhügel zu Weinhügel hinab an den Main der sich bei Kostheim in den Rhein ergießt und die schönen Bilder in seinen spiegelglatten Fluten spielend wiedergibt. Jenseits des Mains erstreckt sich das flache Darmstädter Land wie ein großes Parterre bis an die Gebirge der Bergstraße. Jenseits des Rheins sieht man die weinreichen Höhen von Oppenheim, Nierstein, Laubenheim und Weißenau. Mainz schimmert mit seinen vielen Türmen im Tale in das Wasser, und hinter ihm her wallen die sanften blauen Gebirge des Rheingaus."

Wappen von Kostheim

Doch zurück in die Gegenwart, das Mainzer Tor steht längst nicht mehr und wir folgen der von der Südanbindung der B 40 abzweigenden Neckarstrasse hinab zu den ausgedehnten Mainwiesen zum Maindamm, Richtung **Kostheim**, immer am Ufer entlang. Mit dem Blick auf das Stauwehr der letzten Schleuse vor der Mündung führt der Weg am Hafen vorbei durch Industriegelände. Hier vor dem Zusammenfluss von Rhein und Main schrieb bereits das alte Flößergewerbe Wirtschaftsgeschichte.

Im 19. Jahrhundert siedelten sich eine Zellulosefabrik und holzverarbeitende Betriebe in Kostheim an. Damals wurde die kleine Gemeinde mehr und mehr zum typischen Arbeiterwohnort. Daraus entstand in den 1920er Jahren eine aktive Arbeiterbewegung, die für sozialen Fortschritt kämpfte und schließlich Widerstandsgruppen gegen den Nationalsozialismus bildete.

Diese besondere Atmosphäre trifft Anna Seghers in ihrem Roman Das siebte Kreuz, als sie die letzten Stationen der Flucht Georg Heislers schildert: „Er machte kehrt und schlenderte auf den Wiesen am Main herum. Ein kleiner Ort, Kostheim, sah auf den Fluss mit seinen Nuss- und Kastanienbäumen. Das nächste Wirtshaus hatte ein Schild ‚Zum Engel', über das ein Kranz brauner Blätter hing, zum Zeichen, dass es hierMost gab ... Er musste sich entscheiden. Er setzte sich dicht an die Mauer mit dem Rücken zum Garten."

❹ Gasthof Zum Engel

Direkt am Ufer , nahe bei der 1889 fertig gestellten Mainbrücke befindet sich jener **Gasthof Zum Engel** noch immer, der in diesem Roman der Weltliteratur zu einem der Schauplätze wurde. Hier verbrachte Georg Heisler die letzte Nacht vor seiner Rettung auf einem holländischen Frachtkahn, der am Kasteler Brückenkopf ankerte und ihn dort erwartete.

❺ St. Kilian

Die katholische Pfarrkirche **St. Kilian** ist dem irischen Wanderbischof Kilian geweiht, nach dem zahlreiche Kirchen am Main, bis Würzburg hinauf, ihren Namen tragen. 1834 wurde sie errichtet, nachdem ein barocker Vorgängerbau, der als schönste Barockkirche am Untermain galt, bei der Beschießung

Blick auf die Kirche St. Kilian, im Vordergrund Flöße, um 1915

von Mainz 1793 den Flammen zum Opfer fiel. In der nachfolgenden napoleonischen Zeit gab es erst einmal nur eine Notkirche, in der, trotz Verbots der Obrigkeit, das einzige Requiem für den am 5. Mai 1821 verstorbenen Kaiser der Franzosen, Napoleon, gehalten wurde. Wie die Chronik berichtet, bekundete der damalige Pfarrer Dankbarkeit dafür, dass der Imperator dem um den Wiederaufbau ringenden Kostheim seit 1808 sämtliche Steuern erlassen hatte.

Am Weinprobierstand, auf den der aus einer riesigen steinernen Traube geschaffene Weinbrunnen aufmerksam macht und an der Kostheimer Weinscheune vorbei – 13 Weingüter und 100 ha Rebfläche gibt es in Kostheim und das Winzerfest wird im August gefeiert – wäre jetzt noch ein Abstecher ins nahegelegene Heimatmuseum (Mainpfortstraße/Ecke Hauptstraße) möglich (Siehe Praktische Tipps).

❻ Maaraue

Dann geht es über eine schmale Brücke, die das Festland über den alten Floßhafen mit der **Maaraue** verbindet. Der Name kommt vermutlich aus der Zeit der französischen Besetzung, als die Rheinschanze als Fort Mars bezeichnet wurde. Verstreut finden sich noch wenige Reste dieser Befestigungsbauten auf der Insel. Durch eine dichte Kastanienallee nahe am Wasser, von Schwänen begleitet, die im Schutz der schmalen Krippen ruhig ihre Bahnen ziehen, wird wenig später die Mainmündung sichtbar. Nun endet der bedeutendste Nebenfluss des Rheins nach 524 km im breiten Strom, ergibt sich ihm aber zunächst nicht ganz, zumindest bleibt noch eine Weile die bräunliche Farbe seines Gewässers zu erkennen. Von dieser

Stelle erlebt man einen zu allen Jahres- und Tageszeiten immer wieder eindrucksvollen Blick auf das gegenüberliegende vielgepriesene Goldene Mainz.
Die Maaraue zählt heute zu den beliebten Freizeitzielen mit Kleingartengelände, Spielwiesen, Sportanlagen und einem ausgedehnten Freibad und Campingplatz.

❼ Barbarossasäule

Am Rande der Spielwiese erinnert die 1984 errichtete **Barbarossasäule** an Kaiser Friedrich Barbarossa. Dieser feierte 1184, auf dem Höhepunkt seiner Macht angelangt, auf der Maaraue das Pfingstfest mit zahlreichem Gefolge. Die Söhne des Kaisers, Heinrich und Friedrich, wurden dabei zu Rittern geschlagen. Der Minnesänger Heinrich von Veldeke pries in seiner Dichtung Eneide dieses Ereignis:

Ich vernahm von keinem Feste
in aller Zeiten Märe,
das ähnlich glanzvoll wäre
wie das des Aeneis, nur eins kenn' ich;
das Fest zu Mainz
das war schier unermesslich ...

Barbarossasäule

40 000 Ritter kamen mit ihrem Gefolge auf die Insel, auf der eine riesige Zeltstadt errichtet war. Am Nachmittag des dritten Festtages zog jedoch ein Unwetter herauf, das die vergängliche Pracht vollends zerstörte.
Zurück in der Gegenwart stehen wir nun vor einem kleinen Landesteg, an dem in den Sommermonaten regelmäßig das kleine Personenfährschiff St. Nikolaus anlegt und Fahrgäste von Ufer zu Ufer befördert. Dies knüpft endlich wieder ein wenig an die Tradition des „Kostemer Schiffchebootche" an.
Die Franziska-Retzinger-Anlage erinnert an eine verdienstvolle Kommunalpolitikerin der Nachkriegszeit, die sich engagiert für die Rückführung der AKK-Gemeinden (Amöneburg, Kastel, Kostheim) nach Mainz einsetzte.

Wappen von Kastel

Am Campingplatz vorbei führt der Weg schließlich über eine Brücke, nach deren Überquerung das Festland wieder erreicht ist, das nun bereits zum Kasteler Gebiet zählt, einer der AKK-Gemeinden, die noch immer ein brisantes politisches Thema zwischen den beiden Nachbarstädten Wiesbaden und Mainz darstellen. Bei der Neuschaffung der Bundesländer wurde der Rhein zur Landesgrenze. Da das linke Rheinufer von den Franzosen und das rechte von den Amerikanern besetzt wurde, kamen die bis dahin zu Mainz gehörenden Vororte Amöneburg, Kastel, Kostheim (AKK) zu Wiesbaden. Nach wie vor gibt es Bestrebungen, den alten Zustand wieder herzustellen. Auch in fastnachtlichen Büttenreden beider Städte liefert das Thema immer wieder genügend närrischen Zündstoff.

Die Reduit um 1845

❽ **Bastion Schönborn**

Die direkt am Rhein gelegene **Bastion Schönborn** ist nicht nur zu allen Zeiten ein beliebter gastronomischer Treff, zudem beherbergt sie ein kleines Flößermuseum, das die jahrhundertelange Tradition des Flößerhandwerks am Zusammenfluss von Rhein und Main dokumentiert. Bis 250 m Länge konnte ein Floß erreichen. Mit der Zeit ging die Flößerei, die einen wichtigen Wirtschaftsfaktor für Kostheim und Kastel bildete, zurück. 1964 kamen die letzten beiden Flöße aus dem Main in den Rhein. Das Holz wurde von da an mit anderen Transportmitteln verfrachtet.

Die kleine Bastion von Schönborn diente ursprünglich als Flankenschutz der Reduit für die unter Kurfürst Johann Philipp von Schönborn errichtete Schiffsbrücke . Hier befand sich auch die Anlegestelle für das Trajektboot, einem dampfbetriebenen

Fährschiff der Eisenbahndirektion Frankfurt, das der Beförderung der Reisenden von und nach Mainz diente. Zum Abenteuer geriet dies im Winter bei Treibeis, wenn die Schiffsbrücke abgebaut und der Bootsdienst eingestellt werden musste. Dann konnten Reisende allenfalls hoffen mutige Kärcher zu finden, die sie mit dem Nachen zwischen den Treibeisschollen hindurchruderten.

❾ Reduit

Die hinter der Promenade am Kasteler Brückenkopf aufragende **Reduit** stammt aus der Zeit der Bundesfestung Mainz. Zwischen 1830 und 1832 wurde das einzigartige fortifikatorische Bauwerk zur Verteidigung und zum Schutze der Schiffsbrücke errichtet. Es ruht auf 1800 Eichenholzpfählen im sumpfigen Kies. Über dem landseitigen Sandsteinportal an der Aussenseite ist die Inschrift zu lesen: CURA CONFOEDERATIONIS CONDITUM (Durch die Fürsorge des Bundes erbaut). Das Museum Castellum, das 2000 Jahre Geschichte bis zur Gegenwart dokumentiert, hat in diesem historischen Gebäude sein Domizil. (Siehe Praktische Tipps, S. 332)

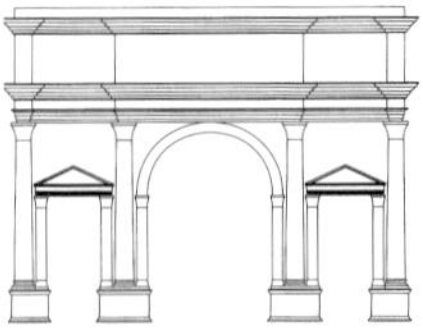

Rekonstruktion des Kasteler Ehrenbogens

Bereits die Römer hatten 83 n. Chr., unter Kaiser Domitian, eine feste, auf Pfeilern lagernde, etwa 700 m lange Brückenverbindung über den Rhein hergestellt, die auf mindestens 18 Fluss- und mehreren Landpfeilern ruhte. Immerhin bildete das Castellum Mattiacorum (Kastel) einen wichtigen Vorposten des seit 13-12 v. Chr. von Drusus auf der gegenüberliegenden Rheinseite errichteten Legionslagers. 1986 fanden Archäologen unweit des einstigen Castells, von dem es keine Spuren mehr gibt, im Verlauf der Großen Kirchenstraße Fundamentreste eines gewaltigen Ehrenbogens, den man, wie die Quellen bezeugen 19 n. Chr., nach dem Tod des Germanicus, dem Sohn des Drusus, am Ufer des Rheins (apud ripam Rheni) errichten ließ.

Karl der Große hatte noch einmal auf den römischen Brückenpfeilern einen hölzernen Rheinübergang bauen lassen, doch dieser brannte 813, kurz vor der Fertigstellung ab. Der Überlieferung nach sollen die Mainzer Fährleute die Brandstifter gewesen sein, da sie um ihre Existenz fürchteten. Bis im 19. Jahrhundert waren noch zwischen den römischen Brückenpfeilerresten, „auf den Arken“, die Schiffsmühlen verankert. Die Schiffsbrücke von 1661 diente bis zur Übergabe der nach Plänen von Friedrich von Thiersch, dem Architekten des Wiesbadener Kurhauses, entstandenen Straßenbrücke am 30. Mai 1885 als Rheinübergang. Seit 1968 ist diese im Zweiten Weltkrieg zerstörte und 1951 wiederaufgebaute Brücke nach dem ersten Bundespräsidenten Theodor-Heuss-Brücke benannt.

Kastel wurde 1840 durch die Taunusbahn an die Eisenbahn-

strecke Frankfurt-Wiesbaden angeschlossen und war zugleich die zentrale Bahnstation für das gegenüberliegende Mainz. Der Kasteler Bahnhof glich damals einer Festungsanlage und machte einen abschreckenden Eindruck auf die Reisenden, wie es der Dichter Hans Wachenhusen beschreibt: „Unfreundlich empfangen uns die Lokomotivschuppen unmittelbar am Rheinufer, die Schießscharten der Befestigungswerke schielen verdrießlich herüber, während wir an der Häuser- und Hotelfront des Vorwerks entlang in die Bahnhalle anfahren. Ein guter Teil der Passagiere stürzt sich aus den Coupées, um über den Platz zur Dampffähre zu eilen, zwischen unfreundlichen Baracken und Gerüsten hindurch, wie sie der unerbittliche Verwüster aller Romantik, der Festungsbau, einmal haben will ..."
Erst nach 1900 verlor Kastel seinen Festungscharakter.

⑩ Brückenkopf Kastel

Hier, am **Brückenkopf Kastel** endet die Tour von Hochheim über Kostheim nach Kastel. Die 8 km lange Wegstrecke ist zu Fuß in etwa 1 Stunde, mit dem Fahrrad schneller zu bewältigen. Allein schon wegen des unvergleichlichlichen Blickes war dieser Weg bis Hochheim hinauf zu allen Zeiten beliebt. Karl Anton Schaab, ein Mainzer Geschichtsschreiber, beschreibt 1841 die ihm wohlbekannte Wegstrecke im altmodischen Maß einer geruhsamen Zeit: „Vom Kasteller Brückenzolle bis Hochheim zählt man beiläufig 5790 Schritte oder 992 (?) Ruten oder 15880 Schuhe ..."
Später war es der beliebte Drei-Brücken-Spaziergang der bei den Bewohnern der rechts- und linksrheinischen Ufer zum Sonntagsritual gehörte. Wer jetzt noch nicht genug hat, kann dieses Vergnügen anschließen, doch vielleicht gelüstet es eher nach einer Abschlusseinkehr in der Bastion von Schönborn oder auf der Pieter van Amstel, einem holländischen Segelschiff, das als Restaurant fest vertaut am Ufer liegt.
„Wer noch nicht auf der Schiffbrücke gestanden und die von uralten Kirchen und Thürmen überragte Stadt in der Glorie schöner Abendbeleuchtung geschaut hat, dem ist wahrlich einer der herrlichsten Punkte Deutschlands unbekannt geblieben!" So preist auch die spätromantische Schriftstellerin Adelheid von Stolterfoth jenen unvergleichlichen Anblick auf das „goldene" Mainz. Sie verfasste bereits 1838 eine erste landeskundliche Beschreibung des Rheingaus, mit 1839/40 erweiterten Ausgaben zu Wiesbaden und Mainz.

Germania – die nationale Kultfigur am Rhein

Im denkmalbesessenen 19. Jahrhundert konnte es nicht ausbleiben, auch den Rheingau an einer seiner landschaftlich schönsten und bedeutungsvollsten Stellen, auf dem Niederwald über Rüdesheim, mit einem Denkmal zu möblieren. Es sollte etwas ganz Besonderes sein: ein Nationaldenkmal zur Erinnerung an den deutsch-französischen Krieg 1870/71. Aus ihm war das Zweite Kaiserreich mit dem in Versailles zum Kaiser Wilhelm I. proklamierten preußischen König an der Spitze hervorgegangen. Die Idee hatte Ferdinand Hey'l (1830-1897), seit 1873 Kurdirektor in Wiesbaden. 1871 war er dort noch Schauspieler am Königlichen Hoftheater gewesen. Hey'l hatte ein ausgeprägtes Gespür für großartige Inszenierungen auch außerhalb des Theaters. Schwärmerisch empfahl er am 13. April 1871 in einem Artikel im Rheinischen Kurier ein „Erinnerungs-Denkmal an den letzten französischen Krieg“ in Form einer aus Erz gegossenen „Germania“. Dort, auf dem Niederwald bei Rüdesheim, „... umrahmt von der Buschwaldung ... weithin sichtbar ... gegenüber dem Eisenbahnknotenpunkt Bingerbrück, über den sich der Strom unseres siegreichen Heeres nach Frankreich ergoss, auf dem rückkehrende verwundete Krieger, die aus Frankreich ausgewiesenen Deutschen und die lorbeergeschmückten Sieger auf ihrem Heimweg den einenden Mittelpunkt fanden, sollte jenes Denkmal füglich sich erheben.“

In der Blickachse des Denkmals, dem Lauf der Nahe folgend, lagen nach der Eroberung Elsass-Lothringens 1871 die neuen Landesgrenzen. Hier „erhebe sich die zu errichtende Wacht am Rhein, umrahmt von den lebendigen Thyrsusstäben unserer rheinischen Edeltraube.“ Hey'ls Plan wurde in der Presse breit aufgegriffen, auch die „Gartenlaube“ veröffentlichte einen Artikel und eine Zeichnung vom Niederwald. Ein Komitee wurde gegründet und mit der Zustimmung Kaiser Wilhelms I. und Bismarcks kam es zu einer großen Versammlung in Berlin an der viele Reichtagsmitglieder und Vertreter der Länder teilnahmen. Das Berliner Komitee veröffentlichte im November 1871 den ersten großen Spendenaufruf für das Nationaldenkmal in ganz Deutschland. Nach einem Aufruf zu einem Wettbewerb an alle deutschen Künstler gingen 40 Entwürfe ein, von denen jedoch keiner ausführbar schien. Angenommen wurde schließlich der dritte Entwurf des Dresdner Bildhauers Johannes Schilling.

Bei der Grundsteinlegung 1877 waren erst die Hälfte der Kosten von insgesamt 1,2 Mio. Goldmark (der Monatslohn eines Arbeiters betrug ca. 100 Mark) gesammelt. Der Rest wurde durch staatliche Zuschüsse gedeckt.

Am 28. September 1883 konnte schließlich ein Denkmal von gigantischen Ausmaßen eingeweiht werden. Auf dem 25 m hohen Sockel aus Oberkirchner und Murgtaler Sandstein steht vor einem Thron die 12 m hohe Hauptfigur des Denkmals, die Germania. In der erhobenen rechten Hand hält sie den Siegeskranz mit der neuen deutschen Kaiserkrone, in der linken das sieben Meter lange gesenkte, lorbeerumwundene Schwert. Ihr Blick folgt über den Rheingau hinweg dem Verlauf des Rheins in Richtung Süden. Unter der Inschrift befindet sich der Reichsadler inmitten der Wappen aller damaligen Bundesstaaten. Das Hauptrelief, es ist das größte Bronzerelief, das im 19. Jahrhundert geschaffen wurde, zeigt 190 Figuren. König Wilhelm von Preußen und Fürst Bismarck sind umgeben von den deutschen Fürsten und Vertretern der freien Reichsstädte. Es ist seitlich flankiert von den Allegorien des Krieges und des Friedens. Unterhalb des Reliefs stehen fünf der sechs Strophen des Liedes „Die Wacht am Rhein“. Darunter übergibt Vater Rhein seiner Tochter, der Mosel, das Wachthorn, was die Verschiebung der Grenze durch die Annexion von Elsass und Lothringen andeuten soll.

Der Hauptinschrift gemäß dient das Denkmal dem „Andenken an die einmütige siegreiche Erhebung des deutschen Volkes und an die Wiederaufrichtung des deutschen Reiches 1870/71“. – *Wiederaufrichtung* des alten Reiches, das dem Ansturm der Truppen der Französischen Revolution, später Napoleons nicht standhalten konnte und 1805 aufgelöst wurde. Damit war aber auch der Weg frei geworden für die Abschaffung des Feudalsystems und die Herstellung bürgerlicher Rechtsverhältnisse vor allem im linken Rheinland, wo der „Code Napoléon“, den „jeder Bauer in der Tasche tragen konnte“, bis zur Einführung des Bürgerlichen Gesetzbuchs 1900, also auch noch zur Zeit der Errichtung des Denkmals galt. Der politisch-inhaltliche Rahmen für die hier gefeierte deutsche Einheit – kein Wort von „Demokratie“ oder gar „Republik“ –, ist blass und schemenhaft. Die tragenden gesellschaftlichen Schichten Deutschlands auf dem Weg zur industriellen Gesellschaft, die rasant wachsende Industriearbeiterschaft wie auch das Bürgertum konnten hier jedenfalls kaum eine ihrer gesellschaftlichen Rolle entsprechende politische Identität finden, es sei denn eine regionale als „Landeskinder". So musste die äußere Bedrohung und schließlich der Sieg über das benachbarte Frankreich für die reklamierte Einmütigkeit der Deutschen, für deutsch-nationale Gefühle, herhalten. In der Festschrift zur Enthüllung des Denkmals ist von „welscher Habgier und Eroberungssucht" die Rede, später wird man gegen den „Erbfeind" rüsten. Mit der Germania und vielen weiteren Kleinausgaben, vor allem in rheinhessischen Orten auf der linken Rheinseite, sollten – ähnlich wie im Elsass und in den Vogesen – deutsch-nationale Botschaften im Landschaftsraum verankert werden.

Das Lied von der „Wacht am Rhein" des 1849 verstorbenen Dichters Max Schneckenburger verdankt seine Entstehung dem „Dichterkrieg" von 1840. Das Ministerium Thiers hatte nach einer diplomatischen Niederlage im Orient die Frage der Rheingrenze zwischen Deutschland und Frankreich wieder aufgegriffen. König Louis-Philippe entschärfte den Konflikt, indem er Thiers entließ. Es kam jedoch zu einer vor allem publizistischen Auseinandersetzung unter den Dichtern beider Länder. Der Bonner Nikolaus Becker dichtete „Sie sollen ihn nicht haben, den freien deutschen Rhein, / ob sie wie gierige Raben sich heiser danach schrein ..." Alfred de Musset erwiderte mit einer gewissen Ironie: „Gehört er euch denn, euer deutscher Rhein, / Wascht die Livree darin bescheiden; / Doch mäßigt euer stolzes Schrein." Victor Hugo, der gerade um diese Zeit eine Rheinreise machte, wollte wohlmeinend, aber naiv den Rhein am liebsten unter gemeinsame deutsch-französische Herrschaft stellen (vgl. S. 314 f.).

Es fehlt jedoch nicht an Spitzen gegen die französischen Nachbarn und an kriegerischen Attributen, um Germania auch im Hinblick auf den Ersten Weltkrieg zur trivialisierten Kultfigur eines säbelrasselnden Deutschtums werden zu lassen.

Wie sehr der Kult der Nation, in dem das einzelne Individuum sich als Glied eines großen – ja großartigen – Ganzen verstehen können sollte, eine Fiktion war, zeigte sich schon bei der Einweihung des Denkmals. Konzipiert als ein großes nationales Fest, waren alle auf dem Relief dargestellten Fürsten und Generäle eingeladen und 8000 Eintrittskarten verkauft worden. Es kamen Delegationen zahlreicher Vereine, Politiker, Militärs, Honoratioren, 18 regierende Fürsten und fast die gesamte Reichsführung. Die Stadt Wiesbaden, von wo aus der Kaiser mit seinem Gefolge morgens startete und wo er später zum Galadiner wieder erschien, war festlich geschmückt. Zwischen den Auslagen der Geschäfte lugten Kaiserbüsten hervor. Ein Delikatessengeschäft in der Langgasse hatte sogar aus Äpfeln, Birnen, Kokosnüssen, Kaffee, Erbsen und Reis das Nationaldenkmal nachgebildet und mit Würsten und Likörflaschen prachtvoll umrahmt. Tausende von Schaulustigen säumten den Weg zum Denkmal. Dabei entgingen die Feiernden nur knapp dem Anschlag einer Gruppe um den bekannten Anarchisten August Reinsdorf, die mit 13 kg Dynamit die Repräsentanten des Zweiten Kaiserreichs in die Luft zu sprengen wollte. Der Schriftsetzer Emil Küchler und der Sattlergeselle Reinhold Rupsch aus Elberfeld hatten auf dem Weg, den der Kaiser anderntags nehmen sollte, den Sprengstoff gelegt. Sie waren der Meinung, dass mit Dynamit mehr zur Verbesserung der Lage der Arbeiter zu erreichen sei als mit Stimmzetteln. Das Attentat auf die Reichsführung scheiterte, weil die beiden aus Gründen der Sparsamkeit eine billige, nicht nässebeständige Zündschnur verwendet hatten, die infolge der Bodenfeuchtigkeit – es hatte bis kurz vor dem Erscheinen des Kaisers geregnet – nach der Zündung wieder erloschen war.

Der dilettantische Attentatsversuch kam später ans Tageslicht. In dem darauf folgenden Prozess in Leipzig wurden Reinsdorf und Küchler zum Tode verurteilt und am 2. Februar 1885 in Halle hingerichtet. Der erst 22-jährige Rupsch wurde zu lebenslänglicher Haft begnadigt.

Die Episode zeigt tiefe Risse im gesellschaftlichen und politischen Gefüge Deutschlands.

Germania überstand dann im November 1923 den Plan einiger Separatisten das Denkmal in die Luft zu sprengen als auch den verheerenden Luftangriff auf Rüdesheim im März 1945.

„Das Denkmal vor den Toren Wiesbadens besticht heute vor allem durch seine Ehrlichkeit. In beeindruckender Weise verkörpert es das auf Blut und Eisen begründete Kaiserreich von 1871. Gäbe es nun noch einen bescheidenen, aber sinnfälligen Hinweis auf das misslungene Attentat, auf die Unterdrückung der Arbeiterbewegung und die Verhinderung demokratischer Entwicklungen durch den Bismarckstaat, dann hätten wir auf dem Niederwald einen Geschichts-Lehrpfad, der seinesgleichen sucht."
(Volker Eichler, Wiesbadener Abrisse 1988)

Brigitte Forßbohm

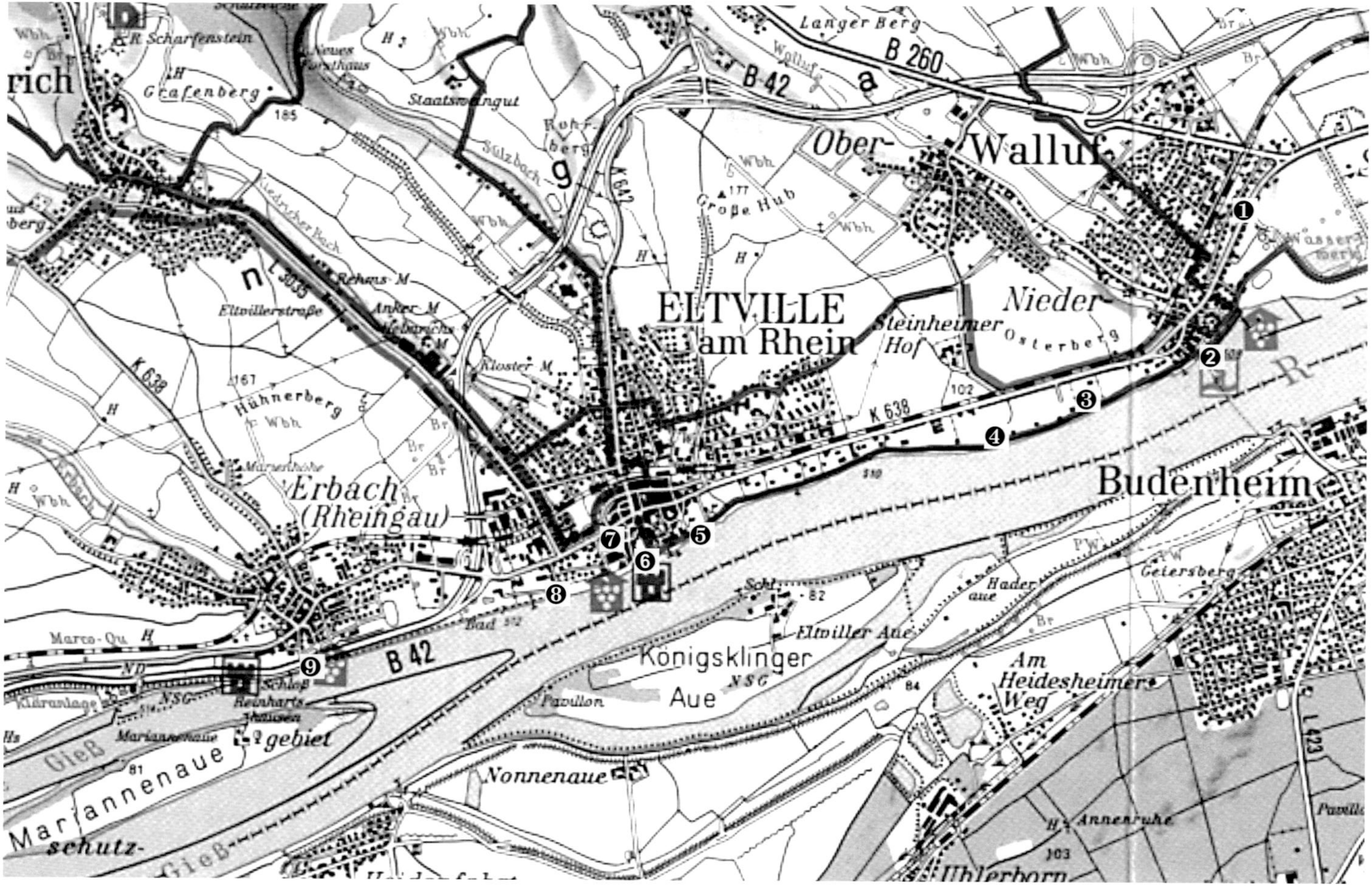
ELTVILLE am Rhein
Ober-Walluf
Nieder-Walluf
Budenheim
Erbach (Rheingau)
Steinheimer Hof
Königsklinger Aue
Eltviller Aue
Mariannenaue
Nonnenaue
Am Heidesheimer Weg
Langer Berg
Große Hub
Hühnerberg
Gräfenberg
Scharfenstein
Staatsweingut
Eltvillerstraße
Osterberg
B 260
B 42
K 638
K 642
L 3035
L 423
rich

Reiche Neubürger wo einst Treidelknechte Schiffe zogen

Auf dem Leinpfad nach Walluf, Eltville und Erbach

Helga Simon

Ausgangspunkt: Walluf, Hauptstr.; DB Regio 10, Bhf Walluf, ORN Bus 5480, mehrere Haltestellen
Endpunkt: Erbach, Rheinufer, DB Regio 10, Bhf Erbach, ORN Bus 5480 wie oben

Wappen von Walluf

Wer auf Schusters Rappen am Leinpfad entlang von Walluf nach Eltville wandert, fühlt sich unwillkürlich in alte Zeiten zurückversetzt: Ein unbegradigtes, allmählich verlaufendes Rheinufer, alte teilweise im Wasser stehende Bäume und Sträucher, tief herabhängende Zweige, ein schmaler, lehmiger Weg, eine mit Wildkräutern, Efeu und wildem Wein bewachsene Mauer, hier scheint sich noch ein Stückchen ursprüngliche Rheinuferlandschaft erhalten zu haben. Dieser Eindruck täuscht. Es gab hier ehemals keinen befestigten Spazierweg. Äcker, Wiesen und Weinberge reichten bis an den Leinpfad heran. Auf den Feldern wurde eifrig gearbeitet, auf dem Fluss herrschte reges Treiben.

Der Rhein war bis ins 19. Jahrhundert die Hauptverkehrs- und -handelsstraße. Segelschiffe, Fischerboote und Flöße bevölkerten ihn. Weithin schallten die gegenseitigen Zurufe der Schiffer und Fischer, die Räder der Schiffsmühlen klapperten vor sich hin, und auf dem Leinpfad zogen Treidelknechte, später auch Esel und Pferde, Schiffe und Lastkähne an langen Leinen stromaufwärts. Der Leinpfad war weder von Sträuchern noch von Bäumen bewachsen, damit sich die langen Leinen nicht verfangen konnten.

Die Schiffe konnten auch bei bestem Segelwind und zusätzlichem Ruder nicht gegen die Strömung ankommen und mussten darum vom Ufer aus „getreidelt“, d. h. gezogen werden. Die Arbeit der Treidelknechte war schwer und anstrengend, besonders bei hohen Wasserständen, weil sie sich durch sumpfiges Gelände und ganze Schwärme von Schnaken durchkämpfen mussten.

Vom unteren Rheingau kommend, war der Leinpfad in Niederwalluf zu Ende. Der Weg nach Mainz ist auf der linken Rheinseite erheblich kürzer als auf der rechten, darum wurde der Leinpfad linksrheinisch fortgeführt. Pferde und Schiffe wurden in Walluf von den dortigen Fährleuten übergesetzt. Das Privileg dazu hatte ihnen der Mainzer Erzbischof verliehen.

Rheintauer, Schleppschifffahrt auf dem Rhein

Schon im 16. Jahrhundert verkehrten Marktschiffe. Der Marktschiffsbetrieb zwischen Eltville und Mainz ging jedoch wieder ein, so dass die Waren mit Nachen transportiert werden mussten. 1785 nahm die Eltviller Schifferfamilie Rau mit Genehmigung des Mainzer Kurfürsten den Marktschiffbetrieb wieder auf. Zu festgelegten Tarifen fuhr von nun an täglich, außer an Sonn- und Feiertagen, ein Marktschiff von Eltville nach Mainz und zurück. Als ein zweiter Schiffer an dem anscheinend lukrativen Geschäft teilhaben wollte, baute sich Schiffer Rau ein neues Boot, das von einem Pferd gezogen wurde. Daraufhin beschwerten sich die Niederwallufer Fährleute beim Erzbischof, weil Rau das Pferd mit seinem eigenen Boot von Walluf nach Budenheim übersetzte. Sie verlangten, dass er dafür ihre Dienste in Anspruch nehmen müsse. Dieses Ersuchen wurde jedoch von der Kurfürstlichen Regierung abgelehnt, da das Pferd statt fünf „schiffziehender" Menschen mitgenommen werde und den Wallufer „Zerchfärchern" dadurch kein Schaden entstehe.

Die herkömmliche Rheinschiffahrt musste Anfang des 19. Jahrhunderts, als das gegenüber liegende linke Rheinufer zu Frankreich gehörte und durch Zollschranken vom rechten getrennt war, große Einschränkungen hinnehmen. Nach dem Bau der Rheingauer Landstraße verlor der Marktschiffsverkehr nach Mainz allmählich an Bedeutung. Die Schiffer suchten nach neuen Verdienstmöglichkeiten. Ein Sohn der alten Schifferfamilie Rau wurde Kapitän der „Concordia", eines der ersten Dampfschiffe, die seit den 1830er Jahren nach der Schiffbarmachung des Binger Loches auf dem Rhein verkehrten. Sie beförderten nicht nur Kaufleute und Marktbesucher, sondern zunehmend auch englische und französische Reisende, die das sagenumwobene Rheintal mit seinen romantischen Burgruinen und den mittelalterlichen Dörfern und Städten besuchten. Heute begegnen uns neben Frachtkähnen vorwiegend die Schiffe der Köln-Düsseldorfer Rheinflotte, die dem Ausflugsverkehr dienen.

❶ Pforte des Rheingaus

Wir beginnen unsere Wanderung an der sog. **Pforte des Rheingaus** an der Hauptstraße in Niederwalluf. Hier nahm das Gebück seinen Anfang, das im 14. Jh. zum Schutz des kurmainzischen Rheingaus angelegt wurde. Es setzte sich über die Höhen des Taunus bis nach Lorchhausen fort und sicherte die Grenzen nach Westen, Norden und Osten. Im Mittelalter hielt dieser natürliche Grenzwall allen Angriffen stand. Erst den Schweden gelang es im Dreißigjährigen Krieg, durch eine List einzudringen und den Rheingau einzunehmen. Der Grenzwall bestand aus einer Hainbuchenhecke, deren junge Triebe nach unten gebückt und in die Erde gesteckt wurden, so dass sie erneut austreiben konnten. So entstand eine undurchdringliche Hecke, die zudem noch mit Dornengestrüpp durchsetzt war. Es gab mehrere Tore und Bollwerke, die von den einzelnen Ortschaften bewacht und betreut wurden. Das größte in Walluf war der mit einer Pforte versehene sogenannte Backofen an der Hauptstraße, da, wo sich heute das evangelische Gemeindezentrum und die Bushaltestelle befinden. Vom Backofen aus erstreckte sich ein breiter, tiefer, mit Wasser gefüllter Graben bis zum Rhein, in den auch der Johannisbrunnen floss. Dem Wasser des Brunnens schrieben die Wallufer magische Kräfte zu. Es ging die Rede, wer einmal davon getrunken habe, kehre immer wieder nach Walluf zurück. Das Brunnenwasser wird heute aus etwa zehn Meter Tiefe mit einer Elektropumpe nach oben befördert. Der Brunnen ist von der Hauptstraße aus zu erreichen. Niederwalluf wird in einer Urkunde von 1367 Niederwaltaffen genannt. Der Ort lag ursprünglich östlich des Wallufbaches auf einem Gebiet, das den Rittern von Lindau gehörte. Nach dem Bau des Grenzwalles zogen sich die Bewohner jedoch allmählich auf das Gebiet westlich der Walluf in den Schutz des Gebücks zurück. An den ehemaligen Ort erinnern noch die Ruinen der Johanniskirche, die wir von einem am Wallufer Sportplatz am Rhein ausgehenden Weg erreichen. In der Nähe der Kirchenruine sind auch noch Reste einer mittelalterlichen Turmburg vorhanden.

Fahrradfähre am Wallufer Rheinufer

❷ Bootshaus

Vom Sportplatz aus gehen wir in Richtung Westen. Wir passieren **Bootshaus** und Bootshafen des Wallufer Segelclubs und überqueren ein paar Schritte weiter die Mündung des Wallufbaches, wo früher einmal eine Schiffsmühle lag. An der Mündung des Baches nimmt heute der Wallufer Mühlenwanderweg seinen Ausgang, der den Bach entlang vorbei an 26 ehemaligen Mühlen bis nach Schlangenbad verläuft.

An der Mündung des Wallufbaches erinnern wir uns auch an eine althergebrachte Zeremonie, die jeder neugewählte Mainzer Erzbischof vollzog. Mit seinem Pferd ritt er so weit wie möglich in die Fluten des Rheins und warf von da einen schweren Hammer aus. Dort, wo er niederfiel, wurde die Südgrenze des Rheingaus neu markiert. Heute liegt die Grenze zwischen Hessen und dem gegegenüberliegenden Bundesland Rheinland-

Ehemalige Fischerkneipe „Zum Anker“

Pfalz genau in der Mitte des Flusses. Wir gehen weiter am Gasthaus „Zum Mohren“, am vis-à-vis liegenden Weinprobierstand und der zur Gaststätte umfunktionierten kleinen Waschbrücke mit dem originellen Namen „Schwabbel“ vorbei und erreichen die Einmündung der Kirchgasse, lenken unseren Blick auf die ehemalige Adelheidskapelle, die seit dem 17. Jahrhundert in vier Bauabschnitten zur heutigen katholischen Pfarrkirche erweitert wurde, und auf das idyllische Gasthaus „Zum Treppchen“. Mit der Front zum Rhein präsentiert sich das Wallufer Vereinshaus, in dem bis vor einigen Jahren Rathaus und Schule untergebracht waren.

Anstelle der heutigen Sandverladestelle lagen einst die Boote der Fischer und Fährleute. Die Fähre zwischen Niederwalluf und Budenheim existiert noch immer. Sie wird an Wochenenden besonders von Radfahrern stark frequentiert, ebenso die schattigen Rheinterrassen, die zum Einkehren einladen.

❸ Leinpfad

Wir begeben uns nun auf den **Leinpfad**, der nach etwa drei Kilometern nach Eltville führt, vorbei an einer Reihe vornehmer Villen und Landsitze, die im 19. Jahrhundert von reichen Pensionären auf dem terrassenförmig ansteigenden Ufergelände erbaut wurden. Mit den Entwürfen waren Baumeister von Rang und Namen betraut. Auch die zum Rheinufer hin mit einer hohen Mauer abgegrenzten Parkanlagen wurden von bekannten Gartenkünstlern angelegt.

Die reichen Neubürger waren bei den Einheimischen hoch geachtet. Sie waren mildtätig, vergaben große Aufträge, tätigten ihre Einkäufe in den örtlichen Geschäften und beschäftigten viele dienstbare Geister. In ihren parkähnlichen Gärten arbeiteten zahlreiche Gärtner, die um die schönsten Gartenfrüchte und die prachtvollsten Blumenanlagen wetteiferten.

Um die Bewohner dieser Villen und ihren hochherrschaftlichen Lebensstil bildeten sich Legenden, die einige Wallufer und Eltviller Bürger noch aus Erzählungen ihrer Vorfahren kennen. So sollen die Dienstboten der einzelnen Villen an den verschiedenfarbigen Aufschlägen ihrer Uniformen erkennbar gewesen sein. Jede Villa habe ihre eigene Farbe gehabt, die sich auch bei den farbigen Kieselsteinen wiederholt habe, mit denen die in unterschiedlichen Formen angelegten Parkwege bestreut waren. Reitpferde und Kutschen waren in den Remisen untergebracht, und gegenüber der Villa Rheinberg soll es eine Reitbahn gegeben haben.

Alte Postkarte

Die Nachkommen eines „Herrschaftsgärtners“ wissen zu berichten, dass der Dienstherr ihres Urgroßvaters mit dem Wallufer Bahnhofsvorsteher ein Abkommen getroffen hatte, dass die Züge bei Bedarf vor seiner Villa angehalten wurden. Heute ist keine der Villen mehr im Besitz der Familie der ursprünglichen Erbauer. Die Villen waren einem ständigen Besitzwechsel unterworfen. Dabei wurden mehrfach Bauplätze für neue Wohnhäuser abgeteilt.

Villa Hagedorn, historische Aufnahme

Beispielhaft sollen einzelne Villen und ihre Besitzer erwähnt werden: Als erstes die 1868 nach den Plänen des bekannten Baumeisters Kreyssig aus Mainz erbaute ehemalige Villa Magarethe, deren Park von den berühmten Gartenkünstlern Gebrüder Sießmeyer angelegt wurde. Heute macht dieser Park einen etwas verwilderten Eindruck. Die alten Bäume und Sträucher, die teilweise bis an die Umgrenzungsmauer heranreichen, an manchen Stellen sogar aus ihr herauswachsen, versperren den Blick vom Leinpfad aus auf die inzwischen zu einer Anlage mit mehreren Eigentumswohnungen umgebaute Villa, die jedoch von der Wallufer Straße aus gut zu sehen ist.
Ursprünglicher Besitzer war Hermann Markuse, einer der Mitbegründer der Deutschen Bank. Als seine Witwe 1905 starb, machte man sich in Eltville ernsthafte Gedanken, wie man mit dem enormen Steuerausfall zurechtkommen sollte. 1907 erwarb Hermann Hagedorn das Anwesen. Er ließ das Haus umbauen und wesentlich erweitern. Hagedorn war mit 19 Jahren nach Amerika ausgewandert, war dort zu Geld und Ansehen und zu dem Beinamen „Baumwollkönig“ gekommen.
Sein Sohn, ein in Amerika bekannter Schriftsteller, schildert in seinem Buch: „Familie zwischen zwei Welten“ den aufwendigen Umbau. „Die Vergrößerung der Villa am Rhein zu dem ‚Protzenkasten‘, so nannte man dort die Häuser, die sich reiche Leute bauten, um ihren Wohlstand zu dokumentieren, kostete Vater das Dreifache von dem, was er veranschlagt hatte,

und doppelt so viel, wie sein immerhin beträchtliches Vermögen klug erscheinen ließ ...“ Hermann Hagedorn beschreibt auch den Lebensstil seiner Eltern: „Die sechs Dienstboten waren freundlich und zuvorkommend und aufrichtig bemüht, ihren Dienst auf das beste zu versehen. Der hochgewachsene, vornehme und etwas gebeugt gehende Butler, der sie dirigierte, war eine befremdende Neuerung in unserem Haushalt ... Außerhalb des Hauses hatten natürlich Gärtner ihr Betätigungsfeld. Ich habe niemals erfahren, wie viele es waren. Ich nehme an, dass sie nicht gerade fürstlich entlohnt wurden und dass die ganze Schar weniger kostete als unser schwarzer Thomas und die Haus- und Zimmermädchen, die wir in New York gehabt hatten. Ich war erschrocken, als ich das alte, verhutzelte und krumme Weiblein sah, das die Blumenbeete jätete und nicht mehr dafür bekam als freie Station, das heißt Essen und Trinken.“

Hagedorn ereilte ein Schicksal, das vielen reichen Leuten in dieser Zeit widerfuhr: Er zeichnete sein gesamtes Vermögen als Kriegsanleihe und verlor alles. Schon vor der Inflation hatte er versucht, die Villa zu veräußern, „aber niemand wollte das Haus kaufen“, schrieb sein Sohn. „Es dauerte genau 50 Jahre, bis sich jemand dazu entschloss, und das zu einem Preis, der den zwanzigsten Teil dessen ausmachte, was es in Dollarwährung gekostet hatte.“

Nach der Villa Hagedorn sehen wir vom Leinpfad aus die Villa Belmonte. Sie wurde 1870–1872 nach dem Entwurf eines Berliner Architekten für Wilhelm Oechelhäuser erbaut. Oechelhäuser, der vom Deutschen Kaiser geadelt wurde, war Industrieller, Politiker und Shakespeare-Forscher. Als er 1902 starb, vererbte er das Haus an seinen Sohn, der ihm auch als Generaldirektor der Deutschen-Continental-Gasgesellschaft in Dessau nachfolgte. Oechelhäuser jr. war Vorsitzender des Vereins Deutscher Ingenieure. Er nutzte das Haus als Sommersitz.

An das Bootshaus am Leinpfad, das für Oechelhäusers Boot erbaut worden war, erinnert heute nur noch eine im Boden eingelassene Eisenplatte. Oechelhäuser, der ein begeisterter Freiballonfahrer war, ließ im Dessauer Gaswerk ein spezielles Ballongas entwickeln und in seinem Park einen Ballonlandeplatz anlegen. In diesem Park war bis nach dem Ersten Weltkrieg ein französisches Geschützrohr aufgestellt, eine Kriegsbeute aus dem Krieg 1870/71, in dem Oechelhäuser schwer verwundet worden war. Auf Anordnung der französischen Besatzung musste es nach dem Ersten Weltkrieg entfernt werden. Bis vor kurzem spazierten Pfauen durch das Parkgelände, die dem nachmaligen Besitzer, einem von Ribbentrop, Sohn des NS-Reichsaußenministers, gehörten. Er richtete dort mit seiner Ehefrau, einer geborenen Gräfin zu Eltz, eine Gemäldegalerie ein. Das Haus hat inszwischen neue Besitzer.

❹ Steinheimer Huhl

Auf unserem Spaziergang erreichen wir nach einigen Minuten die sogenannte **Steinheimer Huhl**, einen wildromantischen Weg, der einst zu dem in unmittelbarer Nähe gelegenen Dorf Steinheim führte. Beim Bau der Landstraße 1808 und der nassauischen Eisenbahn wurden Fundamente des Dorfes gefunden, das bereits im 10. Jahrhundert in einer erzbischöflichen Urkunde als Filiale von Eltville erwähnt wird.

Durch eine fromme Stiftung des letzten Ritters von Steinheim und Zukauf mehrerer Parzellen kam Steinheimer Haus- und Grundbesitz an das Kloster Eberbach, das 1175 außerhalb des Dorfes inmitten seiner Ackerfluren einen eigenen Gutshof errichtete. Dadurch war Steinheim in seiner weiteren Entwicklung stark eingeschränkt, so dass die Einwohner allmählich in die Nachbargemeinden übersiedelten.

An das untergegangene Dorf erinnern der Steinheimer Weg und der Steinheimer Hof, den man von hier aus in ca. 15 Minuten erreicht. Die das Anwesen umschließende hohe Mauer, das Wappen eines Eberbacher Abtes und das Glöckchen über einer Dachluke erinnern daran, dass es sich hier um ehemals klösterlichen Besitz handelt.

Von Gutshof aus war es nicht weit zum Leinpfad, wo die Mönche Salmenfang betrieben. Fisch war für sie eine wichtige Nahrungsquelle, da ihnen der Genuss von Fleisch verboten war. Der Salmenfang muss sehr einträglich gewesen sein und gab Anlass zu mehreren gerichtlichen Auseinandersetzungen, bei denen das Recht des Klosters auf den Salmenfang zwar bestätigt, den Fischern aus Eltville und Walluf jedoch ein Mitrecht an der sogenannten kleinen Fischerei zuerkannt wurde.

Am Leinpfad

Im 16. Jahrhundert, als das Fleischverbot bereits gelockert war, verpachteten die Mönche den Salmenfang an Fischer aus der

Villa St. Georg

näheren Umgebung, die jeden sechsten Fisch als Pacht an das Kloster abliefern mussten. Das war eine hohe Abgabe, weil die Arbeit der Fischer inzwischen sehr beschwerlich geworden war, da sich der Salm wegen der Versandung des Rheinbettes allmählich zurückzog. Die Rheinregulierung im Laufe des 19. Jahrhunderts und die Verschmutzung des Rheinwassers durch eingeleitete Industrieabwässer hatten zur Folge, dass auch der übrige Fischbestand mehr und mehr zurückging. Darum ist der Beruf des Rheinfischers heute so gut wie ausgestorben.

Während wir den Weg nach Eltville fortsetzen, werden weitere Erinnerungen an die Rheingauer Geschichte wach: Hier, auf dem Feld zwischen Steinheim und Eltville wurde die Niederlage der Rheingauer Bauern besiegelt. Am 12. Juli 1525 mussten sie antreten, um ihrem Landesherrn zu huldigen. Nach der Huldigung mussten sie alle Briefe und Urkunden über Zugeständnisse, die sie von den Klöstern erpresst hatten, abliefern, die dieser dann mit seinem Degen durchstach.

Eine Anzahl Rädelsführer wurden festgenommen, nach Eltville gebracht und neun von ihnen am zweiten Tage nach der Huldigung „am Leibe bestraft und enthauptet". (Siehe auch S. 199) Wo die Enthauptung stattfand, ist nicht belegt, vermutlich hier auf dem Galgenacker, wie das Gebiet auf alten Flurkarten bezeichnet wird.

Auf dem ehemaligen Galgenacker entstand nach dem Abbruch des Galgens im Jahre 1806 ein ausgedehntes Villengelände, das mit einer großen Mauer umgeben wurde, die schon in den 1850er Jahren erwähnt wird. Die Villa wurde mehrfach umgebaut und umbenannt. Sie soll die schönste und prachtvollste am Eltviller Rheinufer gewesen sein. 1856 erwarb sie Henry André Blumberg. Er hatte drei Brauereien in St. Petersburg gegründet und war deshalb vom russischen Zaren zum kai-

Eltville – Stadtsilhouette mit Burg- und Kirchturm

serlichen Manufakturrat und Ehrenbürger von St. Petersburg ernannt worden. Nach seinem Tode ging das Anwesen an den Berliner Bankier Brodmann über, nach dem das steile Gässchen, das vom Leinpfad aus zur Walluferr Straße führt, benannt ist. Brodmann ließ die Villa umbauen und nannte sie „Rheinfried".

Galgen zwischen Walluf und Eltville, nach einer Zeichnung von 1573

Nach Brodmann wohnte hier Prinzessin Stefanie von Croy, für die der berühmte Gartenarchitekt Sießmeyer den Garten umgestaltete. Im östlichen Teil wurde eine Edelobstplantage betrieben, die sich Rheinfriedschule nannte und des öfteren als Musteranlage erwähnt wird. 1919 entstanden nach einem neuerlichen Besitzerwechsel und dem damit verbundenen Umbau der Villa u. a. die Weinberge und der Wasserturm als Kunstruine. 1925 erwarb Franz Boltendahl, ein Schwager von Hugo Asbach, das Anwesen. Boltendahl war maßgeblich an der Entwicklung des in Rüdesheim hergestellten Weinbrands zum Markenartikel „Asbach Uralt" beteiligt und wurde am Ende seines Lebens als „grand old man" der deutschen Likörindustrie bezeichnet. In seinem Privatleben musste er schwere Schicksalsschläge hinnehmen. Er verlor im Zweiten Weltkrieg beide Söhne und sein Haus. Es war, neben dem ehemaligen Gasthaus „Mutter Müller", das einzige Haus in Eltville, das im Krieg zerstört wurde. Die Villa wurde nach dem Krieg modern wieder aufgebaut.

Villa Marix im Winter, siehe S. 251

Es folgen noch einige schöne alte Villen auf dem Weg nach Eltville, z. B. die Villa Mühlens, heute Weinbauschule, die Villen Lotos, St. Georg, Maria und Rheinberg, die beiden letzteren jahrzehntelang in Besitz der Nachkommen von Matheus Müller.

❺ Eltville, Burg Crass

Inzwischen nähern wir uns **Eltville** und genießen bereits den Blick auf die charakteristische Eltviller Stadtsilhouette mit ihren markanten Mauern und Türmen, alles überragend der gotische Kirchturm der katholischen Pfarrkirche St. Peter und Paul, daneben der Turm der Kurfürstlichen Burg und davor der ehemalige Freihof mit seinem zinnenbesetzten Treppenturm. Der

Wappen von Eltville

Freihof, heute bekannt unter dem Namen **Burg Crass**, hat Bauteile aus dem 11. Jahrhundert. Der Wert und die kulturhistorische Bedeutung der Burg Crass wurde lange Zeit verkannt. Die Experten gingen davon aus, dass es sich um ein neugotisches Bauwerk handele. Bauhistorische Untersuchungen haben inzwischen aber bestätigt, dass es sich bei der Burg Crass um das älteste erhaltene Bauwerk der Stadt handelt.
Ehemals mit einer eigenen Mauer umgeben, lag sie außerhalb der Stadtbefestigung. Ursprünglich in Besitz eines Ritters Jud von Eltville, gehörte sie danach den Rittern von Lindau, den Freiherrn von Dehrn und den Freiherrn von Greiffenclau. Die jeweiligen Eigentümer ließen das Anwesen dem Zeitgeschmack entsprechend umbauen und modernisieren. Die neugotische Umgestaltung erfuhr es um 1840 unter seinem letzten adligen Besitzer, dem niederländischen Grafen Grünne, der Gesandter beim Bundestag in Frankfurt war. Er ließ um das alte Burghaus einen Landschaftspark anlegen, dem eine alte Mühle weichen musste. Sie lag am Sülzbach, der das Gelände durchfließt und hier in den Rhein mündet.

Burg Crass

Nach Grünnes Tod erwarb die alteingesessene Eltviller Gastwirtsfamilie Crass das alte Burghaus und betrieb hier eine gutgehende Gastwirtschaft mit Hotel. Im Park wurden Weinberge angelegt. Während des Zweiten Weltkrieges waren auf dem Gelände Baracken für Luftwaffenhelfer aufgestellt, die nach dem Krieg als Flüchtlingsauffanglager dienten.
Das Anwesen, heute im Besitz der Stadt Eltville, ist an die Sektkellerei Schloss Vaux verpachtet. Das inzwischen für mehr als 6 Millionen Mark sanierte und mit neuangebauten Gesellschaftsräumen versehene Anwesen steht mit seiner platanenbestandenen Terrasse und seiner zu Gasträumen umgestalteten neugotischen Remise wieder als Gaststätte zur Verfügung. Sie ist durch eine breite, in die alte Umfassungsmauer eingefügte Treppe vom Rheinufer aus zu erreichen.
Um das Jahr 1058 beschrieb ein unbekannter Fuldaer Mönch das Leben des Mainzer Erzbischofs Bardo und erwähnte, dass sich Bardo oft und gern in Altavilla, im Volksmund auch Eldevile genannt, aufgehalten habe. Die Herkunft der beiden Ortsnamen liegt im Dunkeln. Den lateinischen Namen Altavilla, hohe Stadt, könnte man mit der geographischen Lage erklären.

Die Eltviller Altstadt liegt nämlich höher als alle Nachbargemeinden und ist darum so gut wie hochwasserfrei. Altavilla könnte aber auch auf eine römische Gründung hindeuten. Man hat auch die Reste einer römischen Villa gefunden, geht aber davon aus, dass Eltville erst in fränkischer Zeit als feste Siedlung angelegt wurde.

Schloss auf der Königsklinger Aue

Die mundartliche Bezeichnung Eldevile war über die Jahrhunderte einer stetigen Wandlung unterworfen. In Urkunden erscheint u.a. Eltuil, Eltfel und ab dem 15. Jahrhundert auch Eltfeld oder Elfeld. Diese Bezeichnung, die auch Goethe verwendete, als er seine Reise in den Rheingau beschrieb, ist noch immer vielen Einheimischen geläufig. Die heutige Schreibweise wurde Anfang des 19. Jahrhunderts festgelegt. In Bardos Lebensbeschreibung heißt es, er sei in einem Boot den Rhein herunter gekommen, habe an einem stillen Fleckchen gegenüber einer Insel Halt gemacht und sei dort von einer Schar unbekannter Vögel freudig begrüßt worden. Bei dieser Insel muss es sich um die Eltviller oder Königsklinger Aue gehandelt haben. Nach einer Zeichnung aus dem Jahre 1573 waren es ursprünglich drei Inseln, die infolge der Versandung zu der heute zwei Kilometer langen und 500 Meter breiten Aue zusammengewachsen sind. Nach der Legende soll auf einer dieser Inseln Ludwig der Fromme gestorben sein. Dort soll ihm auf seinem Weg nach Ingelheim das Sterbeglöckchen geläutet haben.

Im Hof der Burg

Bis 1803 war die Insel Eigentum des Klosters Eberbach, danach wechselte sie mehrfach den Besitzer. Um die Mitte des 19. Jahrhunderts gehörte sie der Familie Langwerth von Simmern. Heinrich Freiherr Langwerth von Simmern, der die Geschichte seiner Familie niederschrieb, schwärmte von der herrlichen Aussicht auf Eltville, die sich ihm als Kind von der Insel aus darbot. 1873 gehörte sie einem russischen Großfürsten, der dort ein Schlösschen im Stil der Krim-Villen errichten ließ. An dessen Stelle erbaute Wilhelm Kreis, ein in Eltville geborener und später berühmt gewordener Architekt 1911 das heutige Schloss für eine Grafenfamilie von Franken-Sierstorpff. Nach dem Zweiten Weltkrieg war die Insel beschlagnahmt und von einem amerikanischen General und seiner Familie bewohnt. Heute gehört sie einer Industriellenfamilie namens Meyer, die das Haus als Wochenend- und Ferienhaus nutzt und nebenbei auf der Insel Rinderzucht betreibt.

❻ Kurfürstliche Burg

Gegenüber der Insel am rechtsrheinischen Rheinufer mündete ehemals der mit Wasser gefüllte Ostgraben der **Kurfürstlichen Burg** in einen kleinen Hafen. Von da aus war die Burg über eine Zugbrücke zu erreichen. Mit dem Bau der Burg, in der einst die Mainzer Erzbischöfe und Kurfürsten residierten, wurde um 1330 begonnen. Das Amt des Mainzer Erzbischofs, der auch Erzkanzler des Heiligen Römischen Reiches war, war sehr begehrt, und öfter entbrannten Streitigkeiten, wenn der Amtsinhaber verstorben war. Eine solche sogenannte „Stiftsfehde" ereignete sich auch in Jahre 1327.

Kurfürstliche Burg, Wohnturm

In ihrem Verlauf wählte Balduin von Trier, der Wunschkandidat des Kaisers, Eltville wegen der strategisch günstigen Lage zu seinem Stützpunkt. Balduin war vom Mainzer Domkapitel einstimmig gewählt, vom Papst jedoch nicht bestätigt worden. Daraufhin hielten die Mainzer Bürger ihre Stadttore vor ihm verschlossen. Um sie in die Knie zu zwingen, versuchte Balduin, ihnen den Rheinhandel abzuschneiden. Balduin war es auch, der von Kaiser Ludwig dem Bayern 1332 für Eltville die Stadtrechte erwirkte. Neun Jahre kämpfte Balduin vergeblich um den Mainzer Erzstuhl, und erst nach seinem Verzicht errang sein Gegenspieler, Heinrich von Virneburg, der sich der Gunst des Papstes erfreute, die allgemeine Annerkennung. Heinrich baute die von Balduin begonnene Burg und die Stadtbefestigung weiter aus und verlegte seinen Wohnsitz nach Eltville, wo er auch, nach Zerwürfnissen mit dem Papst von diesem gebannt, starb.

Richtet man heute vor dem rheinseitigen Eingangstor stehend seinen Blick auf die mit hohen Kletterrosen bewachsenen Mauern und die herrlichen Rosenanlagen im Burghof, durch die der wehrhafte Charakter der Anlage ganz in den Hintergrund tritt, gerät oft in Vergessenheit, dass es sich hier ursprünglich um eine Trutzburg handelte und dass in ihr deutsche Geschichte geschrieben wurde. 1349 verzichtete hier der glücklose Gegenkönig, Günther von Schwarzburg, auf die deutsche Königskrone. Er soll, glaubt man der Limburger Chronik, in der Burg vergiftet worden sein. Ein tragischer Unfall mit zwei Toten und 40 Verletzten ereignete sich während eines Für-

Villa Englerth

stentages 1396, und das letzte bedeutende Ereignis war 1465 die Ernennung Gutenbergs zum Hofmann durch Erzbischof Adolf II. von Nassau. Traurig und hilflos mussten die Eltviller dann mitansehen, wie dessen Nachfolger die Residenz nach fast 150 Jahren wieder zurückverlegte nach Mainz. Nur gelegentlich wurden sie an vergangene glanzvolle Zeiten erinnert, wenn fürstliche Besucher als Gäste des Erzbischofs für kurze Zeit in Eltville logierten.

Im Dreißigjährigen Krieg wurde die Burg zerstört. Der viereckige Wohnturm, der Pate stand für alle später gebauten gotischen Türme am Mittelrhein, ist als einziges Bauteil aus dem 14. Jh. erhalten geblieben. An den Palas, das Wohnhaus des Erzbischofs, und die Wirtschaftsgebäude erinnern nur noch Ruinen. Der Ostflügel wurde im 17. Jh. in veränderter Form wieder aufgebaut und diente danach als Sitz des Landschreibers.

Die Kurfürstliche Burg, heute im Eigentum der Sekt-, Wein- und Rosenstadt, wird als kulturelles Zentrum genutzt. Im Sommer finden neben den Rosentagen, dem Sekt- und Biedermeierfest und den Burghofspielen, Konzerte, Ausstellungen, Vorträge und Drucktage statt. Im Turm ist eine Gutenberggedenkstätte untergebracht, und seit einigen Jahren ist es sogar möglich, hier vor historischer Kulisse den Bund fürs Leben zu schließen. Seit 2008 ist die Burg wegen Restaurierungsarbeiten an Mauern und Zinnen nur eingeschränkt zugänglich.

An schönen Tagen trifft man am ehemaligen Kranplatz vor der Burg und in der Burg viele Menschen: Reisegruppen, Rosenliebhaber, Spaziergänger, Wanderer, Schachspieler und Radfahrer. Früher standen hier Pferde und Wagen. Schröder, Kar-

Drucker bei der Arbeit nach einem zeitgenössigen Stich

cher und Krancher waren damit beschäftigt, Weinfässer auf die Schiffe und Waren von den Schiffen auf Pferdefuhrwerke zu verladen. Heute kann man hier im „Anleger 511", in den frisch renovierten Räumen der ehemaligen Rheinhalle einkehren und sich an „Bratwurst der 11. Generation" laben, die neben anderen kleinen Gerichten angeboten wird.
Dass diese romantische Idylle ernsthaft in Gefahr war zerstört zu werden, verrät uns ein Blick auf die braune Tafel am Ecktürmchen der Burgmauer am Leinpfad. Sie ist den Verhinderern der Rheinuferstraße gewidmet und erinnert daran, dass sich in Eltville die erste Bürgerinitiative der Bundesrepublik gründete, die einen vierzig Jahre langen, erfolgreichen Kampf gegen den Bau einer Umgehungsstraße am historischen Eltviller Rheinufer führte. Ihr ist es zu verdanken, dass das weit und breit schönste Rheinufer, das weder von einer Straße noch von der Bahnlinie berührt wird, und der nahe Bezug der Stadt zum Rheinstrom erhalten geblieben ist.
Ungeachtet der drohenden Entscheidung für die Rheinuferstraße wurden in Eltville Rosen gepflanzt. Zweiundzwanzigtausend Rosenstöcke in mehr als dreihundert verschiedenen Sorten blühen heute in den öffentlichen Anlagen, die meisten davon am Rheinufer.
Schon im 19. Jh. hatte sich Eltville den Beinamen Rosenstadt zugelegt, der 1988 offiziell vom Verein der Rosenfreude verliehen wurde. Zwei Jahre später wurde eine Rose auf den Namen „Stadt Eltville" getauft und kurz darauf widmeten japanische Rosenfreunde aus Hiroshima der Stadt eine Rose, der sie den Namen „Schönes Eltville" gaben. 1998 wurde daraufhin in Eltville eine Rose auf den Namen „Friedensgedächtnispark Hiroshima" getauft. Diese Rosen sind neben vielen anderen auf einem Rundgang durch den Rosengarten zu entdecken, sie können aber auch von Japanreisenden in Hiroshima bewundert werden. Am Rheinufer begegnen uns nicht nur Hinweise auf Rosen, auch an Wein und Sekt werden wir auf Schritt und Tritt erinnert. So ranken Weinreben die rheinseitige Burgmauer empor und links neben dem 1936 gebrochenen Eingangstor steht die rosenumrankte Kelter des Pfarrweingutes von 1727.

Weinhaus Krone mit Schießscharte

Wir setzen unseren Spaziergang fort, lassen Rheinhalle und Dampferanlegestelle links liegen und richten unseren Blick auf das gegenüberliegende Haus Rose mit seinem im Renaissancestil errichteten Anbau aus dem Jahre 1888. Über dem Hauseingang in der Rosengasse wacht der hl. Florian, der Schutzpatron gegen Feuer. In der einen Hand hält er die Brandfackel und in der anderen das Gefäß zum Löschen. Vielleicht gab er damit einst einen versteckten Hinweis, dass man hier seinen Durst löschen konnte. Das Haus wurde 1480 als Adelspalais erstmals erwähnt. Im 17. Jahrhundert kam es in bürgerlichen Besitz und wurde fortan als Gasthaus genutzt. In seiner heutigen Form stammt es von 1738. Damals wurde im ersten Stockwerk ein repräsentativer Gastsaal eingerichtet, der mit einer Stuckdecke des berühmten Mainzer Stuckateurs, Daniel Schenk und mit Malereien ausgestattet wurde. In dem noch erhaltenen Saal speiste Goethe, als er 1814 im Gasthaus „Zur Güldenen Rose" übernachtete. Bei dieser Gelegenheit entstand die Urfassung seiner Beschreibung des Rochusfestes.

Die Rosengasse aufwärts sehen wir vor der katholischen Pfarrkirche **St. Peter und Paul** die auf dem Kirchenhügel gebaute und im Obergeschoss mit gotischem Fachwerk geschmückte alte Schule. Die Namen der Schullehrer und der Eid, den sie leisten mussten, sind überliefert. Auf der gegenüberliegenden Seite erstreckt sich das Anwesen der Grafen zu Eltz, beginnend mit dem Gäste- und Kavaliershaus, um 1600 erbaut, und den beiden ehemaligen Mainzer Stiftshäusern St. Victor und St. Peter aus dem 18. Jahrhundert, die mit den Figuren ihrer Namenspatrone geschmückt sind.

❼ St. Peter und Paul

Es lohnt sich einen kleinen Abstecher in die Altstadt zu machen und auch der Kirche mit ihren Kunstschätzen, die in dem dort zum Kauf ausgelegten Führer eingehend erklärt werden, einen Besuch abzustatten. Besonders hinzuweisen ist auf die gotische Madonna in der Marienkapelle, den Taufstein aus der Backoffenschule in der Turmhalle und die Malerei über dem inneren Eingangsportal. Sie stammt aus dem Beginn des 15. Jahrhunderts und ist noch in Originalfarben erhalten.

❽ Marktbrunnen

Nach dem Besuch der Kirche bewundern wir die schönen alten Fachwerkhäuser zu beiden Seiten der Rosengasse, gehen weiter zum Markt und stoßen hier auf den 1989 aufgestellten **Marktbrunnen**. Auch an ihm finden wir Symbole der Stadt und ihrer Geschichte. Nach links führt uns dann der Weg durch die Martinsgasse vorbei an dem kürzlich von seinem Besitzer, dem Grafen zu Eltz, restaurierten Martinshof zurück zum Rhein. Der untere Teil der Gasse ist zu beiden Seiten in Eltzer Besitz, rechts der mit einer hohen Mauer umgebene Park, durch einen Übergang mit dem Herrenhaus verbunden, und in der Mitte das Martinstor, das einzige erhaltene Stadttor. Es wurde im 18. Jahrhundert von den Grafen zu Eltz angekauft. Als Schlussstein sehen wir im Gewölbe des Tores das Eltviller Stadtwappen und auf der Rheinseite, im ersten Stock, das Mainzer Rad und das Wappen des Heinrich von Virneburg. Gegenüber grüßt der Weinprobierstand, wo an jedem ersten Sonntag im Monat ein Frühschoppenkonzert stattfindet. Die dort von Winzern der Standgemeinschaft ausgeschenkten Eltviller Weine und die Sitzbänke unter der schattigen Platanenallee locken in den Sommermonaten viele Besucher an. Auch das 1689 auf der Stadtmauer errichtete Gasthaus zur Krone mit seiner Rheinterrasse lädt zum Verweilen ein. An alte Zeiten erinnert hier die Schießscharte im ersten Stock.

Fischerviertel um 1910

Auf der gegenüberliegenden Straßenseite, am Sebastiansturm, ist der Treffpunkt für Stadtführungen. Während des Sommers beginnen hier an jedem Samstag nachmittag um 15 Uhr kostenlose Stadtspaziergänge, die vom Verein der Eltviller Gästeführer angeboten werden. Der mit Efeu bewachsene Turm war einst der südwestliche Eckpfeiler der Stadtbefestigung. Das Standbild des hl. Sebastian wurde hier aufgestellt, weil der Heilige die Eltviller bei der großen Pestepidemie 1666/67 beschützt habe und dafür zum Stadtpatron erwählt wurde. Auf beiden Seiten des Turmes, dort wo sich heute Grasflächen ausdehnen, befand sich bis Ende der 1920er Jahre das Fischerviertel. Die Fischerhäuser an der Leergasse waren direkt an die Stadtmauer gebaut. Darum ist sie in ihrer vollen Höhe erhalten.

MM-Werbung um 1900

Wenn wir die weiße Fahne mit den Buchstaben „MM" lustig im Wind flattern sehen, denken wir sofort an tiefe unterirdische Gewölbe und prickelnden MM-Sekt. Der dreistöckige Keller mit seinen sieben Kilometer langen Kellergängen, ist heute infolge der modernen Tankgärung überflüssig geworden. Als er gebaut wurde, war er jedoch dringend notwendig. Die kleine, dem Schutzpatron der Fischer geweihte Nikolauskapelle und die Reste einer römischen Villa jenseits der Stadtmauer wurden deshalb abgebrochen.

1811 erwarb Matheus Müller einen alten Adelshof in der Leergasse, wo er zunächst eine Weinhandlung betrieb und 25 Jahre später eine Sektkellerei einrichtete. Sie entwickelte sich rasch zu einer der größten und renommiertesten in Deutschland und stieg sogar zum Hoflieferanten auf. Im Zuge dieser rasanten Entwicklung wurde das Firmengelände ständig erweitert.

Matheus Müller wie auch seine Söhne und Enkel haben Entscheidendes zum wirtschaftlichen Aufschwung der Stadt im 19. Jahrhundert beigetragen und durch ihre rege Bautätigkeit das Stadtbild mit gestaltet. Auch das historische Rheinufer wurde im 19. Jahrhundert durch die beiden prächtigen Neorenaissance-Gebäude bereichert. Die Firma Matheus Müller (MM) kam in den 1980er Jahren in den Besitz des kanadischen Getränkekonzerns Seagram, wurde inzwischen aber an die Firma Rotkäppchen verkauft, die heute als Rotkäppchen-Mumm Sektkellereien firmiert.

Durch den etwa 20 m breiten und 5 m tiefen Graben hinter der Stadtmauer floss der Kiedrichbach, der heute in Rohre gelegt, hier in den Rhein mündet. Über seiner Mündung, außerhalb der Stadtmauer, stand einst das alte Hospital, das Ende des 19. Jahrhunderts einer modernen Straßenführung weichen musste.

Aus den Feldern und Weinbergen westlich des Baches, die zum Besitz der Nikolauskapelle gehörten, wurden zu Beginn des 19. Jahrhunderts großzügige Villengrundstücke. Als Goethe 1814 den Rheingau besuchte, schwärmte er von den herrlichen Kunstgärten am Ortsausgang von Eltville. Es kann sich dabei nur um die Gartenanlagen der großen Villen auf dem Weg nach Erbach gehandelt haben.

❽ Villa Englerth

Die mit Glyzinien bewachsene ehemalige **Villa Englerth** erinnert an ihre Entstehung in der Biedermeierzeit. Sie trägt heute den Namen G. H. von Mumm. Das Haus gehörte zeitweilig einer Herzogin von Württemberg, deren Wappen sich in der Stuckdecke des Saales wiederfindet. Zu bewundern ist auch die Marienfigur aus dem 18. Jahrhundert an der Hauswand im Obergeschoss, das vom Park aus direkt erreichbar ist. Thomas Mann soll dieses Haus als Vorbild für das Geburtshaus seines Hochstaplers Felix Krull gedient haben.

Als das Haus 1918 an die Firma Matheus Müller verkauft wurde, erstreckte sich der Park bis zum Rheingarten der Villa Marix. Die Matheus-Müller-Straße wurde später durch den Park geführt.

Will man einen Blick auf und in die Villa Marix mit dem ehemals dazugehörigen Gästehaus, die heutige Villa Elvers, werfen, muss man sich schon über die Matheus-Müller-Straße zur Erbacher Straße bemühen. Ein solcher Blick lohnt sich. Der heutige Besitzer der Villa Marix, Peter Viergutz, der in Wiesbaden ein Innendekorationsgeschäft betreibt hat die Villa vorbildlich renoviert und in den unteren Räumen eine Verkaufsausstellung eingerichtet. An Wochenenden sind Besucher, die auch den prächtigen, schmiedeeisernen Treppenaufgang aus dem 19. Jahrhundert bewundern können, herzlich willkommen.

An den einst riesigen Park, der sich früher bis über die Bahnlinie erstreckte, erinnert heute nur noch die hinter der ehemaligen Parkmauer gelegene kleine Siedlung „im Marixgarten". Marix hatte das Land bis zum Rheinufer erworben, weil er von seiner Villa aus den freien Blick auf den Fluss genießen wollte. Nach seinem Tode wurde sein Anwesen aufgeteilt und nach und nach verkauft. Nun können die Besitzer der im ehemals Marix'schen Rheingarten entstandenen Häuser den herrlichen und unverbaubaren Ausblick genießen.

Ruine
Scharfenstein
Waldstraße
Tal-
straße
Scharfensteiner Str.
Bassenheimer Weg
Kin
Bergkreuz
St.Valentinus
Krankenhaus
Waldpfortenstr.
Maria-Hilf-Straße
Ober-
straße
Borks-
gäß-
chen
Wiesbornweg
Gräfenberg
Sutton-
str.
Schloß
Groenesteyn
1 = Am Backes
Tränk-
weg
Bergchausse
Gräfen-
berg-
str.
Bangerts-
pfad
Wiesbadener-
Platz
Oberstr.
Kamm-
Feuerwehr
Schule
Poststelle
Bürger-
haus
Schul-
str.
Mühlberg
Mühlweg
P
Aul-
gasse
Marktstr.
Hautvillers-
Platz
Sonnenland-
Fried-
hof
Rathaus
Unterer
Schoß
Aulgasse
Nußbaum-
str.
Zuner-
str.
Heiligen-
pfad
Eltviller
straße
Rosenstr.
Pflich
1
2
3
4
5
6

Gelobt sei Gott und der Kiedricher Wein!

Rundgang 17

Das gotische Weindorf Kiedrich

Josef Staab

Ausgangspunkt:	Marktplatz, ORN-Bus 5480, 5482, P beim Bürgerhaus „Haus des Gastes"
Endpunkt:	Kirche St. Valentin, P und Bus wie oben

Kiedrich, das „1000-jährige gotische Weindorf", ist in vieler Hinsicht etwas Besonderes. Gehen wir dieser werbenden Aussage nach, so beziehen sich die 1000 Jahre auf die erste urkundliche Nennung unter Erzbischof Friedrich von Mainz (937-954). Doch weisen die Sprachforscher auf die keltische Form des Ortsnamens hin (wie Oestrich und Lorch) und somit auf die Zeit um Christi Geburt.

Wappen von Kiedrich

Bei all seiner bewegten Geschichte und seiner Bedeutung für die Kunstgeschichte ist Kiedrich immer auch ein lebendiges Gemeinwesen geblieben mit einem sehr reichen Vereinsleben; es kann Feste feiern wie das Rieslingfest oder das Schnorrerfestival am Donnerstag vor Fastnacht und ist sich dabei eines ungewöhnlich reichen Zuspruchs aus der näheren und weiteren Umgebung sicher.

❶ Marktplatz

Kiedrich ist auf drei Seiten von Weinbergen umgeben. Freie, nicht leibeigene Weinbauern, haben hier schon früh selbständige, nur dem Erzbischof von Mainz als Landesherrn untertänige Gemeinwesen mit Verwaltung und Gericht geschaffen. Spiegel dessen ist das reiche Kulturerbe, dessen Zeugen sich vor allem um den **Marktplatz** gruppieren: Das Rathaus hatte schon vor 1393 einen Vorgänger; der jetzige Bau wurde anstelle eines Pilgerhospitals 1585/86 errichtet. Er gilt mit seinen Erkern und der Wappentafel als das schönste Beispiel im Rheingau. Das linke Wappen weist auf den regierenden Erzbischof Wolfgang von Dalberg hin, das rechte repräsentiert die Gemeinde mit den Mainzer Rädern und dem Turm der Burg Scharfenstein. Die alte Devise des Wappens lautet:

Halleluja et vinum Kideraci
Gelobt sei Gott und der Kiedricher Wein!

Kiedrich wurde 1244, vor über 750 Jahren, selbständige Gemeinde und ist stolz darauf, dass es in der Kommunalreform von 1977 seine Selbständigkeit bewahren konnte. Es zählt heute knapp 4000 Einwohner. Rechts vom Rathaus schließt sich der Fürstenberger Hof an, einer der acht seit dem Mittelalter bestehenden Adelshöfe von Kiedrich. Weiter nach rechts steht beherrschend an der Ecke Oberstraße/Aulgasse der Zehnthof des Mainzer St. Peters-Stiftes. Zehnthöfe waren in früherer Zeit gewissermaßen Finanzämter zur Aufnahme des zehnten, später zwölften Teiles der Ernte von Getreide, Feldfrüchten und Wein. Der Zehnte vom Weinbau belief sich vor 200 Jahren auf jährlich etwa 11 Stück à 1200 Liter Wein. Der stattliche Fachwerkbau wurde 1591 errichtet. Das den Platz auf der Nordseite beherrschende Gebäude ist das Gasthaus „Engel“. Auf mittelalterlichem Keller wurde es 1681 als Fachwerkbau mit vorspringendem Erker erbaut und war lange Jahrhunderte neben den Straußwirtschaften der Winzer das einzige Gasthaus am Ort.

Haus des Chorstifts

Das Haus des Chorstiftes mit seinem Erker von 1693 leitet zum Herzstück des „Gotischen Weindorfes“ über, dem Kirchenbezirk. Die gotischen Gotteshäuser in ihrer Größe und Schönheit von Bau und Inventar verdanken wir drei Voraussetzungen: Dem kulturbewussten Weinbau, der zeitweiligen Residenz der Landesherren auf der Burg Scharfenstein und einer blühenden Wallfahrt zum Kirchenpatron St. Valentin, den man gegen die Fallsucht anrief. Wir werden uns am Ende des jetzt beginnenden Rundganges intensiv damit beschäftigen.

Marktbrunnen

Der neue Marktbrunnen wurde 1977 von dem Limburger Bildhauer Matthäus Winter geschaffen. Die sitzende Figur des hl. Valentin, die singenden Chorbuben und Symbole des Weinbaus stellen die Kiedricher Besonderheiten heraus. Der alte Marktbrunnen an der Kirchhofsmauer ist eine Rarität; geschaffen 1541 von Moritz Lechler, trägt er neben dem Kiedricher Wappen das des Mainzer Kardinals Albrecht von Brandenburg, bekannt aus der Reformationsgeschichte. 1994 wurde der Brunnen von dem Kiedricher Bildhauer Robert Schmidt restauriert und neu errichtet.

Beim Abbiegen zum Mühlberg erblicken wir rechts das neugotische Wohnhaus des 1902 verstorbenen Historien- und Kirchenmalers August Martin. Er war einer der geschätztesten Neugotiker, dessen Werkkatalog von der Schweiz bis Holland reicht; er hat u.a. das Bonner Münster ausgemalt. Sir John Sutton (siehe nächste Seite) holte ihn zur Kirchenrestaurierung nach Kiedrich.

❷ Weingut Robert Weil

An der St. Michaelskapelle vorbei gehen wir den Mühlberg hinunter, sehen dabei vielleicht dem eben genannten Bildhauer bei seiner Arbeit zu und halten am **Weingut Robert Weil** an, einem der führenden Weingüter Deutschlands. Der Urgroßvater des heutigen Inhabers Wilhelm Weil, Dr. Robert Weil, ehedem Professor für Deutsch an der Sorbonne in Paris, hatte es aus dem Nachlass Sir John Suttons 1879 gekauft. Seine Weine

Ansicht von Kiedrich in den 1970er Jahren

machten schon ab 1893 in aller Welt an Königs- und Fürstenhöfen Furore. Das Anwesen geht auf den großen Mäzen Kiedrichs, den Engländer Sir Sutton (1820-1873), zurück und wurde von Weil neugotisch erweitert. Sutton war 1857 auf einer Rheinreise nach Kiedrich gekommen, hatte sich in den Ort verliebt und es sich zur Hauptaufgabe gemacht, das reiche kulturelle Erbe zu erhalten. Daneben wollte er seinem Nächsten dienen und schuf soziale Einrichtungen wie einen Kindergarten, ambulante Krankenpflege, förderte den Bau einer Siedlung für Minderbemittelte u.v.a.m. Sein Grab werden wir auf dem Kirchhof besuchen.

Sir Sutton (1820-1873)

❸ Eberbacher Mühle

Unten im Wiesental stehen wir vor der **Eberbacher Mühle**. Das beeindruckende Fachwerkhaus erbaute 1610 der Abt des Klosters Eberbach, das in Kiedrich reichen Besitz hatte, Valentin Molitor aus Rauenthal (Auf dem Wappen am Erker steht: V M A, d. h. Valentinus Molitor Abbas). Wir gehen links am Mühlengelände weiter bis zu einer Brücke über den Bach. Gerade vor uns nach Osten liegt der Gräfenberg, die vornehmste Weinlage Kiedrichs, schon erwähnt im 12. Jh. Das erste moderne deutschsprachige Weinbaufachbuch nennt ihn 1765 unter den sieben ersten Weinlagen, neben so berühmten Namen wie Steinberg oder Schloss Johannisberg. Sein Wein errang 1906 den 1. Weltpreis und erzielte für eine 1999er Trockenbeeren-Auslese aus dem Weingut Weil mit 5000 DM für eine Flasche den höchsten je für einen jungen Wein gezahlten Preis.

Erker mit Jahreszahl 1610

Links neben dem Gräfenberg erscheint auf steilem Bergsporn der Bergfried der um 1160 von den Landesherren errichteten Burg Scharfenstein. Sie residierten wiederholt hier und nahmen mit dem Mainzer Hofadel deutlichen Einfluss auf die Kiedricher Kulturgeschichte. Das gilt vor allem für die Burgmannschaft, ein weit verzweigtes Geschlecht, aus dem von hier

Palais Groenesteyn, Fenster

bis Böhmen hochrangige Geistliche, Diplomaten und Verwaltungsbeamte stammen. Der Turm– ein Schlüssel ist im Rathaus erhältlich – bietet den schönsten Überblick über den östlichen Rheingau.

Am Fuße des Scharfensteins liegt der Bassenheimer Hof, in der jetzigen Gestalt als befestigte Anlage von Mainzer Adelsfamilien 1660 errichtet und seit 1926 Bestandteil des angrenzenden St. Valentinushauses. Dieses wurde 1884 vom damaligen Pfarrer Johannes Zaun in Nachfolge des mittelalterlichen Pilgerhospitals zur Pflege epileptischer Frauen gegründet. Der ortsbildprägende Baukomplex dient heute mit ca. 200 Betten auch der Pflege psychisch Kranker beiderlei Geschlechts.

Wir gehen nun die Tränkgasse hoch und sehen rechts neben uns den langgestreckten, vorzüglich restaurierten Kötherhof. Seit 1351 bekannt, gehörte er zum Zisterzienserinnenkloster Gottesthal bei Oestrich, seit 1557 in Erbpacht der Familie Köth von Wanscheid. Seit 1872 bildet er das Weingut Bibo, das einen weinfreudlichen Namen hat (lat. „bibo" heißt: ich trinke). Den brachte ein Urahn als Landsknecht aus dem Dreißigjährigen Krieg mit.

❹ Palais Groenesteyn

Auf der Suttonstraße angekommen, wenden wir uns nach rechts und machen in der zwiten Seitenstraße Halt. Vor uns liegt eine architektonische Perle, das um 1730 erbaute **Palais der Ritter zu Groenesteyn**. Anselm Franz, der Enkel des von Holland 1640 eingewanderten Ahnherrn, war kurmainzer Baudirektor, er erbaute u.a. das Deutschhaus in Mainz, den Sitz des heutigen Landtags von Rheinland-Pfalz. Wegen seiner reichen Fassade und der herrlichen Stuckdecken innen gilt es als „ein einmaliges Bauwerk außerhalb der Städte am Mittelrhein".

Am oberen Ende, Ecke Backesplatz/Oberstraße, steht in erneuertem Fachwerk mit Bäcker- und Müllerwappen von 1614 das alte Backhaus der Gemeinde, heute Weinschänke Schloss Groenesteyn.

Wir gehen links weiter auf der Oberstraße bis zur Bingerpfortenstraße; hier bietet sich ein Blick auf das erkergeschmückte Fachwerkhaus mit den Emblemen des Schmiedehandwerks, das sich der Waffenschmied Heinrich Driesmann 1672 erbaute. Links von uns ein Haus aus dem Ende des 16. Jh. das heutige Café Denne, ehemals eine Nagelschmiede und im unteren Teil ein jüdisches Bethaus.

Ehem. Schmiede

Drei Häuser weiter auf der linken Seite kommt das unübersehbare Fachwerk-Eckhaus des Weingutes Münz-Albus in den Blick, errichtet 1587. Wir biegen ab in die Kammstaße zum Langenhof, einem Fachwerkbau aus dem 18. Jh. auf mittelalterlichem Keller, der um 1480 von Philipp von Lindau, Schultheiß und „Säckelmeister“ des spätgotischen Kirchenbaus, errichtet wurde. Er dient heute der 1893 gegründeten Winzergenossenschaft als Domizil mit der weithin bekannten Gaststätte **Winzerhaus**.

❺ Winzerhaus

Der Weinbau in Kiedrich erscheint erstmals in einer Urkunde von 1131, will man nicht schon den im Boden gefundenen zweizinkigen Karst aus dem 3. Jh. als Hinweis auf römischen Weinbau werten, der für den Rheingau durchweg nachgewiesen ist. Heute betreiben auf gut 200 ha Rebfläche in Kiedrich und auf Anteilen der Nachbargemarkungen 20 Winzer den Weinbau im Haupterwerb, ferner eine stets variierende Zahl im Nebenerwerb. Die Winzergenossenschaft zählt rund 60 Mitglieder. 32 ha der Kiedricher Rebfläche haben Anrecht auf die Bezeichnung „Erstes Gewächs“. Die Weinlagen werden angeführt vom Gräfenberg, gefolgt von Wasserros, Sandgrub und Klosterberg; als Großlage ist der Heiligenstock eingetragen. Der Rebsortenspiegel liegt mit 86 % Riesling und ca. 10 % Spätburgunder (Pinot noir) noch über der Rheingauer Norm.

Eine Besonderheit ist der 1976 angelegte Weinberg der Ehe. Darin erhält jedes in Kiedrich getraute Paar per Urkunde einen Rebstock, womit jedes Jahr die Teilnahme am Rieslingfest sowie der Erhalt einer Flasche Riesling aus diesem Weinberg verbunden ist. Das Rieslingfest wird Ende Juni gefeiert und bietet die Gelegenheit, die Kiedricher Gewächse durchzuprobieren. Die Kiedricher Gastronomie und die Straußwirtschaften der Winzer sind nah und fern beliebt.

Am unteren Ende der Straße biegen wir rechts in die Suttonstraße ein und stehen vor den beiden stattlichen Häusern des ehemaligen Eberbacher Klosterhofes. Von hier wurden die umfangreichen Güter der Abtei in Kiedrich verwaltet. Der Hof Haus Nr. 8 wurde im frühen 14. Jh. erbaut und 1735 um das Fachwerkobergeschoss erweitert (Wappen!). Im Haus Nr. 7 befindet sich die zum Hof gehörende, 1312 gestiftete Margarethenkapelle, die ab 1706 von dem aus Kiedrich stammenden Abt Michael Schnock barock umgebaut und mit einer schöner Stuckdecke bereichert wurde. Wer noch weiter durch die reizvollen Gassen Kiedrichs spazieren möchte, dem sei die kleine Schrift mit Gebäude-Hinweistafeln und Straßenkarte empfohlen, erhältlich im Rathaus, in der Kirche und im Haushaltswarengeschäft Krechel in der Marktstraße.

Eberbacher Hof, Eingang mit Wappen

❻ Kirchhof

Wir wenden uns nun dem Glanzpunkt Kiedrichs zu, dem **Kirchhof** mit seinen Denkmälern. Kunsthistoriker geraten ins Schwärmen, wenn sie durch das Tor in der Kirchhofsmauer diesen Platz betreten. Schenk zu Schweinsberg nennt ihn „einen fast an Griechisches anklingenden Tempelbezirk"; und Einsingbach schreibt: „Östlich des Marktplatzes verbirgt sich hinter hoher Mauer ein durch seine unberührte Geschlossenheit beeindruckender kirchlicher Bereich. Kunstgeschichtlich in vielerlei Hinsicht von hohem Rang, bestimmen Pfarrkirche und Michaelskapelle den ummauerten Raum und verleihen ihm sakrale Würde. Eine vollendete Einheit, deren Wirkung sich kein Besucher entziehen kann. Kiedrich besitzt mit diesem historischen Ensemble ein Dokument vorwiegend mittelalterlicher Kunst und Religiosität, wie es kaum an einer anderen Stelle so packend erlebt werden kann."

Wir wenden uns nach links und haben auf dieser Seite die Chorschule mit Wohnhaus des Chorregenten und den Übungsräumen vor uns. 1865 stiftete Sir John Sutton dieses Institut, um die seit 1333 nachweisbare Kirchenmusiktradition fortzusetzen und für die Zukunft zu sichern.

Hufnagelnoten aus dem Kiedricher Codex

Es handelt sich bei dieser Kirchenmusik um den gregorianischen Choral, aber nicht um den weltweit verbreiteten, in Quadratnoten aufgezeichneten, sondern den sogenannten *Germanischen Dialekt* der Gregorianik – ein Musik-, kein Sprachdialekt! Auffällig ist zunächst das Notenbild: Es sind gotische *Hufnagelnoten*, die sich im 13. Jh. aus der Neumenschrift entwickelt haben. Hörbar unterscheidet sich die germanische Überlieferung, beginnend im 9. Jh., vor allem durch eine Höherführung der melodischen Linie, was bei bestimmten Intervallen mit bemerkenswerter Konsequenz geschah. Diese Singweisen waren im gesamten deutschen Sprachraum die Regel. Durch die Aufklärung am Ende des 18. Jh. und das in puncto Tradition gleichgültige 19. Jh. verschwanden diese Gesänge, überall nur nicht in Kiedrich – dank Sir John Sutton, der diesen Choral seiner Stiftung vorschrieb. Der Gesang wird hier glücklich ergänzt durch die gotischen Glocken von 1389 und 1513, die weder im Ersten noch im Zweiten Weltkrieg abgeliefert wurden, und die um 1500 erbaute Orgel.

So ist hier gotische Musik im gotischen Raum erhalten geblieben und jeden Sonntag erfahrbar. Belege für diese Tradition finden sich im Museum des Chorstifts.

Ein paar Schritte weiter, und wir stehen vor Suttons Grab, der 1873 in Brügge/Belgien verstorben und beigesetzt war. Als die Chorbuben zum 100. Todestag an seinem Grab sangen, fassten sie den Entschluss, ihn – seinem ursprünglichen Wunsch gemäß – sozusagen heimzuholen. Seit Allerseelen 1974 ruht er nun hier unter dem Rebstock-Kreuz zwischen den Gebäuden seiner Stiftung und dem Chor der Kirche, wo sein Vermächtnis allsonntäglich erklingt.

Links kommen wir am Pfarrhaus mit seinen Wirtschaftsgebäuden vorbei, in denen bis 1972 das kircheneigene Weingut betrieben wurde. Rechts begleitet uns die spätgotische Steinmetzkunst an den Strebepfeilern des Chores von Werkmeister Wilhelm aus der Frankfurter Schule des Madern Gerthener. Vorbei an der Kreuzigungsgruppe aus der Werkstatt des Mainzer Bildhauers Hans Backoffen gelangen wir an die alte Schule, wo seit dem 14. Jh. Latein gelehrt wurde, und das in einem Dorf von 300 bis 400 Einwohnern! Mehr fesselt uns das bewundernswerte spätgotische Kleinod der St. Michaelskapelle, errichtet 1434-44. Wahrscheinlich ist sie das Jugendwerk des Nicolaus Eseler von Alzey (ebenfalls aus der Frankfurter Bauschule), dessen reifste Schöpfung die St. Georgskirche in Dinkelsbühl darstellt. Über dem Karner (Beinhaus) für die Bergung exhumierter Totengebeine erhebt sich der schlanke, lichte Kapellenraum mit einem zierlichen, außen als Erker ausgebildeten Chörchen (Altarraum). Über das Dach lugt der luftig und durchbrochen gestaltete Westturm, und auf der Nordseite ist zwischen zwei Pfeilern eine Außenkanzel eingespannt zum Predigen an Pilgerscharen im Freien, was an manchen Tagen noch heute geschieht. Ein Blick von hier auf die Kirche zeigt deutlich, dass sie aus zwei gotischen Perioden stammt: Mit dem streng geometrischen Fenstermaßwerk der unteren Reihe aus der Mitte des 14. Jh. und den weich zerfließenden „Fischblasen" um 1490.

Michaelskapelle

Im Innern der Kapelle beachten wir das Netzgewölbe und den zierlichen Triumphbogen des Chörchens. Besonderer und rarer Schmuck ist die doppelseitige Madonna aus der Backoffenschule in einem siebenarmigen Leuchter (um 1520) .

doppelseitige Madonna

Den Weg zur Kirche begleiten die Kreuzwegstationen und die Grabplatten adliger Kiedricher aus früheren Jahrhunderten; dazwischen steht ein Grenzstein aus dem 15. Jh. mit dem Wappen Gutenbergs, dessen Familie hier begütert war. Bei der fünften Station machen wir Halt und stellen mit Erstaunen fest, dass links ein Henkersknecht bei der Passion Christi die Gesichtszüge des ehemaligen Reichskanzlers Otto von Bismarck (1815-1898) trägt. Es ist die Antwort, der Kiedricher auf die von Bismarck veranlassten Repressalien gegenüber der katholischen Kirche im sog. „Kulturkampf" 1877.

Bismarck als Henkersknecht

Überhaupt ist die Gemeinde von einer Art Nonkonformismus geprägt. Er zeigte sich schon 1787, als von der geistlichen Mainzer Regierung die gewohnten und geliebten lateinischen Choralgesänge verboten wurden; man sang sie jedoch weiter bis zur Sutton'schen Stiftung von 1865. Auch in Haltung gegenüber dem Nationalsozialismus drückte sich die selbstbewusste Haltung aus: Der hohe Anteil von Nein-Stimmen bei der letzten freien Wahl 1938 trug Kiedrich die Bezeichnung „Nein-Dorf" ein. Auf die erfolgreiche Verteidigung der kommunalen Selbständigkeit 1977 sei ebenfalls hingewiesen.

Barocke Reliquienbüste von St. Valentin

Wir betreten die Kirche durch das Hauptportal mit dem schönen Tympanon aus der Zeit um 1420, dem sog. „weichen Stil" der Gotik. Die Darstellung Gottvaters zwischen musizierenden Engeln weist auf die schon damals besonders gepflegte Kirchenmusik hin. Neben der Marienkrönung ist Mariä Verkündigung gemäß der auch in der Oppenheimer Katharinenkirche gewählten Form gestaltet: Von Gottvater führt ein Strahl zu Maria, auf dem das Jesuskind und die Taube des hl. Geistes zur Erde gleiten. Im Innern bestätigt der erste Blick die außen schon bemerkte Zweigeschossigkeit des Kirchenschiffs: Unten die auf karolingischem Fundament im 14. Jh. erbauten Seitenschiffe, die mit dem gleichhoch eingewölbten Mittelschiff eine niedrige Hallenkirche bildeten. Ab 1460 begann man den unverhältnismäßig großen Chorbau, zog das Mittelschiff hoch und baute die Emporen ein: Eine Emporenhalle war entstanden. Der Lettner trennte einst den Chorgottesdienst der infolge der Wallfahrt zum hl. Valentin sehr zahlreichen Geistlichen von der Gemeinde und den Pilgern. Am auffälligsten sind die reichen Sterngewölbe von Chor und Schiff, zwischen 1470 und 1493 von einem bayrischen Meister aus der Schule des Hans Stethaimer in Landshut/Isar eingezogen. Die Kreuzigungsgruppe über dem Lettner verdanken wir der Werkstatt Backoffens aus Mainz (Crucifixus) und der des Tilmann Riemenschneider (Maria und Johannes).

Pfarrkirche St. Valentin, Sterngewölbe aus dem 15. Jh.

Den Raumeindruck prägen in besonderer Weise die Glasfenster im nördlichen linken Seitenschiff, die zum Teil noch aus dem 14. Jh. stammen; die Fenster im Chor und im Südschiff sind von einer flämischen Glasmalerschule des 19. Jh. Jean de Bethune, Gent, einfühlsam gestaltet. Eine der größten Kostbarkeiten stellt das 1510 vollendete Laiengestühl dar; denn von dieser Art gibt es nur zwei in Europa, ein weiteres in Bechtolsheim von 1496. Beide haben denselben Meister, den Holzschnitzer Erhart Falckener aus Abensberg bei Regensburg. Hier, im Eingangsbereich der Kirche, macht er uns mit den christlichen Grundwahrheiten bekannt: dem Namen Jesu (ihs), den Schriftbändern der vier Evangelisten, den Geboten der Gottes- und der Nächstenliebe. Beim Durchschreiten des linken Seitenschiffes können wir die Phantasie des Schnitzers bewundern und die gotischen Glasfenster betrachten. Kurz vor dem Beichtstuhl weist eine Gewölbekonsole auf die göttliche Eingebung der hl. Schrift hin: Dem schreibenden Evangelisten flü-

Gerechtigkeitsspirale

stert ein Engel die Worte ins Ohr. An der Seitentür wurde auf der linken Bank für die des Lesens unkundigen Pilger das Leiden Christi in Symbolen dargestellt, gegenüber zwei sich durchdringende Anrufungen der Gottesmutter. Die vorderste Schauseite der Bänke enthält die „Gerechtigkeitsspirale", ein Zeitdokument aus dem frühen 16. Jh.
Wir stehen vor dem Johannesaltar, dem bedeutendsten der drei erhaltenen gotischen Flügelaltäre. Dargestellt sind in der Mitte Anna selbdritt, d.h. Maria mit ihrer Mutter Anna, zwischen sich das Jesuskind, begleitet von Johannes dem Täufer und Johannes dem Evangelisten. Der letztere segnet einen Kelch mit Wein, und so bringen heute noch die Winzer an seinem Festtag, dem 27. Dezember, ihren neuen Wein zur Segnung hierher. Die Besucher des Gottesdienstes genießen ihn an diesem Abend in der Kirche und später wird er im Keller des Winzers auf die einzelnen Fässer zur Weitergabe des Segens verteilt. Der unbekannte Schöpfer des Altares trägt die Bezeichnung „Meister mit dem Brustlatz". Er hat 42 Werke hinterlassen, davon 13 allein in Kiedrich. Es ist der „furiose Schlussakkord" der um 1500 ausklingenden Gotik am Mittelrhein. Die Flügel des Altars sind Kopien des „Wolfskehler Altars" in Darmstadt, angefertigt von August Martin, dessen Haus wir bei unserem Rundgang sahen. Die Kanzel in Form eines Weinpokals schuf 1493 der Meister der Gewölbe – das Meisterzeichen ist auf der obersten Treppenstufe zu sehen. Nach ein paar Schritten ins Mittelschiff erblicken wir die Orgel, die nicht nur im Gehäu-

Johannesaltar, Detail Anna selbdritt

se, sondern auch im Klangbild gotisch ist: 80 % ihrer 960 Pfeifen in 21 Registern stammen aus der Erbauungszeit um 1500. Das rechtfertigt die Aussage, sie sei die älteste spielbare Orgel Deutschlands. Die Malerei der Flügel stammt ebenfalls von Martin.

Die linke Schauseite des Gestühls ist überreich mit tragenden Rebstöcken geschmückt. Davor steht am Pfeiler eine der rund 60 Madonnendarstellungen, die die Kirche aufweist; hier eine Figur aus Terrakotta mit mütterlich-lieblichem Ausdruck. Sie entstand um 1450 und gehörte wahrscheinlich bis zur Säkularisation 1803 zu den Kunstschätzen des Klosters Eberbach. Auf dem rechten Seitenaltar ist in einer barocken Büste die Schädelreliquie des hl. Valentin ausgestellt, Anlass für die Wallfahrt nach Kiedrich mit ihren Auswirkungen auf Kunst und Kultur. Der Altar selbst stammt aus der späten Renaissance um 1620 und gehört mit dem gleichaltrigen Hochaltar zu den selten gewordenen „Epitaph-Altären", gestiftet von zwei adligen Familien zum Gedächtnis ihrer Toten mit Skulpturen und Wappen; es handelt sich um die Familien von Schwalbach und der Ritter zu Groenesteyn. Am Hochaltar die Wappen der Herren zu Eltz, die ein Weingut in Eltville und eine Burg an der Mosel besitzen. Wir gehen unter dem Lettner durch und stehen vor der liebreizenden „Kiedricher Madonna", geschaffen von einem in Köln, vielleicht auch in Paris geschulten Künstler um 1330. Mit Reblaub an Krone und Szepter zählt sie zu den Wein- oder Traubenmadonnen.

Kiedricher Madonna

Das Chorgestühl ist nach1480 entstanden und mit Heiligenfiguren sowie Drolerien geschmückt. An der Südseite steht ein zweites Orgelwerk, eine Tragorgel, die etwa 300 Jahre alt ist. Es stammt aus Flandern und ist ein Geschenk Suttons.

Der Hochaltar von 1619 beherrscht mit Marmor- und Alabasterskulpturen die Ostseite. Links davon erhebt sich das Sakramentshaus, in der filigranen Steinbearbeitung ein Meisterstück der Spätgotik. Und im Fenster links daneben hat die Gemeinde ihrem großen Wohltäter Sir John Sutton ein Denkmal gesetzt, dem Mann, dem sie die Erhaltung ihrer einmaligen Kunstschätze verdankt. Zum Abschluss stehen wir vor dem Chorpult mit seinen Folianten. Hier singen Chorbuben und -männer in liturgischer Kleidung jeden Sonn- und Feiertag um 9.30 Uhr die jeweiligen gregorianisch-germanischen Gesänge nach gotischen Hufnagelnoten – das ist einzig in der Welt, dass man hier und nur hier die Gotik nicht nur sehen, sondern auch hören

Blick auf den Turm von St. Valentin

kann im Klang von Glocken, Orgel und Choral. Die Chorbücher sind eine kritische Neuausgabe von 1961 nach den Originalen aus dem 14. und 16. Jh., redigiert

von Josef Staab, geschrieben von Bruno Kriesel, beide langjährige Chorsänger, und im Siebdruckverfahren hergestellt von der Fa. Kalle in Wiesbaden unter der Regie von Johann Heck aus Kiedrich. Sie sind der Beitrag unserer Generation zur Erhaltung und Weitergabe einer einmaligen Überlieferung.

Kloster Eberbach

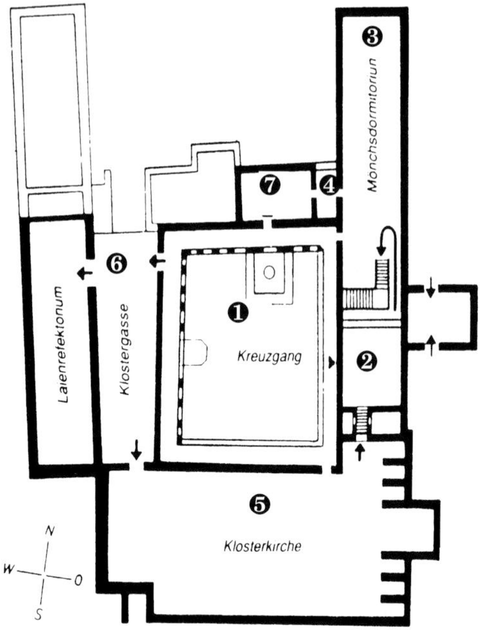

Kloster Eberbach, Steinberg, Hallgarten, Hattenheim

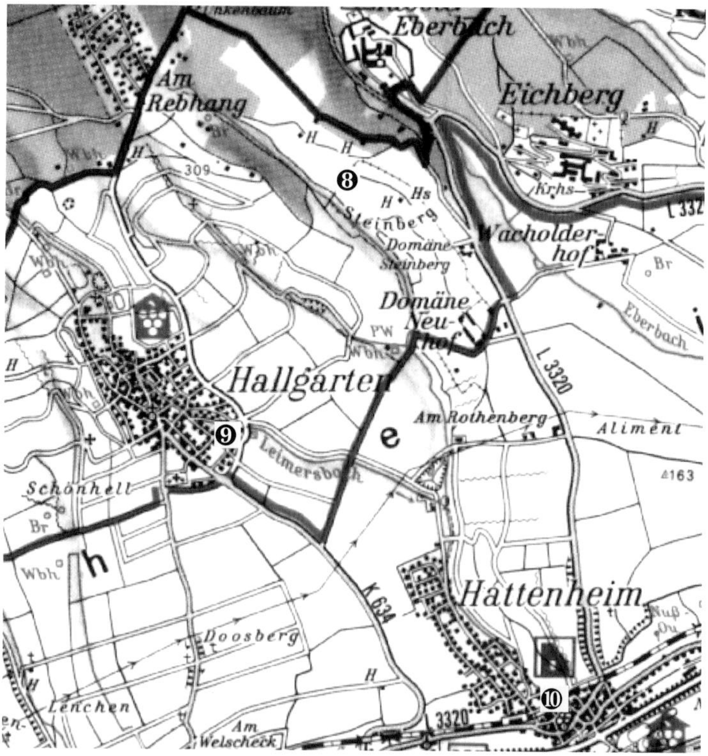

Mönche, Madonnen und riesige Fässer

Rundgang 18

Vom Kloster Eberbach nach Hallgarten
und Hattenheim

Françoise Schütz, Brigitte Forßbohm

Ausgangspunkt: Kloster Eberbach, ORN Linie 5482
Endpunkt: Hattenheim, DB Regio 10, ORN Linie 5480
Hallgarten, RTV Linie 301

Wappen von Eberbach

Abgeschieden zwischen den Rheingauer Rebhängen und den Südhängen des Taunus liegt die ehemalige Zisterzienserabtei Eberbach im Kisselbachtal. Ein 1109 gegründetes Augustinerkloster gelangte bereits 1131 in die Hände von Benediktinermönchen, allerdings nur für kurze Zeit. 1136 wurde das Kloster von Zisterziensern übernommen, die es zur vollen Blüte brachten und es fast 700 Jahre bewohnten und bewirtschafteten.

Die religiösen Orden in Europa hatten ihren Ursprung in Italien. 529 gründete Benedikt am Monte Cassino den ersten Mönchsorden mit der Ordensregel „Ora et labora" (bete und arbeite). Aus dem Benediktinerorden gingen weitere hervor: 909 wurde das Kloster Cluny gegründet, 1098 Citeaux, das Mutterkloster der Zisterzienser, und 1115 Clairvaux unter dem Abt Bernhard. Bernhard von Clairvaux wandte sich gegen die Lockerung der ehemals strengen Ordensregeln der Benediktiner. Dem Kanon der Ge- und Verbote fügte er noch einige hinzu: das Verbot zu sprechen und Fleisch zu essen. Er forderte Gehorsam, Armut, Nächstenliebe und Keuschheit. Trotz der Härte der Regeln hatte der Zisterzienserorden regen Zulauf. Ende des 12. Jh. gab es in ganz Europa bereits 350 Zisterzienserabteien, die alle nach den gleichen Regeln lebten. Das Kloster Eberbach ist eine direkte Filiation von Clairvaux.

Bernhard von Clairvaux, der später den Zweiten Kreuzzug (1147-1149) initiierte und aufgrund seiner Fähigkeiten als Prediger auch „doctor mellifluus" (honigfleußender Lehrer) genannt wurde, war eine große Persönlichkeit nicht nur in religiöser, sondern auch in politischer Hinsicht. Von Erzbischof Adalbert von Mainz war er hierher bestellt worden, um an geeigneter Stelle die Gründung eines Klosters in die Wege zu leiten.

Im Unterschied zu den Benediktinern, die ihre Klöster auf Hügeln anlegten, mussten die Zisterzienser in der Abgeschiedenheit, versteckt außerhalb der Siedlungen bauen.

Nach der Legende ritten Bernhard von Clairvaux und Erzbischof Adalbert durch dieses einsame bewaldete Tal als sie einen Eber aus dem Unterholz kommen sahen, der mit seinen Hauern wie mit einem Pflug im Boden die späteren Umrisse des Klosters Eberbach markierte, das von dieser Begebenheit auch seinen Namen erhalten haben soll. Das überlieferte Klosterleben in Eberbach begann 1136 mit einem Abt und 12 Mönchen, die aus Burgund kamen.

Im Dreißigjährigen Krieg (1618-1648) gab es eine fünfjährige schwedische Besetzung (1630-35) mit erheblichen Zerstörungen. In der Barockzeit wurde das Kloster wieder aufgebaut, neue Bauten entstanden.

In der napoleonischen Zeit, 1803, wurde das Kloster säkularisiert, die letzten 25 Mönche mussten mit einer Abfindung das Kloster verlassen. Seit dieser Zeit hat das Kloster keine kirchliche oder religiöse Funktion mehr. Eberbach wurde nassauisches Dominialeigentum. 1806 fanden die ersten Weinversteigerungen statt. Die Klostergebäude dienten dann als Irrenanstalt (als Vorläufer der 1849 gegründeten Klinik am Eichberg) und als Gefängnis. Im Ersten Weltkrieg wurde Eberbach als Militärgenesungsheim genutzt. Dabei wurde die Weinbau- und Kellertradition immer fortgeführt. Seit 1945 gehört das Kloster dem Land Hessen.1998 wurde Kloster Eberbach eine Stiftung. Der Weinbau untersteht der Verwaltung der Hessischen Staatsweingüter mit Sitz in Eltville.

Hospitalsaal

Das Kloster Eberbach ist mit 200 ha das größte Weingut in Deutschland in einer der kleinsten Weingegenden, dem Rheingau. Zweimal im Jahr finden Weinversteigerungen statt, es handelt sich um besondere Weine, Raritäten und Restposten. Eberbach ist der einzige Ort auf der Welt, wo vom 12. Jh. an bis heute Wein angebaut, gelagert und verkauft wurde.

Das Kloster ist von einer 1100 m langen, 5 m hohen und 1,10 m starken Mauer aus dem 12./13. Jh. umgeben. Nach der Ordensregel musste in der Gründungszeit innerhalb dieser Mauern gearbeitet werden.

Die Klosteranlage ist fast vollständig erhalten. Zwei Flügel des Kreuzgangs sind im 19. Jh., nach der Säkularisation zerstört worden. Es finden sich Stilmerkmale der Romanik, der Gotik und des Barock. Vor allem die Barockzeit war eine Phase reger Bautätigkeit, von der die äußeren Gebäude zeugen: der Anbau an das Hospital, die Wohnung des Priors, die Orangerie und die ehemaligen Stallungen, die jetzt als Hotel und Restaurant genutzt werden. Ebenfalls sehr gut erhalten ist das Hospital aus dem 13. Jh. Der hohe gotische Raum ist durch keinerlei Um- und Einbauten beeinträchtigt worden und gilt als Beispiel

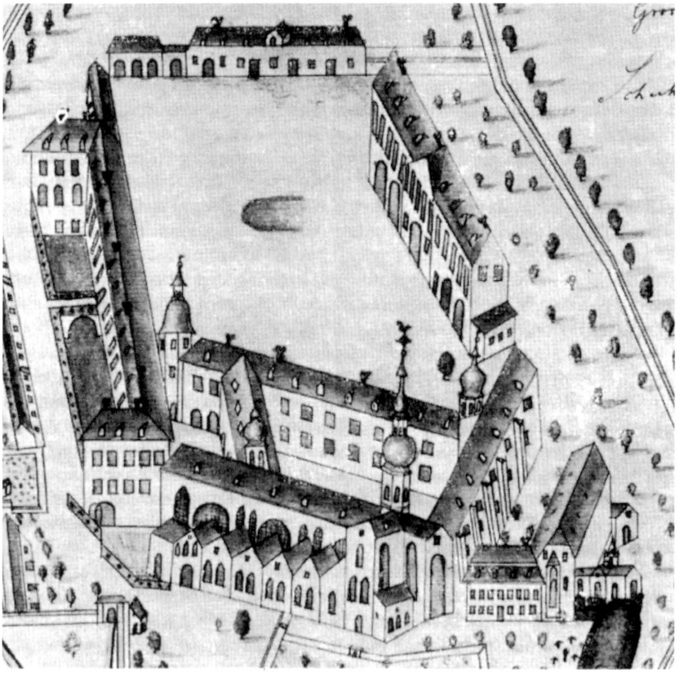

Lageplan des Klosters Eberbach (Ausschnitt) von 1753

für mittelalterlichen Hospitalbau. Das Hospital diente nicht nur den Mönchen, sondern auch den umliegenden Ortschaften, Pilgern und Reisenden.

Dieser Wein wechselte 1983 für 4200 DM den Besitzer

Im ehemaligen Hospitalsaal – er ist nur bei Weinproben zu besichtigen – befindet sich die „Schatzkammer" von Eberbach. Die älteste Flasche, die dort gelagert wird, stammt aus dem Jahre 1806. Von 1914 bis heute sind dort alle Jahrgänge vertreten. Von jedem Jahrgang werden je nach Qualität 30 bis 100 Flaschen eingelagert. Der Wert dieser Schatzkammer liegt zwischen 5 und 6 Mio. Euro. Insgesamt beträgt die Jahresproduktion des Klosters Eberbach ca. 1 650 000 Flaschen.
Seit 1986 findet eine Generalsanierung mit dem Ziel einer grundlegenden Instandsetzung und Erhaltung der Klosteranlage statt. Besonders die gotischen Maßwerke der Fenster der Südkapellen und die Grabsteine aus Sandstein als auch die Kapitelle des Hospitalbaus waren von Verwitterung bedroht. Eindringende Feuchtigkeit macht dem kühl und schattig gelegenen Bau zu schaffen. Teil des Sanierungskonzepts ist auch die Frage der zukünftigen Nutzung der Anlage, die „der Würde des Ortes als ehemaliges Kloster und seiner Tradition – des Weinbaus" angepasst sein sollte. (S. Sattler) Dazu gehört auch die – noch nicht gefundene – Lösung der Frage des ruhenden und fließenden Verkehrs im Klosterbereich.

Das Kloster Eberbach war teilweise Drehort des Films „Der Name der Rose“.

❶ Kreuzgang

Der **Kreuzgang**, erbaut im 12., 13. und 14. Jh., durfte nur von geweihten Mönchen betreten werden. Wie vor ihm schon der heilige Benedikt wollte Bernhard von Clairvaux im Klosterleben eine Symbiose aus praktischer und geistiger Arbeit. Die praktische Arbeit der geistigen Elite der Mönche bestand darin, Bücher zu schreiben, die für die tägliche religöse Lektüre benötigt wurden, die sog. „Lectio divina“. Eberbach war lange Zeit ein intellektuelles Zentrum.

Schwedenbau, Treppenturm

Der Fachwerkflügel mit dem achteckigen um 1500 erbauten Treppenturm war die Bibliothek. Dieser Flügel wird auch „Schwedenbau“ genannt, denn während der fünfjährigen Besetzung im Dreißigjährigen Krieg hatte König Gustav Adolf von Schweden seinem Kanzler Oxenstierna das Kloster Eberbach zum Geschenk gemacht. Oxenstierna bewohnte diesen Flügel. Als der Krieg zu Ende war, plünderten die Schweden die Bibliothek. Mehrere von den aus der Eberbacher Bibliothek stammenden Folianten befinden sich noch in Schweden, in Uppsala. Die meisten sind im British Museum in London und in der Brodleian Library in Oxford gelandet. Weitere Bände befinden sich in der Landesbibliothek in Wiesbaden, in Darmstadt und in Marburg.

Kapitell im Kreuzgang

Der Tag begann für die Mönche zwischen ein und zwei Uhr morgens mit der ersten gemeinsamen Gebetsstunde und endete zwischen 20 und 21 Uhr mit der letzten. Er war eingeteilt in Zeiten für die Messe, für die Gebete, die praktische Arbeit und die Mahlzeiten. In der Mitte des Kreuzgangs war ein Garten angelegt, nicht nur für Heilpflanzen, sondern auch für Schmuckpflanzen. Sie dienten auch als Ornament von Büchern, Konsolen und Säulen. Das florale Ornament war der einzige den Zisterziensern erlaubte Schmuck, so dass der Garten im Kreuzgang anmutete wie ein Paradiesgarten und im Mittelalter auch so bezeichnet wurde. Malereien waren verboten, wie überhaupt aller Schmuck, da er von der Konzentration auf das Gebet ablenkte.

Alle Zisterzienser-Abteien in Europa, gleich ob im Westen oder Osten, Norden oder Süden und unabhängig von ihrer Größe, sind auf die gleiche Weise erbaut worden: Als erstes wurde die Kirche, der Ort des Gebets errichtet. Links oder rechts von der Kirche, je nach dem Verlauf des Baches, an dem das Kloster errichtet wurde, lagen die Bibliothek, der Kapitelsaal, der Zugang zu den Latrinen, zum „Dormitorium“, dem Schlafsaal der Mönche, und die „Fraternei“, die Arbeitszimmer der Mönche. Die Schlafräume befanden sich oberhalb der Kirche, damit

Kloster Eberbach, Blick durch Zwillingsfenster in den Kreuzgang

die Mönche immer einen direkten Zugang zum Kirchenraum hatten. Gegenüber der Kirche lag der Speisetrakt. Dieser Flügel wurde in Eberbach im Dreißigjährigen Krieg zerstört. Der heutige Querflügel entstand in der Barockzeit.

❷ Kapitelsaal

Im **Kapitelsaal** versammelte sich der Konvent, um hier täglich das entsprechende „Kapitel" der Ordensregel zu hören. Er war der einzige Ort, an dem gesprochen werden durfte und diente auch der Beratung, der Schlichtung von Streitigkeiten und Gerichtsverhandlungen. Die Äbte wurden dort gewählt und bestattet. Erhalten sind die sog. Zwillingsfenster aus dem 12. Jh.: Das waren Öffnungen ohne Scheiben, die es den Novizen, die keinen Zugang zum Kapitelsaal hatten, erlaubten, die Versammlungen von außen mitanzuhören. Der heutige Raum stammt aus dem 14. Jh. und gehört zu den schönsten Räumen dieser Art der Hochgotik. Von einer einzigen Stütze geht der Gewölbestern aus, feingliedrig und kaleidoskopartig. Kaum zu glauben, dass auf dieser zierlich wirkenden Konstruktion ein Teil des gewaltigen Gewölbes des Dormitoriums lastet. Die wiederhergestellte Originalbemalung entstand um 1500. Es ist ein Floralornament, das Buchillustrationen ähnelt. Dieses Ornament wäre zu Lebzeiten von Bernhard von Clairvaux nicht gestattet gewesen, die strengen Regeln wurden jedoch im Laufe der Zeit gelockert. Der Kreuzgang und auch der Schlafsaal wurden bemalt und man brachte Scheiben an. Man kann die Ritzen in den Fensteröffnungen noch erkennen.

Für den Film „Der Name der Rose“ wurde in diesem Raum die Inquisitionszene gedreht.

❸ Dormitorium der Mönche

Das **Dormitorium der Mönche** ist das architektonische Schmuckstück des Klosters Eberbach. Der zweischiffige gotische Saal ist 73 m lang. In seiner Schmucklosigkeit entsprach er der asketischen Haltung der Zisterzienser. Nur die Säulen und die Schlusssteine weisen verschiedene florale Ornamente auf. Aus dem 13. Jh. stammen die beiden Öffnungen neben der kleinen Treppe. Es handelt sich um Öffnungen ohne Scheiben, die im Winter zum Schutz gegen die Kälte mit Holzläden verschlossen wurden.

In der Blütezeit des Klosters im 16. Jh. schliefen im Dormitorium ca. 150 Mönche, bekleidet mit ihren Kutten auf einfachen Pritschen. Unter diesen Bedingungen kann man sich gut vorstellen, dass ihre Lebensdauer nicht mehr als 30 Jahre betrug. Die Mönche starben an Kälte, Unterernährung, Krankheiten und Seuchen. Dennoch war es für sie eine Ehre dem ruhmreichen Zisterzienserorden Bernhard von Clairvaux‘ anzugehören.

An der Decke des Dormitoriums sind noch Reste der ehemaligen Malerei zu erkennen.

Im 16. Jh. hatte man viereckige Fenster mit Scheiben eingebaut und den Raum in einzelne Holzzellen eingeteilt, die man erst 1930 wieder entfernte, wodurch der Raum seine schöne Perspektive wiedererhalten hat. Der Boden, auf dem der Raum erbaut wurde, steigt von Süden nach Norden um 45 cm an. Die Säulenhöhe ist diesem Höhenunterschied angepasst.

Die Treppe, die zur Kirche führte, durfte nach der Regel nur benutzt werden, um nach unten zu gehen. Der Weg zurück führte über den Kreuzgang. Die Treppe wieder hinaufzusteigen, hätte bedeutet, sich von Christus zu entfernen. Da die Zisterzienserregeln ihren Ursprung im klimatisch milderen Burgund hatten, gestattete man jedoch in den kühleren nördlichen Gegenden den Mönchen die Rückkehr in das Dormitorium über die Treppe. Auf halber Höhe der Treppe befanden sich die Zellen für den Prior und den Vizeprior.

Für den Film „Der Name der Rose“ wurden hier die Bibliothekszenen gedreht.

Der frühgotische Saal des Mönchsdormitoriums gehört zu den schönsten dieser Art in Europa und wird in vielen Werken zur Architekturgeschichte des In- und Auslandes als beispielhaft für die Architektur der Zisterzienser angesehen.

❹ Abteimuseum

Vom Mönchsdormitorium aus gelangt man zum **Abteimuseum**, das nach der Generalsanierung in den Räumen des Nord- und Westflügels der Klausur im Obergeschoss, über dem

Mönchsrefektorium und dem Küchenbereich, eingerichtet werden konnte. Dazu gehört auch der romanische „Wärmeraum" des Klosters. Die Besucher/innen sollen beim Betreten des Museumsbereichs keinen atmosphärischen Bruch zu den angrenzenden Räumlichkeiten empfinden. Er ist daher im Sinne klösterlich-zisterzienzischer Kargheit mit einfachsten Mitteln gestaltet. Das Museum ist in den Klosterrundgang integriert und hat die Aufgabe, die „nahezu vollständig erhaltene mittelalterliche Abtei unter ordens-, kultur- und vor allem kunsthistorischen Aspekten" zu erläutern. Dem dienen ausführliche Informationstafeln zur Ordens- und Klostergeschichte. Zugleich wird beim Besuch des Museums deutlich, dass nur noch einzelne Fragmente der ehemals reichen Klosterausstattung vorhanden sind. Dennoch ist es gelungen, mit wenigen sehr eindrucksvollen Kunstwerken die durch die Architektur hervorgerufenen Bilder zu verstärken. Eine Skulptur aus Lindenholz von einem unbekannten Meister aus der ersten Hälfte des 18. Jh. zeigt Bernhard von Clairvaux in Lebensgröße. Ein aus der Basilika stammendes Flechtbandfenster in Grisailletechnik aus der Zeit um 1180 (Sammlung nassauischer Altertümer) ist als einziger Rest der Originalverglasung der Kirche zu sehen. Für die Grisaille-Technik (Frz. gris – grau) wurde Glas mit Sand vermischt und dadurch getrübt, so dass es nur noch wenig Licht durchließ. Die geometrische Ornamentik lässt sich auf frühmittelalterliche, aber auch auf islamische und keltische Einflüsse zurückführen. Es gehört zu den äußerst seltenen noch vorhandenen Kirchenverglasungen der Zisterzienser. Vier überlebensgroße Barockfiguren des Mainzer Hofbildhauers Burkhard Zamels (1690-1757), die 1805 nach der Auflösung des Klosters in die Valentinuskirche nach Kiedrich gebracht und von dort 1865 wieder ausgelagert wurden, haben nun eine ständige Bleibe gefunden.

Flechtbandfenster um 1180

❺ Basilika

Die dreischiffige **Basilika** ist die größte Kirchenraum des Rheingaus und eine der größten romanischen Kirchen in Deutschland. Das Schiff ist 78 m lang. Der Grundriss der Basilika hat die Form eines lateinischen Kreuzes. Die Kirche entstand in zwei Bauperioden von 1145-1160 und von 1170-1186. Der monumentale Eindruck des Bauwerks wurde an der südlichen Außenseite im 14. Jh. durch den Anbau von gotischen Seitenkapellen mit Maßwerkfenstern aufgelockert. Im Mittelalter war die Kirche mit Grisaille-Fenstern verglast. Man kann annehmen, dass das Kircheninnere damals sehr dunkel war.

Da von der ehemals reichen Innenausstattung der Kirche – darunter vierunddreißig Altäre – außer den Grabsteinen nichts geblieben ist, kann die eindrucksvolle Architektur des Raumes

Grabmal Gerlachs von Nassau

ungestört wahrgenommen werden. Östlich vom Eingang der Kirche her gesehen sind Reste des originalen Fußbodens erhalten.

Heute noch sind die Grabplatten der Stifter in der Basilika des Klosters vorhanden. Beigesetzt wurden Adlige, Angehörige des hohen Klerus und einige Erzbischöfe des Erzbistums Mainz. An der Nordwand des Altarraumes steht das reich geschmückte Hochgrab des Mainzer Erzbischofs Gerlach von Nassau († 1371). Die jetzt aufgerichtete Grabplatte, lag ehemals unter dem Steinbaldachin. Links davon die Grabplatte für Erzbischof Adolf II. von Nassau († 1475), das zu den schönsten Denkmälern der Spätgotik am Mittelrhein zählt. Im Stil der Hochgotik wurde das Relief des Domkantors Eberhard von Oberstein († 1331) geschaffen. Gegenüber den Südkapellen, am Ende des Langchores und im Kreuzgang stehen Grabplatten von Äbten des Klosters vom 14. bis zum 18. Jh. Künstlerisch besonders eindrucksvoll sind die Grabmäler von Hans Backoffen für Wigand von Hynsperg († 1511) sowie für Adam von Allendorf († 1518) und seine Ehefrau mit der Anna selbdritt im Strahlenkranz. Im Querhaus sind die Grabdenkmäler der Grafen von Katzenelnbogen und Nassau aufgestellt.

Nach den Regeln der Zisterzienser waren Musikinstrumente verboten und die Mönche sangen a capella. Der Kirchensaal verfügt über eine hervorragende Akustik und eine eigentümliche Atmosphäre. So lag die Idee nahe, ihn für Konzerte zu nutzen, die großen Anklang fanden. Das heute weithin berühmte Rheingau-Musikfestival nahm hier in den 1980er Jahren seinen Ausgang.

❻ Klostergasse, Konversenbau

Verlässt man die Basilika durch das nordwestliche, früher den Konversen (Laien) vorbehaltene Portal, gelangt man in die **Klostergasse** mit dem **Konversenbau**, dem größten Gebäude der Abtei. Im Erdgeschoss liegt das Laienrefektorium (Speisesaal der Laien), um 1200 mit 47 m Länge und einfachem Kreuzgratgewölbe errichtet. Die Pfeiler wurden im 18. und 19. Jh. grob ummantelt. Seit 1955 sind hier die historischen Keltern des Klosters aus Eichen- und Kastanienholz zur Besichtigung aufgestellt. Die älteste von ihnen stammt aus dem Jahr 1668. Die ursprünglichen Holzgewinde wurden später durch Metall ersetzt. Diese Geräte wurden bis in die 1950er Jahre benutzt, als der Wein noch im Kloster selbst ausgebaut wurde. Dies findet heute in der großen Kelleranlage unter dem Steinberg statt. Das Laiendormitorium im Obergeschoss ist mit 83 m Länge der längste romanische Profanraum nördlich der Alpen. Heute wird er genutzt für die halbjährlich stattfindenden Weinversteigerungen, kulturelle Veranstaltungen und Empfänge.

Die Arbeit der Laienbrüder war für die Wirtschaft des Klosters von größter Bedeutung. Sie hatten zwar ein Mönchsgelübde abgelegt, waren aber nicht geweiht und stammten als Bauern, Handwerker und sonstige Arbeiter aus den unteren sozialen Schichten. Von der Pflicht, mehrmals am Tage die Messe zu besuchen, waren sie entbunden. Sie übten verschiendene Berufe aus, die das klösterliche Gemeinwesen erforderte. Sie nahmen im Klosterleben eine untergeordnete Stellung ein – ihr Lebensraum war von der Klausur der Mönche scharf getrennt. Die Kirche betraten sie durch einen separaten Eingang. Eine quer durch alle Schiffe gezogene Chorschranke trennte den Bereich für die Konversen vom Chorgestühl der Mönche. Auch im täglichen Leben hatten sie unter ihrer Zweitrangigkeit zu leiden: So waren sie zwar von einigen religiösen Pflichten der Mönche befreit, um der Arbeit nachgehen zu können, nicht aber von den Fastenvorschriften. Sie durften nur von den Mönchen abgelegte Stiefel tragen und die Teilnahme an der Abtswahl war ihnen verboten. Dies führte zu sozialen Spannungen, die 1261 in der Ermordung des Abtes Werner gipfelten, woraufhin das Generalkapitel die Aufnahme weiterer Konversen einschränkte. In der Blütezeit verfügte das Kloster Eberbach über bis zu 450 Laienbrüder, die in der Nähe, aber auch auf entfernteren Wirtschaftshöfen des Klosters zwischen Oppenheim und Boppard arbeiteten. Als Wirtschaftszentrum arbeitete das Kloster nach dem Grundsatz der Autarkie und der Erweiterung durch Nutzbarmachung. Nach der Regel wurde, wenn möglich, alles selbst hergestellt. Dem diente auch der Wasserlauf im Klosterbereich, der den Mühlenbetrieb und die Bewässerung des Klostergartens ermöglichte. Die Zisterzienser hielten auch Zuchtvieh, Pferde, Schafe und Fische, bauten neben Wein auch Getreide, Obst und Gemüse an und unterhielten eine Imkerei. Die harte Arbeit der Laienbrüder, ihre asketische Lebenshaltung, bildete die Grundlage für den wachsenden Reichtum des Klosters, das schließlich wesentlich mehr produzierte als es selbst verbrauchte und seine Erzeugnisse im großen Stil vermarktete.

Basilika, innen

Der Zug auf den Wacholder, Zeichnung von Hans Baltzer

Um 1500 besaß das Kloster Eberbach 25 000 Morgen Land, verteilt auf 205 Ortschaften im Umkreis bis zu 150 km. In fast jedem größeren Flecken oder Ortschaft am Mittelrhein hatte es eine Niederlassung, einen „Eberbacher Hof". Der Hof, den das Kloster in Köln unterhielt, diente als Stützpunkt für den ausgedehnten Weinhandel.

Als ich auf dem Wacholder saß
Da trank man aus dem großen Faß
Wie bekam uns das?
Wie dem Hunde das Gras
Der Teufel gesegnet uns das
Volkslied

Das legendäre Eberbacher Fass, das am 1. Dezember 1500 zu ersten Mal gefüllt worden war, fasste 71.000 l Wein. Die Bauern, die 1525 auf dem Wacholder in der Nähe des Klosters lagerten, um ihre Forderungen an die Obrigkeit zu stellen, sollen es angeblich ausgetrunken haben (vgl. S. 199).

In allen romanischen Klöstern befindet sich der Speisetrakt gegenüber der Kirche mit Küche, Bäckerei, Speisesaal, Verwaltungsraum und dem einzigen beheizten Raum der ganzen Anlage, dem „calefactorium". Diese Stube befand sich meistens neben der Küche und nutzte die Küchenwärme. In Eberbach lag sie über der Küche und wurde durch Hypokaust (antikes Heizsystem) beheizt. In dieser Stube hielten sich die auf, die schreiben mussten, auch kranke und alte Mönche. Die Übrigen, die in unbeheizten Räumen leben und arbeiten mussten, durften sich nur eine Stunde darin aufhalten.

Vor dem Speisehaus wurde ein Brunnen angelegt, in dem sich die Mönche Hände und Haupt wuschen, bevor sie den Speisesaal betraten. Dort wurden auch die Tonsuren geschnitten und die Mönche viermal im Jahr zur Ader gelassen.

❼ Mönchs-refektorium

Von den romanischen Flügeln aus dem 12. und 13. Jh. ist nur noch das romanische Portal erhalten. Das prächtige **Mönchsrefektorium**, der Speisesaal, aus dem 18. Jh. (1738) mit einer Stuckdecke des Mainzer Meisters Daniel Schenk ist der einzige repräsentative Barockraum des Klosters. Ein mächtiger Schrank im Stil der deutschen Renaissance wurde vermutlich von einem Laienbruder nach der Rückkehr aus dem Kölner Exil nach der schwedischen Besetzung im Dreißigjährigen Krieg geschaffen. Er wurde zerlegt auf einem Speicher gefunden und 1885 als Bücherschrank umgebaut. Die Türen zeigen das Monogramm Christi und das Emblem des Klosters Eberbach. Die Gemälde an den Wänden zeigen Porträts von Äbten aus dem 18. Jh. Sie wurden 1889 restauriert. Die Holzvertäfelungen sind in neuerer Zeit alten Originalen nachgebildet worden. Die barocke Tür aus Nussbaumholz schuf Andreas Döbler aus Mainz. Dieser schöne Saal dient heute der hessischen Landesregierung als Empfangssaal für Gäste, kann aber auch privat gemietet werden. Bei Weinversteigerungen werden hier die Weine probiert. Westlich vom Mönchsrefektorium liegt die Küche und die angrenzende Backstube.

Weinversteigerung im Kloster Eberbach, Zeichnung von Kaspar Kögler, 1888

Fraternei, Cabinetkeller

Dieser eindrucksvolle zweischiffige und 48 m lange Raum aus dem 12. Jh., die **Fraternei**, ist einer der ältesten noch erhaltenen Räume dieser Art in Europa. Wegen der vermauerten Fenster wirkt er eher düster, er hat nicht die Eleganz des frühgotischen Mönchsdormitoriums. Schon seit Beginn des 16. Jh. wurde er als Weinkeller genutzt. Die Bezeichnung **Cabinetkeller** ist seit 1730 überliefert durch die Rechnung eines Handwerkers aus Eltville, der dort tätig war. Die heute übliche Weinqualitätsbezeichnung „Kabinett" geht hierauf zurück. Sehr gute Weine eines Jahrgangs durften den Cabinetkeller erst verlassen, wenn sie mindestens sieben Jahre gelagert worden waren. Die durchschnittliche Lagerungsdauer der früheren Cabinet-Weine betrug jedoch 13 Jahre. Seit 1811 ist die Bezeichnung „Cabinet" auf Flaschen zu finden.

Wir verlassen den Klausurbereich durch den Cabinetraum und gehen links um die Klosteranlage zum Saugraben, wo in der Nassauer Zeit Wildschweine gehalten wurden. Gegenüber den ehemaligen Stallungen ist ein Hotel eingerichtet worden. Auf der rechten Seite sehen wir den Prälatengarten mit einem hübschen barocken Gartenhäuschen. In den ehemaligen Stallungen oben ist heute die Klosterschänke eingerichtet. Noch vor dem Hauptportal führt links ein Weg hinunter zur Orangerie, einem Barockbau von 1755/56. Wir verlassen die Klosteranlage durch das prächtige barocke Hauptportal mit den lebensgroßen Figuren der Patrone des Klosters: Johannes der Täufer, der Maria Immaculata und Bernhard von Clairvaux, geschaffen von Nikolaus Binderiem und 1774 aufgestellt unter Abt Adolph II.

Gartenhäuschen

❽ Steinberg

Um den **Steinberg** zu erreichen, müssen wir das kühle, dunkle Kisselbachtal verlassen. Rechts neben dem Hauptportal führt ein Weg durch den Wald auf eine Anhöhe. Oben angekommen, überqueren wir den Hauptweg, der zur Hallgartener Zange führt, und gehen auf den gegenüberliegenden Weinberg zu. Wir gehen ein Stück an der Mauer entlang und stehen bald vor einem barocken Sandsteintor, das in den Steinberg Einlass gewährt. Kürzer ist der „Bernhardusweg", der an der Kapelle Bernhardi Ruh vorbei direkt zum Steinbergkeller führt.

Bernhardi Ruh

Die Mönche, die in der Gründungszeit des Klosters aus Burgund kamen, brachten von dort Reben mit. Es handelte sich zum größten Teil um rote Burgundertrauben der Sorte Pinot noir und nur zu einem kleinen Teil um weiße. Heute werden in Eberbach vor allem Rieslingtrauben angebaut und nur zu ca. 5% roter Spätburgunder. Der Steinberg ist der älteste zum Kloster gehörende Weinberg, er wird seit dem 12. Jh. bebaut. Es heißt, er sei der Lieblingsweinberg der Eberbacher Mönche gewesen. Heute ist er mit 34 ha der größte Weinberg Deutschlands. Noch heute ist er eingefasst von einer 2000 m langen Mauer, durch die man an mehreren Stellen durch barocke Tore in den Weinberg gelangen kann. Die Mauer bewirkt ein besonderes Mikroklima, das der Qualität des Weines zugute kommt. Im unteren Teil des Weinberges ist 2006 bis 2008 der „Steinbergkeller" der Hessischen Staatsweingüter, eine riesige unterirdische Kellereianlage gebaut worden (siehe S. 280).

Sandsteintor

Im Steinberg gibt es im Sommer und Frühherbst einen kleinen Ausschank – das „schwarze Häuschen" –, von wo aus man den Rheingau mit einem herrlichen Rundblick genießen kann. An der Ostseite des Steinbergs führt jenseits der Mauer, zur Straße hin, ein Wanderweg nach Hattenheim und Hallgarten. Er ist auch durch das untere, südliche Tor des Steinbergs zu erreichen. Ungefähr dort, wo der Weg den Leimersbach erreicht, gibt es eine Wegkreuzung. Rechts, Richtung Norden, kommen wir nach Hallgarten.

❾ Hallgarten

Unterhalb der Hallgartener Zange, liegt **Hallgarten**, ein charakteristisches Winzerdorf, seit 1112 bezeugt. Der sonnige Hang lockte schon vorgeschichtliche Siedler, später kamen die Römer, dann die Franken. Seit dem Mittelalter ist der Weinbau der Haupterwerb der Bewohner.

Eine Straße erinnert an Adam von Itzstein (1755-1855), einen Führer der liberalen Bewegung von 1848. Der in Mainz gebürtige Jurist war Hofgerichtsrat in Baden und Mitglied des badischen Landtags. Sein Einsatz für die Ablösung der Zehnten und Frohnden, sein Kampf für die kommunale Selbständigkeit und sein politisches Geschick machten ihn schon zu Beginn der 1840er Jahre zu einem der populärsten Parlamentarier in Deutschland (Karl Rolf Seufert). Sein Weingut in Hallgarten wurde – wie die Schriftstellerin Ricarda Huch bezeugt – zu einem geistigen Zentrum der liberalen Bewegung: „Die Versammlungen in Hallgarten, wo die Gäste in einem offenen Gartensaal edelsten Wein tranken, auf den Rhein herabsahen, der zwischen Rebenhügeln glänzte, und den Liedern lauschten, die Hergenhahn zur Gitarre sang, kann man die Keimzellen der Frankfurter Nationalversammlung, des ersten deutschen Parlamentes, nennen. Politiker aller deutschen Länder kamen hier zusammen und begannen, sich als Körperschaft zu fühlen, als eine Vertretung der Nation. Etwa durch die Jahre 1835 und 1845 abgegrenzt, bezeichneten diese Zusammenkünfte das goldene Zeitalter der bürgerlichen Revolution ..."

Adam von Itzstein (1775-1855)

Hohe Beamte, Politiker, Parlamentarier, auch Dichter wie Hoffmann von Fallersleben und Ferndinand von Freiligrath, Reformer aus dem Südwesten Deutschlands, als auch aus Sachsen, Altenburg und Hannover trafen sich hier.

Die katholischen Kirche St. Mariae Himmelfahrt in Hallgarten birgt großartige Kunstschätze der Spätgotik und des Barock. Der bemerkenswerteste ist die „Hallgartener Madonna", auch bekannt als „Madonna mit der Scherbe" oder „Schröter-Madonna", eine Terrakottafigur von einem unbekannten Meister um 1420. Sie ist eine Stiftung der Schröter, deren gefährliche Aufgabe es war, die mit Wein gefüllten Fässer aus den Kellern herauszuholen und zu verladen.

Schröter-Madonna

Um die Madonna rankt sich die Legende von einem reichen Bauern aus Hausen v. d. Höhe, der mit einem Fass besten Hochzeitsweines auf dem Nachhauseweg verunglückte, wobei das Fass vom Wagen fiel und auslief. In seiner Verzweiflung rief er die Mutter Gottes um Hilfe an. Da erschien eine wundersame Frau, die die zersprungene Fassdaube wieder instand setzte und mit einer Scherbe die Weinlachen wieder ins Fass schöpfte. Die Weinschröter, denen der Bauer von dem Wunder erzählte, gelobten, nachdem das Fass wieder auf den Wagen gehoben war, ein Standbild zu stiften. Die Madonna hält auf dem linken Arm das Jesuskind und in der rechten Hand eine Scherbe.

In Hallgarten gibt es traditionsreiche Gasthäuser, Straußwirtschaften und das von der Winzergenossenschaft betriebene Winzerhaus. Man bekommt den guten Wein, der hier angebaut wird und schmackhafte heimische Speisen.

⑩ Hattenheim

Der Weg nach **Hattenheim** führt vom Wegkreuz links in Richtung Süden am Leimersbach und an der Weinberglage Schützenhaus entlang. In diesem Weinberg wurde 1978 ein römi-

Steinbergkeller

Die Hessischen Staatsweingüter, mit 200 ha Rebfläche der größte Weinbaubetrieb Deutschlands, verfügt über beste Lagen im Rheingau und an der hessischen Bergstraße. Die Weine der Staatsweingüter – Riesling aus dem Steinberg des Klosters Eberbach und aus besten Rüdesheimer Lagen, Spätburgunder aus Assmannshausen als auch Grau- und Weißburgunder von der Weinstraße, erlangen höchste Auszeichnungen und rufen Begeisterung unter Weinkritikern hervor. Weinherstellung hat viel mit Tradition zu tun und auf die können sich die Hessischen Staatsweingüter mit dem Kloster Eberbach ohne Zweifel berufen. Dabei geht der Landesbetrieb eigene, neue Wege – er ist ein Motor bei der Innovation der Weinherstellung. Dem dient der Steinbergkeller, eine moderne Kellereianlage auf 5000 qm, mit einer Verarbeitungskapazität von 140 000 kg Trauben pro Tag, von bösen Zungen auch schon mal als „Industriekeller" bezeichnet. Es sollte nicht verschwiegen werden, dass diese Anlage auf der Gemarkung von Eltville nur gegen den erbitterten Widerstand der Stadt – die Stadtverordnetenversammlung stimmte dreimal gegen den Bau –, des Landrats und vieler Rheingauer Winzer von Ministerpräsident Roland Koch in den Jahren 2004/2005 durchgesetzt wurde. Die Anlage jenseits der Ortsgrenzen wurde als „Privilegierung" verstanden, da privaten Winzern nach dem Baugesetz aus Gründen des Landschaftsschutzes derartiges kaum genehmigt worden wäre. Könnten sich private Winzer jedoch auf gleiches Recht berufen, werde einer Zersiedelung der Weinbaukulturlandschaft Tür und Tor geöffnet. Als im Wortsinne „tiefer Einschnitt" in das Landschaftbild wurde der vier Meter breite, sieben Meter tiefe und 80 Meter lange Schacht gesehen, der Licht in die unterirdische Kellerei bringt.
80 Treppenstufen führen hinab in den 14 m tiefen Keller, durch den es vom 1. April bis zum 31. Oktober samstags, sonntags und an Feiertagen um 13 Uhr und um 15 Uhr Führungen mit Weinverkostung gibt.

Brigitte Forßbohm

---

sches Winzermesser gefunden. Hinter der Grillhütte steigt der Weg durch den Weinberg noch einmal stark an. Man hat eine herrliche Aussicht über das Rheintal.

Den Ort Hattenheim, der schon 920 erstmals urkundlich erwähnt wurde, erreicht man dann im Bereich des Bahnhofs. Wird dieser überquert, ist man jedoch gleich im alten Ortskern mit sehr schönen Fachwerkhäusern und einer gehobenen Gastronomie. Die katholische Kirche St. Vincent hatte einen mittelalterlichen Vorgängerbau. Der um 1220 erbaute Turm steht auf den Mauern einer karolingischen Kapelle. Das Kirchenschiff stammt aus der Barockzeit und hat eine prächtige Ausstattung aus der Zeit um 1740. Älter ist die Kreuzigungsgruppe an der Südseite. Sie wurde in der Werkstatt Hans Backoffens um 1510 geschaffen.

Hattenheimer Burg

Bemerkenswert ist die Hattenheimer Burg - seit 1411 im Besitz der Familie Langwerth von Simmern –, die vom Winzerverein gelegentlich bewirtschaftet wird. Zum Rhein hin gelegen findet man das Kronenschlösschen mit einem sehr schönen Garten, der vor ein paar Jahren beinahe einem 100-Betten-Hotelanbau zum Opfer gefallen wäre.

Am Rheinufer gibt es drei riesige Weinfässer, die an schönen Tagen als Ausschank dienen. Hattenheim bietet alles für den Ausklang eines erlebnisreichen Tages, auch die nötigen Verkehrsverbindungen mit Bus und Bahn.

Wohin steuert der Rheingau?

Als der Rheingau im Jahr 2002 auf 200 Jahre Rheinromantik zurückblickte und von Rüdesheim bis Lorch Teil des Unesco-Welterbes „Oberes Mittelrheintal“ wurde, knüpften touristische Aktivitäten an die alte, schwärmerische Begeisterung für das Rheintal an.

Aber viele Rheingauer, vor allem in der Gegend von Walluf bis Oestrich-Winkel, drückte ein Unbehagen über ausufernde Siedlung und wachsenden Verkehr. Der Untere Rheingau zwischen Geisenheim und Lorch, der unter dem Verlust von Arbeitsplätzen und an der Wisper sogar unter rückläufiger Bevölkerung leidet, hielt sich mit Kritik eher zurück; er wünscht eine wirtschaftliche Belebung. Dort findet man eher Befürworter einer Rheinbrücke bei Rüdesheim oder in der Nähe der Loreley.

Doch wohin steuert der Rheingau? Heinrich von Kleist sprach von einem „Lustgarten der Natur“, Johann Wolfgang von Goethe von einer gesegneten Gegend, „die ein Gefühl von Wohlfahrt und Behagen weckt“ und einen „paradiesischen Anstrich“ hat. 1946 schwärmte Karl Korn, der Mitherausgeber der Frankfurter Allgemeinen Zeitung: „Nirgends später habe ich die geschichtliche Sättigung einer Landschaft und eines Menschenschlages stärker gespürt als in der Heimat.“ Vergleichbar seien das Land um den Bodensee oder die Provence. Das Merian-Heft von 1967 bezeichnet den Rheingau noch „wie wenige andere Landschaften als ein Kernstück abendländischer Kultur.“ Auch Einheimische pflegen gerne den Mythos der Rheinromantik.

In dem berühmten Landstrich haben sich jedoch viele neue Bewohner angesiedelt, meist im Oberen Rheingau, der an Wiesbaden und das Rhein-Main-Gebiet anschließt, wo die meisten ihre Arbeitsstellen haben. Unterhalb von Oestrich-Winkel, in Geisenheim und Rüdesheim, flaut der Zuzug freilich ab; jenseits des Rüdesheimer Bahnübergangs, vor allem in Lorch, ist sogar das Gegenteil der Fall: Die Einwohnerzahl sinkt. Als Anfang der 1990er Jahre die Gruppierung „Aus Liebe zum Rheingau“ großen Zulauf erhielt, entsprach die Fläche, auf der die Kommunen auf dem schmalen Landstrich zwischen Fluss und der bewaldeten Taunushöhe noch Bauland ausweisen durften, 200 Fußballfeldern. Weiterer Zersiedelung, zunehmendem Verkehr und einem Brückenbau leistete die Gruppe Widerstand. Ihr Memorandum fand mehr als 1400 Unterzeichner.

Erwartungsvolle Besucher der uralten Kulturlandschaft werden heute nicht selten enttäuscht. Der einst „paradiesische Anstrich“ ist abgeblättert: Oft bestimmen ungepflegte Stadtbilder und Siedlungsbrei das Blickfeld. Einzelne, in ihrer Schönheit herausragende Gebäude und Landschaftsteile sind, wie es in einem Gutachten heißt, „Denkmal ohne Kontext“ geworden. Dies Problem ist inzwischen jedoch erkannt. Eine Baufibel versucht seit 2006, weitere Auswüchse zu verhindern. Die „Initiative Baukultur im Welterbe Oberes Mittelrheintal“ propagiert die für die Region ursprünglichen Bauformen und bietet in Rüdesheim und Lorch Beratung durch Fachleute an. Von einem neuen Verkehrsband, das auf zehn Kilometern von Eltville bis Geisenheim die Blechkarawanen am Rhein entlasten soll, haben sich die Verantwortlichen angesichts wachsender Widerstände zunächst wieder verabschiedet. Doch wenn eine Rheinbrücke gebaut, der Siedlungszuwachs fortgesetzt wird und zwischen den Flughäfen Rhein-Main und Hahn der Verkehr zunimmt, sieht mancher eine zusätzliche Straße als unausweichlich an.

Aber auch hier ein Lichtblick: Die sieben Kommunen von Walluf bis Lorch haben sich 2007 zu einem Zweckverband zusammengeschlossen, der unter anderem die Erhaltung und Entwicklung der Kulturlandschaft zum Ziel hat. Sie stimmen ihre Planung und die Vermarktung von Gewerbegebieten zunehmend miteinander ab. Sie versuchen so, ihre Ressourcen zu schonen. Bevor neue Gebiete ausgewiesen werden, sollen die bestehenden optimal genutzt werden. Zu den ersten Projekten gehörte – nach einer intensiven Kontroverse um Natur- und Landschaftsschutz sowie die Interessen von Spaziergängern – auch der Ausbau des Leinpfades am Rhein zu einem Radweg.

Jürgen Winterwerb

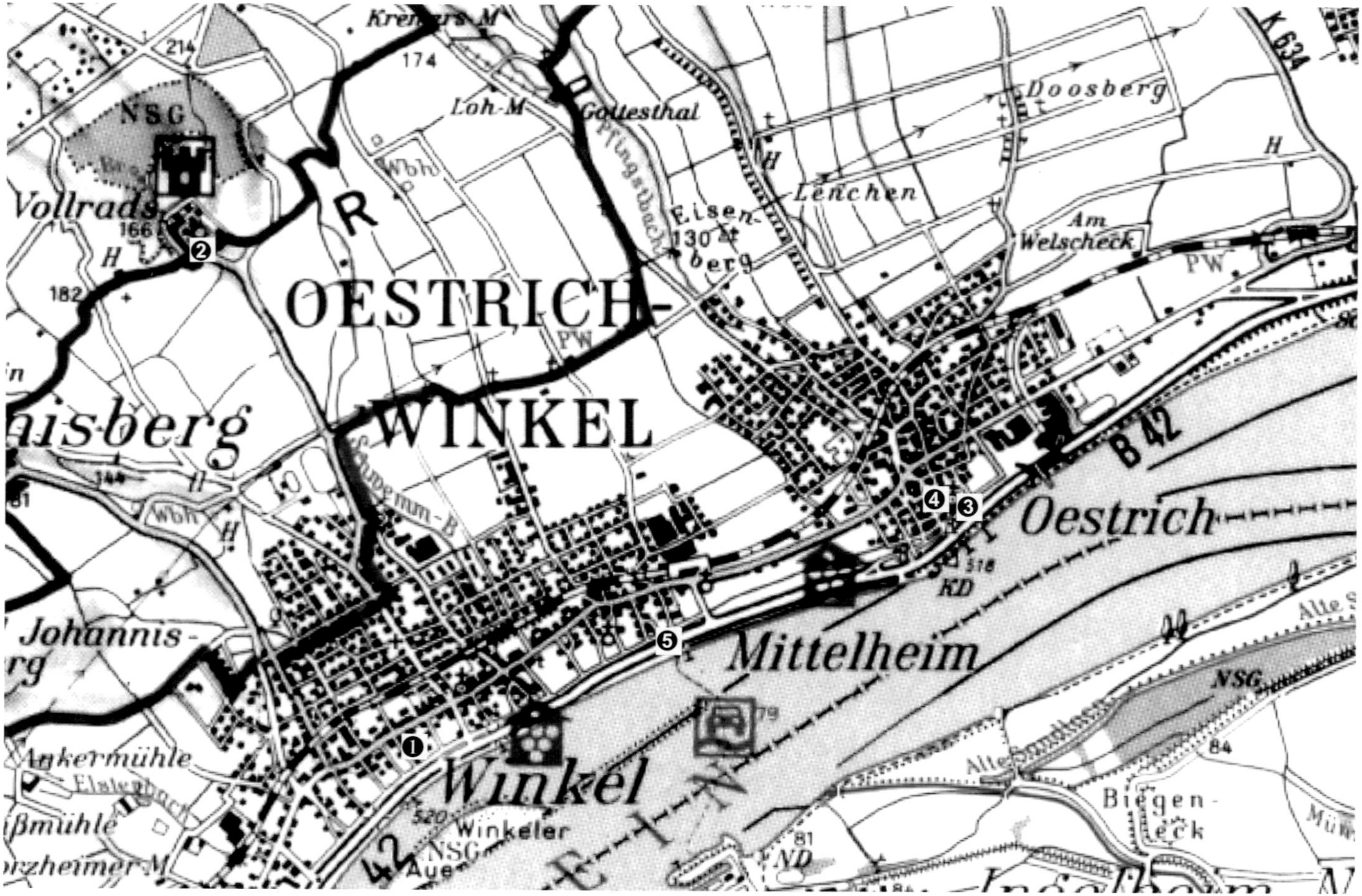

OESTRICH-
WINKEL
Oestrich
Mittelheim
Winkel
Vollrads
Johannis-
Doosberg
Lenchen
Am
Welscheck
Eisen-
berg
Gottesthal
Loh-M
Ankermühle
Winkeler
Aue
NSG
B 42
K 634
Biegen-
eck
1
2
3
4
5

Perlen des Rheingaus

Winkel, Schloss Vollrads, Oestrich und Mittelheim

Marlene Hübel, Brigitte Forßbohm

Ausgangspunkt: Graues Haus in Winkel, ORN Bus 5480,
Endpunkt: Rathaus in Mittelheim, ORN Bus 5480, RTV Bus 301, DB Regio 10

Wappen von Oestrich-Winkel

Im Mittelalter, bis ins 13. Jh., bildete Winkel mit Oestrich und Mittelheim eine einzige Ortschaft. Dies ist heute wieder so; denn bei der Gebietsreform von 1972 wurden Oestrich-Winkel die beiden vorher eigenständigen Orte Mittelheim und Hallgarten eingegliedert. Ist Hallgarten von der übrigen Ortschaft bis heute räumlich klar abgegrenzt, ist es bei den drei anderen Ortsteilen nicht so einfach zu unterscheiden, wo man sich gerade befindet, da sie ohne deutliche Grenzen ineinander übergehen.

❶ Graues Haus

Wir beginnen unseren Rundweg am **Grauen Haus** in Winkel. Es gilt als eines der ältesten Steinhäuser Deutschlands und stammt aus dem 12. Jh. Hartnäckig hält sich jedoch die Auffassung, man habe es mit einem Bauwerk aus dem 9. Jh. zu tun. Zweifellos sind an der Süd- und Ostseite des Hauses karolingische Kapitelle zu sehen, die jedoch wahrscheinlich aus der Kaiserpfalz in Ingelheim stammen und hier wieder verwendet worden sind.

Lassen wir den Gelehrtenstreit beiseite; denn zu schön erzählt sich die Legende des 856 in Winkel verstorbenen Rhabanus Maurus, des „Praeceptor Germaniae“, des Lehrers der Deutschen, der in diesem Haus seinen Alterssitz gehabt haben soll. Der 776 in Mainz geborene Rhabanus Maurus wurde später Abt in Fulda und zum Stammvater des deutschen humanistischen Schul- und Bildungswesens. Neben vielen theologischen Abhandlungen fasste er in einer Art Enzyklopädie das Wissen seiner Zeit zusammen. Sein Amt als Abt hatte er 842 schon niedergelegt, als er auf Drängen König Ludwigs des Deutschen noch einmal die politische Bühne betrat und die damals höchste fürstliche Würde des erzbischöflichen Stuhls in Mainz annahm. So stellt man sich vor, dass der hochbetagte Herr in Winkel im Rheingau Erholung und Entspannung gesucht habe. Legenden berichten von der Lauterkeit seines Wesens und seiner Hilfsbereitschaft Armen und Kranken gegenüber. So soll er im Rheingauer Hungerjahr 850 täglich 300 Arme gespeist

Denkmal vor der Kirche

haben, die von weither kamen. Sicher ist, dass das Graue Haus der erste Sitz der Herren von Winkel, der späteren Grafen von Greiffenclau war. Nach deren Umzug nach Schloss Vollrads wurde es zum Witwensitz der Familie. Es steht zur Zeit (2009) leider leer.

Romanische Rundbogenfenster am Grauen Haus

Der älteste Teil der barocken Pfarrkirche St. Walburga ist der noch aus dem 12. Jh. stammende Turm. Da die Herren von Greiffenclau zu Vollrads das Patronatsrecht der Kirche besaßen, hat sich nicht nur ein Herrschaftsgestühl über der Sakristei, im Chorraum der Kirche erhalten, sondern auch deren Familiengruft, in der zuletzt, nach seinen tragischen Freitod, Erwein Graf Matuschka-Greiffenclau bestattet wurde.

Weingut Brentano, Bacchusfigur

Hinter dem Chor der Kirche findet man an der Friedhofsmauer einen Gedenkstein mit den Abschiedsversen der Dichterin Karoline von Günderrode, die sie 1806 vor ihrem Selbstmord am Rhein niederschrieb. (Siehe S. 301)

Vor der Kirche steht ein Denkmal für Rhabanus Maurus.

Heute ist in Winkel die Hauptstraße mit dem Bezirk um die Kirche herum und dem gegenüber liegenden Rathaus als Ortskern wahrnehmbar. „Langenwinkel" war der Name zu Goethes Zeiten, ein von Barockhäusern gesäumtes Straßendorf, das den Dichter zum Nachdenken veranlasste, da er nichts Winkelhaftes bemerken konnte.

Zunächst kommen wir am Weingut Hamm vorbei, einem Gutsausschank in einem stattlichen Barockhaus mit sehr schönem Innenhof, in dem im Sommer gelegentlich Jazzkonzerte stattfinden. Im Juli, wenn das Winkeler Weinblütenfest in den Höfen gefeiert wird, ist die Straße Festmeile und für den Durchgangsverkehr gesperrt.

Karoline von Günderrode

Das Brentanohaus (vgl. S. 300 f.) liegt am Ende der Hauptstraße, auf der linken Seite. Wir verlassen den Ort nun über die Schillerstraße. Bald sehen wir links auf der Höhe Schloss Johannisberg und rechts vor uns zwischen Wald und Weinbergen Schloss Vollrads, zu dem befestigte Weinbergswege führen.

Schloss Vollrads wurde im 17. Jh. erbaut und nach und nach mit Wirtschaftsgebäuden weitläufig vergrößert. Kern der Anlage ist jedoch der inmitten eines Weihers gelegene Wohnturm

Rheinlandschaft zwischen Winkel und Schloss Vollrads

aus dem 14. Jh., in dem die Anfänge des Adelsgeschlechtes der Ritter von Vollradus liegen, die in dieser Zeit die Herren von Winkel, genannt Greiffenclau, beerbten und von nun an auch deren Namen trugen. Mitglieder der Familie vertraten als Vizedomus den Mainzer Erzbischof im Rheingau. Dabei fiel im Bauernaufstand von 1525 Friedrich von Greiffenclau eine wichtige Vermittlerrolle zu. Kurfürsten von Trier und Mainz kamen ebenfalls aus dieser Familie. Nachdem die männliche Linie im 18. Jh. erlosch und die Erbin einen schlesischen Grafen Matuschka heiratete, trug die Familie den Namen Matuschka-Greiffenclau.

❷ Schloss Vollrads

Graf Erwein Matuschka-Greiffenclau, der letzte Familieneigentümer, hatte als langjähriger Präsident des Weinbauernverbandes und durch vielfältige Initiativen zur Förderung der Weinkultur im Rheingau bedeutende Verdienste erworben. Das Anwesen wurde saniert, wofür sich der Graf hoch verschulden musste. Nach gescheiterten Verhandlungen mit seiner Gläubigerbank, der Nassauischen Sparkasse, nahm er sich im August 1997 das Leben. Damit wurde nach 27 Generationen die eng mit dem heimischen Weinbau verbundene Ära des ältesten Rheingauer Adelsgeschlechtes beendet.

Wohnturm aus dem 14. Jh.

Bereits Goethe hatte „diese einstige Lustwohnung mit sichtbarstem Verfall“ empfangen. Nun stehen die stilvollen Räume des Schlosses für Exclusiv-Veranstaltungen, zur Verfügung. Das Gutsrestaurant, der bewirtschaftete Schlosshof und die Vinothek im ehemaligen Kutschhaus üben nach wie vor auf Besucher eine große Anziehungskraft aus. Im ehrwürdigen Wohnturm ist unten, in der ehemaligen Kapelle, die

Riesling-Pfad, Rheinsteig und Riesling-Route

Wer gerne wandert oder mit dem Fahrrad unterwegs sein möchte, kann dem **Rheingauer Riesling-Pfad** folgen, um die reizvolle Weinlandschaft zu entdecken. Von östlicher Richtung aus gesehen, beginnt der mit einem weingelben Römer auf grünem Grund durchgängig markierte Riesling-Pfad im Flörsheimer Stadtteil Wicker, dem am Main liegenden „Tor zum Rheingau" am dortigen Weinprobierstand. Der Riesling-Pfad ist dann zunächst durch Industrieanlagen und das Wiesbadener Stadtgebiet unterbrochen.

Erst in Frauenstein, dort wo wieder die üppigen Weinberge sich über die Hänge ausbreiten, kommt man dem Riesling-Pfad wieder auf die Spur. In Walluf, der eigentlichen historischen Pforte zum Rheingau, wo jener „Lustgarten der Natur" beginnt, bei dem nicht nur Heinrich von Kleist ins Schwärmen geriet, verläuft nun der Riesling-Pfad hinauf und hinunter, durch bekannte Weinorte bis der Endpunkt in Niedertal bei Lorchhausen, der uralten Rheingaugrenze erreicht ist.

Um das 2002 zum Welterbe erklärte Mittelrheintal Wanderern zu erschließen, wurde der mit einer blauen Schlangenlinie auf weißem Grund markierte **Rheinsteig** zwischen Bonn und Wiesbaden eingerichtet. Auf ihm kann der Rheingau von Wiesbaden-Biebrich bis Rüdesheim in vier Etappen bequem erwandert werden. (Infos: www.rheinsteig.de)

Es lohnt sich eine gute Karte dabei zu haben, um sich auch mal abseits der „Highways" auf den vielen kleineren, meist sehr reizvollen historischen Wegen, von denen die alte Kulturlandschaft durchzogen ist, fortzubewegen.

Mit dem Auto kann man auf einer Länge von 65 km zwischen Wicker und Lorchhausen die **Rheingauer Rieslingroute**, gekennzeichnet durch einen weißen Römer auf grünen Grund, befahren. *Marlene Hübel*

Weinrömer, Zeichen für Riesling-Pfad und Riesling-Route

❸ Oestrich, Kirche St. Martin

Schatzkammer des Weinguts eingerichtet. Die oberen ehemaligen Wohnräume dienen als Archiv und als Bibliothek. Die ältesten Drucke stammen aus dem 15. Jh.

Westlich des Schlosses stoßen wir auf den Rheingauer Rieslingpfad, der am Haupteingang entlangführt. Ihm folgen wir auf befestigten und unbefestigten Querverbindungen gen Osten, teilweise auf dem alten „Sterzelpfad". So nannten die Rheingauer den Weg, auf dem gerne die „Sterzel" genannten Vagabunden umherzogen. Wir kommen dann zum Gottesthal, mit den wenigen Mauerresten, des gleichnamigen Augustinnerinnen-Klosters, das hier im 13. Jh. errichtet wurde.

Die am Pfingstbach gelegenen Mühlen sind zwar bewohnt, üben aber ihre alte Funktion heute nicht mehr aus. Wie überall im Rheingau finden sich auch hier in den Weinbergen steinerne Wegkreuze als fromme Andachtsbilder, meist noch aus der Barockzeit, die den Geist der Volksfrömmigkeit widerspiegeln. Am Gottesthal vorbei biegen wir schließlich Richtung Rhein und folgen dem schmalen befestigten Hauptweg, der direkt nach **Oestrich** führt.

Hier bestimmt der wehrhafte Turm der **Kirche St. Martin** das Ortsbild. St. Martin gilt als älteste Pfarrei, von der aus Erzbischof Willigis von Mainz um 975 die Anfänge der Rheingauer Seelsorge, als „Sedes Christianitas" (Sitz der Christenheit) betreiben ließ. Die Besetzung der Pfarrstelle und die Zehntrechte für den Marktflecken lagen beim Mainzer St. Viktorstift.

In der vom ehemaligen Kirchhof umgebenen spätgotischen Hallenkirche, deren reiche Sterngewölbe und Ausstattung zwar weitgehend aus dem 19. Jh. stammen, befindet sich in einer Wandnische ein „Heiliges Grab“, das Anfang des 15. Jh. geschaffen wurde. Die für diese Zeit typische Darstellung ist die Einzige ihrer Art, die im Rheingau noch erhalten geblieben ist.

Neben dem im 16. Jh. erbauten Rathaus, in dessen ehemaligen Haftzellen sich heute das Standesamt befindet, gibt es am **Marktplatz** und in den schmalen Straßen stattliche Adelshöfe und reizvolle Fachwerkhäuser zu sehen, die vielfach mit typischen achteckigen Erkern geschmückt sind. Alle diese Baudenkmäler informieren durch gut sichtbare Hinweistafeln über ihre Geschichte.

An der Rheinfront liegt der historische Gasthof „Zum Schwan“, der heute als Romantik-Hotel geführt wird.

❹ Marktplatz

Anfang Juli findet alljährlich das „Lenchenfest“ statt. Dieses Weinfest ist nach der bekanntesten Oestricher Weinlage benannt. Traditionsreicher noch ist der „Dippemarkt“, der bereits auf das Jahr 1554 zurückgeht und sich immer am Sonntag vor Pfingsten großer Beliebtheit erfreut. Dort werden wie einst Ton- und Töpferwaren und allerlei Zierat angeboten. Am Weinprobierfass bieten die Oestricher Winzer ihre Weine aus den Lagen Lenchen, Doosberg, Schloss Reichartshausen, Klosterberg oder Gottesthal an. Hier kann man einen edlen Tropfen genießen und falls die Unterführungen, durch die man unter der Schnellstraße zum Oestricher Kran gelangen kann, vom Hochwasser unterspült sind, auf den Schreck hin auch noch einen zweiten. Bei derartigen Unbilden der Natur bietet sich nur der Blick aus der Ferne auf den mächtigen über dem Ufer stehenden Kran, der 1745 für die Verladung der Weinfässer auf die Schiffe errichtet wurde und bis im Jahre 1925 in Betrieb war. In seinem Innern befindet sich ein großes Tretrad, an dem die Kranenknechte während des Verladens Schwerstarbeit verrichten mussten. Die Besichtigung des historischen Weinkrans ist meist an Sonn- und Feiertagen möglich.

Gasse in Oestrich

❺ Mittelheim

Wir setzen unseren Spaziergang fort und folgen dem Leinpfad bis zur Fähre die **Mittelheim** über den hier fast 1000 m breiten Strom mit Ingelheim verbindet. Da zwischen Mainz und Koblenz bisher keine Brücke über den Rhein führt, übernehmen Fähren die Beförderung von Personen und Fahrzeugen. Nach dem Durchqueren einer weiteren Unterführung gehen wir linkerhand der schmalen Fahrstraße entlang wenige Meter bis zur Mittelheimer Basilika, dem ältesten erhaltenen Gotteshaus im Rheingau. Die dreischiffige St. Aegidius-Kirche stammt in ihrer einfachen Bruchsteinbauweise und dem gedrungenem Vierungsturm noch aus dem 12. Jh. Ursprüng-

Am Oestricher Kran

St. Urban, Kirche St. Ägidius, Mittelheim

lich befand sich hier ein vom Ministerialen Wulferich von Winkel gestiftetes Augustiner-Doppelkloster mit wechselvoller Geschichte. Im schlichten Innern der katholischen Pfarrkirche stehen sehenswerte Skulpturen, u. a. von St. Urban, dem Urpatron der Rheingauer Winzer. Sein Festtag ist der 25. Mai, zwei Wochen nach den Eisheiligen. Von nun an ist St. Urban verantwortlich für das weitere Gedeihen der Reben. Nach altem Brauchtum lautet die Losung für diesen Tag: „Hat Urbanstag Sonnenschein, verspricht er viel und guten Wein."

Die 1511 datierte Kanzel wird mit ihren geschnitzten Spruchbändern Erhart Falckener zugeschrieben, von dem auch das Kiedricher Kirchengestühl stammt.

Beachtenswert sind ferner ein achteckiger, mit reichem Maßwerk geschmückter spätgotischer Taufstein sowie Grabmäler, die an fromme Stifter und Wohltäter der Kirche erinnern. Die Mittelheimer Basilika gehört auch zu den Konzertstätten des Rheingau Musik Festivals. Als Geheimtip gilt bisher noch der am letzten Sonntag im November auf dem großen Platz vor der Kirche stattfindende besonders schöne Weihnachtsmarkt.

In der Rheingaustraße bestimmen das Rathaus von 1504 mit seiner vorgebauten Laube und der ebenfalls im 16. Jh. errichtete Reitz'sche Hof mit der markanten Sonnenuhr trotz der dichten Bebauung das Ortsbild. Hier endet der Rundgang.

Warten auf den „Riesling-Express" ...

Der Rheingau-Taunus-Kreis hat sehr viele Auspendler: Fast Zweidrittel der rund 62 000 Erwerbstätigen im Rheingau und Untertaunus arbeiten außerhalb, die meisten in Wiesbaden. Zusätzlich kommen über 14 000 Menschen von auswärts zu Arbeitsplätzen im Rheingau-Taunus – ebenfalls fast alle auf der Straße. Von den Berufstätigen, die im Kreisteil Rheingau wohnen, arbeitet ein noch größerer Anteil außerhalb, nämlich Dreiviertel. Über 16 000 Auspendler fahren überwiegend nach Wiesbaden und ins Rhein-Main-Gebiet. Von den berufstätigen Kiedrichern und Wallufern sind es sogar rund 90 Prozent.

Entsprechend dicht ist der Verkehr auf der Bundesstraße 42, an der sich – mit Ausnahme des weiter vom Fluss gelegenen Kiedrich – die Städtchen am Rhein aneinander reihen. Zu den Auspendlern kommen noch die Berufstätigen, die von außerhalb zu Arbeitsplätzen im Rheingau fahren. So fließt auf der Hauptverkehrsader ein dichter Verkehrsstrom, der von Wiesbaden bis zur hessischen Landesgrenze bei Lorch stetig abnimmt. Bei Hattenheim werden durchschnittlich 27 000 Fahrzeuge pro Tag gezählt, bei Geisenheim 20 000. Jenseits der Rüdesheimer Bahnschranke und Rheinfähre sind es bis Lorch dann nur noch 6000. Wegen der Gefahren beim Einbiegen auf die Bundesstraße soll sie zwischen Eltville und Geisenheim mit neuen Zu- und Abfahrten ertüchtigt werden – mit Über- und Unterführungen und mit zweifelhaften Folgen für das Landschaftsbild.

Die Zentren im Rheingau, in Wiesbaden und im Rhein-Main-Gebiet sind eigentlich durch die Eisenbahn gut miteinander verbunden. Zeitgemäße Fahrzeuge setzte die Deutsche Bahn aber ausgerechnet im Tourismusmagnet Rheingau nicht ein, auch gibt es viel zu wenig Park+Ride-Plätze. Dabei waren selbst die alten Züge zwischen dem Rheingau und Wiesbaden mindestens so schnell wie ein Auto. Den Pendlern wie den übrigen Fahrgästen bereiteten sie aber Ärger durch Unbequemlichkeit, Unpünktlichkeit und dadurch verpasste Anschlüsse.

Überdies stammen die Haltepunkte aus dem Jahr 1857, als das herzoglich Nassauische Staatsministerium die Bahnstrecke am Rhein konzessionierte. Heute sind sie meist zu weit entfernt von den Zentren und Wohngebieten, und die Bahnsteige in Lorch, Rüdesheim, Geisenheim und Erbach sind so niedrig, dass Fahrgäste mit Kinderwagen, Alte und Gehbehinderte sowie Radfahrer mit Gepäck beim Ein- und Aussteigen Probleme haben. Ein großer Fortschritt wäre eine moderne Stadtbahn gewesen, die Wiesbaden mit dem Untertaunus, mit Mainz, dem Main-Taunus und auch dem Rheingau verbinden sollte. Die Landeshauptstadt und die Industrie- und Handelskammer haben die fertigen Pläne mit ihrer Ablehnung aber zunichte gemacht. Nach langen Jahren dieser Missstände verzichtete nun aber der Rhein-Main-Verkehrsverbund auf die schlechten Dienste der Deutschen Bahn. Zum Fahrplanwechsel 2010 bedient ein anderes Unternehmen die Strecke Koblenz-Wiesbaden mit modernen Fahrzeugen.

Am Wochenende sind es nicht die Berufspendler, die auf der Bundesstraße 42 Lärm und Verkehrsinfarkte verursachen, sondern die motorisierten Ausflügler. Auch für sie wären Busse und Bahn die bessere Alternative, zumal der Rhein-Main-Verkehrsverbund RMV mit attraktiven Zeit- und Gruppentarifen aufwartet. Für Tagesgäste und Touristen ist das Tages- und Gruppentagesticket praktisch und preiswert. Wie die anderen Fahrkarten des Verkehrsverbundes erlauben sie die beliebige Nutzung von Bahn oder Bus sowie die Gratis-Mitnahme von Fahrrädern. Die Rheingau-Taunus-Verkehrsgesellschaft RTV hat mit anderen Verbesserungen im Jahr 2007 sogar eine Buslinie durch das Wispertal eingerichtet, so dass selbst dieser abgelegene Teil des Rheingaus ohne Auto erreichbar ist. Zudem erschließen seitdem mehr Anrufsammeltaxis und Rufbusse – ebenfalls zum RMV-Tarif – auch die abgelegenen Ortschaften.

Verkehr ist auch eine Lärmquelle. Als solche ist der Zugverkehr nun ins Blickfeld gerückt. Im Mittelrheintal führen die Gleise dicht am Strom und oft mitten durch die Orte. Diese Schienenwege gehören zu den meistbefahrenen in Europa. Die veralteten Waggons verbreiten bei Tag und Nacht infernalischen Lärm und lassen die Häuser erbeben. Bürgerinitiativen haben Politik und Deutsche Bahn jedoch auf Trab gebracht seit das Gebiet von Rüdesheim bis Koblenz als Weltkulturerbe anerkannt worden ist. „Flüsterbremsen" und neuer Schallschutz entlang der Strecke versprechen nun eine Verbesserung. Die riesigen Investitionen erfordern aber Jahre. Rüdesheim und der Untere Rheingau erhoffen sich zusätzlich Entlastung durch den Bau eines Eisenbahntunnels: Die ständigen Staus auf der B 42 am Rüdesheimer Bahnübergang wären dann behoben.

Jürgen Winterwerb

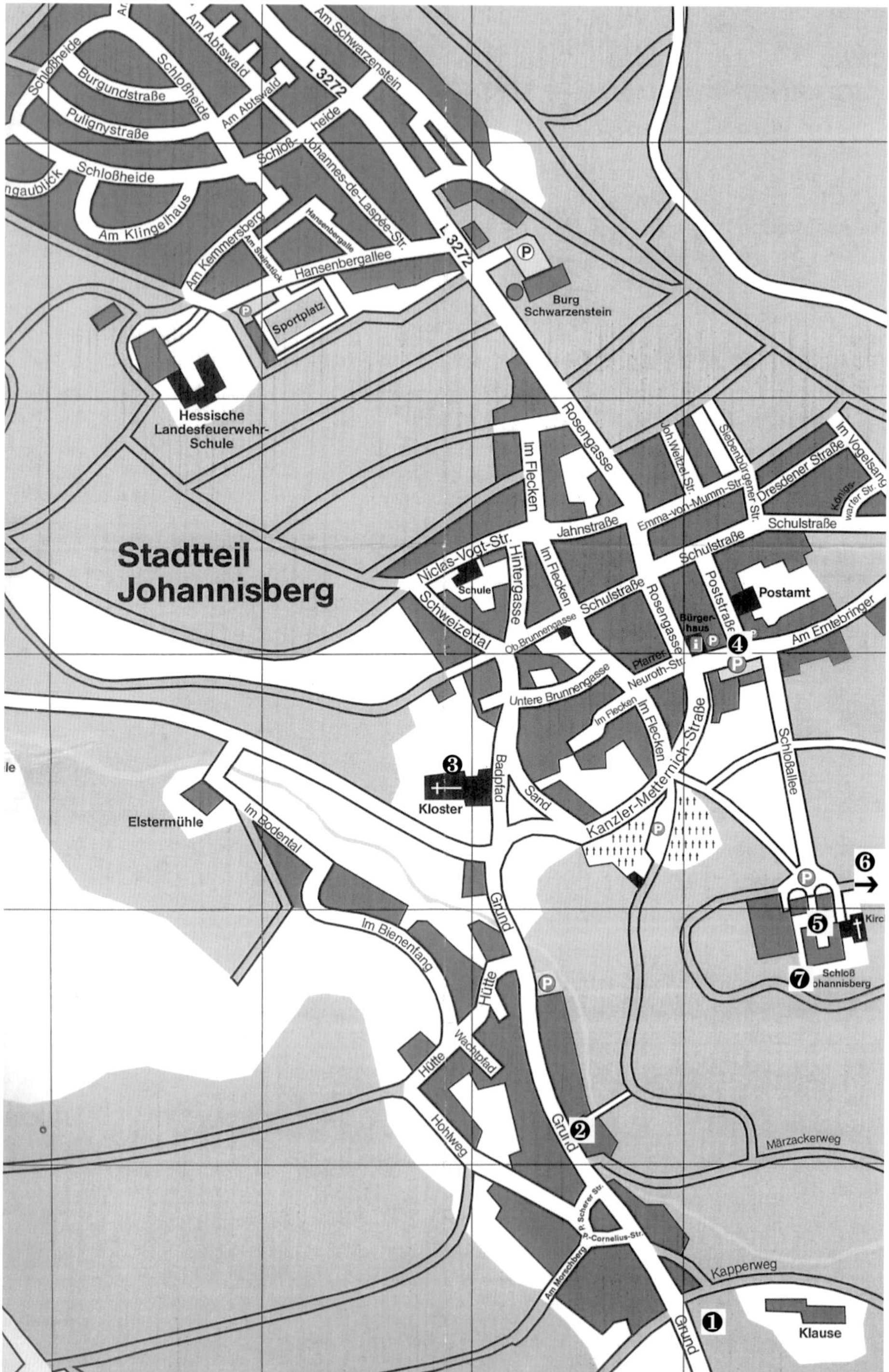
Stadtteil Johannisberg
Am Schwarzenstein
L 3272
Am Abtswald
Schloßheide
Burgundstraße
Pulignystraße
Johannes-de-Laspée-Str.
Hansenbergallee
Am Kemmersberg
Am Steinstück
Am Klingelhaus
Sportplatz
Burg Schwarzenstein
Hessische Landesfeuerwehr-Schule
Rosengasse
Im Flecken
Joh.Weitzel-Str.
Siebenbürgener Str.
Im Vogelsang
Dresdener Straße
Königswarter Str.
Emma-von-Mumm-Str.
Jahnstraße
Schulstraße
Niclas-Vogt-Str.
Hintergasse
Schule
Schweizertal
Ob.Brunnengasse
Poststraße
Postamt
Bürgerhaus
Am Erntebringer
Pfarrer-Neuroth-Str.
Untere Brunnengasse
Kanzler-Metternich-Straße
Schloßallee
Badpfad
Sand
Kloster
Elstermühle
Im Bodental
Im Bienenfang
Grund
Hütte
Wachtpfad
Hohlweg
Märzackerweg
P. Scherer Str.
P.-Cornelius-Str.
Am Morschberg
Kapperweg
Klause
Schloß Johannisberg
1
2
3
4
5
6
7

„Mög' es jeden so erfreuen, die Erfahrenen, die Neuen"

Wo der Weinbau Geschichte machte: Johannisberg – Grund, Berg und Schlossheide

Josef Staab

Ausgangspunkt: Rastplatz mit Sitzgruppe am Ortseingang aus Richtung Geisenheim, RTV Bus 302 über Geisenheim
Endpunkt: Schloss Johannisberg, RTV Bus wie oben

Das auffälligste Merkmal der Gemeinde Johannisberg ist ihre Gliederung in drei voneinander getrennte Ortsteile: Grund im vom Elsterbach durchflossenen Tal, Berg nördlich vom Schloss und Schlossheide über der Weinbauzone nach Norden sich erstreckend. Dominierend ist das Schloss in Nachfolge der um 1100 gegründeten Benediktiner-Abtei. Als einzigen Fall im Rheingau gab es hier eine Grundherrschaft des Klosters über das entstehende Dorf. Die gegenseitigen Rechte und Pflichten waren in Weistümern geregelt; davon finden sich letzte Spuren bis gegen 1700. Der Ortsteil „Grund" bildete zeitweise eine eigene Gemeinde, die von Geisenheim aus verwaltet wurde. Während alle übrigen Gemeinden des Rheingaus ab dem 11. Jh. selbständig wurden, gelang dies Johannisberg erst im 14. Jh., als das Kloster schon deutliche Zeichen des Niedergangs erkennen ließ. Doch wuchsen die Ortsteile nicht zusammen, weil das dazwischen liegende Weinbergsland zu wertvoll war, um besiedelt zu werden. So hat man auch in unserer Zeit ab 1963, als der Bedarf an Bauland groß war, nicht etwa „Jahresringe" angesetzt, sondern einen dritten Ortsteil über der Weinbauzone (220 m über NN) angelegt, die „Schlossheide", so benannt, weil das dem Schloss angehörende Gelände vor der Umwandlung in Ackerland 1848 Heideland war. Schon vor der Kommunalreform schloss sich Johannisberg Ende 1971 mit der Stadt Geisenheim zusammen. Damals zählte das Dorf knapp 2000 Einwohner; heute gehören ihm als Stadtteil rund 2750 Einwohner an.

Das Gebiet des heutigen Ortes war schon früh besiedelt. Funde liegen aus dem Neolithikum (4500-2000 vor Chr.) vor; reiche Grabbeigaben aus der Zeit um 500 vor Chr. fand man 1859 im Wald. Johannisberg liegt am sogenannten „Sterzelpfad" (vgl. S. 286), der schon vor der Römerzeit eine Verbindung der Rheingauer Hanggemeinden herstellte.

Der 50. nördliche Breitengrad führt durch die Weinberge von Schloss Johannisberg

❶ Rastplatz

Wir beginnen unseren Weg am **Rastplatz** im Ortsteil Grund. Die beherrschende Lage des Schlosses inmitten seiner Weinberge bietet sich uns mit einem Blick nach oben dar; unterhalb, 150 m rechts von unserem Standpunkt, liegt die St. Georgsklause, auch kurz „Klaus“ genannt, gegründet um 1170 für Frauen, die sich zunächst als „Inklusen“ dem Männerkonvent auf dem Berge angeschlossen hatten. Das von einer Mauer umgrenzte Gelände mit einer gotischen Kapelle und einem Wohngebäude von 1620 liegt sehr reizvoll und wurde namengebend für die Weinlagen Johannisberger Klaus und Geisenheimer Kläuserweg.

Neben dem Ruhm seines Weines hat auch ein industrielles Produkt den Namen Johannisberg in alle Welt getragen: die Buchdruckschnellpresse. 1846 gründete der Johannisberger Johann Klein mit seinem Freund Johann Forst – sie hatten sich als Schmiedegesellen auf der Wanderschaft in Wien kennen gelernt – in der Schmiede seines Vaters hier im Grund eine Maschinenschlosserei, die zwei Jahre später ihre erste moderne Presse vorstellte. 1875 kam die tausendste Maschine auf den Markt. Der Raum wurde hier langsam zu eng, und so baute man 1889 am Ostrand von Geisenheim die „Maschinenfabrik Johannisberg“. Die Gründer aber errichteten ihre Villen in Johannisberg und blieben auch dem ererbten Weinbau treu, den teilweise erweiterten. So sehen wir rechts von uns die 1910 von Jakob Klein gebaute Jugendstilvilla (Grund 2). Gegenüber hatte sich Josef Krayer, Schwiegersohn von Johann Forst und Teilhaber am Unternehmen, Villa und Weingut im alpenländischen Stil erbaut (Grund 1). War das schon damals „gewöhnungsbedürftig“, so galt das vermehrt für den nüchternen Neubau, den der heutige Eigentümer, die Hessische Hausstiftung, 1970 errichtete. Die Landgrafen von Hessen waren die Erben der Grafen von Katzenelnbogen, in deren Burg zu Rüsselsheim anno 1435 zum ersten Mal die Rebsorte Riesling urkundlich erscheint, die den Rheingau wie kein anderes Weinbaugebiet prägt.

Vier Häusern weiter sehen wir rechts die nächste Jugendstilvilla (Nr. 10) 1908 errichtet durch den Geisenheimer Architekten G. Hartmann, angelehnt an einen klassizistischen Bau von Johann Klein. Die Peter-Cornelius-Straße gegenüber erinnert an den Mainzer Komponisten, der zeitweise in dem frühklassizistischen Gebäude am oberen Ende der Straße lebte und hier den größten Teil seiner 1858 uraufgeführten komischen Oper „Der Barbier von Bagdad“ schuf. Dahinter erhebt sich – von der Straße aus nicht sichtbar – eine dritte Villa, erbaut 1893 von Karl Klein (Architekt Hartmann).

Weinetikett von 1822

Die nach Peter Cornelius und dem Johannisberger Volksschriftsteller Peter Scherer benannten Straßen umschließen das ehemalige Weingut der Benediktinerabtei St. Nicolaus in Brauweiler bei Köln, das 1640 angekauft und 1803 wie alles andere Klostergut säkularisiert wurde. Der südlichste Bau mit den beiden Fachwerkgiebeln ist der älteste und wurde in der jetzigen Gestalt 1737 errichtet. Später folgte der Zwischenbau, während der nördliche Komplex auf die Barockzeit zurückgeht und als Weingut „Abteihof St. Nicolaus" die Tradition des klösterlichen Weinbaus weiterführt.
Auf der rechten Straßenseite folgt eine kleine Grünanlage mit dem Froschbrunnen und dem Denkmal für die Weinleserin. Es ist gestiftet von den Mitarbeitern des Weingutes Schloss Johannisberg und 1966 ausgeführt von Anton Krams aus Kiedrich.

❷ Froschbrunnen

Der moderne **Froschbrunnen** ist bis heute Mittelpunkt der Nachbarschaft „Im Grund". Sie und die drei Nachbarschaften im Ortsteil Berg stellen eine ehrwürdige Einrichtung dar, deren Aufgabe primär darin bestand, die Brunnen zu pflegen und zu reinigen, aber auch verstorbene Nachbarn zur letzten Ruhe zu begleiten und in Notfällen sich gegenseitig beizustehen. Auch nach der Einführung der Wassserleitung vor 100 Jahren wird jährlich noch ein „Brunnenmeister" gewählt, der die verbliebenen Aufgaben wahrnimmt und eine Chronik führt, die ab 1712 erhalten ist. Auf der linken Straßenseite präsentiert sich wirkungsvoll die von Josef Klein, dem Sohn des Firmengründers 1896 erbaute und von Architekt Hartmann entworfene Villa im Stil des Historismus, die mit den beiden folgenden spätklassizistischen Bauten – heute Weingut Dr. Gietz und

Weingut Hanka – Sitz des Weingutes und der seinerzeit international bekannten Weinhandlung Johann Klein war. Gegenüber sind – versteckt in der neueren Bebauung – Reste der alten Maschinenfabrik erhalten.

Die weiter links einmündende Straße mit dem Namen „Hütte" zeigt an, dass hier ab dem 18. Jh. Backsteine bzw. Ziegel gebrannt wurden. Gleich daneben wird im Relief Kaiser Ludwig der Fromme, Sohn Karls des Großen, dargestellt, der hier am Elsterbach anno 817 vom Kloster Fulda Weinberge mit einem zu erwartenden Ertrag von 6 Fudern Wein (ca. 6000 Liter) erwarb. Es ist die zweite urkundliche Nennung des Rheingauer Weinbaus – nach Walluf 779 – und gleichzeitig ein frühes Zeugnis höchster Wertschätzung seines Produktes.

Der Weinbau in Johannisberg geht wahrscheinlich auf die Römerzeit im 2.-3. Jh. zurück. Ab etwa 1100 übernahmen die Klöster Johannisberg und Eberbach die weinbauliche Führung im Rheingau; sie schufen u. a. die heutigen Weinprädikate. Johannisberg war somit immer an der Quelle, wenn es um neue Erkenntnisse ging. Die hiesigen Winzer bewirtschaften heute fast 10 % der Rheingauer Rebfläche, das sind rund 300 ha, wovon 131 ha in Johannisberg selbst liegen. Drei Weingüter besitzen über 25 ha, sechs Weingüter 6-25 ha und 10 Winzer-Familienbetriebe bewirtschaften durchschnittlich 6 ha. Eine 1897 gegründete Winzergenossenschaft löste sich kurz vor ihrem 100. Geburtstag auf. Die Weinlagen sind: Goldatzel, Hölle und Mittelhölle, Klaus, Hansenberg, Schwarzenstein und Vogelsang innerhalb der Großlage Erntebringer. Das Rebgelände des Schlosses ist eine eingetragene gemarkungsfreie Einzellage in e i n e r Hand. Der Riesling dominiert, gefolgt von fast 10 % Spätburgunder (Pinot noir). 18,80 ha der Johannisberger Lagen haben Anrecht auf die Bezeichnung „Erstes Gewächs". Die Weinkultur wird intensiv von der „Johannisberger Weinkritik" gepflegt; beliebt sind die geführten Weinwanderungen am 1. Mai und Anfang September (Hinweistafeln beachten).

❸ Kloster Johannisberg

Wir wandern weiter mit einem Blick auf das mit dem Gasthaus Schamarimühle beginnende Elsterbachtal, worauf auch ein historischer Mühlstein hinweist. Am Hang liegt das ehemalige **Kloster Johannisberg**, einst Sitz der Benediktinerinnen von der ewigen Anbetung. 1920 kamen sie nach Johannisberg, bezogen ein ehemaliges 1856 gegründetes Sanatorium und bauten 1928/29 die stilistisch interessante Klosterkirche mit Kreuzgang. Da der Konvent in jüngerer Zeit mit Nachwuchsproblemen zu kämpfen hatte, wurde er 1991 aufgelöst. Bis 2004 lebten hier Steyler Missionsschwestern; heute wird in den

Ruine Schwarzenstein mit Terrasse

Gebäuden mit ihren stilvollen Räumen das Hotel und Restaurant Kloster Johannisberg betrieben mit einem breiten Angebot für Tagungen, Hochzeiten, zum Wandern und Ausspannen.

Wir folgen der Kanzler-Metternich-Straße um die große Kurve und sehen rechts den seit 1832 belegten Friedhof der Gemeinde. Vorher wurde an der Kirche bestattet. An der Linde, Nachfolgerin der 1832 gefällten mehrhundertjährigen Gerichtslinde, biegen wir Am Erntebringer nach rechts ab und schauen hinüber auf das Bürgerhaus, ehemals Schulhaus der Gemeinde. Der Entwurf stammt von dem aus Geisenheim gebürtigen Architekten und nassauischen Oberbaurat Philipp Hoffmann, Erbauer der Bonifatiuskirche und der sog. Griechischen Kapelle in Wiesbaden sowie der neuen Domtürme in Geisenheim. Auf unserer Seite, an der alten Kelter, beginnt auch der Wanderweg der Weinkritik, der vor allem Besuchern zu empfehlen ist, die länger hier verweilen wollen. Nach 80 m biegen wir wieder rechts ab in die Schlossallee, der wir bis zur Kreuzung folgen.

❹ Christian-Labonte-Weg, Villa Mumm

Wir gehen ein paar Schritte links in den **Christian-Labonte-Weg**, um einen Blick auf die **Villa Mumm** zu werfen. Der Kölner Weinkaufmann und Frankfurter Bankier Peter Arnold Mumm hatte durch die Übernahme der Schlossweinernte des herausragenden Jahrgangs 1811 vor der Lese das Geschäft seines Lebens gemacht und sich ein eigenes Weingut erworben. 1823 schuf ihm der Architekt Scheibler diese schöne klassizistische Villa. 1827 gründete Mumm das Champagnerhaus in Reims. Als 1873 der alte preußische Adelstitel der Familie „Mumm von Schwarzenstein“ erneuert wurde, baute man sich die romantische Ruine der Burg Schwarzenstein (Architekt F. Schädel in Frankfurt). Wir erblicken sie über den Häusern des

Dorfes und über der Weinbauzone, wenn wir die Allee wieder überqueren und den Weg weiter verfolgen bis kurz vor seiner Einmündung in den „Heckenweg". Vom selben Standpunkt präsentiert sich weiter westlich das weiße, zweitürmige „Schloss Hansenberg" von 1823. Sein Erbauer war der aus Johannisberg stammende Pestalozzi-Schüler Johannes de Laspée. Vorher hatte er nach dem Muster seines Meisters in Wiesbaden eine Schule errichtet. Goethe war 1814 bei seinem zweimaligen Besuch keineswegs von seinen Methoden begeistert. Über dem Bau in Johannisberg waltete kein guter Stern: er war Schule, Waisenhaus, Weingut, Gaststätte und wieder Schule. Schloss Hansenberg ist heute eine Internatsschule mit gymnasialer Oberstufe des Landes Hessen, die „in einem Public-Private-Partnership-Modell mit starken Wirtschaftspartnern ein attraktives Bildungsangebot für leistungsstarke, leistungsmotivierte und sozial kompetente Schülerinnen und Schüler bereit stellen" will – so die Selbstdarstellung.

❺ Schloss Johannisberg

Wir biegen links in den „Heckenweg" ein, der zum Schlossplatz und zum **Schloss Johannisberg** führt.

Erzbischof Ruthard von Mainz gründete hier um 1100 eine Benediktiner-Abtei, das älteste Kloster im Rheingau. Davon zeugen noch die romanische Abtei- und heutige Pfarrkirche sowie ein 900-jähriger Weinkeller. Der Bauernkrieg 1525 und weitere Auseinandersetzungen führten 1563 zur Auflösung. Nach einer Verpfändung im Dreißigjährigen Krieg kaufte 1716 die Fürstabtei Fulda den ganzen Komplex mit Weingut, Landwirtschaft und Wald und erbaute das heutige Schloss als Weinbaudomäne und Sommerresidenz der Fürstäbte. Sie führten ab 1720 die Rebsorte Riesling ein (daher Johannisberg-Riesling in Übersee!) und entwickelten die hohen Weinprädikate.

Die Säkularisation von 1803 brachte das Ende der klösterlichen Ära. Wie begehrt das Anwesen war, zeigt der rasche Besitzerwechsel: Der Prinz von Oranien, Kaiser Napoleon, der französische Revolutionsgeneral Marschall Kellermann, die Alliierten (Preußen, Russland und Österreich), und schließlich Kaiser Franz I. von Österreich. Bei ihm bewarben sich Gneisenau, Blücher und der Freiherr vom Stein um die Domäne. Doch der Kaiser schenkte sie 1816 seinem politisch allmächtigen Haus-, Hof- und Staatskanzler Clemens Wenzel Lothar Fürst von Metternich-Winneburg für dessen diplomatische Verdienste auf dem Wiener Kongess gegen die jährliche Zahlung des Zehnten der Weinernte an die Familie Habsburg, die bis heute gültig ist und gehandhabt wird. Metternich ließ das barocke Schloss durch den berühmten Darmstädter Hofbaurat Georg Moller klassizistisch umbauen. Diese Gestalt zerstörte

Rheinpanorama von Johannisberg aus

der Bombenangriff vom 12./13. August 1942. Der Wiederaufbau (bis 1964) lehnte sich wieder mehr an die fuldische Gestalt an. 1992 starb der letzte Fürst Paul Alfons von Metternich-Winneburg kinderlos. Seine Witwe, Fürstin Tatiana, starb 2006. Sie war sehr sozial engagiert und als Schriftstellerin wie auch als Malerin bekannt und gefragt. Anfang der 1980er Jahre vereinigte sich das 1957 von R. A. Oetker erworbene Weingut von Mumm mit der Domäne zur „Schloss Johannisberger Weingüterverwaltung". Der Gutsausschank wurde zum Restaurant erweitert. Das große kulturelle Engagement wird besonders beim Rheingau-Musik-Festival deutlich, wo das Schloss zu den Hauptaufführungsorten gehört.

❻ Kastanienbaum

Wir gehen ca. 150 m nach Osten zum Aussichtspunkt **Kastanienbaum**. Uns begleitet eine Flora, wie sie hier, auf dem 50. Grad nördlicher Breite, ungewöhnlich ist: Atlas- und Libanonzedern, Mandeln, Feigen, Esskastanien etc. sind auch Zeichen für das exzellente Weinbau-Klima. Der Rundblick gilt zunächst dem Rhein, der östlich von uns eine Strombreite von einem Kilometer erreicht. Jenseits geht der Blick ins rheinhessische Weinland mit Ingelheim und den Ausläufern von Mainz. Auf unserer Seite liegen dicht beieinander die Weinorte Winkel, Mittelheim und Oestrich, in der Ferne Hattenheim, Erbach und Eltville; unter dem östlichen Horizont sehen wir eine Häuserzeile von Kiedrich, gefolgt vom psychiatrischen Krankenhaus Eichberg und den Häusern von Hallgarten, darüber die Hallgarter Zange, mit 582 m die höchste Erhebung des Rheingaugebirges. Ganz links liegt in einer Talfalte das Schloss Vollrads. Auf dem Rückweg zum Schlossplatz beeindruckt die fast trutzige Ostfront der Kirche. Sie habe nach dem Wegfall der barocken und klassizistischen Veränderungen durch die Bomben des Zweiten Weltkrieges „ihre herbe monumentale Schönheit" in der „königlich-kargen Gestaltwelt der Frühe" zurücker-

Kirche

langt – so ihr Wiedererbauer, Professor Schwarz, 1952. Außen, bei der Johannes-Stele des Bildhauers Anton Haust, liegt Fürst Paul Alfons, der letzte Metternich begraben, an der Kirchenmauer Professor Niklas Vogt (1756–1836), einer der Väter der Rheinromantik (vgl. S. 301). Seine Grabplatte ist jedoch in der Kirche zu finden. Auch innen wirkt der erstmals 1130 St. Johannes dem Täufer geweihte Raum durch seine strengen Formen und klaren Proportionen. An alter Ausstattung sind hervorzuheben der steinerne Diakon des 13.Jh. („Atzmann" = Lesepult) sowie die spätgotischen Skulpturen Mariens und der hl. Elisabeth; ebenso beeindrucken aus unserer Zeit die Wandbehänge mit der Madonna und St.Urban mit Traube sowie Christus in der Kelter, geschaffen vom Johannisberger Landfrauen-Verein unter künstlerischer Anleitung von Günter Daniel aus Geisenheim.

Wieder auf dem Schlossplatz ragt rechts eine imposante Atlaszeder auf; an ihr vorbei geht der Blick zur Cuvee-Kellerei des Sektes Fürst von Metternich, einem geschickt angepassten Neubau des Architekten Prof. Pinnau, Hamburg. Wir schlagen den Weg zur Terrasse ein und sammeln uns am „Spätlesekurier", einer engobierten Tonplastik von Anneliese Degen aus Höhr-Grenzhausen, Symbolfigur für das „epochale, das Johannisberger Ereignis, das in der Chronik der Weinkultur mit goldenen Lettern verzeichnet zu werden verdient" – so 1968 der Moseldichter K. Christoffel.

Der Spätlesereiter wurde unter dem Namen „Karl" die Hauptfigur in einer einfallsreichen Rheingau-Comic-Serie

Alle Prädikatsbezeichnungen des seit 1971 geltenden Weinrechts sind im Rheingau entwickelt worden. 1728 wandte Schloss Vollrads und ab 1730 auch Kloster Eberbach den für Sammlungen von Kostbarkeiten üblichen Namen „Cabinet" (Kupferstich-, Münzcabinet etc.) auch auf die Sammlung erlesener Weine an. Daraus wurde in unserer Zeit nach einigen Wandlungen die Eingangsstufe der Qualitätsweine mit Prädikat, „Kabinett". Die Entwicklung der höheren Prädikate verdanken wir einem Zufall: Alljährlich zur Herbstzeit überbrachte ein Kurier dem Fürstabt in Fulda reife Trauben mit der Bitte, über den Beginn der Weinlese zu entscheiden. Der Kurier von 1775 kehrte mit erheblicher Verspätung zurück; die Gründe dafür sind unbekannt. Inzwischen waren die Trauben größtenteils in Fäulnis übergegangen und Verwalter Johann Michael Engert war gezwungen, die Weinlese getrennt nach grünen und faulen Trauben durchzuführen. „Solche Wein habe ich noch nicht in den Mund gebracht" schrieb er am 10. April 1776 nach verschiedenen Jungweinproben an den Hofkellermeister Burkhardt Schild in Fulda. So lernte man die „Edelfäule" kennen und schätzen, baute die Spätlese zum System aus und gewann

Auslesen (1779 erwähnt), Beeren- und Trockenbeeren-Auslesen um 1800. Auch der erste Eiswein der Geschichte wurde 1858 aus gefrorenen Trauben hier geerntet. So wurde der Johannisberg die Wiege aller hohen Weinprädikate.

Schlosskeller

Auf dem Weg zur Terrasse kommen wir am Eingang zum 1717-21 von der Abtei Fulda erbauten Weinkeller vorbei, mit 260 m Länge und 11,5 m Breite einer der ersten Sehenswürdigkeiten seiner Art in Deutschland. In Fässern lagern dort bis zu 600 000 Liter Wein. Einmalig ist die im ältesten Teil der Anlage – dem 900-jährigen Abteikeller – seit 1779 untergebrachte und geführte „Bibliotheca subterranea" (unterirdische Bibliothek). Sie stellt sozusagen die archivierte Dokumentation der Weinjahrgänge des Schlosses dar, Riesling-Weine ab 1748 werden hier aufbewahrt. (Besichtigung, siehe Prakt. Tipps).

❼ Schlossterrasse

Das Gutsrestaurant mit der **Schlossterrasse** lädt ganzjährig zum Verweilen, Schauen und Genießen ein, den durstigen und hungrigen Wanderer im Sommer auch in die Staußwirtschaft im Freien unter Feigenbäumen. Die seit Jahrhunderten gerühmte Aussicht von der Terrasse präsentiert uns den westlichen Teil des Rheingaus mit Geisenheim und Rüdesheim sowie der Germania und der Abtei St. Hildegard. Auf der linken Rheinseite grüßen uns Ingelheim, die Rochuskapelle und Bingen mit der Nahemündung, in der Ferne der Donnersberg. Direkt unter uns das ehemalige Benediktinerinnenkloster Klaus sowie der von uns durchwanderte „Grund".
Am 19. Juli 1815 stand Goethe hier „die Gegend immerfort bewundernd" und schrieb 1817 sich erinnernd: „Mög' es jeden so erfreuen, die Erfahrenen, die Neuen."

Die Wiege der Rheinromantik – das Brentanohaus

Märchen vom Rhein

Himmel oben, Himmel unten,
Stern und Mond in Wellen lacht,
und in Traum und Lust gewunden
spiegelt sich die fromme Nacht.

Welch entzückend laues Wehen!
Blumenatem! Traubenduft!
Wie die Felsen ernsthaft sehen
In des Widerhalles Kluft!

Rhein du breites Hochzeitsbette!
Himmelhohes Lustgerüst!
Wo sich spielend um die Wette
Stern und Mond und Welle küßt.

Clemens von Brentano

„Es setzten zwei Vertraute zum Rhein den Wanderstab. Der Braune trug die Laute, das Lied der Blonde gab" – mit diesen poetischen Worten brach Clemens Brentano im Juni 1802 zusammen mit seinem späteren Schwager Achim von Arnim zu jener legendären Rheinreise auf, die von Frankfurt über Mainz bis nach Koblenz führte und den Beginn der Rheinromantik markierte. Die beiden gaben 1805/1808 die Volksliedersammlung „Des Knaben Wunderhorn" heraus. Im Jahre 1801 war Clemens Brentano bereits mit Friedrich Carl von Savigny, der später seine Schwester Gunda heiratete, am Rhein unterwegs. In diesem Jahr erschien auch sein verwilderter Roman „Godwi oder das steinerne Bild der Mutter". Darin schildert er den Zauber des damals schönsten Naturparks am Rhein auf dem Niederwald, für den Carl Graf von Ostein den Grundstein gelegt hatte. Mit pittoresken Ruinen, Aussichtspunkten, der Zauberhöhle und einer Eremitage war hier mit dem Jagdschloss Niederwald eine einzigartige romantische Sehenswürdigkeit entstanden. Auch die schöne „Lore Lay", nahm in „Godwi" erstmals dichterische Gestalt an. Doch erst durch Heinrich Heines spätere Nachdichtung mit der populären Vertonung Friedrich Silchers prägte sie eine bis in unsere Tage anhaltende Gemütsbewegung und das Bild vom romantischen Rhein.

„Leben, Weben und Schweben" entsprach Brentanos poetischem Geist, der mit phantasievoller Sprachmagie weniger im Gemäuer der Burgen als im Labyrinth der eigenen Gefühlswelt umherirrte. Nur allzu oft verließ das wohl bedeutendste Lyrikgenie der Romantik in der Poetisierung des Lebens den Boden der Wirklichlichkeit. Mit treffender Prognose charakterisierte ihn Goethes Mutter: „Dein Reich ist in den Wolken und nicht von dieser Erde, und sooft es sich mit derselben berührt, wird's Tränen regnen". Während jener denkwürdigen Rheinreise der beiden „Herzensbrüder", dem Frankfurter Kaufmannssohn und dem märkischen Adligen, die den Beginn der rheinromantischen Bewegung einleitetete, und eine Hochstimmung für den so viel besungenen Fluss entfachte, befand sich das Brentanohaus in Winkel, das bald zum Zentrum und Parnass werden sollte, noch nicht im Besitz der Familie. Durch die Heirat von Franz Brentano mit Antonie von Birckenstock ging das Anwesen 1804 in Brentano'schen Besitz über.

Das stattliche, langgestreckte Winkeler Barockhaus mit dem auffallenden Mansarddach ist nahezu unverändert erhalten. Die Gartenseite mit der italienischen Terrasse unter dichten Platanen, dem Springbrunnen mit dem fröhlichen Bacchus, dem anschließenden Weinberg und einem malerischen Weinlaubengang strahlt Heiterkeit aus. Seit 1806 verbrachten die Brentanos hier die Sommerwochen. In den nahezu unverändert erhaltenen Räumen traf sich damals ein illustrer Kreis von Geistesverwandten, die sich der Rheinromantik verbunden fühlten.

Umgeben von Ausstattungsstücken der damaligen Zeit, wie dem gusseisernen Ofen, dem ausladenden Kristalllüster und Familienporträts kann man sich das Leben im Haus und im vielfenstrigen Saal so vorstellen, wie es Bettina Brentano, während einem ihrer längeren Aufenthalt 1808 Goethes Mutter geschildert hat: „Es ist ein ganzes Haus voller Frauen, kein einziger Mann, nicht einmal ein Bedienter. Alle Läden im Haus sind zu, damit uns die Sonne nicht wie unreife Weinstöcke behandelt und garkocht. Das Stockwerk, in dem wir wohnen, besteht aus einem großen Saal, an dem lauter kleine Kabinette stoßen, die auf den Rhein sehen, in deren jedem ein Pärchen unserer Gesellschaft wohnt, morgens kommen wir alle aus unseren Gemächern im Saal zusammen. Es ist ein besonderes Pläsier zu sehen, wie einer nach dem andern griechisch gewandet hervorkommt ..."

Bettina und ihr Bruder Clemens waren die Dichterkinder unter den Brentanos; ihre früh verstorbene Mutter, Maximiliane, die von Goethe verehrte „geliebte Max", war die Tochter der Schriftstellerin Sophie La Roche. Bettina, die „Sybille der romantischen Literatur", durchstreifte gern während ihrer Sommeraufenthalte die Gegend, um sie in später herausgegebenen Briefen, wie „Goethes Briefwechsel mit einem Kinde – „Die Günderrode" oder Brentanos „Frühlingskranz" zu beschreiben. Die Hausherrin Antonie Brentano hingegen galt als vielseitig gebildete Gastgeberin, die Würde und Anmut ausstrahlte. Clemens bewunderte sie als „das schlanke, sanfte, weiße Bild".

Zu den bekannten Besuchern, wie den Brüdern Grimm, Achim von Arnim, Friedrich Carl von Savigny, die später durch Heiraten zu Verwandten wurden, gehörte auch der Mainzer Historiker Niklas Vogt, der 1808 als Schöffe und Senator in Frankfurt lebte. Bettina nannte ihn einen launigen Rheinbegeisterten, der sie gern bei ihren Streifzügen im Rheingau begleiten durfte. Als Vogt, der ein dreibändiges Werk über die Geschichte des Rheins verfasst hatte und davon überzeugt war, dass Adam und Eva nicht im Paradiese, sondern am Rhein gelebt haben, 1836 starb, wurde er bei der Kirche von Schloss Johannisberg begraben (vgl. S. 297). Seinem Wunsch gemäß wurde jedoch sein Herz in einer Kapsel im Mühlsteinfelsen vor dem Binger Loch versenkt, so wie für ihn der Rhein das Herz Europas bildete. Bis heute sieht man, nahe am Ufer bei Rüdesheim jenen mit einem Kreuz versehenen Felsen, in dem wellenumspült ein schwärmerisches Herz ruht. (Siehe S. 322)

Auch ein anderes romantisches Herz hörte im Rhein auf zu schlagen, das der jungen Dichterin Karoline von Günderrode, einer nahen Freundin der Bettina Brentano. In Verzweiflung über ihre unerfüllte Liebe zu dem verheirateten Heidelberger Philosophieprofessor Georg Friedrich Creuzer nahm sie sich 1806 im Rhein bei Winkel das Leben. Sie verbrachte hier einige Ferientage im Hause des Frankfurter Kaufmanns Mertens (heute Hauptstraße 68).

Das tragische Ende der verehrten Freundin schildert Bettina Goethes Mutter: „... Am Abend sucht man sie vergebens; sie hatte das Handtuch voll Steine gesammelt und sich um den Hals gebunden, wahrscheinlich, weil sie sich ins Herz stach, fiel sie rückwärts, und so fand sie ein Bauer am Rhein liegen, unter den Weiden an einem Ort, wo es am tiefsten ist ..."

Die Stelle an der die Unglückliche sich den Dolch ins Herz stieß ist nicht mehr bekannt. Ihr Grabstein hingegen, für dessen Erhaltung sie eine Stiftung von 25 fl. hinterließ, steht an der Friedhofsmauer der Winkeler Pfarrkirche, darauf ihre Abschiedsverse:

Erde, die meine Mutter, und du / mein Ernährer, der Lufthauch, Heiliges Feuer, mir Freund, und du, o Bruder, der Bergstrom und mein Vater, / der Äther, ich sag euch allen mit Ehrfurcht freundlichen Dank. Mit euch hab ich hinieden gelebt, und ich gehe / zur anderen Welt, euch gerne verlassend. / Lebt wohl denn, Bruder und Freund, Vater und Mutter, lebt wohl.

So war sie nun zwar „vergangen wie ein Bergschatten im Rhein" und dennoch beschäftigte ihr „poetischer Tod" von nun an die Nachwelt.

Caroline von Günderode gehörte zu jenen romantisch Suchenden, die an der Enge ihrer Zeit litten. Für sie blieb „Kein Ort. Nirgends".Unter diesem Titel verknüpfte Christa Wolf 1979 das Lebensschicksal der Dichterin mit dem von Heinrich von Kleist durch eine fiktive Begegnung im Brentanohaus in Winkel. Als gescheiterte Glückssucher beendeten beide ihr Leben durch Selbstmord und folgten jener in der romantischen Dichtung zum Ideal verklärten Todessehnsucht.

In kriegerischen Zeiten hatte Kleist während seiner Mainzer Aufenthalte 1793 und 1801 die Ufer des Rheins kennengelernt und schwärmte vom „schönsten Landstrich von Deutschland an dem unser großer Gärtner sichtbar *con amore* gearbeitet hat ... eine Gegend wie ein Dichtertraum ..."

So folgten den eher nüchternen Reisebeschreibungen der Rheinreisenden des 18. Jh. elegische Hymnen, die den Zauber des Flusses widerspiegeln, wie die Ode Hölderlins: Seliges „Tal des Rheins – Kein Hügel ist ohne den Weinstock und mit der Traube Laub Mauer und Garten bekränzt und des heiligen Tranks sind voll im Strome die Schiffe – Städte und Inseln sie sind trunken von Weinen und Obst – Aber lächelnd und ernst ruht droben der Alte der Taunus und mit Eichen bekränzt neiget der Freie das Haupt."

Heinrich Heine wollte soviel Glauben in sich haben um Berge zu versetzen, um sich den Johannisberg überallhin nachkommen zu lassen, denn ihn habe „die Sintflut als einziges Stück des Paradieses übriggelassen." Und weitere folgten, deren poetisches Gemüt durch schwärmerische Rheinbegeisterung bewegt wurde.

Das Brentanohaus in Winkel gehört zu jenen Stätten, an denen der Geist des Ortes uns hin und wieder mitten aus dem Nützlichkeitsdenken in andere Lebens- und Gedankenkreise zurückführt, nicht nur in die historische, sondern auch in die von der Romantik geprägte literarische Aura des Rheins. Hier, wo die Familie von Brentano wohnt und ein Weingut betreibt, befindet sich die museale Goethe-Gedenkstätte. Heutige Rheinromantiker können sich bei angemeldeten Führungen, gelegentlich bei Literatur, Musik und Wein oder bei Salonkultur im morbiden Charme der historischen Räume mit dem flüchtigen Geist der Romantik umgeben. Häufiger jedoch können sie im Gutsausschank oder auf der italienischen Terrasse Köstlichkeiten aus Küche und Keller bei „Goethewein" genießen. *Marlene Hübel*

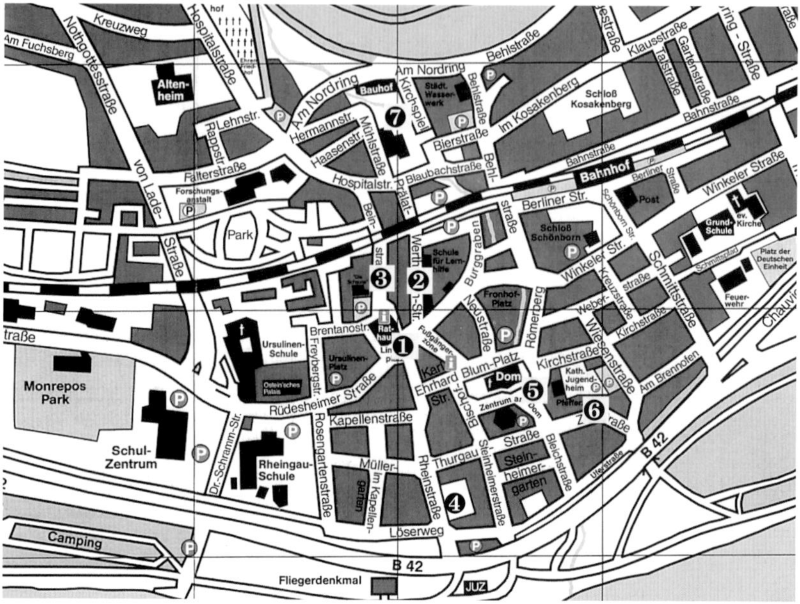

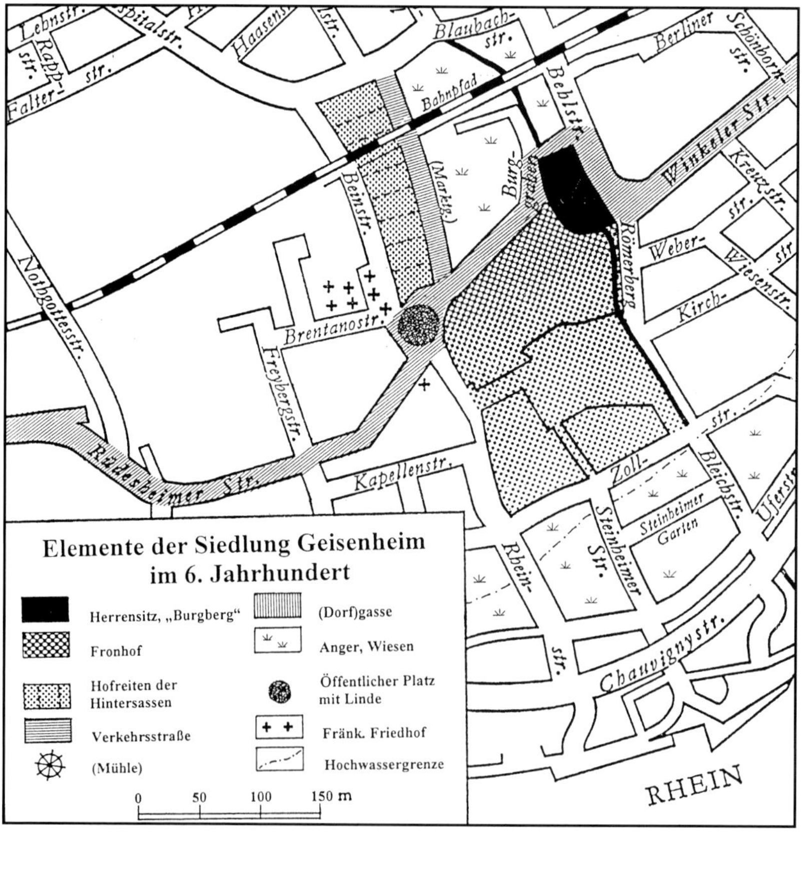

Elemente der Siedlung Geisenheim im 6. Jahrhundert

„Liebenswerte Lindenstadt“

Geisenheim zwischen Pfefferzoll und Lindenplatz

Manfred Laufs

Ausgangs- und Endpunkt:
Linde am Lindenplatz; RTV-Bus 181 (Ursulinen)

Wappen von Geisenheim

Geisenheim ist eine fränkische Gründung der Völkerwanderungszeit um 500 n. Chr. mit einer ungebrochenen Siedlungskontinuität bis in die Gegenwart, d. h. die Grundstruktur der Anlage, wie sie vor 1500 Jahren planmäßig geschaffen wurde, ist heute noch im mittelalterlichen Siedlungskern zu erkennen. Urkundlich genannt wird der Ort 772 als Gîsenheim (d. h. „Lager, Dorf des Giso“) zusammen mit dem ersten Beleg für den Namen des Rheingaus (Rînechgowe), es ist damit die zweite Nennung einer Rheinufersiedlung nach Walluf 770. Genau an der Nahtstelle zwischen oberem und unterem Rheingau gelegen, kam dem Ort ursprünglich eine – in der Neuzeit an Rüdesheim verloren gegangene – zentrale Bedeutung zu: Auf der Lützelau im Mündungsbereich des Elsterbaches zwischen Geisenheim und Winkel war der Versammlungsplatz der Rheingauer Landsgemeinde, wo dem neuen Landesherrn gehuldigt und das Rheingauer Weistum verlesen wurde. Der Geisenheimer Pfefferzoll – ein Reichslehen – gehörte zu den merkwürdigsten und ältesten Rheinzöllen überhaupt und die Geisenheimer Pfarrkirche überragte mit ihren zwei Türmen seit der Romanik alle anderen Kirchen im Rheingau.
Der von Norden nach Süden fließende Steg- oder Blaubach war von Anfang an bestimmend für den Verlauf der ersten Dorfgasse, der bachparallel angelegten heutigen Prälat-Werthmann-Straße. Die von Osten aus Richtung Winkel auf den Ort treffende Rheingauer Landstraße weitete sich an der Linde zu einem Platz, dem Mittelpunkt der Siedlung (weshalb wir auch an dieser Stelle unseren Rundgang beginnen). Beherrschend war der Fron- oder Herrenhof, ein gewaltiger Besitzkomplex, der den gesamten Bereich südlich der Winkeler Straße zwischen Behl- und Rheinstraße bis zum Rhein in Anspruch nahm, sich also in ganzer Länge, rund 200 Meter, von der Ostgrenze des Ortes bis zur westlichen Begrenzung erstreckte. Die vom Fronhof abhängigen Hofstätten der hörigen Bauern waren auf der Westseite der Prälat-Werthmann-Straße aufgereiht. Unmittelbar hinter den Höfen wurde ein fränkischer Friedhof angeschnitten, der erste Bestattungsplatz der Ortsgründer. Vor der

Die Linde 1898

Unser Rolf, ein Geisenheimer Original, unter der Linde: „Wer misch nit kennt, kennt Geisenum nit ...“

Gehöftzeile zum Blaubach hin hat man sich den Dorfanger vorzustellen, auf dem das Kleinvieh weidete, und am Oberlauf des Baches klapperte eine Wassermühle, daran erinnert die „Mühlstraße“.

Bei der weiteren Entwicklung der Siedlung ist zunächst von einer Verdichtung der Bebauung im Rahmen der beschriebenen westlichen und östlichen Begrenzung auszugehen. Als erste Ausbaustufe kann der Bereich Kirchspiel im Norden betrachtet werden. Seit dem Spätmittelalter legte sich ein Kranz großer Adelshöfe um den alten Siedlungskern: der Stockheimer, der Kronberger und der Zwierleinshof sowie das Ingelheim'sche und das Ostein'sche Palais. Insgesamt wuchs der Ort in dieser Zeit nur langsam, breitete sich dann aber seit der Mitte des 19. Jh. umso rascher aus: Um 1860 wurden die Hermann- und die Haasenstraße angelegt, seit 1863 entstanden im Bereich westlich der Schmittstraße die Weber-, Kreuz- und Kirchstraße, in den Jahren 1895-1905 folgte der Stadtteil „Pflänzer“ als Industriearbeiter-Siedlung, ab 1949 legte man die „Mittelweg-Siedlung“ beiderseits der Heidestraße an zur Behebung der Wohnungsnot und um zahlreiche Flüchtlinge unterzubringen und 1951 wurde die „Freyberg-Siedlung“ begonnen, weitgehend getragen von einer Baugenossenschaft.

Die Besiedlung spiegelt die wirtschaftliche Entwicklung des Ortes: Bis zur ersten Hälfte des 19. Jh. waren Weinbau und Weinhandel die Hauptbeschäftigungen der Geisenheimer. Neben der Tradition des Weinbaus – der Geisenheimer Rothenberg, schon vor 1145 genannt, ist neben dem bereits 1130 vorkommenden Kilzberg eine der ältesten und besten Weinbergslagen – hatte sich seit Mitte des 19. Jh. Industrie angesiedelt: Druckmaschinenbau seit 1846, deutlich erweitert durch Betriebe für Getränketechnologie und Anlagenbau seit Ende des Zweiten Weltkrieges.

❶ Lindenplatz, Rathaus

Unseren Rundgang beginnen wir an der Linde, dem ältesten Wahrzeichen Geisenheims, einem Natur- und lebenden Kulturdenkmal ersten Ranges. Vielfältig strahlt die Linde auch heute noch auf ihre Umgebung aus: Es gibt den **Lindenplatz**, den Verein Geisenheimer Lindenspatzen, das Lindenfest, das Goldene Lindenblatt als Heimatorden, das Geisenheimer Linden-Blatt war die ehemalige Lokalzeitung, die Linden-Apotheke, das Gasthaus „Zur Linde“, die „Lindenklause“ und neuerdings wirbt die Stadt mit dem Motto „Liebenswerte Lindenstadt“. Von jeher hatte dieser Baum, bzw. sein Vorgänger, für die Geisenheimer eine zentrale und symbolische Bedeutung: Es war und ist der heilige Schutzbaum der Siedlung, Sinnbild der Gemeinde. Sein Umfeld ist der Versammlungsplatz

Schulstadt Geisenheim
Lernen in altehrwürdigen Höfen

Eine Schule gibt es in Geisenheim schon seit Anfang des 15. Jh. „Schulstadt" ist Geisenheim jedoch, weil es heute hier fünf Schulen mit überörtlicher Bedeutung gibt, darunter eine Schule für Lernhilfe und die schon 1845 als Realgymnasium gegründete Rheingauschule mit den Inschriften über dem rundbogigen Eingang: „Deutschem Wort und deutscher Art" und „Der deutschen Jugend am Rhein". Die 1928 fertig gestellte Schule sollte als „Bollwerk des Deutschtums im Rheinland" gelten. Auf der anderen Seite der Dr.-Schramm-Straße liegt das neue Schulzentrum (1971).
Das zweite Gymnasium, die private Ursulinenschule – beide Schulen kooperieren in der Oberstufe – in der Rüdesheimer Str. 30, setzt sich zusammen aus dem Eberbacher Hof, dem Kronberger Hof und dem Palais Ostein.
Gegründet wurde die Ursulinenschule 1894 von Frankfurter Schwestern als höhere Mädchenschule mit Pensionat. Dazu erwarben die Nonnen den altehrwürdigen Hof von der Leyen, erbaut 1581, der im Laufe der Jahrhunderte schon durch viele Hände gegangen war. Der Vater des österreichischen Staatskanzlers Clemens Metternich besaß ihn 1801, woran ein prächtiger Wappenstein am Treppenturm erinnert. 1904 wurde das auffällige neugotische Bauwerk „in städtebaulich hervorragender Lage" und mit einer bewegten Dachlandschaft aus Giebeln, Türmchen und Gauben errichtet, der sog. „Altbau" mit der Inschrift „Ursulinen-Institut St. Joseph" über dem ehemaligen Eingangstor. Mit Empörung beschreibt die Chronistin des Klosters, der Frankfurter Architekt sei nach Fertigstellung auf eine kauzige Idee verfallen: „Wollte er uns doch zuletzt als Wetterfahne einen Storch auf das Dach stellen ... Das sagte den Schwestern durchaus nicht zu!"
1925 wurde der Westflügel, 1964 der Ostflügel des ehemaligen Palais Ostein hinzugefügt, heute Montessori-Kindergarten und Unterrichtsräume.
Der Palast, erbaut 1766-71 im Auftrag des Grafen Joh. Friedr. Karl Maximilian von Ostein nach Entwürfen des Mainzer Hofbaumeisters Joh. Valentin Thomann, galt im 18. Jh. als einer der schönsten im Rheingau. Es war ursprünglich eine hufeisenförmige, zum Rhein hin offene schlossartige Anlage mit einem Springbrunnen. 1812 erfolgte der Abriss des Mitteltraktes.
Das Innere des Ostflügels lässt noch etwas das adelige Flair des 18. Jh. erahnen, besonders der Spiegelsaal, das sog. Philosophenzimmer mit Stuck-Portraits antiker Weiser – einst das Arbeitszimmer des Grafen –, ferner der Gartenpavillon, ausgemalt mit idyllischen ländlichen Szenen in monochromer, zartrosa Malerei von Christian Georg Schütz d. Ä. Fast alle Räume zeigen Stuckarbeiten von Joh. Peter Jäger mit Motiven der jeweiligen Raumfunktion, z. B. das Zimmer der Gräfin mit Schmuckkästchen.
Im ehemaligen Klostergarten liegt das sog. „Kavaliershäuschen", ein zweigeschossiges Gartenhaus aus der Zeit um 1730 mit wertvollen Stuckarbeiten, Werkzeuge des Gärtners darstellend, aus der Schule von C. M. Pozzi – eine Seltenheit im Rheingau. Es ist heute integriert in die neue Sporthalle der Schule, eine preisgekrönte architektonische Lösung, deren Gesamtkosten 6,1 Mio. DM betrugen.
Der historisch älteste Teil des Schulkomplexes ist der auch heute noch so bezeichnete Eberbacher Hof. Über der Torfahrt sehen wir das Wappen des Abtes Michael Schnock aus Kiedrich, die Inschrift „Eberbacher Hof" und die Jahreszahl 1705, das Baujahr des nebenstehenden Hofgebäudes, das 1969 von den Ursulinen erworben wurde. M. Laufs

---

schlechthin: Festplatz am Lindenfest, das seit über 50 Jahren am zweiten Wochenende im Juli gefeiert wird, Marktplatz seit 1144 und damit der älteste nachweisbare Markt im Rheingau oder einfach der Platz zum „Klönen". Im Mittelalter werden unter der Linde auch die Gerichts- und Ratsversammlungen stattgefunden haben. Deshalb erbaute die Gemeinde in ihrem Schatten das 1481 erstmals erwähnte alte **Rathaus** mit einem „Gerichtszimmer", geschmückt mit einem gotischen Fresko, die Verurteilung eines Meineidigen darstellend. Im Dezember 1530 hielt sich Kaiser Karl V. auf der Durchreise nach Köln zur Wahl seines Bruders Ferdinand mit seinem Gefolge im Rathaus auf und wurde reich bewirtet, wie die im Protokoll erhaltene Speisekarte ausweist.

1853 gefiel den Geisenheimern der unmodern und zum Verkehrshindernis gewordene spätmittelalterliche Fachwerkbau nicht mehr, er wurde abgerissen und 1855/57 nach Plänen von Philipp Hoffmann durch den heutigen Bau mit repräsentativer Loggia, Freitreppe, kleinem Dachreiter und erst später eingebauter Rathausuhr ersetzt. Um den Lindenplatz herum gruppieren sich einige z. T. traditionsreiche Gasthöfe: Zur Linde (heute Pizzeria) warb in den 1920er Jahren für sich als „in allen deutschen Landen altbekannte Stätte rheinischer Fröhlichkeit", Hotel zur Post erbaut, Anfang des 19. Jh. mit konstruktivem Fachwerk, dem in jüngerer Zeit ein Brettfachwerk vorgeblendet wurde, und die „Lindenklause". Die Buchhandlung Ecke Winkeler Straße war der ehemalige Hof der Jesuiten mit eigener Hauskapelle. Das Haus gegenüber, benannt nach dem Weingutsbesitzer Th. Soherr, beherbergt heute einen Teil der Stadtverwaltung. Es ist ein aus zwei Häusern des 17. und 18. Jh. zusammengesetzter Gebäudekomplex, der im 19. Jh. vereinheitlicht wurde. Unter der Linde steht der klassizistische Marktbrunnen aus Marmor, einer von drei 1823 aufgestellten städtischen Laufbrunnen.

❷ Prälat-Werthmann-Straße

Wir gehen durch die **Prälat-Werthmann-Straße**, früher Marktstraße und in der Mundart immer noch die „Margass", um einen Eindruck von der Struktur des ältesten Siedlungskerns zu gewinnen: Er bestand ursprünglich nur aus einer Hofreitenzeile von sechs bis acht Gehöften auf der linken, der Westseite. Heute noch fällt die gleichmäßige Struktur dieser Straßenseite, der Urzeile, auf. Das Grundmuster der fränkischen Gehöfte ist in Resten zu erkennen: Vorne das ursprünglich giebelständige Wohnhaus und ein einst überdachtes Hoftor, im Hintergrund das querstehende Wirtschaftsgebäude, die Scheune, dahinter ein kleiner Hausgarten, von einer Mauer nach hinten gesichert. Dies ist besonders gut erhalten bei den Häusern Nr. 20 und 22. Die rechte Straßenseite, noch bis ins 19. Jh. nur locker bebaut, bildete den Dorfanger, den „Plan". 1883 wurde hier die Realschule gebaut, heute die Leopold-Bausinger-Schule (Nr. 21). Am Haus Nr. 15 wurde kürzlich ein Brunnen entdeckt, auf den sich eine Erwähnung aus dem Jahr 1258 beziehen könnte, der „Hof bei dem Brunnen". Die Marktgasse war eine der vier ältesten Brunnennachbarschaften. Die Gehöftzeile reichte ursprünglich über die Bahnlinie, an der wir nun links den schmalen Bahnpfad entlang bis zur Beinstraße und Richtung Lindenplatz zurückgehen. Der Bahnübergang ist 2000 geschlossen und durch eine misslungene Fußgängerunterführung ersetzt worden.

Villa Brentano um 1900, links Palais Ostein, rechts der Marstall; heute Ursulinenplatz,
Gemälde v. G. Brentano

Links ist die uralte Mauer des rückwärtigen Abschlusses der Gehöftzeile - mit kleinen „Schlupftürchen" - sehr schön zu erkennen, manche Gärten sind noch erhalten, teilweise durch Wohnhäuser überbaut. Die Mauer war die westliche Dorfgrenze des mittelalterlichen Geisenheim. Rechts im einst freien Feld liegt der „Westrich". Das Haus Nr. 11 ist der Geisenheimer Kulturtreff **Die Scheune** mit Stadtbibliothek, Ausstellungs- und Vortragsräumen sowie dem Ortsgericht. Der Bau mit auffälligem rotem Fachwerkgiebel und einer reich geschnitzten Tür aus dem 18. Jh. auf der Südseite war ursprünglich die Kelterhalle des sog. Bachelin'schen Anwesens, von dem das um 1700 erbaute Wohnhaus (Nr. 9) erhalten ist. Seit dem 17. Jh. war es Sommersitz der Mainzer Familie Bachelin.

❸ Die Scheune

Seit Ende 2004 im Eigentum der Stadt Geisenheim, ist hier das Bürgerbüro untergebracht. Im ersten Obergeschoss befindet sich ein Wohnraum mit einer um 1820 handgemalten Tapete mit Blumen- und Früchtemotiven. Nun sind wir auf dem 2001 neu gestalteten Platz hinter dem Rathaus angelangt und damit im Bereich des ältesten Begräbnisplatzes der Siedlung. 1954 sind im Bachelin'schen Garten und beim Bau der großen Mietshäuser (Brentanostr. 5/6) 38 mit Beigaben versehene Frankengräber aus merowingischer Zeit, Anfang des 6. Jh. bis Mitte des 8. Jh., ans Licht gekommen. Das Gräberfeld und die soeben umschrittene Gehöftzeile gehören zusammen. (Allerdings hat „Beinstraße" nichts mit den hier zahlreich gefundenen Gebeinen zu tun. Die Bein oder Beunde war im Mittelalter ein umgrenzter grundherrlicher Bezirk.)

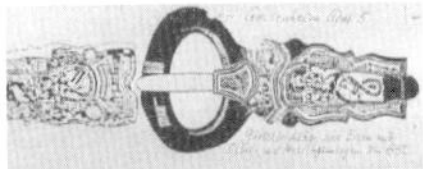

Gürtelbeschläge aus merowingischer Zeit, um 650
Weinmuseum Brömserburg Rüdesheim

Am Rathaus wieder angekommen, gehen wir rechts vorbei die Rheinstraße hinunter bis zum Weingut Peter Ohlig (Nr. 7), dem ehemaligen Zehnthof des Mainzer Domkapitels, wo bis 1803 die Wein- und Fruchtzehnten, die wichtigsten Steuern des Mittelalters, abgeliefert wurden. Wir sehen das Wappen des Dom-

❹ Weingut Peter Ohlig

kapitels im Scheitel des Torbogens zur Kelterhalle. Der Hof mit dem prächtigem Zehntkeller und Kreuzgewölbe wurde erst Mitte des 18. Jh. erbaut im Austausch gegen den alten Zehnthof im Westrich. Das Anwesen ist seit 1964 Sitz der Fa. **Peter Ohlig – Weingut und Weinkellerei** und neuerdings ein empfehlenswerter Gutsausschank.

Wir gehen links in die Müller-Thurgau-Straße und biegen wiederum links in die Steinheimerstraße mit hübschen alten Fachwerkhäusern: Gleich an der Ecke (Nr. 4) steht „einer der ältesten Fachwerkbauten Geisenheims; von besonderem Wert aufgrund des vollständigen Erhaltungszustandes". An dem spätmittelalterlichen Fachwerk-Obergeschoss aus der Zeit um 1500 sieht man die charakteristisch gebogenen, überkreuzten Eckstreben und die gebogenen Brüstungshölzer unter den Fenstern. Die Jahreszahl 1607 bezieht sich nur auf die jüngeren Schnitzereien mit Flechtband und die zwei Köpfe am Eckständer. Nr. 3 ist ein traufständiges Wohnhaus mit kräftigem konstruktivem Fachwerk im Obergeschoss aus dem Jahr 1721, ein „wichtiges Element im Straßenbild".

Steinheimerstr. 4

❺ Dom-Zentrum

Am Ende der Steinheimerstraße haben wir das erst seit dem Spätmittelalter ausgebildete zweite Zentrum von Geisenheim erreicht: den Bischof-Blum-Platz mit der katholischen Pfarrkirche und dem Bürgerhaus **Dom-Zentrum**. Beherrschend ist natürlich die Kirche mit ihren beiden Türmen, dem zweiten Wahrzeichen der Stadt. Sie war schon früh der Stolz der Gemeinde und wurde immer gerne auf Siegeln, Grenzsteinen und auch auf dem modernen Stadtwappen präsentiert. Obwohl nie Bischofskirche, war sie aber schon im Mittelalter als einzige Kirche im Rheingau mit zwei Türmen ausgestattet. Die Pfarrkirche Hl. Kreuz trägt daher den Ehrennamen „Rheingauer Dom".

Wohl schon in karolingischer Zeit gab es im rückwärtigen Bereich des Fronhofes an heutiger Stelle eine kleine Eigenkirche des Ortsherrn für seine Hintersassen. Später entstand ein romanischer Bau, dessen baufällig gewordene Türme 1829 abgetragen und 1837/39 durch die heutigen neugotischen Türme ersetzt wurden. Der rote Buntsandstein stammt aus der Umgebung von Miltenberg a. M. (Reistenhausen/Böttingen). Architekt war der bedeutende, in Geisenheim geborene herzoglich nassauische Bauassessor Philipp Hoffmann. 1512-1518 entstanden der spätgotische Chorraum und das Langhaus. Von 1977-1994 fand die gründliche Außen- und Innenrenovierung der Kirche einschließlich der Orgel statt. (Ausführliche Informationen bietet der in der Kirche ausliegende Kirchenführer.) Links neben dem Hauptportal steht der zweite Laufbrunnen

Rheingauer Dom, alte Ansichtskarte

von 1823 aus Lahnmarmor, der 1949 zur Pflege der deutsch-amerikanischen Freundschaft den Namen „Longfellow-Brunnen" bekam und 1997 restauriert wurde. Der Dichter Henry W. Longfellow (1807-1882) brachte seinen amerikanischen Landsleuten in der dramatischen Umdichtung „Die Goldene Legende" die mittelhochdeutsche Geschichte vom „armen Heinrich" von Hartmann v. Aue nahe und ließ in der auf Burg Rheinstein spielenden Schluss-Szene „die Glocken von Geisenheim" erklingen.

Bischof Peter Joseph Blum (1842-1884)

Hinter dem Brunnen unter der jungen Linde sind zwei kleine Gedenktafeln angebracht, eine für den Bürgermeister Heinrich Gundlach, der 1945 beim Einmarsch der Amerikaner für eine kampflose Übergabe der Gemeinde sorgte und so die Zerstörung der Stadt verhinderte, und eine für die - namentlich aufgeführten - im Dritten Reich vertriebenen oder umgebrachten Geisenheimer Juden. Beachtenswert ist schließlich das künstlerisch wertvolle Friedhofskreuz aus der Werkstatt des Mainzer Bildhauers Hans Backoffen (1510/11) in der Chornische vor der Kirche.

Der Platz vor der Kirche - seit den 1990er Jahren als Fest- und Marktplatz „gestaltet" (hier ist jeden Freitag Wochenmarkt) - ist benannt nach Bischof Peter Joseph Blum, der 1808 in Geisenheim als drittes von acht Kindern des Schuhmachers F. A. Blum geboren und dritter Bischof von Limburg wurde. Um den Platz liegen einige bemerkenswerte Häuser: Der blockartig wirkende Massivbau mit gequaderten Ecklisenen (Nr. 3) war die 1782 erbaute Frühmesserei. Haus Nr. 4 soll ein 1668 errichteter Klosterhof mit Pilgerherberge gewesen sein. Ecke Prälat-Werthmannstraße (Nr. 8) steht eines der prägnantesten Fachwerkhäuser Geisenheims aus dem späten 17. Jh. Es war früher Bäckerei und ist heute das „Café am Dom".

Café am Dom

Gegenüber (Nr. 1) das Weingut Graf-Müller, ein stattliches Eckgebäude mit Fachwerkobergeschoss und qualitätvollen Barocktüren von 1732, auch ein gemütlicher Gutsausschank. Daneben ein breit gelagerter Bau (Nr. 9) mit Mansarddach und unregelmäßigen rundbogigen Öffnungen aus dem Jahr 1761.

Ecke Neustraße (Nr. 10) sehen wir ein baugeschichtliches Unikum: Ein um 1500 entstandenes Fachwerkhaus, dessen Reste in den gekreuzten Fachwerkteilen erkennbar sind, wurde im 18. Jh. in den größeren Neubau einbezogen. Alles wurde in jüngster Zeit aufwendig restauriert und verändert.

Eduard von Lade (1817-1904)

Nun gehen wir auf der Südseite des Domes über den Philipp-Hoffmann-Platz vorbei an dem 1988 fertig gestellten „Zentrum am Dom" mit Geschäften, der empfehlenswerten Gaststätte „Domstuben" und dem größten Geisenheimer Festsaal für 300

Am Anfang standen „pomologische Mustergärten“

Eduard von Lade (1817-1904), neben dem Bischof P. J. Blum wohl die bedeutendste, sicher aber die interessanteste Persönlichkeit Geisenheims, im Ostflügel des Palais Ostein geboren, Export/Importkaufmann und Bankier, Generalkonsul beider Sizilien, machte 1861 das Geschäft seines Lebens: Nach Ausbruch des amerikanischen Sezessionskrieges lieferte er der Zentralregierung in Washington kurzfristig große Mengen an neuen Waffen (Säbeln, Revolvern, Karabinern), die gesamte ausgemusterte sächsische und große Teile der österreichischen Infanteriebewaffnung, letzteres dank der guten Beziehungen zum Grafen Degenfeld, dem Vorbesitzer seines Geburtshauses, der inzwischen österreichischer Kriegsminister geworden war. Die Folge waren heftige Angriffe in der Presse auf den „Waffenschieber“. Nach nur 22 Jahren Berufsleben zog sich der 44-Jährige ins Privatleben zurück. Die Provision, die Lade von den USA für die Waffengeschäfte erhielt, war so hoch, dass er und seine Familie fürderhin unbesorgt davon leben konnten. Lade blieb jedoch nicht untätig, widmete sich seiner Leidenschaft, der Obstzucht und Gartengestaltung, und legte mit Hilfe französischer Gartenarchitekten und Obstexperten die Gärten von Monrepos und sog. „pomologische Mustergärten“ an. Sein Credo war: Im Rheingau können Früchte in gleicher Güte und Schönheit wie in Frankreich erzeugt werden. Schon nach drei Jahren zeigten sich großartige Erfolge. Lade wurde mit Ehrungen, Preisen und Ehrenmitgliedschaften überhäuft. 1866 schlug er dem preußischen König die Gründung einer pomologischen Hochschule in Geisenheim vor, die 1872 unter dem Namen „Königliche Lehranstalt für Obst-, Wein- und Gartenbau“ auch erfolgte. Lade gewann 1900 auf der Pariser Weltausstellung die höchste Auszeichnung für die Obstkollektion von Monrepos, den Grand Prix. Auch als (Hobby-)Astronom anerkannt, nannte man nach ihm eine Mondlandschaft „Lade“ und einen neu entdeckten Planeten „Eduarda“. 1877 als „Freiherr“ in den erblichen preußischen Adel erhoben, wurde er 1901 der erste Ehrenbürger der Stadt Geisenheim. 1904 starb er 87-jährig.

Berühmt waren zu seinen Lebzeiten „die Gärten von Monrepos“ mit einem Rosarium von 3.000 Rosenstöcken und 800 Sorten, sein Stolz die Neuzüchtungen „Rote Zwetsche von Monrepos“, „Lades Butterbirne“ u. a. Seine Spezialität war die „Formbaumzucht“, eine Art Spalierobstbau, bei dem die Bäume durch Schneiden, Biegen und Binden zu Namenszügen wie „Kaiser Wilhelm“ oder „Bismarck“ geformt wurden.

Aus der Eduard von Lade-Stiftung ging nach dem Zweiten Weltkrieg die heutige „Forschungsanstalt für Weinbau, Gartenbau, Getränketechnologie und Landespflege“ hervor, seit 1971 ergänzt durch die entsprechenden Fachbereiche der Fachhochschule Wiesbaden, heute mit rund 300 Mitarbeitern und 800 Studenten einer der größten Arbeitgeber in Geisenheim.

Bemerkenswert ist, dass 1882 Prof. Dr. Hermann Müller-Thurgau, Leiter der pflanzenphysiologischen Versuchsstation, die Züchtung einer neuen, erfolgeichen, später nach ihm benannten Rebsorte gelang. 1884 erfolgte die Einrichtung einer meteorologischen Station, heute die agrarmeteorologische Abteilung des Deutschen Wetterdienstes.

Villa Monrepos

Die 1861/73 von Eduard von Lade erbaute Villa Monrepos (Rüdesheimer Str. 5) ist von einer weitläufigen Parkanlage umgeben. Eine im Boden des Eingangs eingelassene Marmorplatte verkündet: ÜBER DIESE SCHWELLE SCHRITT KAISER WILHELM I. AM 22. MAI 1874. Es war – nach eigenem Bekunden – der größte Tag im Leben des Hausherrn!

Die Parkanlage wurde ursprünglich durch den herzoglich nassauischen Hofgärtner Thelemann gestaltet und 1954-71 nach Plänen von Prof. Gerd Däumel als Lehrgarten mit unterschiedlichen Materialien zur Gartengestaltung für Studenten konzipiert. Älterer Baumbestand ist teilweise erhalten, darunter Exoten wie der „Blauglockenbaum“ (Paulownia tomentosa), zwei „Trompetenbäume“ mit langen, schmalen Schoten (Catalpa bignonioides) und ein „Urwelt-Mammutbaum“ (Metasequoia glyptostroboides) – letzterer etwas versteckt auf der linken Seite des Parks. Im Gebäude befinden sich heute Arbeitsräume der Fachhochschule und der Forschungsanstalt.

Der Park der Forschungsanstalt, ursprünglich angelegt nach Plänen des Frankfurter Gartenarchitekten Heinrich Siesmayer, zeigt einen eindrucksvollen alten Bestand an exotischen Bäumen und Gehölzen.

Vor dem Hauptgebäude steht die Büste von Eduard von Lade, auf der linken Seite ein Gedenkstein für Peter Spring, einen ehemaligen Mitarbeiter und von den Nationalsozialisten verfolgten Sozialdemokraten, der im April 1945 im KZ Dachau umgekommen ist.

Geisenheim und seine Adelshöfe

Schloss Schönborn

Um den mittelalterlichen Siedlungskern von Geisenheim legten sich seit dem 15./16. Jh. etliche Adelssitze, die bis in die Neuzeit die Stadtansicht prägten. Vom Römerberg aus nach Osten Richtung Winkel gehend, gelangen wir nach 100 m zu dem malerischen Schloss Schönborn (Winkeler Straße 64), inmitten eines vier Morgen großen Weinbergs gelegen, ursprünglich Stockheimer Hof genannt, das 1550 von den Herren von Stockheim (Usingen) erbaut wurde. Das Wappen über der Eingangstür zeigt unter breitem Schildhaupt ein Rautenmuster. Das Schloss ist neben der Linde und dem Dom das am häufigsten abgebildete Motiv der Stadt. Es ist ein stattlicher dreigeschossiger Renaissancebau mit achteckigem Treppenturm, vier Ecktürmchen und Fachwerk-Erker an der Schauseite. Im Eingang sehen wir eine schön geschnitzte Eichentür mit Weinlaub-Relief und Löwenkopf. Das Innere ist um 1683 mit reicher Holztäfelung und barocken Schnitzereien an Decken, Wänden und Türen ausgestattet worden. Vier Mitglieder der Familie der Stockheims bekleideten zwischen 1509 und 1635 das Amt des Vitztums im Rheingau, des Vertreters des Landesherrn. Spätestens 1651/52 erwarben die Grafen von Schönborn den Geisenheimer Hof. Johann Philipp von Schönborn war als Erzbischof von Mainz und Reichserzkanzler maßgeblich am Zustandekommen des Westfälischen Friedens 1648 beteiligt. Die mündliche Überlieferung, die Friedensurkunde sei im Schloss entworfen worden, ist historisch nicht belegt und wohl durch Adelheid von Stolterfoth (siehe unten) in die Literatur gelangt. Tatsache ist allerdings, dass der Erzbischof Johann Philipp sich im Sommer gerne bei seinem Bruder in Geisenheim aufhielt und von hier aus nach Nothgottes wallfahrtete. – Heute ist das Areal Kernstück des Domänenweingutes Schloss Schönborn, Sitz in Hattenheim, mit rund 50 ha Rebfläche eines der größten privaten Traditionsweingüter im Rheingau und eines der ältesten in Deutschland.

Schloss Kosakenberg

Durch die Behlstraße erreichen wir gleich hinter dem Bahnübergang nach rechts gehend Schloss Kosakenberg, früher Palais Ingelheim (Bahnstr.1), eine von Erzbischof und Kurfürst Anselm Franz von Ingelheim 1681/83 als Sommerresidenz erbaute zweiflügelige Anlage mit repräsentativer Vorhalle, darüber ein rechteckiger Erker mit Sonnenuhr, schwungvollem

Schloss Schönborn, Handzeichnung von 1760

Giebel und kunstvoller Wappentafel. Unter den Gebäuden liegen sechs verschiedene Gewölbekeller mit einer Gesamtfläche von rund 1000 qm. Das Gebäude zur Linken mit der hübsch geschwungenen Außentreppe enthielt eine 1706 eingerichtete Privatkapelle. Das Privileg, die hl. Messe in der eigenen Hauskapelle hören zu dürfen, wurde später vom Grafen von Ingelheim damit begründet, dass er bei Ostwind die zum Gottesdienst rufenden Glocken nicht hören könne. 1941 wurden Schloss und Weinberge an die Weingroßhandlung Jakob Horz in Winkel verkauft. Als neuen Namen für den Spätrenaissancebau wählte man „Schloss Kosakenberg", die Lagebezeichnung für den angrenzenden Weinberg „Kosakenberg".

Hof Zwierlein

In der Behlstraße erreichen wir weiter oben an der nächsten Kreuzung rechts den ehemaligen Zwierleinshof (Nr.21). Er ist heute, seines alten Glanzes entkleidet, in Wohnungen aufgeteilt. Das Zwierlein'sche Wappen, ein geschachter schräger Balken, über der Eingangstür und ein Stockheim'sches Wappen mit der Jahreszahl 1549 vom Besitzer des Vorgängerbaus sieht man im Scheitel einer rundbogigen vermauerten Durchfahrt. Hier lebte zwischen 1825 und 1850 das Stiftsfräulein Adelheid von Stolterfoth bei ihrem Onkel Hans Carl von Zwierlein, der seine Nichte 1844 in zweiter Ehe auch heiratete. Schmeichelhaft als „Philomela (Nachtigall) vom Rhein" bezeichnet, sammelte sie im Geiste der Spätromantik „Rheinische Lieder und Sagen" (1835) und verfasste die erste Rheingauer Reisebescheibung (1838).

M. Laufs

Bischof-Blum-Platz 10 mit Fachwerkteilen aus der Zeit um 1500

❻ Pfefferzoll

Pfefferzoll, Torbogen und Fachwerkerker mit der Jahreszahl 1618

bis 500 Personen. Am Blaubach liegt das 1656 erbaute stattliche Pfarrhaus mit mächtigem Eichentor, Teile der Gebäude sind erst jüngst 2000/01 umgebaut worden.

Über die Zollbrücke biegen wir nun links in die Zollstraße und stehen am Ende in der Rechtskurve vor dem berühmten und rätselhaften Haus Nr. 21, dem Geisenheimer **Pfefferzoll**: Das bescheidene Haus des Zöllners oder Zollschreibers hat einen massiven Unterbau, lebhaftes Fachwerk und einen Erker mit der Jahreszahl 1618. Das Haus wurde im 18. Jh. von Nachbargebäuden – und leider auch wieder von dem erst 1994/95 errichteten Neubau – zu zwei Dritteln verdeckt. 1194/98 erstmals urkundlich erwähnt, bestand der Pfefferzoll aber schon mindestens 50 Jahre früher und war die einzige Zollstelle im Rheingau, bis der Mainzer Erzbischof im 13. Jh. die Zollburg Ehrenfels bei Rüdesheim errichtete. Damit gehörte der Geisenheimer Zoll Ende des 12. Jh. zu den rund 20 ältesten Zollstationen am Rhein. Das Einmalige dieses Zolls besteht darin, dass von jedem beladenen Schiff ein Pfund Pfeffer – später der entsprechende Gegenwert in Geld – zu entrichten war. Ein solcher Pfefferzoll als Schiffsgebühr kommt sonst nirgends vor. War die tatsächliche Zolleintreibung seit dem Ende des Mittelalters auch mit großen Schwierigkeiten verbunden – immer mehr Schiffsführer machten sich einen Spaß daraus, ohne zu zahlen am Geisenheimer Zoll vorbeizuhuschen – so haben die jeweiligen Besitzer der Zollrechte doch bis mindestens 1714 regelmäßig um die Erneuerung der kaiserlichen Belehnung nachgesucht.

Zurück zum Bach gehend, blicken wir an der Bleichstraße in Richtung Rhein und stellen uns vor, dass sich hier bis zum Rhein die herrschaftlichen Wiesen des Fronhofes mit Großviehherden erstreckten, später die Bleichwiesen der Bürger. Den Bach entlang und am Pfarrhaus vorbei kommen wir zum Römerberg, der östlichen Begrenzung des Herrenhofes und zugleich des mittelalterlichen Ortskerns. In elegantem Schwung durchfließt der Bach den alten Fronhof, heute in diesem Teil als kleiner Park hergerichtet. Am Römerberg erreicht der Weg in steilem Anstieg die Winkeler Straße (früher Rheingauer Landstraße). An dieser Stelle musste die auf die Siedlung treffende Landstraße nach rechts ausweichen und in weitem Bogen dem alten Burgbezirk des Fronhofes – 1426 „Burgberg" genannt – ausweichen und ihn nördlich durch die Behlstraße und den Burggraben umgehen. Der heutige Verlauf der Winkeler Straße am „Kinoblock" vorbei ist erst um 1810 geschaffen worden. In Höhe des Fotogeschäftes Heyer (Nr. 67) befand sich die Winkeler Pforte, einer von mindestens drei Orts-

Eduard von Lades Steckenpferd: Spalierobstbau, beflügelt von nationaler Begeisterung

zugängen des mittelalterlichen Fleckens. Das Haus Römerberg 1a aus den Jahren 1906/07 ist ein Beispiel für die historisierende, an spätmittelalterlichen Vorbildern orientierte Architektur, die der Geisenheimer Architekt Georg Hartmann bei der Gestaltung zahlreicher Häuser pflegte. Ein weiteres Beispiel ist die 1909/10 errichtete Sonnenapotheke, Burggraben 3, zugleich die erste Apotheke in Geisenheim.

Römerberg 1a, Fachwerkhaus im „Heimatstil"

❼ Kirchspiel

Durch die Behlstraße gelangen wir zur Blaubachstraße und zum **Kirchspiel**. Eine Gedenktafel am Geburtshaus (Nr. 5) von Dr. Lorenz Werthmann, erinnert an den katholischen Sozialpolitiker und Gründer des Deutschen Caritasverbandes (1897). Wir kommen nun in einen ziemlich rätselhaften Stadtteil: Das Kirchspiel galt lange Zeit als ältester Teil der Siedlung. Der scheinbare Beweis: das Weingut Hebauf, Bierstr. 3, ein im Kern romanisches Haus aus dem Ende des 12. Jh. mit zwei schönen romanischen Rundbogenfenstern und eingestellter Mittelsäule in der Westgiebelwand. Heute ist es als seltener Rest eines romanischen Profanbaues im Rheingau, „von hohem wissenschaftlichem und stadtbaugeschichtlichem Wert" (D. Söder). Das Fachwerkhaus Nr. 5 mit der nachträglich aufgemalten Jahreszahl 1588 ist an die mittelalterliche – wohl nie sehr imposante – Ortsbefestigung angelehnt, von der ein kleiner Mauerrest noch sichtbar ist. Das Kirchspiel wurde 1973 noch als „besonders schützenswerter" Ortsteil eingestuft. Nun ist der altertümliche Charakter des Ortsteils durch den in jüngster Zeit erfolgten Abriss des Nachbarhauses (Nr. 6) und die Errichtung eines modernen Neubaus jedoch verloren gegangen. Ein lohnendes Ziel ist auch ein Abstecher durch die Blaubach- und Hospitalstraße zum Alten Friedhof. Über die Prälat-Werthmann-Straße kommen wir zurück zum Lindenplatz.

Bierstraße 3, romanische Rundbogenfenster

Rheingau-Impressionen von Victor Hugo

„Ich betrachtete lange diesen stolzen und edlen Strom; er war leidenschaftlich, aber nicht wütend, wild aber voll Würde." Überwältigt und ergriffen erlebte Victor Hugo, die Leitfigur der französischen Romantik, seine zweite und wichtigste Begegnung mit dem Rhein, die ihn von Köln nach Mainz führte. Ein Jahr zuvor hatte er bereits den Oberrhein kennengelernt und nun sollte die Reise vom 29. August bis zum 1. November 1840 dauern.

Von romantischer Sehnsucht getragen suchte und fand der Dichter die poetische Geschichte von Rittern, Burgruinen und Sagen, besichtigte großartige Baudenkmäler und begegnete üppiger Natur. Der *Homme de lettres* reiste, sein Inkognito wahrend, mit seiner Geliebten Juliette Drouet.

Victor Hugo wollte die poetische Reise und suchte weniger den topografischen und historischen Genauigkeiten zu folgen. Doch nun war ein deutsch-französischer Dichterkrieg auf dem Höhepunkt der Rheinkrise zwischen beiden Ländern ausgebrochen. Nahezu unbeeindruckt von jener polemischen Stimmung reiste der Dichter mit dem Dampfschiff, dem neuen Massenverkehrsmittel, von Köln nach Mainz. Er ließ sich Zeit, beobachtete, sammelte und verweilte in Bildern. Der auch bildkünstlerisch Begabte fertigte flüchtige Skizzen und geheimnisvolle Stimmungen wiederspiegelnde Zeichnungen, in denen sich Fiktion und Wirklichkeit vermischten. Genau so wie in den abendlichen literarischen Reflektionen, die er als *Lettres à un ami* an seine Frau Adèle nach Paris schrieb. In den poetischen Reportagen finden sich aber auch Schilderungen zufälliger Begebenheiten und Einblicke in die verkehrstechnischen Möglichkeiten der Zeit, so z. B., dass zwischen 1827 und 1839 nach Schätzungen mehr als 1 Mio. Menschen den Rhein bereisten, meist mit den neuen Dampfschiffen, von denen 25 Exemplare vertreten seien, davon 19 mit schwarzweißen Schornsteinen zur Kölner, der Rest zur Düsseldorfer Gesellschaft gehörten. (Seit 1853 vereint zur Köln-Düsseldorfer Schifffahrtsgesellschaft).

„Das qualmende Ungetüm kämpft oft wie ein fetter müder Hund gegen die Strömung an. – O edler Bergfriede! Arme, wehrlose Riesen mit Euren tief gekränkten Rittersleuten! Ein Dampfschiff, vollbesetzt mit Kaufleuten und Touristen bläst Euch beim Vorüberfahren seinen Rauch ins Gesicht." – Tiefgründige Gedanken eines Individualisten, der sich einsam reisend darstellte und sich keineswegs im geschilderten Strom der Massentouristen wiederfinden möchte.

Victor Hugo erreichte schließlich am 26. September Lorch. Doch der Freund und Kenner der Gotik erwähnt mit keiner Silbe die St. Martinskirche. Lediglich der wohl damals noch reicher gegliederten Renaissancefassade des Hilchenhauses schenkte er Beachtung um sie mit der des Schlosses von Maillant zu vergleichen.

Seine Aufmerksamkeit fesselte hingegen eine Feuersbrunst, deren Zeuge er wurde, um sie ausführlich und in dramatischen Bildern zu beschreiben. Eine Burg nahe Lorch wählte er später zum Schauplatz seines Theaterstücks *„Les Burggraves"* (Die Burggrafen). In diesem Werk wollte er die Tugenden der alten deutschen Ritter auf die Bühne bringen. Doch das romantische Thema war allzu deutsch und konnte bei der Uraufführung 1843 in seinem Heimatland kein Publikumserfolg werden.

Zum wichtigsten Ort der Rheinreise sollte Bingen werden. Dort verbrachte der Dichter drei Tage, um sich vor allem an seinem größten romantischen Erlebnis, der Begegnung mit dem „Mäuseturm" zu berauschen, den er erstmals „im Schein der Nacht" erblickte. Von Kindheit an begleitete ihn die geheimnisvolle Sage von „Hattos Turm", die er erstmals von einer aus der Mainzer Gegend stammenden Dienstmagd in seinem Elternhaus gehört haben will. Er erinnerte sich außerdem daran, dass über seinem Bett ein schwarz gerahmtes Bild hing, das den halb verfallenen Turm inmitten dunkler Wasser und Berge aufragend zeigte. „Kaum am Rhein angekommen, war der erste Gedanke, der mich überkam nicht, dass ich den Dom von Mainz oder den von Köln und die Pfalz sehen konnte, sondern, dass ich den Mäuseturm besuchen würde."

Wenn auch die Aufmerksamkeit des Besuchers immer wieder der Imagination des *„Tour aux rats"* galt, verschloss er sich den weiteren Eindrücken keineswegs und sinnierte beim Panoramablick von der Burg Klopp, die Landschaft mit einem Monumentalgemälde vergleichend, da, wo „die gelbliche, etwas saumselige Nahe, gemächlich vom Donnersberg daherkommend, plötzlich in den grünen, bronzenen Arm des Rheinstromes gerät, der sie mit Gewalt in die Strudel des Binger Loches hineinreißt, vorbei am verruchten Turm Hattos" und rheinaufwärts im Blick „die heitere und glückliche Ebene, in Richtung der herzoglichen Straße von Rüdesheim nach Biebrich."

Beim Anblick der Burg Ehrenfels, empfand er die erhabene Ruine „gedemütigt durch einen hellen Säulentempel im Stil der Rotunde eines Pariser Cafés auf der Anhöhe des Niederwaldes." Diese Befremdung galt wohl einem Aussichtstempel unterhalb der Rossel, dem höchsten Punkt des Niederwalds, der längst nicht mehr erhalten ist.

Ausflüge führten Hugo auch auf die rechte Rheinseite, nach Rüdesheim. Dort bewunderte er vor allem die Brömserburg, deren Besitzer, Friedrich Carl von Ingelheim, er als *„un maître intelligent homme de vrai goût."* bezeichnete. Der Graf hatte die ehemalige Wasserburg aus dem 12. Jh., den *„redoutable donjon carré"* von 1811 an durch den Darmstädter Architekten Georg Moller zu einer Wohnburg umbauen lassen. Das Mauerwerk wurde, wie heute noch erkennbar, im ursprünglichen Zustand belassen und auch der sich darauf ausbreitende Pflanzenwuchs mit einbezogen.

Dies traf den Geschmack des romantischen Besuchers ebenso wie die pittoresken Relikte der Vergangenheit, die er ausführlich beschreibt. Was gibt es hier nicht alles zu bestaunen: Römische Keller und romanische Mauern, einen Rittersaal, den eine mit Blumenzierat versehene Lampe, ähnlich der am Grabe Karls des Großen, erhellt, Glasmalereien der Renaissance, fast homerisch anmutende kläffende Hofhunde, an der Mauer angebrachte Eisenlaternen aus dem 13. Jahrhundert, enge Wendeltreppen, die in einer Art von Gebeinhaus aufgestellt sind. Die gesamte Anlage vermittelt fast den Eindruck eines riesenhaften Straußes oder Kranzes, der in der Nähe als duftender, terrassenartiger Garten erscheint, von dem aus man auf den wunderbaren Rhein blickt ..."

In der Bibliothek der Brömserburg werden die Gästebücher mit den Namen berühmter Besucher bewahrt, zu denen auch Johann Wolfgang von Goethe gehörte, dem 15 Jahre später auch die Eintragung Victor Hugos folgte.

Heute befindet sich in der Brömserburg das Rheingauer Museum für die Geschichte des Weins.

Am 29. September 1840 beendete der Vicomte seinen Binger Aufenthalt, um die Fahrt mit dem Dampfschiff Richtung Mainz fortzusetzen. Wie die meisten Reisenden faszinierte den Franzosen die Burgenlandschaft des Mittelrheins mehr als die Weite des oberen Rheingaus, von der er lediglich im Vorüberfahren ins Schwärmen gerät, wenn er sie als „die berühmte, funkelnde und grünende Paradiesebene" bezeichnet. Während der Zeit seines Exils auf der Insel Jersey führten Victor Hugo in den Jahren 1863

Victor Hugo, Abendstimmung bei Bingen

und 1864 erneute Reisen an den Rhein, deren literarische Ergebnisse als *„Reliquat du Rhin"* in späteren Ausgaben seines Hauptwerks aufgenommen wurden.

Im Herbst 1864 besuchte der Dichter letztmals Mainz und fuhr von dort nach Wiesbaden. Allerdings nahm er die nassauische Residenzstadt als bedeutungslos *(insignificant)* wahr. Er bewunderte lediglich den schönen Ausblick vom hochgelegenen Jagdschloss Platte. Am nächsten Tag reiste er durch den Rheingau nach Rüdesheim, mit kurzer Unterbrechung in Hattenheim; denn von dort brachte er eine Zeichnung zu Papier. Er erwähnte das Dorf Johannisberg, „mit nahezu 700 Einwohnern, die einen sehr guten Wein ernten."

24 Jahre zuvor hatte er bei seinem Rundblick von der Burg Klopp den weithin sichtbaren „fröhlich stimmenden Johannisberg" bewundert und vermutet, dass dieser einst Brückenkopf der Römer gewesen sein musste.

Doch nicht nur in die Vergangenheit war der dichterische Blick gerichtet, sondern auch große Gedanken in die Zukunft, die er zu verknüpfen suchte: „Man braucht nur sein Fenster nach dem Rhein hin zu öffnen, um das Vergangene zu sehen; ein Fenster in uns selbst öffnet den Blick in die Zukunft!" Und diese Zukunft sah Victor Hugo in der Geschichte der Rheinlandschaft, die für ihn durch die europäische Geschichte geprägt war. So galt der Rhein für ihn als Bindeglied zwischen Frankreich und Deutschland, um den die Gedanken des Philanttropen vom Friedenswerk Europa kreisten, die bis heute nachwirken. Sein 1842 erschienenes Werk *Le Rhin*, jene aus Briefen und Tagebuchnotizen berühmt gewordene Reiseschilderung, gilt als Klassiker der romantischen Rheinreiseliteratur, in der er nicht müde wird, seine mythisch getragenen Visionen auf den Schicksalsstrom zu projizieren: „Der Rhein, dieser Fluss der Vorsehung, scheint auch ein symbolischer Fluss zu sein ..."

Marlene Hübel

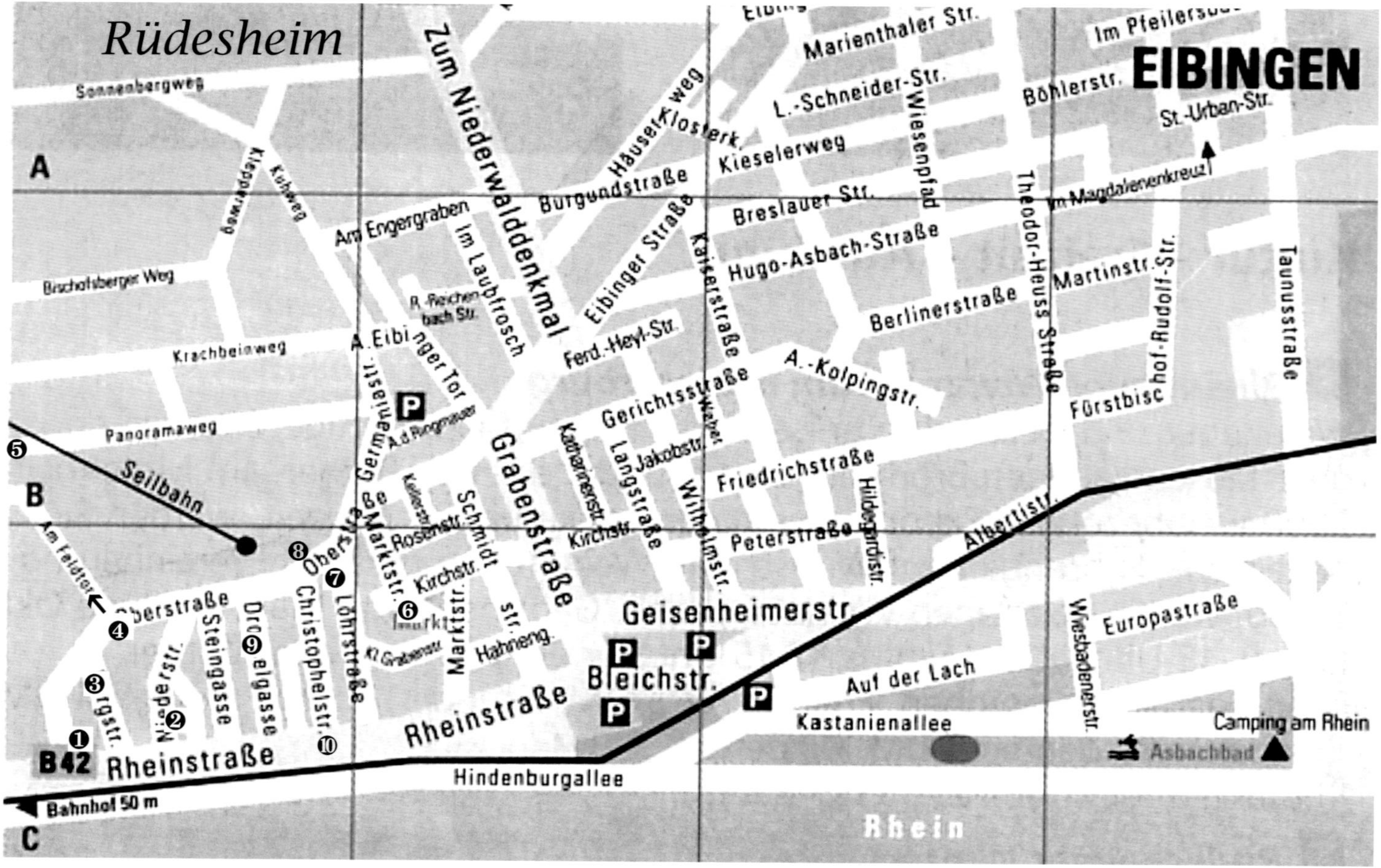
Rüdesheim
EIBINGEN
Sonnenbergweg
Klepperweg
Kuhweg
Bischofsberger Weg
Krachbeinweg
Panoramaweg
Seilbahn
Am Feldtor
Zum Niederwalddenkmal
Am Engergraben
Im Laubfrosch
R.-Reichenbach-Str.
A. Eibinger Tor
Germaniastr.
A.d.Ringmauer
Grabenstraße
Oberstraße
Marktstr.
Rosenstr.
Kellerstr.
Kirchstr.
Schmidtstr.
Hahneng.
Kl. Grabenstr.
Löhrstraße
Christophelstr.
Drosselgasse
Steingasse
Niederstr.
Rheinstraße
B42
Bahnhof 50 m
Hindenburgallee
Rhein
Burgundstraße
Häuserweg
Klosterk.
Eibinger Straße
Ferd.-Heyl-Str.
Katharinenstr.
Langstraße
Jakobstr.
Gerichtsstraße
Weber
Kaiserstraße
Wilhelmstr.
Friedrichstraße
Peterstraße
Hildegardistr.
Geisenheimerstr.
Bleichstr.
Albertistr.
Marienthaler Str.
L.-Schneider-Str.
Kieselerweg
Breslauer Str.
Hugo-Asbach-Straße
Berlinerstraße
A.-Kolpingstr.
Wiesenpfad
Theodor-Heuss Straße
Im Magdalenenkreuz
Martinstr.
Fürstbischof-Rudolf-Str.
Im Pfeilersgr.
Böhlerstr.
St.-Urban-Str.
Taunusstraße
Europastraße
Wiesbadenerstr.
Auf der Lach
Kastanienallee
Camping am Rhein
Asbachbad
A
B
C
P

Von Brahms, Brömsern und Boosen

Rüdesheim – Tor zum Welterbe Mittelrhein

Irmgard Knopf

Ausgangspunkt: Brömserburg, Rheinstraße;
ORN Bus 5480, RTV Bus 304, 305,DB Regio 10,
Endpunkt: Adlerturm, Rheinufer; Verbindungen wie oben

Wappen von Rüdesheim

„Einmal am Rhein ...", diesem Lockruf folgen wir, wenn wir am Wochenende auf einer Radtour den Leinpfad in Rüdesheim passieren und die vielen Menschen sich auf der Rheinstraße drängen und aus der Drosselgasse quellen sehen. Kaum ein Reisender am Rhein, der sie nicht besucht. Das Städtchen, kurz vor dem früher Furcht einflößenden Binger Loch gelegen, lebt aber auch vom Weinbau, der hier im 11. Jh. erstmals urkundlich erwähnt wurde. Die Historiker vermuten, dass Rüdesheim von „roden" abgeleitet ist, worauf die alte Flurbezeichnung „Rottland" (Rodland) hinweisen könnte. Ein im Bereich der Oberstraße gefundes römisches Rebmesser belegt den Anbau von Reben schon seit fast 2000 Jahren.

Die heute großzügig terrassierten Weinberge mit den malerischen Burgruinen oberhalb der Stadt erstrecken sich bis zum Niederwald, dem ehemaligen Jagdgebiet der adligen Familie von Ostein, wo die „Preußisch Madonna" (d. i. die Germania, vgl. S. 232), die Reichskrone in der erhobenen rechten Hand, seit 1883 ihren Blick nach Südosten schweifen lässt. Lange bevor zum Zeichen der „siegreichen Erhebung des deutschen Volkes" in den Jahren 1870 und 1871 das Nationaldenkmal der Germania durch den greisen Kaiser Wilhelm I. eingeweiht wurde, hatte der Weinbau das Städtchen schon berühmt gemacht. Vermutlich seit dem 14. Jh. gab es hier einen Weinmarkt, der von der Obrigkeit geregelt wurde. Dies waren anfänglich die Ortsadligen, die Edlen von Rüdesheim, später die Brömser als Vizedome des Erzbischofs von Mainz, zu dessen Besitz Rüdesheim bis 1803 gehörte. In der darauf folgenden nassauischen Ära bis 1866 kamen mit den Rheinromantikern und verstärkt durch die Einführung der Dampfschifffahrt 1827 als auch den Bau der Eisenbahn Mitte des 19. Jh. viele illustre Gäste nach Rüdesheim, vor allem Maler, Dichter und Musiker. Sie hinterließen beredte Zeugnisse in Gemälden, Briefen und Berichten. Rüdesheim wurde aber vor allem von den Bürgern und kleinen Leuten geprägt, die mit großem Fleiß ihre

Stadt nach schweren Bränden und Kriegen immer wieder aufgebaut haben. Rüdesheim bildet heute mit Assmannshausen, Aulhausen, Eibingen und Presberg eine Großgemeinde von ca. 10 000 Einwohnern. Von den jährlich 3 Mio. Touristen, die im Durchschnitt 1,5 Tage verweilen, lernen die meisten nur die Drosselgasse, die Obergasse, die Rheinstraße und das Niederwalddenkmal kennen. Vielleicht besuchen einige von ihnen Siegfrieds mechanisches Musikkabinett im Brömserhof oder das Rheingauer Weinmuseum in der Brömserburg. Aber Rüdesheim hat noch vieles mehr zu bieten: gepflegte Gastlichkeit, stille Winkel und wunderschöne ruhige Wanderwege, wo der Städter mal so richtig durchatmen kann.

❶ Brömserburg

Die **Brömserburg** an der Rheinstraße, eigentlich Niederburg und einst vom Wasser des Rheins umflossen, liegt nicht weit vom Bahnhof und den Schiffsanlegern entfernt. Sie geht auf das frühe Mittelalter zurück und diente den Rheingrafen als Zollburg und Amtssitz. Deren Wappen mit den sechs silbernen Lilien auf schwarzem Grund weht von der Süd-Ost-Ecke, wo sich auch der Eingang befindet.

Eine Befestigungsanlage könnte es hier bereits zur Römerzeit gegeben haben. Ab dem Ende des 10. Jh. wurde die Burg Zollstation des Erzbistums Mainz und erlebte bis zum Bau der Burg Ehrenfels Anfang des 13. Jh. ihre größte Blüte. Danach wurde sie von den Edlen von Rüdesheim, die in Mainzer Dienste gezwungen worden waren, baulich erhöht. Sie diente in Kriegszeiten als sicheres Refugium für die Rüdesheimer Ortsadligen, die inzwischen mit dem Bau einer weiteren Burg, der Oberburg, ganz in der Nähe begonnen hatten und im 15. und 16. Jh. weitere Adelssitze bewohnten. Da fast alle Zweige derer von Rüdesheim ausstarben, kamen die Brömser in den alleinigen Besitz der Niederburg, aber auch diese Familie starb im Jahre 1668 aus. Sie hatte den Brömserhof in der Obergasse als „modernen" Wohnsitz erbaut. Die alte Burg hatte ausgedient und war schon Mitte des 16. Jh. eher eine Ruine als ein intakter Wehrbau.

Römisches Winzermesser, gefunden bei Rüdesheim

Als jedoch 1640 der französische Herzog von Longueville mit seinen Truppen den Rheingau heimsuchte und die Burg dem Erdboden gleichmachen wollte, gelang ihm nur, einen Teil aus dem Mauerwerk herauszusprengen.

Dies bescherte den späteren Besitzern der Burg, den Grafen von Ingelheim, einen hübschen Altan mit Ausblick auf den Rhein. Sie erwarben die Burg am Anfang des 19. Jh. als romantischen Adelssitz und ließen sie durch den Architekten Georg Moller aus Darmstadt wohnlich und im Geiste der Zeit ausbauen.

Oberburg und Brömserburg, historische Darstellung

Die Gräfin von Ingelheim führte Johann Wolfgang von Goethe, später auch seinen Dienstherrn, Herzog Karl August, die Preußenkönige, Ludwig I. von Bayern, Gelehrte und Staatsmänner, Schriftsteller und Künstler wie die Brüder Grimm, Achim von Arnim und Clemens von Brentano, Heinrich Heine, Schnorr von Carolsfeld , Wilhelm Hauff, Max von Schenkendorf, Fürst Pückler-Muskau, Niklas Vogt, Peter Cornelius, Felix Mendelsohn, Albert Lortzing, Nicolo Paganini und viele andere Größen der damaligen Zeit persönlich durch die Burg und ließ sie sich im Gästebuch verewigen. Aber auch Handwerker, Schüler, Studenten und Dienstboten schrieben sich ein. In diesen Gästebüchern gab es keine Rangordnung und keine Paradeseiten. Allein das Datum ihres Besuchs bestimmte die Reihenfolge.

Rheingauer Römer, Brömserburg

Gegen Ende des 19. Jh. ließ dieser Strom nach. 1941 verkauften die Nachfahren der Grafen die Burg an die Stadt Rüdesheim. Ab 1950 wurde die Brömserburg Rheingauer Weinmuseum und lädt uns ein, eine Sammlung edler Weinpokale vom Mittelalter bis zu Art Deco und vieles Interessante zur Geschichte des Weinbaus zu bewundern. Doch das uralte Gemäuer selbst, mit seinen dicken Mauern, dem alten Brunnen und seiner Dachterrasse, ist das Sehenswerte: Wir können dort von der alten Zeit träumen und einen herrlichen Blick über Stadt und Landschaft genießen.

❷ Oberburg

Von der Brömserburg aus gehen wir einige Schritte nach Osten und schauen durch ein schmiedeeisernes Gartenportal auf einen rosengesäumten Weinberg mit dem Namen Rosengarten, dessen Mittelallee geradewegs auf den alten Bergfried der **Oberburg** und auf ein malerisch im Stil der Neugotik angebautes Herrenhaus führt. Die Ober- oder Boosenburg wurde im 13. Jh. von einem Zweig der Edlen von Rüdesheim als Turmburg erbaut und von den „Füchsen von Rüdesheim“ bewohnt. Nach dem Aussterben der Füchse erbten 1474 die Grafen Boos von Waldeck deren Anteil. Von da an wurde die Burg „Boosenburg“ genannt. Auch diese Burg wurde während des Dreißigjährigen Krieges von französichen Truppen demoliert, nur der Bergfried blieb unversehrt. Anfang des 19. Jh. wurden die Reste der Boosenburg vom Grafen von Schönborn-Wiesentheidt erworben, der einige alte Teile abtragen ließ und einen Neubau plante. Im Jahre 1868 erwarb der Rüdesheimer Weinhändler Johann Baptist Sturm die Burgruine und ließ das neugotische Wohnhaus errichten. Nachdem er in wirtschaftliche Schwierigkeiten geraten war, ging die Burg in den Besitz des Weinhändlers Dr. Carl Jung aus Lorch über. Die Familien Sturm und Jung waren schon seit langem freundschaftlich verbunden. Man pflegte musikalische Geselligkeiten, organisierte Konzerte und lud Max Reger, Paul Hindemith, Wolfgang Fortner und viele andere bekannte Musiker in den Rheingau ein. Dr. Carl Jung gründete 1922 in Lorch das „Dr. Karl Jung Quartett“, wurde aber auch durch die Erfindung alkoholfreien Weins weltbekannt. Der heutige Firmeninhaber Eduard Jung setzt die musikalische Tradition fort, die seine Eltern Dr. Hans Otto Jung und Ursula Jung mit den Brahms-Tagen ins Leben gerufen haben. Diese Konzerte finden jedes Jahr in Zusammenarbeit mit der Stadt Rüdesheim und der Volkshochschule im Rathaus statt. Auch der im Mai 2000 eingeweihte Brahms-Weg geht auf die Initiative dieser musikbegeisterten Familie zurück, ebenso der „Brahms-Wein“.

Während wir das stilvolle Ensemble bewundern, donnert ein Güterzug vorbei. Dies zeigt uns die Probleme, mit denen das Touristenstädtchen zu kämpfen hat, denn alle paar Minuten wird der Reisende in seinem Rückblick auf alte Zeiten jäh gestört. Für den Bau der Eisenbahn im Jahre 1856 wurde ein Damm aufgeschüttet und so das Rheinufer von der Stadt getrennt. Man muss sich schon sehr recken, will man das Wasser des Rheins sehen. Um auf den schmalen Leinpfad am Rheinufer zu gelangen, muss man einen Durchlass unter dem Bahndamm suchen. Seit Jahrzehnten schon gibt es Pläne, die Zugtrasse in einen Tunnel zu verlegen. Autos und Busse stauen sich vor den oft geschlossenen Bahnschranken, denn dahinter führt die vielbefahrene B 42 am Rhein entlang weiter, und nur von dort ist die Autofähre nach Bingen zu erreichen.

❸ Brahms-Weg

Der **Brahms-Weg** beginnt mit der ersten Tafel westlich der Brömserburg an der Burgstraße, führt über das Feldtor bis zum Niederwald-Denkmal und wieder herunter durch die Weinberge bis zum ehemaligen Weingut der Familie von Beckerath, heute Sekthaus Solter (Am Niederwald Denkmal 2). Joh. Brahms erzählt uns auf 16 Tafeln im Plauderton von seinen Wanderungen durch die Weinberge und von seinen Besuchen in den Jahren 1874 bis 1883 bei der Musik liebenden Familie von Beckerath in Rüdesheim. Die Tafeln zeigen eine Brahmssilhouette und wurden von Ursula Jung kurzweilig getextet. Es lohnt sich, diesen Weg in Muße abzuschreiten, wozu wir aber gute zwei Stunden brauchen und so gut zu Fuß sein müssen wie damals Brahms. Zur Erfrischung können wir unterhalb des Niederwalddenkmals im Café-Restaurant Rebenhaus eine „Brahms-Jause" zu uns nehmen und dort die herrliche Aussicht genießen oder uns am Schluss im Sekthaus Solter einen kühlen Schluck gönnen.

Ansicht von Rüdesheim, L. Lange und Joh. Richter

Wir folgen der Burgstraße bis zur Oberstraße. Am westlichen Ortsausgang liegt der neoklassizistische Bahnhof, wo wir stündlich Verbindung nach Wiesbaden haben. Daneben fallen die teilweise leer stehenden Gebäude der Weinbrennerei Asbach ins Auge, ein schweres Erbe für die kleine Stadt. Die Firma war einmal der größte Arbeitgeber und Sponsor in Rüdesheim.

❹ Ruine Ehrenfels

Vorbei am Metternicher Hof, heute Hotel und Weinrestaurant, gehen wir hoch zum Feldtor, von dem nur noch der Name kündet. Dies ist der Ausgangspunkt zu einer Wanderung durch die berühmten Weinbergslagen Drachenfels, Berg Roseneck, Berg Schlossberg und Berg Kaisersteinfels zur **Ruine Ehrenfels** an der Biegung des Rüdesheimer Berges hoch über dem Binger Loch (Dauer ca. 2 Std.). Von der ehemaligen Zollburg und Feste des Erzbischofs von Mainz blicken wir auf die hochdramatische Landschaft mit der Nahe und ihrer Drususbrücke, die aus der Römerzeit stammen soll, dem Mäuseturm auf einer kleinen Rheininsel, den bei Niedrigwasser sichtbaren Schieferfelsen und den grünen Höhen des Hunsrück. Die Burg Ehrenfels wurde Mitte des 13. Jh. mit einer Zollstation am

Rheinufer versehen und löste so die Zollstelle in der Niederburg ab. Kurz darauf wurde der „Mäuseturm" zur besseren Überwachung des Schiffsverkehrs erbaut. Der Name geht auf die einst dort erhobene Maut zurück, ist aber mit der alten Sage vom geizigen und grausamen Erzbischof Hatto verbunden, der sich vor den aufgebrachten Bürgern der Stadt Mainz in diesen Turm flüchtete, wo er schließlich von den ihm gefolgten Mäusen aufgefressen worden sein soll. Eine Sage, die so recht zum Binger Loch passt.

Mühlsteinfelsen mit dem Kreuz für Niklas Vogt (vgl. S. 301)

Die Ruine Ehrenfels ist 1987-92 baulich gesichert worden und kann für Feste genutzt werden (zu erfragen im Rathaus).

❺ Panoramaweg

Vom Feldtorweg mit dem „Metternich'schen Bildstock" gehen wir jetzt rechts zum **Panoramaweg**, der uns auf informativen Tafeln alles über den Weinbau lehrt, aber auch eine wunderschöne Aussicht auf das Städtchen, die Hildegardiskirche, das Kloster Eibingen, die Germania und die Rochuskapelle über Bingen bietet. Spätestens jetzt versöhnen wir uns mit Rüdesheim, denn hierher „verirren" sich nur wenige Touristen. Von hier oben erkennen wir die Struktur der Altstadt mit der Jakobuskirche, dem Marktplatz und dem dicken Turm der Marktburg. Der Panoramaweg zieht sich schnurgerade durch die Rüdesheimer Traubenlandschaft am Bischofsberg, benannt nach den Mainzer Erzbischöfen, welche hier den Anbau von Reben erlaubten. An seinem Ende gehen wir an der Ringmauer, einem Rest der alten Stadtmauer vorbei und rechts in die Oberstraße. Hier reiht sich Gasthaus an Gasthaus und Geschäft an Geschäft. Wir können im Felsenkeller, einer früheren Brauerei mit einem tiefen Kellergewölbe einkehren, im „Bollesje" wie im Gefängnis sitzen – der Name des Lokals ist Mundart und bedeutet *Verließ* -, oder aber in einer gemütlichen Straußwirtschaft Wein probieren. Bis zur Ecke Marktstraße, früher Gasse genannt und ehemalige Hauptverkehrsader, sind es nur ein paar Schritte. Dort steht ein sehr stattliches Fachwerkhaus, Anfang des 17. Jh. als Wohn- und Handwerkerhaus erbaut: es fehlt die große Toreinfahrt für ein Weingut. Leider wurde das Erdgeschoss durch den Einbau riesiger Schaufensterfronten verunstaltet. Daneben lädt das Gasthaus Zur Stadt Frankfurt mit seiner großen weinumrankten Terrasse und der durch sinnige Sprüche verzierten Fassade ein. Niemand sieht heute noch, dass dies einmal ein Hinterhaus war, dessen Vorderhaus 1796 bei der „großen Kanonade" während der Scharmützel mit den in Bingen stationierten französischen Revolutionstruppen abgebrannt war. Früher ein Winzerhaus mit Hofeinfahrt und Kellern wurde das Anwesen Mitte des 19. Jh. Schankwirtschaft. In der Marktgasse gab es früher auch eine Seifensiederei, eine

Fachwerk

Fischhandlung und eine Metzgerei. Einige Häuser wurden von höheren Beamten bewohnt. Hier lebten die „Marktgässer", wie vielerorts in Rüdesheim Arm und Reich dicht beisammen. Im 18. Jh. hatte sich hier der Beamten- und Geldadel aus Mainz und Frankfurt niedergelassen, weil es als schick galt, sein Geld in einem Landsitz anzulegen, möglichst in einem Weingut, das mehr Rendite abwarf als die übrige Landwirtschaft. Leider sind im Zweiten Weltkrieg viele der alten Anwesen untergegangen oder in Gasthäuser mit eigenem Weinbau umgewandelt worden. Jeder Haushalt hatte seinen „Wingert" und ein paar Fässer Wein im Keller. Karl Korn, der bekannte Wiesbadener Journalist und Schriftsteller, schreibt über die Besuche bei seinen Verwandten: „... wir Kinder freuten uns immer sehr auf diese Rüdesheimer Besuche. Da gab es das alte Haus am Markt, wo die Tante wohnte, und direkt daneben das des Großonkels. Ein wunderbarer knorriger alter Rebstock wuchs an beiden Häusern hoch. Der Onkel war nicht bloß Bäcker, sondern auch Winzer. Er machte in mittleren Jahren seine sechs bis acht Halbstück. Wenn wir zu Besuch kamen, wurden gute Flaschen heraufgeholt ..."

Weinfest in Rüdesheim 1935

In der Altstadt haben viele Geschäfte und Gasthäuser reiche Fassadendekorationen und Sgraffiti. Sie stammen fast alle aus der Hand des Wiesbadener Kunstmalers Peter Reininger und vermitteln nostalgisches Flair. Wir sollten uns die Zeit gönnen, durch die Gassen zu schlendern und unseren Blick auch mal nach oben schweifen zu lassen.

❻ Marktplatz

Der von Platanen beschattete **Marktplatz** mit vielen Bänken, einer Linde und zwei Brunnen öffnet sich vor uns. Hier kreuzten sich früher die Verkehrswege, hier traf man sich zur Kirchweih, zur Bürgerversammlung oder zum Wasserholen. Hier stand die Marktburg, eine ehemalige Ganerbenburg, eine ritterliche Wohngemeinschaft mit vielen Wohn- und Wirtschaftsgebäuden innerhalb eines wehrhaften Mauerrings. Vom ganzen Ensemble ist nur noch der dicke Turmstumpf erhalten geblieben, später neu umbaut und deshalb schwer einzusehen. Die Mauern wurden niedergelegt, die baufälligen Gebäude verkauft. Der Marktplatz war im 19. Jh. eine bevorzugte, luftige und grüne Wohnlage, bevor man begann, die Stadt über den Graben hinaus nach Osten zu erweitern. Heute ist er Fußgängerzone; hier wird im August das Weinfest gefeiert, bei dem die Rüdesheimer fast unter sich sind, und im Dezember fin-

Am Markt

det der stimmungsvolle Weihnachtsmarkt der Nationen statt: die Kinder können um den Marktbrunnen herum Pony reiten, es gibt eine große Krippe mit lebendigen Tieren, viele Länder sind mit ihren Spezialitäten vertreten und sogar ein mongolisches Zelt darf nicht fehlen.

Zum Rhein hin verengt sich der Platz wieder, es plätschert ein Brunnen vor einem italienischen Eis- und einem Internet-Café. Den Platz beherrscht die Pfarrkirche St. Jakobus mit ihrer barocken Turmhaube. Sie wurde im 14. Jh. durch Johann Brömser erneuert, der dies angeblich bei seiner Befreiung aus den Händen der Muselmanen während eines Kreuzzuges gelobt hatte. Er unternahm vermutlich nur eine Wallfahrt nach Santiago de Compostela in Nordspanien, daher könnte die Jakobsmuschel und der Pilger im Stadtwappen herrühren, außerdem besaß er den Kirchenzehnten und war somit zum Erhalt der Kirche verpflichtet! Leider wurde die Kirche wie auch fast alle Häuser am Marktplatz 1944 durch Bomben zerstört. Der Turm und die schöne gotische Kapelle als auch die Epitaphe der Brömser und der Füchse in der ehemaligen Sakristei sind erhalten. Hier befindet sich auch das Gnadenbild aus dem ehemaligen Kloster Nothgottes. Beim Pflügen auf einem Acker wurde die aus Holz geschnitzte Christusstatue gefunden und gab den Anlass für die Gründung des Klosters. Sehenswert ist auch der Marienaltar aus dem 16. Jh. in der ehemaligen Sakristei, auch Brömseraltar genannt. Der Altaraufsatz wurde anlässlich der Hochzeit des Brömsers Johann Richard mit Margarethe von Cronberg gestiftet. Das italienisch beeinflusste Kunstwerk der Spätrenaissance stellt die Rückkehr aus Ägypten dar. In dem etwas höher liegenden und sehr schlicht wieder aufgebauten Hauptschiff der Kirche finden Konzerte statt, die der Förderverein „Musica Sacra“ veranstaltet.

St. Jakobuskirche, ältester Teil mit Reliquie

Brömseraltar

Gegenüber liegt das moderne Rathaus, dessen nüchterne Wandflächen mit Stadtwappen, Wandmalereien, einer Tafel für die Partnerstädte Meursault in Burgund und Swanage in Dorset und einem Weinbrunnen geschmückt sind, aus dem anlässlich des Weinfestes 1930 zum ersten Mal der Kellermeister Trunk ausgeschenkt hatte. Im Treppenhaus des Rathauses stellt die Rathausgalerie Werke von Künstlern aus und im Sitzungssaal finden Konzerte und andere kulturelle Veranstaltungen statt.

Wir verlassen den Marktplatz durch die Gasse des Klunkhardshofs und stehen vor einem der wenigen erhaltenen Fachwerkensembles des frühen 16. Jh. Dieses Anwesen gehörte wahrscheinlich früher den Brömsern und hieß das „Haus zum Loch“, da es einen Durchgang zur Löhrstraße hat. Es kam später in den Besitz der Klunkhards, die wahrscheinlich aus Mainz stammten und in eine Rüdesheimer Familie einheirateten. Aus ihrer Familie gingen Beamte, Saalmeister, Oberschultheißen und ein Abt des Klosters Eberbach hervor. Das Gässchen hieß früher „Hell", was abschüssig bedeutet. Damals war dieser stille Winkel sehr belebt und hatte mehrere Misthaufen, einen Ziehbrunnen und einen Stall als Anbau. Auch war das Fachwerk des Klunkhardshofs wegen erhöhter Feuergefahr verputzt. Es wurde erst 1913 wieder freigelegt. Ein wahrer Glücksfall, dass kein Krieg, keine Feuersbrunst und auch keine Stadtmodernisierung dieses Anwesen zerstörte. Fast wäre der Durchgang zugemauert worden!

❼ „Malerwinkel"

Durch diesen gelangen wir in die Löhrstraße. Hier verlief im Mittelalter die Stadtmauer. Sie diente zum Schutz der Bürger, war aber auch ein enges Korsett für die wachsende Zahl von Bewohnern. Deshalb wurde die Stadtmauer im 15. Jh. von der Löhrstraße nach Westen zur Niedergasse verlegt. Die neu entstandenen Straßenzüge wie die Christophelsgasse, Amselgasse, Drosselgasse und Steingasse verlaufen nicht mehr krumm und winklig, sondern in gleichmäßigem Raster. Die Löhrstraße ist so ruhig, wir können dort ein wenig auf einer Bank verweilen. Wir sind im **„Malerwinkel"**, auf einem der beschaulichsten Plätzchen im alten Rüdesheim. Es ist jedoch erst nach dem Zweiten Weltkrieg auf einem zerstörten Anwesen entstanden. Der Brunnen wurde aus alten, noch vorhandenen Steinplatten zusammengesetzt. Hierher kommen auch die Rüdesheimer ab und zu mit einer Flasche Wein und halten ein Schwätzchen.

In der Löhrstraße können wir aber auch im lauschigen Weinhof Lindenau sitzen, preiswert speisen und dazu einen guten Rüdesheimer Schoppen trinken. Hier merken wir nichts vom Trubel der Oberstraße oder der Rheinstraße, obwohl beide nicht weit entfernt liegen.

Wir gehen die Löhrstraße hinauf zur Oberstraße und tauchen wieder ins volle Leben. Dort reiht sich Gasthaus an Gasthaus, Geschäft an Geschäft und die Seilbahn entführt uns in luftige Höhen zum Niederwald. Die Kabinenseilbahn wurde 1954 eingeweiht und 2004 modernisiert. Sie löste die 1939 stillgelegte Zahnradbahn ab. Diese war kurz nach der Einweihung des Niederwalddenkmals 1883 zur Beförderung der nach Rüdesheim strömenden Besucher gebaut worden. Bis dahin ließ man sich mit der Eselstaxe auf den Niederwald befördern. Das lautlose Aufwärtsschweben in einer Gondel über den Weinbergen ist immer wieder ein Erlebnis. Uns umfängt absolute Stille und wir können die einzigartige Landschaft ringsum bewundern: die weite Sicht auf die Rheinauen, auf Bingen, den Hunsrück und den Donnersberg. Wir bedauern fast, dass die Fahrt nach zehn Minuten schon zu Ende ist.

Alte Ansichtskarte mit Germania

Nun erwartet uns das berühmte Niederwalddenkmal als Ausdruck der deutschen Einigung und der Euphorie darüber. Mehr als 10 000 Personen nahmen an den Feierlichkeiten zur Einweihung am 28. September 1883 teil. Johannes Brahms sah dem Spektakel vom Weingut der Beckeraths aus zu, mit denen er dann abends der gewichtigen Dame einen Besuch abstattete.

Die fünf Strophen des Liedes „Die Wacht am Rhein" berühren uns in ihrem nationalistischen Eifer heute eher unangenehm nach allem, was später geschah. 1933 fand hier unterm Hakenkreuz eine Großkundgebung zur Befreiung des Saarlandes statt. Doch wir sollten heute das Denkmal als Ausdruck, vielleicht auch als „Auswuchs" der Geschichte betrachten. (Siehe auch S. 232 f.)

Ganz in der Nähe des Niederwalddenkmals können wir die Adlerwarte besuchen. Von da führt ein bequemer Waldweg zum Jagdschloss Niederwald, und mit einem kleinen Abstecher zur Rossel, einer künstlichen Ruine im ehemaligen Landschaftspark, den die Grafen von Ostein um 1760 mit allerlei Attraktionen ausstatteten, z. B. mit einer Zauberhöhle, in der man durch einen gewundenen Gang einen hübschen Aussichtstempel erreicht. Der Niederwald war bis 1705 Wirtschaftswald der Burg Ehrenfels und ging nach ihrer Zerstörung an die Grafen von Ostein über, die das alte Jägerhaus erneuerten, das 1850 zum Hotel Jagdschloss erweitert wurde. Es ist heute ein komfortables Tagungshotel mit einer sehr lauschigen Terrasse. Für diesen Abstecher müssen wir mindestens zwei Stunden rechnen. Wer gerne wandert, kann vom Niederwalddenkmal aus auf dem mit einem großen „R" auf blauem Grund ausgeschilderten Rheinsteig, einem Premium-Wanderweg, eine der reizvollsten Touren oberhalb der Weinberge unternehmen. (Siehe S. 286) Doch wir kehren mit der Seilbahn oder zu Fuß auf dem Brahmsweg in den Ort zurück und kommen in die Oberstraße zu den sehenswerten Adelshöfen.

⑧ Brömserhof, Siegfrieds Mechanisches Musikkabinett

Der schönste ist unzweifelhaft der **Brömserhof** mit dem spätgotischen Fachwerkturm. Er wurde gegen Mitte des 13. Jh. errichtet, im 15. Jh. wurde er Teil der Stadtbefestigung. Der wehrhafte Turm entstand um 1500 und das großzügige Hauptgebäude mit seinem schönen Erker im 16. und 17. Jh. Die Brömser waren weit verzweigt und überlebten alle anderen Rüdesheimer Adelsfamilien. Heinrich, genannt der II., spielte eine vermittelnde Rolle während der Bauernkriege 1525: Als Vizedom und kurmainzischer Rat konnte er bei den Verhandlungen in einigen wesentlichen Punkten den aufgebrachten Erzbischof von Mainz besänftigen und für die Bauern und Bürger Erleichterungen erreichen. Sein Sohn Heinrich, der III. genannt, ließ die Malereien in der Kapelle und im Ahnensaal um 1559 anbringen. Sie zeigen Szenen aus der biblischen Geschichte in heimischer Landschaft: Jonas geht im tosenden Rhein vor Rüdesheim über Bord und wird von einem riesigen Fisch erwartet, der ihn dann vor dem Mainzer Stadtbild wieder ans Ufer speit! Allein dieser gut erhaltenen Fresken wegen lohnt ein Besuch von **Siegfrieds Mechanischem Musikkabinett**, das im Brömserhof von März bis Dezember täglich einlädt. Wir werden von freundlichen Studentinnen oder Studenten aus aller Welt durch eine der größten Sammlungen selbstspielender Musikinstrumente geführt, die wir nicht nur ansehen sondern zum Teil auch hören dürfen, darunter wunderschöne Karussellorgeln, eine Pistolen-Spieluhr, einen „Geisterflügel“ und viele andere. Siegfried Wendel hat sie gesammelt, liebevoll restauriert und ab 1969 der Öffentlichkeit zugänglich gemacht. Er hat auch den dem Brömserhof benachbarten Mangschen Hof vor dem Verfall gerettet. Dort lädt das Weinhaus Winzerkeller mit herrlicher, mit Weinlaub umkränzter Terrasse und Blick in die Drosselgasse zur Einkehr.
Als weitere Attraktion wurde das Toy Museum in der Peterstr. 20 eröffnet: eine Spielzeugerlebniswelt der letzten 100 Jahre und eine Modelleisenbahn-Großanlage, die den „Romantischen Rhein“ der 1930er bis 1950er Jahre von Rüdesheim bis Koblenz zeigt. Es ist täglich von 10 bis 18 Uhr geöffnet.
Nun aber zurück zum Brömserhof in der Oberstraße, wo der „Winzerexpress“ zur vergnüglichen Fahrt durch Rüdesheim und seine Weinberge startet.
Für Menschen, die nicht so gut zu Fuß sind oder für Kinder eine lustige Alternative, um Stadt und Umgebung kennen zu

Karussellorgel, Siegfrieds Mechanisches Musikkabinett

lernen. Gegenüber können wir in der Spieluhrenwelt aus 500 größeren und kleineren Spieluhren wählen.
Westlich vom Brömserhof können wir den Osteiner Hof , meist Bassenheimer Hof genannt, bewundern. Dieser Adelshof gehörte „Forensen“, also auswärtigen Adelsfamilien und wurde von Rentmeistern verwaltet. Er war anfangs im Besitz der Stoltz zu Bickelheim, deren Wappen mit drei Hacken (d. h. „Bickeln“) über der Tür zum Turm von 1563 zu sehen ist. Im 17. Jh. ging der Hof an die Freiherren von Ostein, die im 18. Jh. zu Grafen avancierten und sich mit den Schönborns durch Heirat verbanden – daher das Allianzwappen von 1717 am Hofhaus. 1810 ging das Anwesen durch Erbe an die Grafen von Bassenheim und wurde schließlich mitsamt dem Niederwald vom Herzog von Naussau ersteigert, der seit der Säkularisation Landesherr war. Heute ist der Bassenheimer Hof mit seinem neugotisch veränderten Turm im Besitz von Gretel und Siegfried Wendel. Weniger glücklich ist der Zustand des westlich anschließenden Ritterschen Hofs: Dieses schöne barocke Anwesen steht seit einiger Zeit leer.

Brömserhof, Erker

Zurück zur Steingasse mit zwei einladenden Straußwirtschaften, wo wir uns im schattigen Hof einen hauseigenen Schluck kredenzen lassen können. Hier steht der Sickinger Hof, ehemaliger Rüdesheimer Zehnthof, in dem die Brömser als Vertreter des Erzbischofs von Mainz jährlich den zehnten Teil aller landwirtschaftlichen Erträge einnahmen und lagerten. Später ging dieser Hof durch Heirat an einen Grafen von Sickingen. Er gehört seit 1999 als Tagungshotel zum Hotel Rüdesheimer Schloss und wurde von der Familie Breuer liebevoll restauriert. Das heutige Gebäude mit Scheuern und Kellern geht auf das späte 16. Jh. zurück. Das stattliche Hotel wurde als Kurfürstlich-Mainzische Hofkammer im 18. Jh. erbaut und war seit 1803 Herzoglich-Nassauisches Amtshaus, später Königlich-Preußische Oberförsterei und erst ab 1929 Weingasthaus. Mit einem zinnengekrönten Türmchen versehen, wurde es fortan Rüdesheimer Schloss genannt. Nach der Zerstörung 1944

erfolgte der Wiederaufbau. 1993 wurde es nach behutsamem Umbau durch die Familie Breuer als Hotel neu eröffnet. Es bietet spezielle Arrangements, z. B. Breuer's Nachtwächter Zeche, Wein & Bike u.v.a. Die Gäste können im „Goethezimmer" nächtigen und in dessen gesammelten Werken lesen, wenn sie es nicht vorziehen, gut zu speisen und zu trinken, wie der Dichter 1814 bei seinem Besuch in diesem Hause. Die Weine aus dem brüderlichen Weingut Georg Breuer hätten auch ihm gemundet.

Sickinger Hof, Detail, Zeichn. v. Val. Schlotter

Hof und Terrasse des Rüdesheimer Schlosses führen uns in die Drosselgasse. Gleich gegenüber befindet sich der Lindenwirt, wo der Gast, wenn er möchte, in einem Weinfass nächtigen kann. Der dritte große Gasthof im Bunde ist der Drosselhof mit alten stimmungsvollen Gaststuben.

⑨ Drosselgasse

Die 144 m lange und nur 3 m breite weltberühmte **Drosselgasse** - ein Phänomen - wurde im 15. Jh. bei der Altstadterweiterung angelegt und war früher ein bevorzugtes Quartier der Rheinschiffer. Das älteste Gebäude in der Drosselgasse, der heutige „Drosselhof", war jedoch ein typisch rheinfränkisches Winzergehöft mit Wohnhaus, Kelterhaus und Weinkeller und separatem Stall und Scheuer. Das Anwesen wurde Straußwirtschaft und ab 1857 Weinwirtschaft. Johannes Müller bekam als Gastwirt in Baedeckers Reiseführer einen Stern mit dem Hinweis „sehr beliebt". Er hatte erkannt, dass die Gäste in Scharen angelockt wurden, wenn aus seinem Lokal fröhlicher Rundgesang erscholl. Deshalb engagierte er sonntags Studenten der Binger Technischen Fachschule und ließ sie in seiner Weinstube fleißig ihre Kommerslieder singen, wofür er ihnen gratis Wein ausschenkte. Dieses „Marketing" brachte ihm einen großen Strom von Touristen und 1885 bekam der Drosselhof sogar ein eigenes Hauslied: „Zu Rüdesheim in der Drosselgass ...", das in den 1920er Jahren auf kleine „Singola-Schallplatten" gepresst, zum Preis von 30 Pfennig gleichzeitig Ansichtskarte war. Ein großartiger Einfall, um die Drosselgasse populär zu machen. Das Lied wurde dann noch von den Rundfunksendern vielhundertmal in den Äther geschickt.

Drosselgasse 1925

Doch schon viel früher - wie Clemens von Brentano 1801 seiner Schwester Bettina schrieb - klang in Rüdesheim fröhliche Musik und Gesang aus den Gasthäusern: „... alle Wirtschaften tobten ganz ausgelassen, haben getanzt und gejubelt unter meinem Giebelstübchen."

Mit den 1930er Jahren wurde das Getöse noch ärger, als die NS-Organisation „Kraft durch Freude" die Stadt mit Gästen aus zahllosen Sonderzügen überschwemmte. Laut Anordnung des Landrats durfte in den Stimmungslokalen „nur eine dem deutschen Empfinden entsprechende Musik“ aufgeführt werden. Vor allem Jazzmusik war untersagt. Nach der Zwangspause des Zweiten Weltkrieges ging es nach dem Wiederaufbau langsam wieder los, und auch noch die letzten Anwesen in der Drosselgasse wurden von der Gastronomie vereinnahmt. Nun sind einige Jahrzehnte vergangen und vieles hat sich verändert: Heutzutage wird sogar Bier ausgeschenkt (!) und einmal im Jahr Anfang März wird die „Clubline“, eine Mega-Party mit 24 Bands 2 Nächte lang gefeiert. Es gibt sogenannte Trend-Kneipen wie den „Tiefflieger“ in der Drosselgasse, „Hajos“, den „Fun Pub Gnoom“ in der Rheinstraße und andere, wo man „mal richtig abrocken“ kann. Damit wird junges Publikum angesprochen und für Nachwuchs gesorgt.

⑩ Rheinstraße

Wir tauchen jetzt aus dem babylonischen Sprachengewirr der Drosselgasse wieder auf und kommen in die **Rheinstraße**, den Rüdesheimer Touristenkorso, mit Hotels, Cafés und Andenkenläden. Hier können wir uns einen feurigen „Rüdesheimer Café“ (d. i. Kaffee mit einem Schuss Asbach Uralt und einem Sahnehäubchen) servieren lassen und den Touristenscharen zuschauen. Sie kommen aus aller Welt, verschicken Ansichtskarten, trinken Wein, und wenn es ganz besonders schön war, kaufen sie zum Schluss noch einen Tirolerhut! Früher war die Rheinfront elegant, die Gäste ließen sich in den Weinlauben vor den Hotels ein gutes Glas Rüdesheimer servieren und speisten gepflegt dazu. Leider sind aus den begrünten, romantischen Weinlauben Andenkenläden geworden und ein schönes Hotel, der „Darmstädter Hof“, steht leer. Im alten „Hotel de Darmstadt“ hatte 1851 Bismarck gewohnt. Damals war er Gesandter am wieder eröffneten Deutschen Bundestag in Frankfurt und schrieb an seine Frau: „... ich nahm mir einen Kahn, fuhr auf den Rhein hinaus und schwamm im Mondschein ... Dann trank ich sehr netten Wein und saß lange rauchend auf dem Balkon, den Rhein unter mir. Ich verspreche mir rechten Genuss davon, mit Dir ein paar Tage in Rüdesheim zu sein, der Ort ist so still und ländlich, gute Leute und wohlfeil, und dann nehmen wir uns ein kleines Ruderboot und fahren gemächlich hinab ...“ Das war kurz vor dem Bau der Eisenbahn, und der Rhein war noch nicht von der Stadt abgetrennt.

Werbung mit Weinfass in der Oberstraße

Hinter der Bahntrasse legen die Hotel- und Linienschiffe an. Wir können mit den Dampfern der Köln-Düsseldorfer zur Loreley fahren, mit der Bingen-Rüdesheimer Rundfahrten unternehmen oder mit der Fußgängerfähre nach Bingen übersetzen. Der Leinpfad führt nach Osten zum Adlerturm, dem ehemaligen Pulverturm in der Stadtbefestigung aus dem 15. Jh. Er

Hotel de Darmstadt

blieb als einziger der Stadtmauertürme erhalten. Erst seit der Wirt des Hotel Adler (heute Nassauische Sparkasse) ihn im 19. Jh. kaufte, heißt er „Adlerturm". Hier erinnert eine Tafel an Goethes Besuche in Rüdesheim. Das Hotel Krone mit der hübschen Terrasse auf der gegenüber liegenden Straßenseite hatte ebenso berühmte Gäste, nämlich Clemens von Brentano und Karl Friedrich von Savigny, die als Studenten auf einer Rheinreise die Romantik als Kunstbegriff entdeckten.
Vom Adlerturm aus ostwärts beginnt die eigentliche von Platanen beschattete Rheinpromenade direkt am Fluss entlang. Dieses Gelände, die Lacher Aue, war früher durch einen Rheinarm vom Festland getrennt, der nach und nach zugeschüttet wurde und heute ein ruhiges Freizeitgelände mit Parkanlagen, Sport- und Tennisplatz, Campingplatz und dem Asbach-Freibad ist. Gegenüber liegt die Rüdesheimer Aue, mit den anderen Auen ein als „Europareservat Rheinauen" ausgewiesenes Naturschutzgebiet, wo sich zahlreiche Zugvögel aus Skandinavien und Westsibirien auf ihrem Flug in den Süden sammeln und zum Teil sogar überwintern. Der „Naturschutzbund Deutschland" (NABU) lädt im Frühjahr und Herbst mehrmals zu geführten vogelkundlichen Exkursionen mit dem Fahrgastschiff „MS Rheingau" ab Rüdesheim ein. Die Naturfreunde erhalten interessante Einblicke in die Flora und Fauna der wildromantischen Insellandschaft mit Auwäldern, seichten Stillwasserflächen, Feuchtgebieten und Sandstränden im Übergangsbereich des Mittelrheintals. Hier können wir in der Ursprünglichkeit der Natur neue Erfahrungen sammeln.

Rheingau

umfassende Information und Links zu den genannten Einrichtungen im Internet: **www.rheingau.de**

Rheingau Taunus Information, An der Basilika 11 a, 65375 Oestrich-Winkel, Tel. (0 67 23) 99 55 99.
Tourist-Information Rüdesheim, Tel. (067 22) 1 94 33
Die Scheune, Stadtbücherei, Kulturzentrum, Geisenheim, Tel. (0 67 22) 70 11 71.
Jugendkeller, Eltville, (0 61 23) 9 11 34.
Kultur- und Gästeamt, Stadtbücherei Eltville, Schmittstr. 2, Tel (0 61 23) 90 98-0.
Zentrum für Eltviller Stadtgeschichte, Rheingauer Str. 60, Tel. (0 61 23) 90 29 83.
Schwimmbad Eltville, Erbacher Str. 22, Tel. (0 61 23) 8 12 76.
Ponyland Rüdesheim, Tel (0 67 22) 25 18.
Seilbahn Rüdesheim, Tel. (0 67 22) 24 02.
Kochkunstschule Rheingau, Johannisberg, Im Grund 6, Tel. (0 67 22) 4 75 83.

Museen, Ausstellungen

Kloster Eberbach, Ostern bis 31.10. tägl. 10-18 Uhr, sonst bis 16.00.
Führungen, Sommer, 11 und 15 Uhr, Weinproben bei Anmeldung, Tel. (0 67 23) 91 78 11.
Abteimuseum Kloster Eberbach, Öffnungszeiten wie oben, Tel. (0 67 23) 91 78-0.
Burgturm der Kurfürstlichen Burg, Eltville, wechselnde Kunstaustellungen, Tel. (0 61 23) 90 98-0.
Rheingauer Weinmuseum Brömserburg, Rüdesheim, Weinkultur und -geschichte, 2000 Exponate, Tel. (0 67 22) 23 48.
Siegfried's Mechanisches Musikkabinett, Rüdesheim, Sammlung selbstspielender Musikinstrumente, Tel. (0 67 22) 4 92 17.
Toy Museum, Rüdesheim, Peterstr. 20
Otto-Schwabe-Museum, Hochheimer Hof, Mainzer Straße 22-24, Hochheim, So 14-17 Uhr Schwerpunkt: Geschichte und Weinbau, Tel. (0 61 46) 90 01 41.
Brentanohaus, Anmeldung für Führungen oder Programme: Baron von Brentano , Brentanohaus, Am Lindenplatz 2, 65375 Oestrich-Winkel, Tel. (O 67 23) 20 68.
Schlosskeller Johannisberg, Besichtigung des Kellers nur mit Führung Tel. (0 67 22) 7 00 00

Musik, Theater

Rheingau Musik Festival, Juni bis Sept., ca. 140 Veranstaltungen in historischen Gebäuden und Plätzen in Wiesbaden und Rheingau, Tel. (0 67 23) 9 17 70.
Burghofspiele Eltville, Tel. (0 61 23) 90 71 71.
Castle Concert Eltville, Swing, Jazz, Tango, Chanson, Comedy, Tel. (0 61 23) 9 09 80.
Rheingauer Mundartverein, Theater, Rezitationen, Tel. (0 61 23) 42 49.

Führungen, Rundgänge, Ausflüge

Gästebegleiter Rheingau-Taunus e. V., Weinwanderungen, Besichtigungen/Führungen in Schlössern, Burgen, Kirchen, Stadtrundgänge, Mundartunterhaltung, Fahrradtouren, Brunnen- und Quellenwanderungen, Tel (0 67 26) 83 91 39, www.gaestebegleiter.de.

Feste, Veranstaltungen

Rheingauer Gourmet-Festival, März, Tel. (0 61 23) 9 17 70.
Rheingauer Schlemmerwochen, April, Essen bei Rheingauer Winzern und Gastronomen, Tel. (0 67 23) 9 95 50.
Weinfeste, Mai-August, Infos bei den Verkehrsämtern, Tel. (0 67 23) 99 55 99.
Tal total, Juni, autofreies Vergnügen für Radfahrer von Rüdesheim bis zur Loreley mit Sonderveranstaltungen, Tel. (0 67 22) 1 94 33.
Oestrich-Winkeler Jazzwoche, Juli, Jazz in verschiedenen Weingütern, Tel. (0 67 23) 1 94 33.
Tage der offenen Weinkeller, Sept.-Okt., Hinweise in der Tagespresse, Tel. (0 67 23) 9 17 57.
Weinauktionen im Kloster Eberbach, Sept.-Okt., Spitzenweine unterm Hammer.
Herbst im Nassauer Land, Kulinarisches aus dem Nassauer Land, Tel. (0 67 23) 9 95 50.
Weihnachtsmärkte an den Adventswochenenden, siehe Tagespresse.
Weihnachtsmarkt der Nationen, Rüdesheimer Altstadt, Tel. (0 67 22) 1 94 33.

Wiesbaden

Bildung für alle! Kulturleben und Bildungsstreben in Wiesbaden seit 1800. Hg. Volkshochschule Wiesbaden e. V. Wiesbaden. 2000.

Behnken, Imbke. Du Bois-Reymond, Manuela. Zinnecker, Jürgen. Stadtgeschichte als Kindheitsgeschichte. Opladen. 1989.

Bembenek, Lothar und Ulrich, Axel. Widerstand und Verfolgung in Wiesbaden 1933-1945. Gießen. 1990.

Bubner, Berthold. Wiesbaden. Baukunst und historische Entwicklung. Wiesbaden. 1983.

Czysz, Walter. Wiesbaden in der Römerzeit. Stuttgart. 1994.

Das alte Wiesbaden in Bildern von Hans Bossung. Wiesbaden 1999.

Das Erbe der Mattiaca. Persönlichkeiten der Stadtgeschichte Wiesbadens. Wiesbaden. 1992.

Forßbohm, Brigitte. Die Wäsch-Bitt von Franz Bossong. Heiteres und Satirisches aus dem alten Wiesbaden 1897-1900. Wiesbaden 1998.

Fuhs, Burkhard. Mondäne Orte einer vornehmen Gesellschaft. 1992.

Gerber, Manfred, Das Kurhaus Wiesbaden. Bonn 2007.

Goschke, Horst. Film in Wiesbaden – Hollywood am Kochbrunnen. Wiesbaden 1995.

Haddenhorst, Gerda. Die Wiesbadener Kaiserfestspiele 1896-1914. Wiesbaden. 1985.

Herzogtum Nassau 1806-1866. Politik, Wirtschaft, Kultur. Hrsg. v. d. Historischen Kommission für Nassau. Wiesbaden. 1981.

Kiesow, Gottfried. Das verkannte Jahrhundert. Der Historismus am Beispiel Wiesbaden. Bonn 2005.

Ders. Architekturführer Wiesbaden. 2. Auflage, Bonn 2008.

Kopp, Klaus. Wasser von Taunus, Rhein und Ried. Wiesbaden. 1986.

Ders. Die Nerobergbahn. Wiesbaden. 1988.

Müller-Werth, H. Geschichte und Kommunalpolitik der Stadt Wiesbaden. Wiesbaden. 1963.

Philipp Hoffmann (1806-1889), hrsg. v. Landesamt f. Denkmalpflege, Stuttgart 2007.

Radverkehrskarte Wiesbaden.

Renkhoff, Otto. Wiesbaden im Mittelalter. Wiesbaden. 1980.

Ders. Nassauische Biografie. Kurzbiografien aus 13 Jahrhunderten. Wiesbaden. 1992.

Riehl. W. H. Nassauische Chronik des Jahres 1848. Hrsg. v. Guntram Müller-Schellenberg. Idstein. 1979.

Russ, Sigrid. Wiesbaden. Die Villengebiete. Denkmaltopographie Bundesrepublik Deutschland. Baudenkmale in Hessen Bd. Wiesbaden II. Wiesbaden. 1988, erw. Aufl. 1996;
In dieser Reihe: Diess. Historisches Fünfeck; Stadterweiterung innerhalb der Ringstraße; – außerhalb der Ringstraße, alle Stuttgart 2005.

Schmidt, Ulrich. Museum Wiesbaden - Kunstsammlungen. München. 1982.

Schüler, Winfried. Das wilhelminische Wiesbaden. In: Nassauische Annalen 99. 1988.

Schwitzgebel, Helmut. Freudig begrüßen wir die edle Halle ... 100 Jahre Wiesbadener Theater 1894-1994. Wiesbaden. 1994.

Spielmann, C. Krake, P. Atlas der Entwicklung des Weichbildes der Stadt Wiesbaden seit dem Ende des 18. Jahrhunderts. Wiesbaden. 1900. Neue Aufl. 1987.

Struck, Wolf-Heino. Wiesbaden in der Goethezeit. Wiesbaden. 1979.

Ders. Wiesbaden im Biedermeier. Wiesbaden. 1981.

Von Biebrich nach Wiesbaden. Red. Andreas Schmidt-von Rhein, Georg Schmidt-von Rhein. Wiesbaden. 1998.

Weichel, Thomas. „Wenn dann der Kaiser nicht mehr kommt ...“ Kommunalpolitik und Arbeiterbewegung in Wiesbaden 1780-1914. Wiesbaden. 1991.

Ders. Die Bürger von Wiesbaden. Von der Landstadt zur „Weltkurstadt“ 1780-1914. München 1997.

Werschewskaja, Marina. Gräber erzählen Geschichte. Die russ.-orth. Kirche der hl. Elisabeth und ihr Friedhof in Wiesbaden. Aus dem Russ. v. M. Speranskij. Wiesbaden 2007.

Wiesbaden. Geschichte im Bild von der Römerzeit bis zur Gegenwart. Essen 2005.

Wiesbaden - Hinterhof und Kurkonzert. Hg. G. Honekamp. Geschichtswerkstatt Wiesbaden e. V. Gudensberg-Gleichen 1996.

Wolf, Stefan G. Kirchen in Wiesbaden. Gotteshäuser und religiöses Leben in Geschichte und Gegenwart. Wiesbaden 1997.

Rheingau

Beiträge zur Weinkultur. Hrsg. von der Gesellschaft für Rheingauer Weinkultur. Oestrich-Winkel 1994 ff.

Boehnke Heiner, Sarkowicz, Hans. Die Heimat der Romantik. Literarische Streifzüge durch den Rheingau. Frankfurt am Main 2000.

Claus, Paul. ... und jedes Jahr blühen die Reben. Eine Stimmensammlung über den Rheingau und seinen Wein. Beiträge zur Weinkultur 2/1989.

Claus, Paul; Staab, Josef. Weinland Rheingau. Mannheim 1979

Dietel, Peter. Zu des Rheins gestreckten Hügeln. Ingelheim 2007.

Einsingbach, Wolfgang; Riedel, Wolfgang. Kloster Eberbach im Rheingau. Berlin 2009.

Gerlich, Alois (Hg.) 1000 Jahre Rheingau – Veroneser Schenkung 983/1983. Wiesbaden 1985.

Heimatforschung – Heimatliebe. Der Rheingau in Geschichte, Kunst und Kultur. Hrsg. v. d. Gesell. z. Förderung d. Rheingauer Heimatforschung. Mainz 1983.

Kunkel, Clemens. Karl – Der Spätlesereiter. Nach einer Erzählung von Eberhard Kunkel. Zeichnungen von Michael Apitz. Walluf 1988.

Kunkel, Eberhard. Karl - Weinkompendium. Zeichnungen von M. Apitz. Walluf 1993.

Kunkel, E. u. Patrick. Karl - Weingeschichte. Zeichnungen v. M. Apitz. Walluf 1991.

Palmer, Nigel F. Zisterzienser und ihre Bücher. Die mittelalterliche Bibliotheksgeschichte von Kloster Eberbach im Rheingau. Regensburg 1998.

Rheingau. Rad- und Wanderkarte. Rheingau-Taunus-Kartographie. Niedernhausen. o. J.

RHEINGAU FORUM, Zeitschrift für Wein, Geschichte und Kultur, Eltville 1992 ff.

Rheingau. Rad- und Wanderkarte. Rheingau-Taunus-Kartographie. Niedernhausen. o. J.

Rheingau – Weingau. Ein Lese- und Geleitbuch für den Freund des Weines und der Landschaft. Mannheim, 3. Aufl. 1980.

Seufert, Karl Rolf. ... ist ein feins Ländlein. Eine Kulturgeschichte des Rheingaus von den Anfängen bis zur Gegenwart. Eltville 4. Aufl. 1991.

Struck, Wolf-Heino. Der Rheingau im Herzogtum Nassau. Romantik – Weinbau und Politik. In: Nassauische Annalen 94, 1983, S. 137 ff. (mit umfassender Literaturübersicht.)

Weinland Rheingau. Erwandern Erfahren Einkehren. Wandervorschläge v. P. Claus. Geisenheim. o. J.

Bildnachweis

J. Bieger 284 o; Hans Bossung 45, 48; Walter Czyzs 140, 144, 145, 147 (Sammlung); Rolf Engelke 189, 188, 192 u, 195 o; Brigitte Forßbohm 9, 13 o, 14 u, 18, 19 o u, 21, 24o, 26u, 40, 41 m, 42 u, 43, 44 o m, 45 u, 46 o, 47 o, 49, 52 u, 56 o, 57 u, 60 o, u, 68, 61 u, 71, 81 m, 84 o, 88 u, 91, 96, 97 u, 99, 102, 105 o u, 111 u, 112 u, 113 u, 116 m u, 117 m, 120, 121, 122, 123 u, 124, 125, 126, 128, 129, 130, 131, 137, 138 o, 140, 143 m u, 145 u, 146, 166 o, 186 u, 187 o, 188, 196, 2o2 u, 203 o u, 204, 206 u, 208 u, 210 o u, 213, 214 o, 215, 216, 217, 237, 256, 258, 259, 261 m u, 270, 271, 274, 277 u, 278 o m 281, 283, 284 u, 285, 286, 287; Christoph Harwart 111; Hessisches Hauptstaatsarchiv 21 o, 21 u, 22, 141, 142; Marlene Hübel 223, 224, 320; Klaus Kopp 154, 158, 206; Irmgard Knopf 322, 323 o, 324, 325, 328 m, u; Landesbibliothek Wiesbaden. Die Weltkurstadt: 11, 17, 20, 29, 31, 50 m, 50 u, 51 o, 51 u, 58, 171, 172; andere: 9, 59; Manfred Laufs 302, 304, 308 o, m, 309, 312, 313; Lutz Lewalter 179, 180, 181; Susanne Müller 99; Rudi Otto 82; Ursula Paul, 15, 18, 19 u, 34 u, 47 u, 48 o, 50 o, 79, 80, 81, 85, 87, 91 u, 88, 94, 101, 110, 118, 193, 194, 201, 207, Sammlung: 10, 12, 43 o, u, 169, 170 m, 188; Helene Rettenbach 163, 164, 167 u, 169; Ed Restle, Museum Wiesbaden 34, 35; Z. Riemann, www.ziska.tv 77; Sammlung Andreas Schmidt-von Rhein 69, 107, 195 u, 227; Herbert Simon 238, 239, 241, 242, 244, 245, 246, 247, 248 u, 249, 252, 253; Josef Staab 257, 295, 297; Stadtarchiv Wiesbaden 13 u, 14 o, 15, 50, 67, 89, 97, 114, 115, 117, 119, 123, 155, 192 m, 214 u; Stadtarchiv Mainz 229; Stadtarchiv Rüdesheim 323 u, 329, 331; Stadtmuseum Wiesbaden: 27; Stadtplanungsamt 167 V. Vambolt 177, 178; Die Wäschbitt von Franz Bossong 64, 65 u. Einbandvorderseite: Brigitte Forßbohm; Einbandrückseite: Hans Bossung; Bildermemory: Ursula Paul.